T0316488

LES ADMINISTRATIONS NATIONALES ET LA CONSTRUCTION EUROPÉENNE

UNE APPROCHE HISTORIQUE (1919-1975)

P.I.E.-Peter Lang

Bruxelles · Bern · Berlin · Frankfurt am Main · New York · Oxford · Wien

EUROCLIO est un projet scientifique et éditorial, un réseau d'institutions de recherche et de chercheurs, un forum d'idées. EUROCLIO, en tant que projet éditorial, comprend deux versants : le premier versant concerne les études et documents, le second versant les instruments de travail. L'un et l'autre visent à rendre accessibles les résultats de la recherche, mais également à ouvrir des pistes en matière d'histoire de la construction/intégration/unification européenne.

La collection EUROCLIO répond à un double objectif : offrir des instruments de travail, de référence, à la recherche ; offrir une tribune à celle-ci en termes de publication des résultats. La collection comprend donc deux séries répondant à ces exigences : la série ÉTUDES ET DOCUMENTS et la série RÉFÉRENCES. Ces deux séries s'adressent aux bibliothèques générales et/ou des départements d'histoire des universités, aux enseignants et chercheurs, et dans certains cas, à des milieux professionnels bien spécifiques.

La série ÉTUDES ET DOCUMENTS comprend des monographies, des recueils d'articles, des actes de colloque et des recueils de textes commentés à destination de l'enseignement.

La série RÉFÉRENCES comprend des bibliographies, guides et autres instruments de travail, participant ainsi à la création d'une base de données constituant un « Répertoire permanent des sources et de la bibliographie relatives à la construction européenne ».

Sous la direction de

Éric BUSSIÈRE, Université de Paris-Sorbonne (France),
Michel DUMOULIN, Louvain-la-Neuve (Belgique),
& Antonio VARSORI, Universitá degli Studi di Firenze (Italia)

LES ADMINISTRATIONS NATIONALES ET LA CONSTRUCTION EUROPÉENNE

UNE APPROCHE HISTORIQUE (1919-1975)

Laurence BADEL, Stanislas JEANNESSON
& N. Piers LUDLOW (dir.)

Euroclio n° 31

Cet ouvrage a bénéficié du soutien de l'UMR-IRICE, du Conseil scientifique de l'Université de Paris-I Panthéon-Sorbonne et du Conseil scientifique de l'Université de Paris-IV Sorbonne.

Il réunit les communications présentées lors d'un colloque tenu à l'Université de Paris-I les 12 et 13 septembre 2003.

La traduction des articles de Robert Boyce, Helen Parr et N. Piers Ludlow a été assurée par Garrett Martin et revue par Laurence Badel et Stanislas Jeannesson.

Toute représentation ou reproduction intégrale ou partielle faite par quelque procédé que ce soit, sans le consentement de l'éditeur ou de ses ayants droit, est illicite. Tous droits réservés.

© P.I.E.-PETER LANG S.A.
Presses Interuniversitaires Européennes
Bruxelles, 2005
1 avenue Maurice, 1050 Bruxelles, Belgique
pie@peterlang.com ; www.peterlang.net

ISSN 0944-2294
ISBN 90-5201-264-4
D / 2005/5678 / 27
Imprimé en Allemagne

Information bibliographique publiée par « Die Deutsche Bibliothek »

« Die Deutsche Bibliothek » répertorie cette publication dans la « Deutsche National-bibliografie » ; les données bibliographiques détaillées sont disponibles sur le site http://dnb.ddb.de.

Table des matières

Introduction

Le rôle des États et leur place dans le système européen inédit qui s'est développé à partir de 1950 ont déjà fait l'objet d'une littérature abondante, qui a connu un renouvellement problématique à la suite de la relance du processus menant à la signature, en février 1986, de l'Acte unique européen. Notre projet initial a voulu se définir précisément par rapport à deux démarches. L'une, historique, avait commencé, il y a longtemps déjà, à produire des études sur les appareils diplomatiques nationaux, sur leur organisation interne, sur leurs fonctionnaires et leur origine, sur leur formation comme sur la vision du monde qui inspirait leurs analyses[1]. L'autre, juridique ou politiste, analysait l'adaptation des administrations nationales à la construction européenne en recourant à la confrontation des textes fondant les Communautés avec les constitutions ou les traditions politiques nationales, ainsi qu'avec les témoignages des acteurs de ce processus. Les juristes ont produit à partir de la fin des années 1980 une série d'études sur l'adaptation des administrations nationales à la construction européenne[2]. Fondées sur le rappel du cadre institutionnel national, elles mettaient en évidence, entre autres, la concurrence entre institutions classiques (ministères des Affaires étrangères, des Affaires économiques, etc.) ainsi que l'émergence de structures nouvelles destinées à prendre en charge le dossier communautaire. Elles permettaient ainsi une comparaison fructueuse d'où ressortait la résistance des traditions administratives nationales face au processus d'intégration[3]. Les politologues anglo-saxons se sont en partie nourris de ces travaux, comme d'un renouveau de leur propre discipline autour du concept de *new-institutionalism*, pour alimenter leurs réflexions sur les institutions européennes[4]. S'attachant à mettre en évidence les modifications qui affectent les institutions, à repérer les « moments critiques »

---

[1] Partie 1 de la bibliographie, p. 391.

[2] On citera comme représentatives les études rassemblées par C. Debbasch, *Administrations nationales et intégration européenne*, Paris, éditions du CNRS, 1987.

[3] Voir aussi Rideau, J. (dir.), *Les États membres de l'Union européenne. Adaptations, mutations, résistances*, Paris, LGDJ, 1997.

[4] March, J.G. et Olsen, J.P., « The New Institutionalism. Organizational Factors in Political Style », *American Political Science Review*, n° 78, 1984, pp. 734-749 ; Göhler, G., « Institutions in Political Theory : Lessons for European Integration », in D. Rometsch et W. Wessels (eds.), *The European Union and Member States. Towards Institutional Fusion ?*, Manchester, Manchester University Press, 1996, pp. 1-19.

qui les transforment en profondeur[5], leur démarche, évolutive, ne peut qu'intéresser l'historien dans la mesure où elle éveille son goût pour la périodisation et pour toute approche visant à dégager les moments de rupture dans la continuité d'un processus. Les années 1990 ont ainsi vu se multiplier les articles sur l'évolution des exécutifs nationaux au sein des États d'Europe occidentale durant cette même décennie, en relation, pour partie, avec l'influence croissante de l'Union européenne[6].

Le colloque qui s'est tenu à Paris les 12 et 13 septembre 2003 dans le cadre de l'UMR – IRICE a donc voulu établir un lien entre ces approches en se fondant sur ce qui fait la force de l'analyse historique : le recours aux documents d'archives (écrites, orales) et l'inscription dans la durée. Les intervenants n'ont pas proposé une description théorique et abstraite du fonctionnement des rouages institutionnels et décisionnels. Il s'agissait de périodiser et d'humaniser l'examen des structures nationales et communautaires engagées dans le processus d'intégration. Chose parfois malaisée, comme l'ont souligné les chercheurs, en raison de la difficulté d'accès à certains papiers ou de la technicité d'autres documents. Pourtant, les historiens qui ont travaillé sont souvent parvenus à produire plus que des exemples illustrant leur propos : des études de cas donnant à voir le fonctionnement décisionnel au sein des bureaucraties.

Au-delà d'une analyse des changements structurels qui avaient pu se produire au sein des administrations nationales, il s'est agi d'enraciner dans le temps, c'est-à-dire bien en amont des débuts des Communautés, l'émergence d'une conscience européenne conduisant à la formulation de projets d'unions effectives des nations européennes. Dater et comprendre l'émergence ou la spécialisation de certaines directions et services dans la gestion des affaires européennes, étudier les modalités de la remise en cause constatée du rôle des ministères des Affaires étrangères par d'autres départements (ministères de l'Économie, ministères dits techniques) à partir du lancement du processus d'unification initié par le plan Marshall et dans la décennie qui a suivi, mettre en lumière l'émergence de nouvelles pratiques de travail fondées sur le recours systématique aux réunions interministérielles, tels furent les axes principaux qui guidèrent nos recherches.

---

[5]   Bulmer, S. et Burch, M., « Organizing for Europe : Whitehall, the British State and European Union », *Public Administration*, vol. 76, hiver 1998, p. 605.

[6]   Blondel, J. et Müller-Rommel, F., *Cabinets in Western Europe*, Londres, Macmillan Press, 1993 ; Peters, B.G., Rhodes, R.A.W. et Wright, V. (eds.), *Administering the Summit. Administration of the Core Executive in Developed Countries*, London, Macmillan Press LTD, 2000 ; Rometsch, D. et Wessels, W. (eds.), *op. cit.* ; Bulmer, S., *The British Core Executive and European Integration : A New Insitutionalist Research Prospectus*, Manchester, Manchester University Press, 1996.

Pour homogénéiser autant que possible des études tributaires des archives existantes, de leur contenu comme de leur accessibilité, nous avions établi une grille de questions destinée à dresser un premier inventaire des lieux administratifs qui avaient vu l'émergence d'un discours sur l'Europe et qui avaient été appelés par la suite à prendre en charge la construction effective des années 1950. L'établissement de monographies de directions ou de services ministériels n'était pas tant conçu, on l'aura compris, dans une perspective d'histoire administrative, que d'histoire sociale ou culturelle des institutions révélant les réseaux qui les sous-tendent. Pouvait-on mettre en lumière une éventuelle culture ministérielle européenne forgée au fil du temps ? Quelques chercheurs proposent enfin des études inédites sur les nouvelles structures d'interfaces entre les États membres et les institutions communautaires.

Laurence Badel et Stanislas Jeannesson

Première partie

L'émergence de la question européenne dans les administrations nationales avant 1940

Le Service français de la Société des Nations et les questions européennes dans l'entre-deux-guerres

Raphaële Ulrich-Pier

Université de Paris-1

Plusieurs contributions de notre groupe de recherche permettent de montrer comment la construction européenne, lancée essentiellement à la fin des années 1940 et dans les années 1950 dans le cadre d'une Europe coupée en deux par la guerre froide, plonge ses racines dans la période très riche de l'entre-deux-guerres ; c'est dès cette période que les administrations nationales ont cherché à s'adapter et à réfléchir aux nouvelles conditions internationales, même s'il ne s'agissait pas de la construction européenne institutionnalisée que nous connaissons depuis 1948 ou 1950. Mais si les historiens refusent désormais de ne lire la construction européenne que dans le temps d'après 1945, il faut, inversement, se garder de toute relecture *a posteriori* qui donnerait une cohérence excessive à des efforts dispersés et qui voudrait voir une Europe en gestation là où il y avait encore essentiellement des relations entre États dictées par des considérations nationales.

Une des innovations principales dans le domaine des relations internationales au lendemain de la Première Guerre mondiale réside dans la naissance de la Société des Nations, premier véritable organisme de coopération internationale à vocation universelle. La SDN a été portée par la volonté du président américain Woodrow Wilson, mais l'on sait que des projets s'étaient fait jour avant 1914 dans plusieurs pays européens, par exemple en France avec Léon Bourgeois. Dans la nouvelle SDN, née en janvier 1920, il n'est point question d'Europe, mais les pays européens composent la moitié de ses membres (27 sur 54 en 1930). Pendant ses années d'existence, la SDN traite de problèmes de toute sorte et qui concernent un grand nombre de pays, mais rares sont les problèmes entièrement non européens – citons les conflits du Chaco ou de Leticia en Amérique du Sud. Le cadre de la SDN n'est nullement européen, mais le fait que la moitié de ses membres le soient permet, *de facto*, à certains problèmes strictement européens d'être traités dans un *cadre multilatéral institutionnalisé*, ce qui a pu représenter un antécédent pour la construction européenne postérieure. Tel est le cas, par exemple, des affaires de Haute-Silésie ou des minorités allemandes, ainsi que de l'aide économique à l'Europe centrale.

Et surtout, c'est par la tribune de la SDN et dans son cadre sinon dans son esprit qu'a lieu la seule véritable tentative de construction proprement européenne de l'entre-deux-guerres, à savoir le plan Briand d'Union fédérale européenne (1929-1931). Dans notre perspective d'histoire administrative, cela justifie donc l'étude que nous abordons ici, puisqu'il s'agit d'observer comment une partie de l'administration française des Affaires étrangères spécialement consacrée aux questions de la SDN, le Service français de la Société des Nations, a réagi et a travaillé sur les perspectives ouvertes par son ministre Aristide Briand.

I. Un organisme original au sein des Affaires étrangères

A. *Historique du Service*

Le Service français de la Société des Nations (puis sous-direction de la Société des Nations) existe de 1919 à 1940 au sein du ministère français des Affaires étrangères[1]. Il est créé par un décret de décembre 1919 et fonctionne jusqu'en 1940, mais il n'est pas certain qu'il ait jamais été dissous officiellement. Il est naturellement indissociable de l'existence même de la Société des Nations, mais l'intéressant est que sa création ait été décidée juste avant la naissance officielle de cette dernière (qui a lieu en janvier 1920) : le SFSDN est probablement le pre-

---

[1] Cette étude est tirée des travaux de notre thèse de doctorat : Ulrich-Pier, R., *René Massigli (1888-1988). Une vie de diplomate*, sous la direction de Maurice Vaïsse, Université de Paris-I, 2003, à paraître aux éditions P.I.E.-Peter Lang, 2005. Les archives utilisées sont surtout celles du Service français de la Société des Nations, c'est-à-dire la série « Société des Nations » aux Archives diplomatiques du ministère français des Affaires étrangères (MAE). Nous sommes également tributaire de l'excellent article de Michel Marbeau, « Un acteur des nouvelles relations multilatérales : le Service français de la Société des Nations (1919-1940) », *Matériaux pour l'histoire de notre temps*, n° 36, 1994, pp. 11-20.

Sur le SFSDN, voir également Mouton, M.-R., *La Société des Nations et les intérêts de la France, 1920-1924*, Berne, Peter Lang, 1995 ; Vaïsse, M., *Sécurité d'abord. La politique française en matière de désarmement, 9 décembre 1930 – 17 avril 1934*, Paris, Pedone / Publications de la Sorbonne, 1981, pp. 41-45 et 53 ; Baillou, J. (dir.), *Les Affaires étrangères et le corps diplomatique français*, tome II : 1870-1980, Paris, Éditions du CNRS, 1984, pp. 387, 502, 509, 516, etc.

On peut lire des évocations de témoins diplomates qui sont passés dans ce service : par exemple de Crouy-Chanel, É., *Alexis Léger ou l'autre visage de Saint-John Perse*, Paris, Picollec, 1989, pp. 49-50 ; Seydoux, F., *Mémoires d'Outre-Rhin*, Paris, Grasset, 1975, pp. 34-35 ; ainsi que les témoignages directs recueillis par M. Marbeau pour son article. Et MAE, Archives orales (AO), cassettes Massigli, cassette n° 1, face B, entretien du 12 novembre 1981 avec M. Vaïsse et C. Pozzo Di Borgo.

17

mier organisme de ce type créé par un État membre de la SDN. Cette création prouve d'une part que la France prend au sérieux la nouvelle institution et entend créer tout de suite les conditions d'un travail efficace dans ce nouveau système international, d'autre part qu'elle veut s'assurer une place puissante dans l'organisme. On rappelle qu'à la naissance de la SDN, la France et la Grande-Bretagne en sont les deux membres les plus puissants, puisque ni les États-Unis ni les États vaincus comme l'Allemagne n'en font partie ; et que son premier secrétaire général est un Britannique, sir Eric Drummond, auquel succédera le Français Joseph Avenol.

Au Quai d'Orsay ont eu lieu des réflexions préliminaires sur ce que devrait être « l'Office français de la Société des Nations » – et aussi, comme le montre Michel Marbeau, des réflexions sur la nécessité ou non d'installer à Genève un secrétariat français de la SDN, qui finalement n'a pas été créé. Il s'agit, de la part du Quai d'Orsay, d'un exemple des tentatives pour reprendre en main l'ensemble des relations avec les pays étrangers, afin de ne plus laisser les différents ministères entretenir des relations directes avec les ministères homologues à l'étranger, comme ce fut souvent le cas durant la Première Guerre mondiale (cette situation s'expliquait alors notamment par l'existence des questions du blocus, du ravitaillement, etc., qui étaient souvent traitées par les ministères économiques des pays belligérants). Selon la conception de Philippe Berthelot : « La défense des intérêts français au sein de l'institution internationale implique une cohésion absolue de doctrine et de direction. Ce centre unique, d'où viendra l'impulsion, ce sera le Quai d'Orsay[2] ». Et le SFSDN sera l'instrument de cette politique.

Une note du ministère, de 1918 ou 1919, évoquait la nécessité de créer en son sein :

> Un organisme spécialement adapté, capable de recueillir […] tous les éléments d'information et de documentation nécessaires pour élaborer sur chaque matière la doctrine française et fournir à nos représentants les renseignements et les arguments qui les soutiendront. Cet organisme, qu'on pourrait désigner sous le nom d'Office français de la Société des Nations devrait être surtout un service d'études, de documentation, d'élaboration de la doctrine.

Il devrait, précise la note, être lié à la direction des affaires politiques et commerciales du Quai d'Orsay, mais avoir un directeur relevant directement du ministre[3].

Le décret instituant le Service français de la Société des Nations est signé le 23 décembre 1919 par Raymond Poincaré, président de la

---

[2]   Mouton, M.-R., *op. cit.*, p. 40. La création du SFSDN est traitée pp. 39-45.
[3]   MAE, Société des Nations (SDN), vol. 205, pp. 3-7, note sans date (citée aussi par M. Marbeau, article cité, p. 12).

République[4]. Une note du 7 février 1920 précise ainsi les tâches assignées au nouveau service :

> Servir d'organe d'études et de préparation des questions relevant de la Société des Nations et intéressant la France [en liaison avec le représentant français au Conseil de la SDN] ; centraliser, réunir et mettre en œuvre toute la documentation [...] se rattachant à l'activité prévue de la Société des Nations [...] ; coordonner l'action des administrations françaises et des associations nationales dans le cadre de la Société des Nations[5].

B. Personnel, fonctionnement et évolution du Service

Le Service fonctionne pendant tout l'entre-deux-guerres. C'est en 1934 qu'il devient une sous-direction, changement de nom et de statut qui rend compte, en théorie, d'une existence officielle plus nettement affirmée. Ses chefs successifs sont Jean Gout et Bertrand Clauzel, chefs de service, René Massigli, chef de service puis sous-directeur, Ernest Lagarde et Pierre Arnal, sous-directeurs. Apparaît une assez grande continuité au niveau supérieur : Gout et Clauzel le dirigent pendant quatre ans chacun, Massigli pendant plus de sept ans. Dans son article, Michel Marbeau examine la composition du personnel du Service ; il a repéré environ soixante agents qui sont certainement passés par ce service pendant la vingtaine d'années de son existence et il note qu'un certain nombre d'entre eux sont restés plusieurs années, ce qui tendrait à prouver qu'on y faisait un travail intéressant.

À ses débuts, c'est un service bien fourni en personnel : un ministre plénipotentiaire chef de service, un secrétaire général, quatre chefs de section (section politique, section économique et financière, section juridique, section militaire, navale et aérienne), quatre sous-chefs et six rédacteurs, soit seize personnes, sans compter le personnel auxiliaire (secrétaires-dactylographes, archivistes, classeurs, garçons de bureau[6]). Mais le poste de secrétaire général est rapidement supprimé et dès 1924, il n'y a plus qu'un chef de service, deux chefs de section, trois sous-chefs et trois rédacteurs, soit neuf, plus deux officiers de liaison avec le ministère de la Guerre. En 1938-1939, alors que l'idée de la sécurité collective ne fait plus recette, il n'y a plus qu'un chef de service et cinq à sept agents de niveau rédacteur[7]. En fait, le Service n'a cessé de se réduire comme peau de chagrin, par le budget comme par le personnel, alors que ses tâches restent importantes.

---

[4]   MAE, SDN, vol. 205, p. 11.

[5]   *Ibidem*, pp. 14-15.

[6]   *Ibidem*, pp. 51-52, organigramme pour 1920. Pour le début, voir le décret du 23 décembre 1919 cité ci-dessus, qui énumère les seize postes et en prévoit les traitements et indemnités.

[7]   Baillou, J. (dir.), *op. cit.*, p. 387 ; Marbeau, M., article cité, pp. 13-15 et tableau p. 20 ; MAE, SDN, vol. 205 et 206.

Dans les archives diplomatiques, au fil des décrets, des organigrammes et des notes qui insistent sur la nécessité de faire des économies, on assiste à la réduction inexorable de la taille et des crédits de ce service, dès les années 1920, alors même que la SDN suscite encore l'enthousiasme : le chiffre du personnel, le budget du Service et parfois même les traitements de ses membres diminuent à partir de 1922[8].

Au début, le SFSDN comporte quatre sections (politique, économique-financière, juridique, militaire). Rapidement la section économique et la section juridique fusionnent. La section militaire est composée d'officiers des différentes armes ; c'est dès le début de son existence que le SFSDN est amené à traiter les questions militaires, car il a été prévu dans les règlements de paix que la SDN devrait s'occuper du désarmement mondial. À partir de 1922 il n'y aura plus non plus de section militaire proprement dite mais les « officiers de liaison » demeurent jusqu'à la fin. Dès 1920, ainsi, collabore avec le SFSDN (en tant que chef de la section militaire) le lieutenant-colonel Édouard Réquin, figure centrale par la suite des questions militaires et des négociations sur le désarmement. L'officier de marine Deleuze, à ses grades successifs, va également collaborer avec le Service pendant presque toute l'existence de celui-ci, notamment pour les questions du désarmement naval qui occupent les esprits français, britanniques et italiens au tournant de 1930.

Le Service a d'abord été logé rive droite de la Seine, rue François Ier, dans un immeuble privé loué par le ministère des Affaires étrangères pendant la guerre. Rapidement on cherche à le déplacer vers des locaux appartenant à l'État, mais il ne peut se loger dans les locaux centraux du ministère par manque de place. En 1922, le SFSDN est installé ainsi à l'hôtel des Invalides (dans le corridor d'Arles), où il demeure jusqu'à la veille de la Seconde Guerre mondiale, bien que le ministère de la Guerre manifeste régulièrement son intention de récupérer les pièces occupées aux Invalides[9]. Cet éloignement contribue à faire du SFSDN un organisme à part dans le système des Affaires étrangères ; nous y reviendrons.

En octobre 1927, les attributions du SFSDN sont ainsi définies :

1. Il sert d'organe d'études des questions relevant de la Société des Nations et qui intéressent la France. Il prépare à cet effet les instructions du Représentant de la France au Conseil et à l'Assemblée de la Société.

---

[8] MAE, SDN, vol. 205, de 1922 à 1927. À plusieurs reprises les fonctionnaires de ce service se plaignent d'être moins payés que leurs collègues diplomates ou que les membres français du secrétariat général de la SDN à Genève. Voir Marbeau, M., article cité, pp. 13-15, qui étudie également les caractéristiques des membres du Service (origines sociales et professionnelles, voie d'accès au Service, etc.). Il montre que les tâches de ceux-ci ne vont pas en diminuant, au contraire.

[9] MAE, SDN, vol. 224, Locaux 1919-1940.

2. Il centralise toutes les informations provenant des postes français à l'étranger ainsi que des différentes Administrations françaises et se rattachant à l'activité de la Société des Nations.

3. Il coordonne dans le cadre de la Société des Nations, l'action tant des diverses Administrations françaises que des associations françaises[10].

En juillet 1928, le SFSDN se compose des personnes suivantes[11] : Massigli, chef de service, Gaston Bourgois, chef de la section politique, Jacques Fouques-Duparc et Jean Paul-Boncour, respectivement sous-chef et rédacteur de cette même section, trois personnes à la section juridique et économique[12], trois officiers pour les affaires militaires et navales, et un secrétaire, ainsi que des dactylographes et des classeurs ou classeuses. On peut noter, peu après, l'arrivée à la section économique de François Seydoux, fils de Jacques Seydoux et futur ambassadeur de France en Allemagne, et un peu plus tard celle d'Étienne de Crouy-Chanel, futur collaborateur et biographe d'Alexis Léger[13].

Pendant la période centrale du SFSDN, celle qui nous intéresse le plus en raison du plan Briand, le chef du Service est René Massigli (1928-1935). Quelles relations a-t-il avec ses subordonnés ? Au point de vue administratif, il semble vouloir les défendre, en réclamant pour eux de l'avancement ou en cherchant à obtenir des emplois supplémentaires pour faire face au travail[14]. Il est possible qu'une des tâches du chef de service ait été de convaincre, au dehors, de l'utilité même du SFSDN et de défendre son budget (et de défendre en même temps la contribution financière de la France à la SDN) ; ce service est nouveau et les parlementaires qui votent le budget de l'État ne sont pas toujours enclins à le croire indispensable[15]. En ce qui concerne l'organisation du travail, il semble que Massigli, plutôt qu'une organisation hiérarchisée du travail entre chefs de section, sous-chefs et rédacteurs, ait adopté une répartition dans laquelle chaque agent, quel que soit son grade, avait ses propres tâches et rendait compte directement au chef du service[16].

---

[10] *Ibidem*, vol. 205, pp. 124-125, note du 18 octobre 1927.

[11] *Ibidem*, pp. 236-237, organigramme du 19 juillet 1928. Voir aussi le tableau donné par Marbeau, M., article cité, p. 20.

[12] Issue de la fusion de deux sections antérieures, la section juridique et la section économique et financière.

[13] MAE, SDN, vol. 205, organigrammes des 20 octobre 1928, 16 novembre 1928, 29 juillet 1929, 14 novembre 1929 ; vol. 206, organigrammes des 11 avril 1930, 22 juillet 1930, 16 octobre 1930, 13 avril 1931, 31 juillet 1931, 15 octobre 1931.

[14] *Ibidem*, vol. 206, pp. 3-5 et 23-24, deux notes du SFSDN pour le secrétaire général, 19 mai 1930 et 29 mai 1931.

[15] Marbeau, M., article cité, pp. 13-14, et les explications orales que m'a données Pierre Jarrige en octobre 1996.

[16] Marbeau, M., article cité, pp. 14 et 16.

C. Place et originalité du SFSDN dans l'administration des Affaires étrangères

Le Service français de la Société des Nations est à bien des égards un organisme original dans le Quai d'Orsay de l'entre-deux-guerres. Au ministère des Affaires étrangères, on a souvent hésité entre une division à base géographique et une division par matières à traiter, mais dans l'entre-deux-guerres c'est quand même la division géographique qui prime. La direction des affaires politiques et commerciales comprend ainsi la sous-direction des relations commerciales et les sous-directions géographiques : sous-direction d'Europe, sous-direction d'Amérique, sous-direction d'Afrique-Levant, sous-direction d'Asie-Océanie, chacune de nouveau divisée de façon géographique. Certains organismes sont à vocation « thématique » (Service des œuvres françaises, etc.), sans oublier les services techniques comme le Protocole ou le Chiffre, mais les plus importants sont les sous-directions géographiques.

Or le SFSDN, dès sa naissance, n'est pas organisé sur une base géographique. Il est divisé en quatre (puis deux ou trois) sections thématiques. Il y a là comme une sorte d'hommage indirect à la vocation universelle de la SDN : on traite les problèmes dans leur globalité – ce qui fait qu'il n'y a pas, au SFSDN, de section ou de groupe de gens spécialisés dans l'étude des problèmes strictement européens. Par cette caractéristique, le Service se distingue des sous-directions géographiques et se rapproche au contraire de la sous-direction des relations commerciales, qui prétend comme lui avoir une vision d'ensemble de certains problèmes mondiaux – ou, plus modestement, européens[17]. Le fonctionnement et l'état d'esprit de ces deux services un peu particuliers du Quai d'Orsay présentent d'ailleurs certaines analogies. On peut même voir un lien symbolique entre les deux : un des membres du SFSDN, François Seydoux, n'est autre que le fils de Jacques Seydoux, la grande figure des relations commerciales dans les années 1920.

D'autre part, le SFSDN ne se trouve jamais, sauf dans ses derniers mois d'existence en 1939-1940, dans les locaux du Quai d'Orsay. Cet éloignement accentue sa spécificité dans l'ensemble des Affaires étrangères françaises. Lorsque le SFSDN devient une sous-direction et que son chef René Massigli devient en même temps directeur-adjoint des affaires politiques et commerciales, on assiste à une sorte de réintégration dans la pyramide du Quai d'Orsay, mais le Service demeure aux Invalides, ce qui oblige notamment Massigli à circuler sans cesse entre ces deux lieux pour pouvoir traiter les différentes affaires dont il a la charge. Le Service fait alors remarquer aux autorités du ministère que ce

---

[17] Voir la contribution de S. Jeannesson sur la sous-direction des relations commerciales dans le présent volume.

fait rend encore plus urgente l'installation au Quai d'Orsay même. La chose est décidée mais ne sera réalisée que très tardivement.

Au point de vue du recrutement, Michel Marbeau remarque que la part des non-diplomates y est assez importante. Dans les débuts du Service, notamment, quand il était bien fourni en personnel, on a fait appel à des universitaires (André Siegfried), à des juristes, ou à des gens recrutés par protection (Marbeau cite le fils d'Anna de Noailles). Les officiers des trois armes y sont présents pendant toute son existence. Inversement, certains jeunes diplomates promis à un grand avenir font leurs premières armes dans le Service, comme François Seydoux, Jacques Fouques-Duparc ou Jean Daridan, qui seront de grands ambassadeurs après la Seconde Guerre mondiale.

La raison principale de son originalité est pourtant que le SFSDN doit gérer une réalité politique nouvelle, celle des relations multilatérales, et que cela bouleverse les habitudes de la diplomatie classique. En témoigne une lettre de félicitations reçue par Massigli lors de sa nomination en 1928. Elle émane d'Eirik Labonne, alors secrétaire général du Protectorat français au Maroc, qui dépeint ainsi l'œuvre à laquelle Massigli va devoir s'attacher : « Imprégner cette maison si rétive, au fond si coriace d'une méthode et d'une habitude de pensée nouvelles [...] retourner la tradition et lui donner un nouveau pli. Vous aurez du mal[18] ».

Le SFSDN est donc un organisme particulier : tout à la fois partie intégrante du ministère français des Affaires étrangères, et un peu en marge, par son organisation interne, son recrutement, son emplacement hors des locaux centraux, et surtout par la nature des questions qu'il est amené à traiter – par définition, le SFSDN traite des questions d'ordre multilatéral puisque là est la raison d'être de la Société des Nations.

II. Une vue spécifique sur les problèmes européens ?

Il ne nous semble pas qu'il y ait chez les fonctionnaires du SFSDN une vue spécifique sur les problèmes européens avant le plan Briand initié en 1929. Il n'y a pas de section européenne au SFSDN, on l'a dit. Il n'y a pas, selon nous, de conception globale de l'Europe, l'Europe comme une entité distincte des autres continents, ou comme le cadre ou l'objet d'une action spécifique. Nous en voyons une preuve dans le classement des archives du Service, conservées actuellement aux Archives diplomatiques au Quai d'Orsay. C'est le SFSDN lui-même qui, vers 1927 ou 1928, a établi le plan de ses archives. Le plan général comprend cinq grandes parties[19], la première (I) consacrée à la Société

---

[18]   MAE, Papiers Massigli, vol. 99, pp. 1-2, lettre de Labonne, Rabat, 28 avril 1928.

[19]   I. Société des Nations ; II. Organisation internationale du Travail ; III. Cour permanente de Justice internationale ; IV. Tribunaux arbitres ; V. Union européenne.

des Nations, la dernière (V) à l'Union européenne – c'est-à-dire au plan Briand et à ses suites, la Commission d'étude pour l'Union européenne. La première partie qui rassemble l'essentiel des archives est classée de façon thématique (par exemple : I D = Questions politiques ; I I = Désarmement ; I J = Questions économiques et financières, etc.) ; elle comprend aussi (I X) des dossiers géographiques par pays. La partie V consacrée à l'Union européenne ne se rapporte qu'au plan Briand. Sans vouloir tirer des conclusions exagérées de ce plan de classement, nous remarquons qu'il ne comprend rien sur les questions européennes en tant que telles avant l'été 1929 ; les questions politiques qui se rapportent aux conflits intra-européens (tels que ceux de la Haute-Silésie ou de Memel) ne sont pas traitées autrement que celles qui sont extérieures au continent (comme le Chaco ou le conflit sino-japonais à propos de la Mandchourie) ; il en va de même pour les questions économiques du continent, classées parmi les questions économiques globales.

Cependant, des fonctionnaires du SFSDN ont des liens avec des personnes ou des mouvements qui s'intéressent particulièrement à l'Europe. Ainsi René Massigli, au début des années 1920 (donc avant de devenir chef du Service), donne des articles à la revue de Louise Weiss, *L'Europe nouvelle*. Des gens comme André Siegfried (bon connaisseur de l'Angleterre) ou Bertrand Clauzel (ensuite ambassadeur à Vienne) ont pour horizon l'Europe. Les associations qui défendent la cause européenne trouvent des oreilles favorables au Quai d'Orsay[20] (comme d'ailleurs celles qui veulent encourager la cause de la SDN elle-même). Mais il n'y a pas de lien spécifique entre le SFSDN et les partisans de l'Europe, qui à cette époque se regroupent essentiellement dans des associations à caractère privé.

En revanche, dès ses débuts, c'est-à-dire dans les années 1920, le SFSDN doit examiner des questions qui portent sur l'Europe, parce que la Société des Nations s'en occupe ès qualités. Il en va ainsi des questions de minorités allemandes en Europe (par exemple les disputes sur le sort de la minorité allemande de Silésie polonaise), des affaires de Dantzig ou de Memel, de la reconstruction financière de la Hongrie et de l'Autriche. Certains de ces problèmes européens sont plutôt politiques, d'autres plutôt économiques, mais ceux qui sont de nature économique ont de fortes incidences politiques, comme ceux suscités par les difficultés économiques de l'Europe centrale[21]. Toutes ces questions

---

[20] Voir Badel, L., « Les promoteurs français d'une union économique et douanière de l'Europe dans l'entre-deux-guerres », in A. Fleury et L. Jilek (dir.), *Le plan Briand d'Union fédérale européenne. Perspectives nationales et transnationales, avec documents*, Berne, Peter Lang, 1998, notamment pp. 23-26.

[21] Voir Boyce, R., « Business as Usual : The Limits of French Economic Diplomacy, 1926-1933 », in R. Boyce (ed.), *French Foreign and Defence Policy, 1918-1940. The Decline and Fall of a Great Power*, Londres / New York, Routledge / London School of Economics, 1998, pp. 107-131.

n'ont évidemment guère de points communs avec celles qui seront abordées dans le cadre de la construction européenne d'après 1945, mais elles possèdent des caractéristiques intéressantes pour notre propos : considérées comme liées à la préservation de la paix du continent, elles sont traitées de façon collective, multilatérale, au sein d'un organisme international, la SDN (et donc aussi par le SFSDN). Remarquons cependant que ce sont essentiellement les questions intéressant les États vaincus qui sont ainsi prises en charge : les grands États européens, la France et la Grande-Bretagne, se soucient peu de laisser la Ligue se mêler de leurs affaires intérieures ou financières.

Il resterait encore à examiner de plus près les archives du SFSDN consacrées aux questions économiques et financières (désignées dans l'inventaire par la subdivision I J), pour tenter de répondre à certaines des questions de notre groupe de travail. Quand et comment y a-t-il construction d'un discours sur l'Europe ? Y a-t-il, dans cette matière, une vision globale sur les problèmes économiques du continent européen ? Nous n'avons pas entrepris ce travail dans les archives économiques et financières, ayant concentré nos recherches sur certaines questions politiques et sur le mémorandum européen de 1930. Nous croyons cependant que ce serait céder à l'anachronisme et à la construction *a posteriori* que de vouloir y trouver un discours consciemment construit autour de l'Europe. Selon nous, au SFSDN, avant le plan Briand de 1930, et même après comme nous allons le montrer, il n'existe guère de conception de l'Europe en soi ; en tout cas, l'Europe n'apparaît pas comme une entité politique, et guère plus comme une entité économique.

III. Le SFSDN face au plan Briand d'Union fédérale européenne

A. *Avant le plan*

Le Service français de la Société des Nations n'a visiblement pas été associé à la genèse de l'idée de Briand exposée le 5 septembre 1929 à la SDN[22]. Cette genèse elle-même et le fond de la pensée d'Aristide Briand

---

[22]   Sur le plan Briand, voir par exemple Duroselle, J.-B., *Histoire diplomatique de 1919 à nos jours*, Paris, Dalloz, 1993, pp. 140-142 ; du Réau, É., *L'Idée d'Europe au XXᵉ siècle. Des mythes aux réalités*, Bruxelles, Complexe, 2001, pp. 97-122 ; Marbeau, M., article cité, pp. 18-19, qui reprend des travaux de L. Badel et de C. Schwarte. Sur la genèse de l'idée dans les années 1920 et son écho au Quai d'Orsay, voir par exemple Badel, L., « Le Quai d'Orsay, les associations privées et l'Europe, 1925-1932 », in R. Girault et G. Bossuat (dir.), *Europe brisée, Europe retrouvée. Nouvelles réflexions sur l'unité européenne au XXᵉ siècle*, Paris, Publications de la Sorbonne, 1994, pp. 109-131 ; voir surtout les travaux du colloque de Genève de 1991, repris dans Fleury, A. et Jilek, L. (dir.), *op. cit.*, en particulier Bariéty, J., « Aristide Briand : les raisons d'un oubli », pp. 1-13.

restent un peu mystérieux, comme l'a fait ressortir René Massigli dans la préface à ses mémoires consacrés à la construction européenne, *Une comédie des erreurs*, et comme le savent bien les historiens qui travaillent sur cet épisode, même si certains points sont désormais éclaircis[23]. Dans les papiers du SFSDN, on trouve cependant quelques textes qui témoignent que l'idée est dans l'air en 1929 et que les gens du Service sont à l'écoute de ce qui se dit sur le concept d'union européenne – au sens très vague de ce terme.

Les archives du SFSDN sur le plan Briand s'ouvrent ainsi par des documents qui font état de sondages et d'allusions discrètes, au cours de l'été 1929, à la possibilité d'un rapprochement européen. Le chef du Service, Massigli, en est informé[24]. Le 2 septembre, trois jours avant le discours de Briand, une « note pour M. Massigli », sans doute de Jean Paul-Boncour, s'interroge sur les perspectives de l'organisation européenne[25]. Elle met en garde contre deux dangers : indisposer les États-Unis par un rapprochement économique trop intense ; faire concurrence aux organismes existants de la SDN. Et elle propose de se contenter pour le moment d'un « organe directeur des études européennes à entreprendre », qui ne ferait que consulter les pays intéressés. Selon Jacques Bariéty, Briand, qui songe depuis longtemps à l'idée européenne, n'a pas vraiment associé les bureaux du Quai d'Orsay à l'élaboration de son discours et la note de Jean Paul-Boncour citée ci-dessus révèle l'état d'impréparation ou d'improvisation du projet[26]. Toujours selon Jacques Bariéty, c'est « dans le train, le 1er septembre, [que Briand] fit ses premières confidences sur ce qu'il allait dire à Genève à ses compagnons de voyage : Léger, Massigli, Bertrand de Jouvenel et Geneviève Tabouis. Plein d'enthousiasme, il leur dit qu'il allait proposer du nouveau[27] ». Mais Léger et Massigli se seraient montrés plutôt réservés.

Ce n'est donc visiblement pas en amont, mais en aval de l'initiative de Briand qu'il faut chercher l'action du SFSDN et ses concepts en matière de « construction européenne ». En revanche, on note que tout de suite (à savoir même trois jours *avant* le discours de Briand), par la voix de Jean Paul-Boncour, le SFSDN estime qu'il est qualifié pour traiter la question. Intéressant est également le fait que, outre Alexis

---

23   Massigli, R., *Une comédie des erreurs, 1943-1956*, Paris, Plon, 1978, pp. 11-13. Voir sur ce point les travaux ou articles de J. Bariéty, É. du Réau, C. Schwarte et L. Badel.

24   Par exemple MAE, SDN, vol. 2464 (ancienne cote SDN, Union européenne, vol. 1), pp. 4-5, dépêche de Pierre de Margerie, Berlin, 17 juillet 1929 ; pp. 14-21 et 35-37, dépêches de Bertrand Clauzel, Vienne, 18 juillet et 6 août 1929.

25   *Ibidem*, pp. 50-52. É. du Réau, *op. cit.*, p. 101, évoque ce texte en l'attribuant à Joseph Paul-Boncour.

26   Bariéty, J., « Aristide Briand : les raisons d'un oubli », article cité, p. 12 et note.

27   *Ibidem*, p. 13 ; Jacques Bariéty cite les souvenirs de la grande journaliste Geneviève Tabouis, *Vingt ans de suspense diplomatique*, Paris, 1958, p. 61.

Léger, déjà confident très proche de Briand et bientôt directeur des affaires politiques et commerciales, René Massigli, qui n'est alors que chef du SFSDN, est associé tout de suite à l'idée ; c'est ensuite lui qui rend compte de ce qui se passe à Genève entre le 5 et le 9 septembre. Dès le lancement du projet, il y a donc association entre l'idée européenne, la Société des Nations et par conséquent le SFSDN – même si l'on sait maintenant que l'adéquation entre la SDN et les projets de Briand fut loin d'être parfaite et que c'est de l'intérieur même de la Ligue ou de ses organes annexes comme le Bureau international du Travail que vinrent quelques-unes des plus vives critiques contre l'idée d'organes européens propres[28].

B. Participation à l'élaboration du mémorandum de mai 1930

Après le discours du 5 septembre et le déjeuner du 9, Briand a été chargé de soumettre à ses collègues européens un projet de questionnaire européen : il s'agit désormais pour les services du Quai d'Orsay de donner forme et contenu concret à la proposition assez vague de leur ministre. Certains fonctionnaires du SFSDN, notamment le chef du Service, René Massigli, et Jacques Fouques-Duparc, sous-chef de la section politique, font partie du petit groupe de gens qui, avec Alexis Léger, directeur de cabinet de Briand et directeur-adjoint puis directeur (à partir de décembre 1929) des affaires politiques et commerciales, rédigent en quelques mois, de l'automne 1929 au printemps 1930, le mémorandum français qui doit être la base des futures discussions. Il semble que plusieurs personnes ou groupes de personnes travaillent sur le projet, parallèlement ou en collaboration. La question de la contribution d'Alexis Léger a déjà été traitée[29], mais nous pouvons chercher à faire le point sur la part du SFSDN dans ces quelques mois de réflexion.

On voit par exemple Massigli s'intéresser à une conférence faite à Vienne, sous les auspices de l'Union paneuropéenne de Richard de Coudenhove-Kalergi, par Édouard Herriot sur l'organisation de l'Europe, et porter sur le document qui en rend compte l'annotation suivante, pour Fouques-Duparc et François Seydoux : « Il y a des idées à retenir pour notre mémorandum[30] ». Le premier « projet d'établissement d'un lien fédéral entre États européens », daté du 27 décembre 1929, est peut-être de l'écriture de Jacques Fouques-Duparc[31]. Ce texte

---

[28] Mouton, M.-R., « La Société des Nations et le plan Briand d'Union européenne », in A. Fleury et L. Jilek (dir.), *op. cit.*, pp. 235-255.

[29] Par Laurence Badel dans son mémoire de maîtrise notamment.

[30] MAE, SDN, vol. 2464, pp. 193-199, dépêche de Clauzel, Vienne, 10 octobre 1929, et résumé du discours de Herriot.

[31] *Ibidem*, pp. 211-223, texte manuscrit puis texte dactylographié ; voir aussi, sur la genèse du mémorandum, MAE, Papiers Léger, vol. 3, Documentation relative à la coopération européenne 1928-1931.

est extrêmement prudent, insistant beaucoup sur le maintien et la primauté du cadre de la SDN ainsi que sur le respect de la souveraineté de
chaque État. Il expose que c'est d'abord dans le domaine économique
que des solutions communes pourraient être envisagées ; il s'agirait
aussi de donner un cadre européen à des activités déjà organisées dans le
cadre de la SDN. La coordination reviendrait uniquement aux gouvernements. Il n'est pas envisagé ici de créer des institutions communes
européennes.

Au cours de cette réflexion on cherche des modèles ou des contre-
exemples : le *Zollverein*, repoussé par Briand et Léger parce qu'il exclut
ceux qui sont en dehors en imposant des barrières douanières supérieures et parce qu'il est dominé par un des membres ; l'Union des
Républiques américaines, à propos de laquelle Massigli écrit : « Il y a là
beaucoup à prendre – surtout pour justifier l'Union européenne à la face
[?] de l'Union américaine. Mais noter que l'Union américaine s'est à
peine aventurée [?] sur le terrain [?] économique[32] ».

Jacques Fouques-Duparc, lui, travaille sur les aspects techniques
(tarifs douaniers, travail, hygiène, transit – ce que nous nommons aujourd'hui « ransports » ou « réseaux ») et veut faire des propositions
modestes. Selon lui le futur mémoire français devrait :

Se borner
1. à rappeler ce qui a déjà été fait dans un sens européen afin de montrer
   que ce n'est pas une innovation.
2. à répondre rapidement aux objections.
3. à présenter mais très brièvement aussi sous forme d'option les différentes façons dont pourrait fonctionner le mécanisme européen.

Et il estime indispensable de faire cette préparation en collaboration
avec les ministères du Commerce, des Travaux publics et du Travail[33].

Puis Fouques-Duparc, « tête pensante » du SFSDN si l'on en croit
Étienne de Crouy-Chanel[34], élabore un projet de questionnaire sur l'organisation européenne à soumettre aux gouvernements européens, en
parallèle avec Alexis Léger qui travaille de son côté. D'après ce que l'on
observe dans les archives du SFSDN, Massigli aurait réfléchi à partir du
projet de Fouques-Duparc et de celui de Léger[35] et aurait sans doute

[32] MAE, SDN, vol. 2464, pp. 224-227, annotation de Massigli, difficilement déchiffra-
ble, à l'intention de Fouques-Duparc, sur une note sur l'Union des Républiques américaines, 30 décembre 1929.
[33] *Ibidem*, p. 239, télégramme de Fouques-Duparc pour François Seydoux, 19 mars
1930. Voir aussi pp. 243-247, une note du même pour Massigli, sur les problèmes
« susceptibles d'études utiles dans le cadre européen », 29 mars 1930.
[34] De Crouy-Chanel, É., *op. cit.*, p. 49.
[35] Voir MAE, SDN, vol. 2464, p. 268, 19 avril 1930, lettre de Fouques-Duparc à un
destinataire non identifié, peut-être François Seydoux, le priant d'inciter Massigli à

produit une ébauche de synthèse, en avril 1930. Le questionnaire de Fouques-Duparc insiste d'abord sur plusieurs points, notamment le respect des compétences de la SDN et de la souveraineté des États. L'organisation européenne proposée pourrait œuvrer à adapter à l'Europe les principes généraux recommandés par la SDN ou inversement recommander à la SDN l'étude des problèmes qui seraient mûrs pour une solution européenne. « L'organe essentiel de la Fédération (ou Union) ne saurait être qu'une *Conférence* générale [périodique] où seraient représentés *tous* les gouvernements membres de la Fédération (ou Union) ». Pour le reste, Fouques-Duparc propose différents modèles d'organisation : bureau permanent et comité exécutif ; bureau permanent qui se transporterait dans la capitale de l'État qui exercerait la présidence, par roulement ; plusieurs bureaux permanents répartis, selon les matières à traiter, entre plusieurs capitales – la France recevant la charge de la « politique générale ».

À tous ces projets, Massigli réagit très prudemment ; il griffonne à plusieurs reprises : « c'est prématuré » ou « c'est trop tôt ». En tête du document, son commentaire d'ensemble est celui-ci :

> D'une manière générale, je crains que le système ainsi esquissé ne soit trop précis – et prématuré. Il faut plutôt chercher à l'heure actuelle des *matières* dont il y aurait lieu de s'occuper en commun. Quant à *l'organisation*, il me semble qu'il faut poser seulement le principe de la réunion d'une conférence périodique [à qui il reviendra de mettre la suite en marche].

Un peu plus loin il insiste : « Il ne s'agit pas encore de faire un statut ». Et les échanges de vues dans cette fédération ne devront être que consultatifs. Il est en revanche tout à fait d'accord avec Fouques-Duparc sur la nécessité de ne pas empiéter sur les attributions de la SDN, en particulier pour le règlement des conflits. Enfin, à propos de la suggestion de répartir différents bureaux entre plusieurs capitales européennes, Massigli juge « dangereux » de confier à l'Allemagne la centralisation des questions économiques, comme avancé par Fouques-Duparc, et pense qu'avec la charge de la politique générale, « la France serait une tête... vide ».

Par la suite, on voit dans les archives que Fouques-Duparc continue à travailler sur la question[36]. Massigli, lui, freine parfois le mouvement.

---

travailler sur la question européenne et à faire la synthèse entre le projet Fouques-Duparc et les « apports Léger » ; pp. 274-285 : « Questionnaire relatif au statut de fédération européenne ou d'union européenne » (initiales J.F.D. A.L.), sans date, avec des annotations manuscrites de Massigli.

36   *Ibidem*, pp. 286-297, même texte de questionnaire, dactylographié, avec des annotations manuscrites de Fouques-Duparc ; pp. 302-322 : « Note pour servir à l'établissement d'un mémorandum sur l'Europe », qui pourrait être de Fouques-Duparc ; p. 323 : « Classification schématique des questions du mémorandum » (initiales J.F.D.).

Sur un texte de Fouques-Duparc qui débute ainsi : « En proposant aux Gouvernements européens un plan de coopération qui tienne compte des intérêts communs… », il commente : « Nous n'allons rien proposer. Il faut interroger les gouvernements sur l'opportunité d'un tel plan[37] ».

Les conceptions de Massigli et de Fouques-Duparc (peut-être les deux principaux concernés au SFSDN) à ce moment sont donc extrêmement prudentes : il ne s'agit nullement d'abandons de souveraineté, encore moins de supranationalité, mais seulement de la réunion périodique de délégués des gouvernements européens – pas beaucoup plus, finalement, qu'un forum de discussion. Pour Massigli, il faut avancer à pas très mesurés ; chez Fouques-Duparc, les aspects techniques et concrets (transit, questions douanières, travail, hygiène) sont privilégiés[38]. Au vu de l'ensemble des travaux de l'hiver et du printemps 1929-1930[39], il semble bien que les aspects économiques et concrets (voire sociaux : le travail, l'émigration européenne sont parfois mentionnés) soient l'axe prioritaire des réflexions au sein du SFSDN ; il est moins souvent question d'union politique, d'institutions communes, etc. Et Massigli, le chef du Service, aurait encore davantage que Fouques-Duparc insisté sur la nécessité de commencer doucement, de ne rien imposer, de chercher des sujets concrets d'intérêt européen, plutôt que de songer tout de suite à entrer dans la voie de l'union politique. Or on sait que le mémorandum final envoyé le 17 mai 1930 allait beaucoup plus loin en proposant la création d'institutions communes : en cela le texte final reflète sans doute davantage l'influence d'Alexis Léger lui-même.

C'est peut-être encore Fouques-Duparc qui relève, après avoir recueilli des impressions et renseignements dans les bureaux de la SDN et du BIT, que l'effort européen existe *de facto* déjà dans plusieurs domaines (transit, travail, finances – le texte rappelle la reconstruction financière de l'Autriche et de la Hongrie) : « Bref, sur toute la ligne, – parfois avec des hésitations et même des reculs – l'idée européenne s'est imposée à la reconnaissance de la Société des Nations », parfois par une disposition statutaire, parfois par une simple constatation de fait[40].

Une autre constante dans les travaux du Service au cours de cette période (les premiers mois de 1930) est l'affirmation qu'il faut absolument éviter toute concurrence avec les organes existants de la Société des

---

37 *Ibidem*, pp. 324-329, texte de mémorandum, avec initiales J.F.D. A.L. et annotations manuscrites de Massigli.

38 *Ibidem*, p. 239, télégramme de Fouques-Duparc déjà cité, 19 mars 1930 ; pp. 240-242, lettre à Fouques-Duparc, de quelqu'un du SFSDN qui est à Genève (signature illisible), 26 mars 1930 ; pp. 243-247, note déjà citée, 29 mars 1930.

39 *Ibidem*, p. 211 s.

40 *Ibidem*, pp. 302-322 : « Note pour servir à l'établissement d'un mémorandum sur l'Europe ».

Nations. Il y a plusieurs raisons à cette certitude. Le SFSDN craint des objections trop fortes des États-Unis et des pays non européens de la SDN. Il ne veut pas que l'Europe donne l'impression de se fonder en opposition aux autres États ou groupes d'États – en cela il cherche probablement à aller au devant des objections britanniques liées à l'existence du Commonwealth ou aux relations avec les États-Unis. Il rejette d'autre part la création d'organes lourds et d'une nouvelle bureaucratie.

En tout cas, et bien que cette question ne soit pas entièrement éclaircie, il semble bien qu'il y ait eu au printemps 1930, au Quai d'Orsay, deux projets parallèles et assez différents de mémorandum, celui d'Alexis Léger et celui de Jacques Fouques-Duparc. Massigli, en se basant sur l'ébauche de Fouques-Duparc, aurait établi un texte intermédiaire, ensuite retouché à deux reprises. Et le texte final (1er-17 mai 1930), rédigé par Léger, comporterait aussi la trace des apports de Fouques-Duparc[41]. Le SFSDN aurait donc joué un rôle non négligeable dans l'élaboration du fameux mémorandum français sur l'union européenne, qui ne serait pas l'œuvre du seul Alexis Léger.

Dans son témoignage pour les archives orales du Quai d'Orsay, Massigli parle d'Alexis Léger et un peu du mémorandum sur l'Europe[42]. Il affirme que l'idée originelle de Briand (dont il n'avait pas été informé d'avance) plaçait le politique au premier plan, mais qu'ensuite les travaux du Quai d'Orsay, y compris les siens, ont tendu à mettre les questions économiques au premier plan. Lui-même semble plutôt favorable à cette seconde méthode. Il semble dire par ailleurs que le secrétaire général du ministère, Philippe Berthelot, n'a pas du tout suivi cette affaire européenne[43]. Ces commentaires de Massigli, comme ce qu'il a écrit dans la préface à *Une comédie des erreurs*, ne percent pas le mystère du mémorandum, car ils ne rendent compte que d'une partie de la genèse du texte final. Ils ne permettent pas non plus de comprendre le

---

[41] Knipping, F., *Deutschland, Frankreich und das Ende der Locarno-Ära, 1928-1931*, Munich, Oldenbourg, 1987, p. 155 ; du Réau, É., *op. cit.*, p. 105 :
    « De la fin de l'automne 1929 au 17 mai 1930, date de la publication du mémorandum, les experts du Quai d'Orsay et les conseillers d'Aristide Briand se mettent à l'œuvre. La paternité du texte a été l'occasion d'un débat entre historiens qui n'est pas tout à fait clos. La consultation des archives du Quai d'Orsay fait apparaître que le texte du mémorandum est de la main d'Alexis Léger [...]. Cependant, d'autres documents émanant des fonds du ministère des Affaires étrangères montrent que le texte final est le résultat d'une laborieuse discussion et sans doute d'un compromis ».
    Voir aussi *ibidem*, pp. 106-108 ; Marbeau, M., article cité, p. 19.

[42] MAE/AO, cassettes Massigli, cassette n° 1, face A, entretien du 12 novembre 1981.

[43] Sur l'attitude de Philippe Berthelot, voir Badel, L., « Le Quai d'Orsay, les associations privées et l'Europe », article cité, pp. 111-112.

balancement qui a été observé par les acteurs et par les historiens, entre
priorité à l'ordre politique et priorité à l'ordre économique[44].

C. Après le mémorandum : la Commission d'étude

C'est le 17 mai 1930 que le mémorandum est remis officiellement
aux gouvernements européens, ainsi qu'à ceux des États-Unis, du Japon,
de l'URSS et au secrétariat général de la Société des Nations. Ensuite le
ministère des Affaires étrangères reçoit et enregistre les différentes
réactions en provenance des pays européens – réactions officielles et
opinion publique[45] : il semble que ce soit de nouveau la tâche du SFSDN
(toujours en la personne de Jacques Fouques-Duparc, visiblement), peut-
être en parallèle avec d'autres personnages ou services du ministère. Au
Quai d'Orsay, le scepticisme sur les chances du projet (au moins dans
son option maximaliste) grandit au fur et à mesure qu'arrivent les
réponses des pays d'Europe, qui, toutes, émettent des réserves[46]. Une
note pour Massigli, peut-être rédigée par Fouques-Duparc, en témoigne
en même temps qu'elle prépare la voie à une retraite tactique[47] :

> En prenant en considération les réserves contenues dans les réponses déjà
> adressées au mémorandum sur la Fédération européenne, et celles que l'on
> peut prévoir dans les réponses attendues, on peut se demander si la solution
> d'un *Comité européen de la SDN* ne serait pas la meilleure, à la fois parce
> qu'elle sauverait la face en évitant bien des difficultés, et parce qu'elle
> n'engagerait l'avenir qu'avec prudence.

On adopterait donc « une méthode particulière de travail dans le *cadre universel* de la Société des Nations », ce qui résoudrait toutes sortes
de problèmes insolubles autrement. Suit une sorte de justification *a
posteriori* des positions du SFSDN dans la genèse du mémorandum,
ainsi qu'une critique voilée de l'option différente qui a été prise par
Briand et Alexis Léger :

---

[44]   Sur ce point difficile : *ibidem*, pp. 125-129, et du Réau, É., *op. cit.*, pp. 102-103 et
       107. Merci à R. Boyce et à L. Badel de nous avoir fait partager leurs réflexions sur
       ces contradictions entre priorité à l'économique et priorité au politique.

[45]   MAE, SDN, vol. 2465, 16 mai-28 juin 1930 ; vol. 2466, juillet 1930.

[46]   Sur les réactions des pays européens, voir par exemple Fleury, A. et Jilek, L. (dir.),
       op. cit. ; Boyce, R., « Britain's First No to Europe : Britain and the Briand Plan,
       1929-1930 », *European Studies Review*, vol. 10, 1980/1, pp. 17-45 ; Wandycz, P.,
       The Twilight of French Eastern Alliances, 1926-1936, Princeton, Princeton Universi-
       ty Press, 1988, p. 170 s. ; Knipping, F., *op. cit.*, p. 156 s. ; du Réau, É., *op. cit.*,
       pp. 108-113 ; Rödder, A., *Stresemanns Erbe. Julius Curtius und die deutsche Außen-
       politik, 1929-1931*, Paderborn, F. Schöningh, 1996, p. 113 s. ; Webster, A.G., *Anglo-
       French Relations and the Problems of Disarmament and Security, 1929-1933*,
       Ph. Dissertation sous la direction de Zara Steiner, University of Cambridge, 2001,
       chapitre 6, particulièrement p. 171 s., sur la réaction britannique.

[47]   MAE, SDN, vol. 2466, pp. 66-69, 8 juillet 1930.

C'est en raison de ces difficultés de principe que dans l'avant-projet présenté par le Service, désireux de trouver la ligne de moindre résistance, nous nous étions bornés à proposer l'institution d'une procédure de règlement pratique des problèmes européens les plus techniques, c'est-à-dire aussi les plus faciles à résoudre, procédure qui se définirait progressivement, à mesure que son utilité s'affirmerait. Le mémorandum envoyé par le Gouvernement français a été beaucoup plus courageux. Il a posé tous les problèmes, et les a attaqués de front : et c'est sans doute son habileté que d'avoir amené les États, effrayés à l'idée de se lier dans une fédération européenne, à rechercher leur ligne de retraite précisément dans la direction de la Société des Nations.

Le Quai d'Orsay va alors essayer de synthétiser les remarques et réserves faites par les autres pays européens afin d'en tirer un projet acceptable par la plupart[48]. Il leur propose une nouvelle réunion à Genève le 8 septembre 1930. On s'interroge sur la procédure. Deux notes de Massigli préconisent que l'Assemblée de la Société des Nations soit saisie, qu'elle décide d'étudier cette nouvelle question, qu'elle vote un projet de résolution préparé par Briand et qu'on crée une Commission d'étude[49]. Dans les travaux du SFDSN de cette période domine plus que jamais le souci de ne rien faire contre la SDN, de rester dans le cadre de celle-ci, de ne pas donner d'arguments aux gens qui abritent leurs réticences derrière le principe de la défense de la SDN[50].

C'est donc le 8 septembre 1930 que les délégués européens se réunissent de nouveau, juste un an après le fameux déjeuner du 9 septembre 1929[51]. Briand parvient à obliger ses pairs à prendre position et à obtenir leur approbation pour porter la question européenne devant l'Assemblée de la SDN et y présenter le projet de résolution qu'il a préparé, mais le secrétaire au *Foreign Office*, Arthur Henderson, s'est montré très réticent et les réserves qu'il a exprimées ont failli l'emporter. Le 17 septembre, l'Assemblée vote la résolution qui incite les gouvernements européens à poursuivre leur réflexion et les invite à présenter un rapport pour sa prochaine session – ce qui n'engage pas à grand-chose... Le 23 a lieu une réunion préparatoire de la Commission d'étude pour l'Union européenne, dont Briand est le président et Eric Drummond le secrétaire[52].

---

[48]   *Ibidem*, pp. 176-186, 21 juillet 1930 ; pp. 189-195, 23 juillet 1930 ; vol. 2467, pp. 10-15, 7 août 1930.

[49]   MAE, SDN, vol. 2467, pp. 66-67 et 72-73, deux notes de Massigli, début septembre 1930. Sur la Commission d'étude, voir du Réau, É., *op. cit.*, pp. 116-122.

[50]   Par exemple MAE, SDN, vol. 2467, pp. 18-21, note du SFSDN, 8 août 1930.

[51]   *Ibidem*, pp. 78-113, conférence tenue à Genève sur l'organisation d'un régime d'union fédérale européenne ; pp. 187-191, télégramme de Massigli au ministère, Genève 8 septembre 1930, rendant compte de cette réunion.

[52]   *Ibidem*, pp. 274-275, télégramme de Massigli, Genève, 23 septembre 1930.

En prévision de la première session de la Commission d'étude – prévue pour janvier 1931 –, le Service français de la Société des Nations continue à travailler, à rassembler des informations, à demander aux autres ministères français des idées ou des propositions concrètes pour la coopération européenne[53]. En particulier, il se tient en relations avec le ministère du Commerce, pour parler du commerce du blé, des tarifs douaniers agricoles, des crédits à accorder à l'Europe centrale et orientale, etc. C'est donc le SFSDN qui prépare le travail, côté français, pour la Commission d'étude[54].

À la première session de la Commission d'étude pour l'Union européenne (CEUE), à Genève du 16 au 21 janvier 1931, Briand et Louis Loucheur représentent la France et René Massigli les accompagne[55]. Vingt-sept États y envoient des délégués. Peu de choses concrètes et de propositions nouvelles sortent de cette session, sinon un échange de vues sur l'aide à apporter à l'Europe centrale et orientale durement frappée par la crise. On ne voit guère non plus d'interventions du chef du SFSDN sur les différents problèmes soulevés ; il est ici le fonctionnaire en retrait sur les ministres, et peut-être aussi est-il finalement assez sceptique sur les avancées du projet européen.

En mars 1931, un comité d'organisation, émanation de la Commission, se réunit à Paris[56]. La gestion de cette affaire et la préparation de la réunion du comité semblent assurées principalement par Jacques Fouques-Duparc. La Commission d'étude se réunit de nouveau en mai 1931 à Genève, dans un climat alourdi par la crise économique et la tentative d'union douanière austro-allemande[57]. Comme il était prévisible, la question de l'organisation européenne n'avance pas, si ce n'est sur quelques questions concrètes comme le crédit agricole destiné surtout à venir en aide à l'Europe centrale. Le scepticisme de certains, notamment Berthelot[58], dans les hautes sphères françaises, et la perte d'influence de Briand y sont pour quelque chose. Au cours de l'année

---

[53] *Ibidem*, vol. 2468, pp. 11-14, lettre circulaire du ministère des Affaires étrangères aux ministères des Finances, Commerce, Agriculture, Travaux publics, Travail, Hygiène, Air, PTT, Instruction publique, demandant des idées de domaines où pourrait s'exercer la coopération européenne, 27 novembre 1930 ; puis des réponses des divers ministères, avec des annotations de Massigli.

[54] Par exemple *ibidem*, pp. 54-58 : « Note relative au programme des travaux de la Commission d'étude pour l'Union européenne », peut-être de Fouques-Duparc, 30 décembre 1930 ; pp. 115-122, note du 13 janvier 1931.

[55] *Ibidem*, pp. 239-276, procès-verbal officiel de cette session.

[56] *Ibidem*, vol. 2469.

[57] *Ibidem*, vol. 2470, p. 86 s., dont plusieurs télégrammes de Massigli rendant compte de ce qui se passe à Genève, mai 1931 ; pp. 122-230, procès-verbal officiel de cette session.

[58] Voir à ce propos *ibidem*, pp. 79-81, une lettre de Berthelot à Massigli, Paris, 12 mai 1931.

1931, plusieurs comités dépendant de la CEUE se réunissent, tels le comité du chômage ou le comité des problèmes de crédit, mais sans beaucoup de résultats.

Certaines propositions sont cependant étudiées de façon un peu suivie par le SFSDN. Par exemple, dans le contexte de la crise économique et des suites du projet Briand, on s'interroge en 1931, dans les milieux genevois (SDN et BIT), sur l'opportunité de mettre en route des programmes de « grands travaux » dans un cadre plus ou moins européen. La question est abordée par un comité dépendant directement de la SDN (le Comité d'étude des questions de travaux publics et d'outillage national de la Société des Nations), mais au niveau européen, non au niveau de tous les membres. L'idée de base, qui semble être née au BIT, serait donc de réaliser en Europe, comme une réponse à la crise économique mondiale, de grands travaux d'infrastructures de transport pour améliorer le commerce, la circulation des produits, et pour réduire le chômage en faisant travailler des ouvriers. Il est bien précisé qu'il ne doit pas s'agir d'augmenter la productivité ou la production de certains produits, mais d'améliorer les réseaux d'échange en Europe. Les travaux retenus pourraient bénéficier d'un financement international. Aux Affaires étrangères, c'est le SFSDN qui suit cette question[59]. Dans cette réflexion, il n'est pas un organe moteur, mais il a comme rôle, semble-t-il, de susciter des réunions interministérielles (au moins en décembre 1931 et en juin 1932[60]) pour arrêter une position française à transmettre en réponse à la SDN. C'est lui aussi qui collecte d'abord les avis des divers ministères français pour préparer la réponse que le gouvernement français doit adresser à la circulaire sur les grands travaux publics du Comité d'étude des questions de travaux publics et d'outillage national[61]. Mais il semble qu'ensuite la responsabilité d'une enquête plus approfondie (liste des travaux que la France pourrait proposer dans ce cadre) passe plutôt au sous-secrétariat d'État à l'Économie nationale[62].

Que peut-on tirer de tout ce qui précède pour notre sujet sur les administrations nationales ?

Le Service français de la Société des Nations a été l'un des services du Quai d'Orsay en pointe dans cette question de l'union européenne. Il apparaît en tout cas que les archives les plus complètes sur cette affaire

---

[59]   MAE, SDN, vol. 1549, Travaux publics européens, 28 mai-31 décembre 1931. Voir par exemple dans ce volume, pp. 199-200, note du SFSDN [F.S., François Seydoux ?] pour la sous-direction des relations commerciales : « Programme de grands travaux publics », 25 novembre 1931.

[60]   MAE, SDN, vol. 1549 (pour celle de décembre 1931) et 1550 (pour celle de juin 1932).

[61]   MAE, SDN, vol. 1550.

[62]   *Ibidem*, pp. 224-225, note du SFSDN, au sujet du programme de grands travaux publics patronné par la Société des Nations, 9 juin 1932.

du plan Briand sont celles du SFSDN, ce qui tendrait à prouver que c'est là qu'on s'en est le plus occupé. D'autre part, les archives du SFSDN ont échappé à l'incendie volontaire des archives politiques du Quai d'Orsay en mai 1940, car elles se trouvaient encore aux Invalides à ce moment. La raison en est que la question a été posée par Briand à la tribune de la Société des Nations, que rapidement il s'est avéré que les États concernés ne voulaient pas sortir du cadre de la SDN et que la suite des travaux (la Commission d'étude) s'est déroulée également dans le cadre de Genève. Il revenait donc au SFSDN – qu'il le souhaitât ou non – de gérer et de synthétiser tout cela.

Peut-on aller plus loin et chercher une véritable conception européenne au sein du SFSDN ou chez certains de ses agents ? C'est moins sûr. Nous n'avons guère de traces d'une « vision » européenne globale chez l'un ou l'autre membre du Service au cours des années 1920, même si nous avons relevé que certains, parfois à titre extra-professionnel, avaient des affinités avec les idées européennes ou leurs promoteurs. Ils ne traitent pas de questions européennes, au sens où nous employons maintenant l'adjectif « européen » ; ils traitent, entre autres choses, des questions dont le cadre naturel est l'Europe (les minorités allemandes, la reconstruction financière de pays d'Europe centrale, etc.). Avec le projet présenté par Briand en septembre 1929, une inflexion se dessine : le SFSDN est amené à considérer le continent européen comme un ensemble et un objet d'étude en soi. Mais il semble que, vers 1929-1931, aucun membre du Service n'ait sérieusement envisagé pour un avenir proche une véritable union européenne, avec des institutions communes autonomes. La réflexion du Service a tourné autour de deux points essentiels : rester dans le cadre de la SDN, par exemple sous la forme d'un comité européen de la SDN ; s'engager d'abord sur des terrains concrets, où la SDN ou son éventuel comité européen pourraient réellement agir pour améliorer la situation sur des points précis (transit, questions douanières, hygiène, crédit agricole).

La question européenne telle que suscitée par l'initiative de Briand de 1929 a certainement mobilisé les énergies de plusieurs personnes au Quai d'Orsay, parfois au corps défendant de certains (Massigli ?). Elle a notamment été suivie de très près, on l'a vu, par Jacques Fouques-Duparc, un des personnages importants de ce service, qui a défendu entre l'automne 1929 et l'été 1930 une vue assez cohérente, partagée visiblement en gros par son chef Massigli – et peut-être différente de la vision plus audacieuse de Léger. Le personnel du SFSDN en a en tout cas retiré l'idée qu'il existait des *matières* (c'est le mot employé par Massigli) dont les pays d'Europe pouvaient s'occuper en commun. Est-ce une lointaine préfiguration de l'approche sectorielle lancée en 1950-1951 avec la Communauté européenne du Charbon et de l'Acier ?

Au total, on le sait, le projet Briand d'union européenne s'est enlisé et n'a débouché sur rien. La Commission d'étude n'est pas parvenue à mettre sur pied des projets concrets ; la crise économique et les tensions entre États européens expliquent en partie cet échec[63]. Il s'agit cependant d'une expérience intéressante pour les membres du Service français de la Société des Nations. René Massigli, Jacques Fouques-Duparc, François Seydoux, Jean Paul-Boncour ont beaucoup travaillé sur les bases du projet et sur les suggestions concrètes. Ils ont examiné des notions comme celles de souveraineté des États, de rapprochement économique et douanier, de réseaux de transport en Europe. Or après la Seconde Guerre mondiale, ces hommes continuèrent à mettre en œuvre la politique de la France dans les questions européennes : Massigli ambassadeur à Londres pendant dix ans, Fouques-Duparc ambassadeur à Rome pendant dix ans également, Seydoux directeur d'Europe, puis plus tard ambassadeur à Bonn.

Les réflexions suscitées au Quai d'Orsay, et ailleurs en Europe, par l'initiative de Briand ne furent pas tout à fait perdues et remontèrent par bribes lorsque la question de la construction européenne reprit de l'actualité à la fin des années 1940. On en trouve un écho très indirect en 1948, lors du processus qui mène à la fondation du Conseil de l'Europe. Alors que les conceptions française et britannique s'opposent sur ce que pourrait être une future assemblée européenne, Massigli, qui est alors ambassadeur de France à Londres, écrit (avec ironie ou avec nostalgie ?) : « Au *Foreign Office*, on a tiré des cartons le plan Briand et on examine ce que l'on peut en tirer[64] ».

---

[63] Du Réau, É., *op. cit.*, pp. 121-123.

[64] MAE, Papiers Massigli, vol. 95, pp. 131-132, lettre de Massigli à Jean Chauvel, 15 octobre 1948.

La sous-direction des relations commerciales du Quai d'Orsay et la reconstruction économique de l'Europe

Stanislas JEANNESSON

Université de Paris-IV, UMR-IRICE

On estimait avant la Première Guerre mondiale que le volume des affaires traitées par les services politiques du Quai d'Orsay augmentait d'environ 10 % par an, c'est-à-dire que le chef du Service du classement commandait chaque nouvelle année 10 % de cartons de plus que l'année précédente[1]. La guerre n'a fait qu'amplifier le phénomène. Mais bien évidemment, ce n'est pas tant le nombre croissant des affaires qui donne alors une autre dimension à la politique étrangère de la France, que leur nature et leur importance nouvelles. L'imbrication du politique et de l'économique n'est pas à proprement parler un phénomène récent : la réforme de 1907, qui crée au Quai d'Orsay une direction unique des affaires politiques et commerciales, pour que les deux questions cessent de relever de deux services indépendants, montre qu'on avait déjà pris conscience des évolutions[2]. Mais la guerre, et l'après-guerre, font surgir des problèmes inédits, qui sollicitent constamment l'attention et l'intervention des gouvernements : questions de commerce, de transports, de change, de réparations, d'ententes, de défense économique, qu'il est désormais indispensable d'envisager dans une optique globale, et que

---

[1] Ministère des Affaires étrangères (MAE), série Relations commerciales, sous-série A-Administration (RC/A), vol. 10, pp. 91-98, note non datée sur la réorganisation des services de la sous-direction des relations commerciales.

[2] Baillou, J. (dir.), *Les Affaires étrangères et le corps diplomatique français*, tome II : 1870-1980, Paris, CNRS, 1984 ; Dethan, G., « Le Quai d'Orsay de 1870 à 1914 », *Opinion publique et politique extérieure*, tome I : 1870-1915, Université de Milan-École française de Rome, 1981, pp. 169-175. Avant 1907, deux services se partageaient le travail : la direction des affaires politiques et celle des consulats et des affaires commerciales. La réforme de 1907 les réunit en une seule direction. Le but est de traiter les questions de façon globale et de ne pas laisser aux seuls consuls le soin de s'occuper des affaires économiques, qui ont pris une importance nouvelle dans les relations internationales.

l'on prend l'habitude, dès 1919, de rassembler sous le nom de « reconstruction de l'Europe[3] ».

Les administrations doivent s'adapter. La diplomatie traditionnelle, en France du moins, est mal préparée pour affronter des questions dont on perçoit bien l'importance mais qui rebutent, par leur redoutable aspect technique, des agents finalement peu qualifiés en ces matières, surtout face à des experts américains et britanniques beaucoup mieux formés. Il faut un personnel spécialisé, stable, qui ait le temps de se familiariser avec des dossiers souvent ardus et complexes. La division de la direction des affaires politiques et commerciales en quatre sous-directions géographiques (Europe, Amérique, Asie-Océanie, Afrique[4]) ne répond pas à ces nouvelles exigences. Le 1er mai 1919 est donc créée une sous-direction des relations commerciales, en charge des questions économiques et financières[5]. Sa tâche, telle que la définit le décret officiel, est gigantesque : reprise, réorganisation et développement des relations commerciales avec la France ; accords et conventions avec les pays étrangers ; régime du commerce d'exportation et d'importation en ce qui concerne les transports, les paiements et les échanges ; transformation des accords de blocus ; négociation, au sein des organismes interalliés, des questions de ravitaillement et de répartition des matières premières ; exécution des clauses économiques et financières des traités de paix, notamment le paiement des réparations ; accords concernant l'organisation du tourisme en France[6]. On voit qu'il s'agit là d'un ensemble de questions en apparence très techniques, mais qui peuvent rapidement prendre une dimension politique envahissante – c'est bien sûr le cas pour les réparations. Comment aborder ces différents problèmes, comment trouver sa place dans l'organigramme du ministère,

---

[3]   Vaïsse, M., « L'adaptation du Quai d'Orsay aux nouvelles conditions diplomatiques (1919-1939) », *Revue d'Histoire moderne et contemporaine*, vol. 32, 1985, pp. 145-162 ; Dethan, G., « Le Quai d'Orsay de 1914 à 1940 », *Opinion publique et politique extérieure*, tome II : 1915-1940, Université de Milan-École française de Rome, 1984, pp. 157-163. Sur le thème majeur et récemment revisité de la reconstruction de l'Europe, voir Soutou, G.-H., « L'ordre européen de Versailles à Locarno », in C. Carlier et G.-H. Soutou (dir.), *1918-1925 Comment faire la paix ?*, Paris, Économica, 2001, pp. 301-331 ; Bussière, É., « La paix économique dans les années 1920 ou la recherche d'une architecture économique pour l'Europe », in C. Carlier et G.-H. Soutou (dir.), *op. cit.*, pp. 333-345 ; Petricioli, M. (dir.), *Une occasion manquée ? 1922 : la reconstruction de l'Europe*, Berne, Peter Lang, 1995.

[4]   La sous-direction d'Afrique devient Afrique-Levant en 1925.

[5]   On ne recrée pas pour autant la situation d'avant 1907, puisque cette sous-direction dépend étroitement de la direction des affaires politiques et commerciales et ne se désintéresse donc pas des questions politiques.

[6]   Décret du 1er mai 1919, paru au *Journal officiel* le 4 mai. La phrase mentionnant l'exécution des clauses économiques et financières des traités parmi les compétences de la sous-direction n'apparaît que dans l'annuaire diplomatique et consulaire de 1926, mais confirme un état de fait existant depuis l'origine.

comment parvenir à imposer sa manière de voir : autant de questions qui se posent dès l'origine à la sous-direction naissante, et qui ne trouvent leur réponse que progressivement, dans la réflexion et la pratique quotidiennes.

I. Origines et structures

La sous-direction des relations commerciales n'apparaît pas *ex nihilo* : elle émane directement de la direction du blocus, dont l'histoire est elle-même complexe[7]. Dès les premiers mois de la guerre, le Quai d'Orsay avait confié la gestion du blocus contre l'Allemagne à la sous-direction d'Asie, en charge des questions maritimes internationales, et par ailleurs la seule à n'être pas totalement débordée de travail. Mais la question prend une telle extension qu'il faut en 1916 créer un sous-secrétariat d'État au blocus, dépendant du Quai d'Orsay et confié à Denys Cochin, ainsi qu'une direction spéciale. Celle-ci est ensuite intégrée au ministère des Régions libérées, puis directement rattachée aux Affaires étrangères à la fin de décembre 1918. C'est elle, forte de l'expérience acquise au contact des experts anglo-saxons, qui durant la conférence de la Paix, représente le Quai d'Orsay dans les comités de ravitaillement et de blocus, ainsi qu'au Conseil suprême économique. Dans la pratique, elle avait entre les mains toutes les affaires économiques qui, du fait même de la guerre, se présentaient sous un jour incroyablement plus complexe et développé qu'avant 1914.

La sous-direction des relations commerciales, dont le personnel, Jacques Seydoux en tête, est en partie le même que celui qui officiait dans les services du blocus, confirme donc la nécessité, en temps de paix désormais, de sortir du provisoire pour traiter, dans la durée et dans une perspective qui n'est plus seulement géographique, des questions économiques posées par la guerre et les traités. À monde nouveau, diplomatie nouvelle et outils diplomatiques nouveaux. La guerre joue donc un rôle décisif : la diplomatie française prend enfin pleinement conscience de l'importance des facteurs économiques – et de leur dimension multilatérale –, qu'elle avait jusqu'alors tendance à considérer comme secondaires et de toutes façons subordonnés à la défense des intérêts politiques nationaux.

---

[7]   Cochin, D. (dir.), *Les organisations de blocus en France pendant la guerre (1914-1918)*, Paris, Plon, 1926 ; voir notamment l'exposé historique rédigé par Jean Gout, pp. 1-35. Les archives de la direction du blocus sont conservées au Quai d'Orsay (série Blocus 1914-1920, 392 volumes). Elles ont été récemment reclassées et sont désormais facilement consultables. Elles sont encore largement inexploitées. La sous-direction des relations commerciales est créée en mai 1919, mais ne commence effectivement à fonctionner qu'en janvier 1920 ; tous les papiers de la sous-direction pour la période de mai à décembre 1919 sont donc conservés dans la série Blocus.

N'imaginons pas toutefois que tout cela résulte d'un plan mûrement réfléchi et, de la part des responsables du Quai d'Orsay, d'une volonté claire de réformer en profondeur l'organisation interne du ministère. Il s'agit plutôt de s'adapter dans l'urgence et transformer les structures mises en place durant la guerre, et elles-mêmes forgées à la hâte. En ce domaine, l'improvisation est de rigueur. Si l'on excepte Philippe Berthelot, peu de diplomates avaient initialement conscience de l'absolue nécessité de créer un service dévolu aux questions commerciales, ni de l'ampleur de la tâche qui l'attendait. Plus que les diplomates, ce sont les milieux d'affaires, directement ou par la voix de certains parlementaires, qui au départ, réclament un nombre plus élevé d'attachés commerciaux et la création, au sein de l'administration, d'un département spécialisé, tant pour renseigner les industriels que pour accompagner la mise en place d'une politique d'expansion économique[8].

L'organisation interne de la sous-direction reflète tant ces préoccupations nouvelles que la relative improvisation dans laquelle elle s'est mise en place[9]. Elle est à l'origine principalement divisée en deux grands services. Le premier, placé sous l'autorité d'un chef de bureau (Arnaud de Vitrolles de 1919 à 1924) est en charge des affaires commerciales proprement dites : préparation des accords commerciaux ; publication d'un bulletin d'informations économiques ; règlement des différends entre commerçants français et administrations étrangères ; centralisation des renseignements, notamment venant d'Allemagne (au sein d'un bureau économique d'Allemagne) ; service douanier. Pour toutes ces questions, la sous-direction travaille, théoriquement, en coopération étroite avec le ministère du Commerce et d'autres ministères dits techniques (Agriculture, Marine), dont il porte les revendications sur le terrain diplomatique. Tout cela ne va pas, en fait, sans de nombreux conflits et rivalités, notamment lors de la préparation des accords commerciaux, chaque ministère ayant à défendre ses intérêts propres.

Le second service est placé sous l'autorité directe du sous-directeur ce qui lui donne un relief particulier. Il porte le titre évocateur de Service des réparations et de la reconstitution économique de l'Europe. Il

---

[8] Vaïsse, M., article cité.

[9] Les archives de la sous-direction des relations commerciales sont conservées au Quai d'Orsay (série Relations commerciales 18-40). Le fonds, considérable, se subdivise en trois sous-séries : A-Administration, B-Dossiers généraux, C-Dossiers géographiques. La sous-série B est la plus intéressante, et le seul examen de l'inventaire donne une idée de la diversité des questions traitées par le Service (77 dossiers sur les affaires douanières, 60 sur les foires et expositions, 142 sur les pétroles, 84 sur le « relèvement des pays d'Europe centrale », 23 sur la navigation maritime, mais aussi sur les chambres de commerce, l'industrie du cinéma, les produits du sol, les communications postales, etc.). C'est dans la sous-série B-81/82, Délibérations internationales (474 volumes), qu'on trouve tous les dossiers de la conférence de Gênes, de l'occupation de la Ruhr ou de la conférence de La Haye.

est chargé des réparations, question qui prend vite une importance démesurée et en vient à conditionner, à partir de 1921, l'ensemble de la politique étrangère de la France, ainsi que tous les problèmes économiques posés par les traités de paix : transports internationaux (régimes fluviaux et ferroviaires notamment), dettes interalliées, reconstruction financière des pays d'Europe centrale et orientale (Autriche, Pologne, Bulgarie…), question de la Russie, etc.[10] Les membres de ce service (Seydoux, Bérard, Dussol, Felcourt) forment l'essentiel des délégations françaises présentes aux grandes conférences économiques et financières de l'après-guerre : Spa, Bruxelles, Paris, Londres, Cannes, Gênes, La Haye, etc. On est en présence de véritables experts qui maîtrisent parfaitement leur sujet.

On peut tout de suite faire trois remarques concernant l'appellation du Service : le terme « reconstitution » paraît moins ambitieux que celui de « reconstruction » et semble supposer un certain retour au *statu quo ante*, à la situation d'avant-guerre, autant que faire se peut. Rebâtir certes, mais en s'appuyant sur des bases connues et des fondations solides. Sans doute aussi, tout simplement, le terme est-il employé pour le distinguer du sens purement matériel donné alors en France à la reconstruction – celle des régions détruites[11]. Par ailleurs, et c'est une deuxième remarque, on se place désormais dans une perspective globale, et très novatrice, celle de la reconstitution de l'ensemble de l'économie européenne : la guerre, les destructions matérielles, bien sûr, mais surtout humaines, morales, économiques, monétaires, ont frappé tout le continent. C'est ensemble, qu'ils le veuillent ou non, que les pays et les peuples se relèveront : on comprend bien qu'il faut, en théorie du moins, cesser de raisonner en termes de relations bilatérales et que, en ce qui concerne les problèmes économiques, l'existence des frontières (et il en apparaît de nouvelles) ne doit pas conditionner la résolution des difficultés. Troisième remarque, on constate toutefois que dans l'esprit des responsables français, cette reconstruction européenne est fondamentalement liée au paiement par l'Allemagne et les États vaincus des réparations. Le rapprochement des deux termes, réparations et reconstruction, est très significatif, et source de débats dont on perçoit mal encore en 1919 les implications. Nous y reviendrons.

---

[10] MAE, RC/A, vol. 10, pp. 87-90, note sur le personnel et l'organisation de la sous-direction, octobre 1922.

[11] Les Anglais, comme les Américains, qui ne connaissent pas le problème des destructions matérielles, donnent d'emblée au terme « reconstruction » un sens économique global, impliquant le retour plus ou moins rapide à la prospérité. Enfin, de façon moins explicite, s'impose également l'idée d'une reconstruction plus politique, permettant d'assurer la sécurité du continent (à travers la SDN ou le retour à une forme dérivée du concert européen) ; voir Bariéty, J., « L'Allemagne et l'équilibre européen », in M. Petricioli (dir.), *op. cit.*, pp. 129-146.

À mesure qu'elles trouvent une solution, toutes ces questions, notamment celle des réparations, passent au second plan. La crise, par ailleurs, au début des années 1930, porte un coup brutal aux vues trop ambitieuses : la reconstruction économique de l'Europe et les résultats patiemment obtenus depuis l'adoption du plan Dawes semblent bien compromis. Dès lors, la sous-direction perd progressivement ses compétences « politiques » et se concentre sur ses attributions techniques, essentiellement commerciales. Elle cesse, et l'examen des archives est sur ce point très éclairant, de produire des notes de politique générale envisageant les problèmes dans une perspective globale, en dégageant leurs conséquences à long terme. C'est aussi très certainement le résultat d'un recadrage des attributions des Relations commerciales, dont on estimait qu'elles empiétaient trop sur les prérogatives des sous-directions géographiques (la sous-direction d'Europe notamment, qui se plaignait d'être dessaisie de questions politiques de son ressort), comme de certains ministères, en particulier celui du Commerce. En 1937, le Service se répartit en deux bureaux, une division économique, chargée des négociations commerciales, des études préparatoires, de l'application des accords et de l'expansion du commerce français à l'étranger (propagande, foires, expositions…), et une division financière, en charge des questions liées aux transports, aux transferts financiers résultant d'opérations commerciales, à l'admission de valeurs étrangères dans les bourses françaises, etc.[12]

Même si les perspectives et les ambitions ne sont plus les mêmes, l'activité ne ralentit pas et le Service continue, durant tout l'entre-deux-guerres, d'employer un personnel chaque année de plus en plus important. Son organigramme, dont la structure ne change pas, comprend dès l'origine un sous-directeur, un chef de bureau (le poste n'est pas pourvu de 1928 à 1935), deux sous-chefs de bureau, et un nombre variable de rédacteurs : quatre de 1919 à 1925, ce qui porte à huit le nombre d'agents de la sous-direction ; sept en 1927 ; dix en 1934 ; et treize en 1937, ce qui porte alors à dix-sept le total des agents[13]. Les Relations commerciales ne sont donc touchées ni par les réductions budgétaires, qui dans d'autres services provoquent une compression des effectifs[14], ni par la crise, qui, a priori, devrait entraîner un ralentissement des affaires, signe évident de reconnaissance. En terme de

---

[12]   MAE, RC/A, vol. 4, pp. 214-216, note sur l'organisation du Service des relations commerciales, octobre 1937.

[13]   Voir les annuaires diplomatiques et consulaires.

[14]   C'est par exemple le cas pour le Service français de la SDN, à bien des égards comparable, tant par ses origines que par l'esprit de son action, à la sous-direction des relations commerciales. Voir l'article de Raphaële Ulrich-Pier dans le présent volume, ainsi que Marbeau, M., « Un acteur des nouvelles relations multilatérales : le Service français de la Société des Nations (1919-1940) », Matériaux pour l'histoire de notre temps, n° 36, 1994, pp. 11-20.

personnel, c'est alors, en 1937, et de loin, la sous-direction la plus importante du ministère (la sous-direction d'Europe emploie onze agents). S'ajoutent également un archiviste, un attaché classeur, un expéditionnaire, divers attachés (à la Commission des réparations, à la direction générale des douanes, etc.), de nombreuses secrétaires, sténo-dactylos et standardistes. En 1922, trente-cinq personnes travaillent à la sous-direction[15]. Les locaux, dans les premiers temps, sont trop exigus, partagés entre le Quai d'Orsay et la rue de Constantine[16]. Jacques Seydoux s'en plaint amèrement : les agents répugnent à venir dans un service où il y a beaucoup à faire, où l'on est mal logé (quatre à cinq par bureau) et où l'on est à l'écart du bâtiment central, « l'endroit où l'on sait qu'on peut être vu et entretenir ses relations[17] ». Seydoux demande dix-neuf bureaux au Quai d'Orsay, il en obtient six, partagés entre le troisième et le quatrième étage. Et pourtant, la sous-direction, et c'est aussi ce qui fait son originalité, se doit d'être constamment accessible au public : commerçants et agents étrangers doivent y trouver les rensei-gnements qu'ils désirent, et le personnel est formé pour répondre aux questions des visiteurs. Autres signes de son activité et de son ouverture à l'extérieur, elle dispose de trois lignes téléphoniques particulières et reçoit, au cours de la seule année 1921, 24.000 lettres et télégrammes ; elle en expédie 41.000[18].

II. Les hommes

Les agents qui, entre 1919 et 1939, passent par la sous-direction des relations commerciales sont assez peu nombreux : soixante au total. Ils y restent en moyenne un peu moins de quatre ans. Ce dernier chiffre ne signifie pas grand-chose, un certain nombre d'entre eux ne se main-tenant guère plus d'un an. Si on ne tient compte que des trente-cinq agents qui restent en poste plus de deux ans, la moyenne dépasse alors

---

[15] MAE, RC/A, vol. 10, pp. 78-85, note sur le personnel et les traitements, 5 octobre 1922.

[16] Les nouveaux services avaient été installés pendant la guerre au 27, rue de Constan-tine et, de l'autre côté de la Seine, au 3, rue François 1er. C'est dans ce dernier im-meuble que prend place le Service de la SDN, encore plus mal loti que les Relations commerciales. Il faut attendre 1935 pour que commencent les travaux d'extension du bâtiment du Quai d'Orsay. Voir Baillou, J. (dir.), *op. cit.*, et Vaïsse, M., article cité.

[17] MAE, RC/A, vol. 9, pp. 95-96, note de Seydoux, le 28 juin 1920.

[18] Dans un article publié en 1927 – il n'est plus alors dans la maison –, Seydoux demande que le Quai d'Orsay se dote, à l'instar du *Foreign Office*, d'une imprimerie pour permettre la diffusion rapide, dans tous les services, des documents et des in-formations. Il s'étonne aussi que les diplomates français n'aient pas encore pris l'habitude de correspondre entre eux par téléphone, comme le font habituellement leurs collègues allemands ou anglais (Seydoux, J., « Suggestions pour une réorgani-sation du ministère des Affaires étrangères », *L'Europe nouvelle*, 26 mars 1927, pp. 428-430).

les cinq ans de présence, ce qui est le signe d'une continuité assez remarquable. À l'évidence, les Relations commerciales réclament un personnel stable, qui ait le temps de se familiariser avec des dossiers souvent complexes. Certains deviennent de réels spécialistes et y réalisent une grande partie de leur carrière. Le cas le plus remarquable est celui de Robert Coulondre, qui y entre en 1920 comme sous-chef de bureau, devient chef de bureau en 1924 puis sous-directeur en 1928. Il est ensuite nommé directeur-adjoint des affaires politiques et commerciales en 1932, après douze ans passés aux relations commerciales. Il est à partir de 1936 ambassadeur à Moscou, avant de succéder à François-Poncet à Berlin après la conférence de Munich – c'est lui qui, le 3 septembre 1939, annonce à Ribbentrop que la France est décidée à remplir ses engagements à l'égard de la Pologne. Passer par les Relations commerciales peut donc mener aux postes les plus prestigieux de la Carrière[19]. Le cas d'Antoine Delenda est un peu différent : rédacteur pendant sept ans, de 1919 à 1926, il revient à la sous-direction en 1936 comme chef de division, puis en prend la tête en 1938 (il reste d'ailleurs à son poste sous Vichy). On peut aussi citer l'exemple, plus obscur, de Maurice Ducos, rédacteur sans discontinuité de 1922 à 1935, pendant quatorze ans. Ou de Jacques Tarbé de Saint-Hardouin, rédacteur de 1929 à 1930, puis sous-chef de division de 1935 à 1938 et chef de division en 1939.

Autre trait remarquable, mais qui s'applique à vrai dire à l'ensemble des diplomates, la formation quasi identique d'agents qui, avant d'entrer au Quai d'Orsay, sont passés par les mêmes écoles, ont suivi les cours des mêmes professeurs et ont appris à raisonner suivant les mêmes critères. Parmi les soixante agents qui durant l'entre-deux guerres travaillent aux Relations commerciales, trente et un ont un diplôme de l'École libre des sciences politiques et dix-huit une licence de droit. Ceux qui échappent au cursus classique font figure d'exception : sept ont une licence de lettres, trois sont issus d'HEC, deux d'une école supérieure de commerce, un de Polytechnique et un de l'ENS[20]. Une formation, dans l'ensemble, qui ne prépare guère aux questions très spécifiques, d'ordre économique et financier, qu'ils auront à traiter et qui les condamne, en quelque sorte, à apprendre sur le tas.

Jacques Seydoux est sous-directeur de 1919 à 1924, Coulondre de 1928 à 1932, Renom de la Baume de 1932 à 1937 et Delenda de 1937 à 1939. De 1924 à 1926, les deux sous-directeurs qui se succèdent, Sorbier de Pougnadoresse et Doynel de Saint-Quentin, ne restent pas assez longtemps pour imprimer leur marque, d'autant qu'en fait, l'influence de Seydoux, alors directeur-adjoint des affaires politiques et commer-

---

[19]   Duroselle, J.-B., *La décadence 1932-1939*, Paris, Imprimerie nationale, 1979.

[20]   Annuaires diplomatiques et consulaires. Certains agents cumulent les diplômes, ce qui explique évidemment le total supérieur à soixante.

ciales, reste déterminante sur la sous-direction. En 1927 (Seydoux est alors en retraite), le poste n'est pas pourvu : c'est Coulondre, encore chef de bureau, qui prend alors en main la sous-direction. Au total, et en pratique, quatre hommes, en vingt ans, se succèdent donc à la tête du service, ce qui permet d'assurer la continuité des politiques et renforce la cohésion du personnel. Il faut d'ailleurs insister sur l'influence de Seydoux, qui perdure bien au-delà de 1924, deux de ses successeurs, Coulondre et Delenda ayant directement travaillé sous ses ordres dans les années de l'immédiat après-guerre.

La personnalité, les idées, l'autorité de Jacques Seydoux sont tout à fait déterminantes pour comprendre l'évolution de la politique étrangère de la France entre 1919 et 1926[21]. Rien, à vrai dire, ne le prédisposait à devenir l'expert indiscutable qu'il devint en matière économique et financière. Né en 1870 dans une famille protestante et bonapartiste, lui-même républicain, diplômé de l'École des sciences politiques, il entre au Quai d'Orsay en 1895. En poste notamment à Londres et Berlin, il s'apprête à suivre la carrière classique du diplomate lorsqu'en 1906, la maladie le contraint à renoncer à tout séjour à l'étranger. Il demeure à l'administration centrale, souffrant d'une paralysie croissante, jusqu'à son départ anticipé en décembre 1926. Il meurt à cinquante-neuf ans, en mai 1929. C'est durant la guerre, en charge du blocus, qu'il apprend à traiter dans le détail des questions économiques auxquelles la formation traditionnelle réservée aux diplomates français ne l'avait pas spécialement préparé. Il s'impose alors comme l'expert tout désigné pour représenter la France dans les divers comités interalliés (blocus, ravitaillement, etc.) dans les dernières années du conflit et l'immédiat après-guerre. L'expérience unique acquise au contact permanent de ses collègues américains et britanniques lui donne l'habitude d'aborder les questions en les sortant du cadre restreint des rapports franco-allemands où voudraient souvent les contenir les responsables du Quai d'Orsay. Il comprend aussi que l'économie peut fournir des solutions pratiques aux difficultés politiques les plus insurmontables. Dès l'été 1919, quand il réalise qu'on ne parviendra pas à maintenir l'unité de vue qui prévalait jusqu'alors entre alliés, notamment face au régime douanier à appliquer à l'Allemagne, il se fait, avec Louis Loucheur, le défenseur d'un rapprochement des industries française et allemande pour favoriser le paiement

---

[21] On peut se reporter à la biographie consacrée à Jacques Seydoux dans Baillou, J. (dir.), *op. cit.*, pp. 521-529, ainsi qu'à Jeannesson, S., « L'Europe de Jacques Seydoux », *Revue historique*, n° 299, 1998, pp. 123-144. Les papiers de Jacques Seydoux, versés au Quai d'Orsay par son fils François, ambassadeur à Bonn de 1958 à 1962, puis de 1965 à 1970, sont d'une extrême richesse (61 volumes rassemblant la totalité des notes de Jacques Seydoux, sa correspondance, ses articles et ses souvenirs).

de livraisons en nature[22]. Sa capacité de travail hors du commun, la précision, la clarté et le sérieux de ses analyses, le courage dont il fait preuve face à la maladie qui le ronge, lui valent l'admiration et le respect de ses subordonnés, de ses chefs, y compris les plus prestigieux et les plus avares de compliments (on pense à Clemenceau ou Poincaré), et de ses interlocuteurs, quelle que soit leur nationalité, britannique, américaine, belge, italienne et même allemande[23].

L'engagement européen de Jacques Seydoux prend sa pleine mesure lorsqu'il quitte le Quai d'Orsay, en décembre 1926, et qu'il fonde *Pax*, un « hebdomadaire indépendant d'économie et de politique internationales », qui paraît à Genève et ouvre ses colonnes aux défenseurs de la sécurité collective et du rapprochement franco-allemand. Quelques extraits des 246 articles qu'il publie entre 1921 et 1929, tant dans *L'Europe nouvelle* que dans de nombreuses revues étrangères, sont rassemblés après sa mort, en un recueil qui résume l'essentiel de sa réflexion et de son influence[24].

Ainsi, par ses origines, par ses attributions, par son organisation interne, par la compétence de son personnel, par les idées et l'ascendant de son chef, Jacques Seydoux, la toute récente sous-direction des relations commerciales était certainement la mieux disposée pour impulser à la politique étrangère de la France des orientations nouvelles, tenant compte, au-delà de la défense des intérêts nationaux, qui demeure évidemment prioritaire, de préoccupations communes à l'ensemble du continent européen. Reste à savoir dans quelle mesure les idées émanant de ses bureaux ont effectivement influencé la politique du Quai d'Orsay. Nous tenterons d'en juger en examinant d'un peu plus près le processus qui conduit la France, au sortir de l'occupation de la Ruhr, à adopter le plan Dawes, entre octobre 1923 et avril 1924.

---

[22]   Soutou, G.-H., « Problèmes concernant le rétablissement des relations économiques franco-allemandes après la Première Guerre mondiale », *Francia*, vol. 8, 1974, pp. 580-596 ; du même auteur, « Die deutschen Reparationen und das Seydoux-Projekt 1920-1921 », *Vierteljahrshefte für Zeitgeschichte*, n° 23, 1975, pp. 237-270 ; Jeannesson, S., « Jacques Seydoux et la diplomatie économique dans la France de l'après-guerre », *Relations internationales*, n° 121, 2005, pp. 9-24.

[23]   Voir par exemple Seydoux, F., « Hier au Quai d'Orsay, Jacques Seydoux, mon père », *Revue des deux Mondes*, 15 janvier 1964 (p. 185 : l'anecdote, peut-être inexacte, où Clemenceau, après s'être fâché contre les « experts » lors d'une séance de la conférence de la Paix, et les avoir fermement priés de sortir, va lui-même chercher Seydoux en coulisses pour le ramener à la table des discussions en poussant son fauteuil roulant).

[24]   Seydoux, J., *De Versailles au plan Young*, Paris, Plon, 1932.

III. Le rôle de la sous-direction dans l'adoption du plan Dawes (1924)

Au lendemain de la guerre, pour la grande majorité des Français comme pour les gouvernements du Bloc national, la reconstruction de l'Europe, c'est d'abord celle de la France[25]. De ses régions dévastées, comme on dit alors, cela va de soi ; mais aussi de ses finances et de l'ensemble de son économie. Tout naturellement, c'est l'Allemagne, jugée par le traité responsable de la guerre, de ses dommages et de ses conséquences, qui doit, presque à elle seule, y contribuer : en versant des réparations, notamment sous forme de livraisons de charbon et coke pour alimenter la sidérurgie française, en acceptant un régime commercial défavorable, en aidant directement au relèvement des départements du Nord et de l'Est. L'objectif, comme Jacques Bariéty l'a bien montré, n'est pas seulement de reconstruire, mais de faire de la France la puissance dominante sur le continent, en inversant les rapports de dépendance qui existaient avant-guerre entre elle et l'Allemagne : la France, désormais, recevra gratuitement le coke de la Ruhr, tandis que l'Allemagne devra acheter le fer de Lorraine[26]. Mais il faut se hâter : le traité ne prévoit que pour dix ans – jusqu'en 1930 – la possibilité des livraisons en nature et les clauses commerciales discriminatoires prennent fin en 1925. Comme par ailleurs, les paiements de réparations sont loin de donner satisfaction, même les moins sceptiques finissent par douter de la réalisation des ambitions initiales. L'occupation de la Ruhr vise non seulement à faire pression sur l'Allemagne pour qu'elle paye régulièrement ses annuités, mais aussi à s'assurer de prises de participation, majoritaires ou non, dans des mines de charbon pour garantir l'approvisionnement de la sidérurgie française en coke au-delà de la date butoir de 1930.

L'autre grande question est celle de la sécurité. Là encore, les gouvernements du Bloc national, Poincaré en tête, ne peuvent concevoir de paix qu'avec une Allemagne affaiblie, soigneusement contrôlée et tenue à distance, au plan militaire, des frontières françaises. L'occupation de la rive gauche du Rhin et la présence des troupes françaises sur le sol allemand valent mieux que toutes les garanties bien incertaines que peut

---

[25] Jeannesson, S., *Poincaré, la France et la Ruhr (1922-1924)*, Strasbourg, Presses de l'Université de Strasbourg, 1998. Sur la crise de la Ruhr, voir Schwabe, K. (ed.), *Die Ruhrkrise 1923*, Paderborn, Schöningh, 1986 ; Fischer, C., *The Ruhr Crisis 1923-1924*, Oxford, Oxford University Press, 2003 ; Krumeich, G. et Schröder, J. (eds.), *Der Schatten des Weltkriegs. Die Ruhrbesetzung 1923*, Essen, Klartext Verlag, 2004. Sur Poincaré, Roth, F., *Raymond Poincaré*, Paris, Fayard, 2000.

[26] Bariéty, J., *Les relations franco-allemandes après la Première Guerre mondiale*, Paris, Pedone, 1977 ; Soutou, G.-H., « Le coke dans les relations internationales en Europe de 1914 au plan Dawes (1924) », *Relations internationales*, n° 43, 1985, pp. 249-267.

offrir la SDN. Poincaré et même le Briand de 1921 ne croient guère à la sécurité collective, du moins telle qu'elle se présente en 1920. Le problème, on le sait, est que cette occupation prendra fin au plus tard en 1935 par l'évacuation de la zone de Mayence, celle de la France précisément, la plus au sud. Qu'adviendra-t-il ensuite de la sécurité des frontières ? Un des principaux objectifs de l'occupation de la Ruhr, sur ce point également, vise à répondre à ce qu'on considère comme une insuffisance majeure du traité, en suscitant la création, sur la rive gauche du Rhin, d'un ou plusieurs États autonomes, maintenus au sein du *Reich*, mais disposant par exemple de leur propre monnaie, et subissant l'influence directe de l'occupant. La résistance passive organisée par Berlin, qui conduit Paris et Bruxelles à mettre en place une véritable barrière douanière entre les territoires occupés et le reste de l'Allemagne, à créer une régie locale des chemins de fer ou à procéder à l'expulsion massive des fonctionnaires du *Reich*, facilite évidemment la réalisation pratique de ces desseins. Au-delà, c'est même l'effondrement de l'Allemagne unitaire qu'on espère, l'exemple rhénan devant servir de prélude à une désagrégation générale, au retour à « l'Allemagne des principautés et des duchés », comme le dit si bien le général Degoutte, commandant en chef des troupes d'occupation[27].

À travers l'occupation de la Ruhr, Poincaré ne vise donc pas tant l'exécution stricte du traité que son amélioration, sur les deux points essentiels pour les intérêts français que sont les réparations et la sécurité. Notons d'ailleurs que la France établit *de facto* un lien entre les deux questions, ce que le traité ne faisait pas (et Poincaré en 1919, alors président de la République, s'en était plaint à Clemenceau), en déclarant qu'elle n'évacuerait la Ruhr qu'à mesure des paiements allemands. Elle est donc bien décidée à profiter de sa position de force, tant qu'elle en a les moyens – essentiellement militaires –, pour imposer à sa voisine, mais aussi à ses alliés, sa conception de la reconstruction européenne. Cela se fait au prix d'un isolement diplomatique de plus en plus radical, la Grande-Bretagne et les États-Unis refusant dès le départ de soutenir Paris, l'Italie et la Belgique se faisant réticentes à mesure que se révèlent les ambitions françaises. Au prix aussi de certaines contradictions : on a du mal à comprendre qu'une Allemagne affaiblie sur le plan politique aura peu de chances de payer sa dette, et qu'au contraire, si l'on veut des réparations, il est nécessaire de renforcer les pouvoirs centralisateurs du *Reich*, notamment budgétaires. Entre les réparations et la sécurité telle qu'on la conçoit à Paris, il faut choisir.

Pourquoi Poincaré accepte-t-il alors le 24 octobre 1923 la formation d'un comité d'experts chargé d'examiner la capacité de paiement allemande et d'indiquer sa manière de voir en matière de réparations ? S'il a jusqu'alors systématiquement rejeté toutes les propositions américaines

---

[27]   Service historique de l'armée de terre (SHAT), 2N, vol. 237, note du 2 avril 1923.

et britanniques en ce sens[28], il sait pourtant fort bien que la France ne pourra jamais imposer ses vues sans l'accord de ses alliés. Sans doute en octobre se sent-il suffisamment fort pour affronter ceux-ci sur leur propre terrain. C'était aussi l'un des objectifs de l'occupation de la Ruhr : provoquer l'Angleterre et les États-Unis, faire table rase des discussions antérieures et les contraindre à reprendre le problème des réparations en l'envisageant d'après les perspectives françaises. En octobre, la victoire de Poincaré semble totale : l'Allemagne a cédé dans la Ruhr, dans tout le pays les tendances autonomistes et séparatistes sont sur le point de s'imposer. Les experts, nommés par la Commission des réparations reçoivent des consignes strictes : leur travail se limitera à établir le bilan des ressources de l'Allemagne, à indiquer de quelle façon et en quelle quantité celles-ci peuvent être utilisées pour le financement des réparations, et à examiner de quelle manière l'Allemagne peut procéder au rétablissement de sa situation financière. « Il est impossible d'aller plus loin pour le moment », explique Poincaré. « On voit tout de suite qu'un tel travail ne saurait comporter l'établissement d'un plan de paiement à longue échéance ni le règlement dans son ensemble du problème des réparations[29] ». Pas question d'empiéter sur les pouvoirs de la Commission des réparations, encore moins sur ceux des gouvernements. Pas question de remettre en cause, ni même de discuter le montant total des réparations, les 132 milliards de marks-or, établi à Londres en mai 1921. Encore moins d'aborder la question de l'occupation de la Ruhr, de sa légalité, des accords signés avec les industriels allemands, de la saisie ou de l'exploitation des gages.

> Nous ne voulons pas, poursuit le président du Conseil, qu'on puisse conclure à l'évacuation, c'est-à-dire à l'abandon d'un gage dont nous ne sommes résolus à nous dessaisir que quand nous serons payés et au fur et à mesure des paiements. Cette occupation, loin d'entraver le développement économique de l'Allemagne, ne peut que le favoriser : elle ne gênera en tout cas en rien le fonctionnement des experts[30].

Poincaré accepte l'expertise parce qu'il compte en contrôler de bout en bout le processus et en faire *in fine* un instrument au service de la politique française. Il est évidemment persuadé que les conclusions du comité seront les siennes.

---

[28] Notamment les propositions formulées par le secrétaire d'État américain Charles Hughes le 29 décembre 1922 à Newhaven ; voir Artaud, D., *La question des dettes interalliées et la reconstruction économique de l'Europe (1917-1929)*, Lille, Université de Lille III, 1978.

[29] MAE, RC/B-84, vol. 20, télégramme de Poincaré à Laboulaye, chargé d'affaires à Washington, le 6 novembre 1923.

[30] MAE, papiers Millerand, vol. 32, pp. 127-130, télégramme de Poincaré à Laboulaye, le 8 novembre 1923.

Tout cela est bien connu. Ce qui l'est moins, ce sont les débats intenses qui, sur le fond de la question, agitent alors le Quai d'Orsay. On sait bien sûr que la personnalité du président du Conseil et ministre des Affaires étrangères ne fait pas l'unanimité, que son autoritarisme, sa froideur, sa prétention à traiter personnellement chaque affaire dans le moindre détail, font l'admiration de quelques-uns mais en agacent beaucoup d'autres. On lui a reproché d'avoir refusé à l'automne 1923 de négocier avec l'Allemagne, de n'avoir pas su saisir le bon moment pour récolter les fruits de la victoire acquise dans la Ruhr[31]. Par la suite, à force d'hésitations, de tergiversations, le vent finissant par tourner, il était trop tard pour espérer tirer réellement profit de la situation. Les finances allemandes, avec l'aide de la Banque d'Angleterre, se reconstituaient, le franc, à l'inverse, était victime de ses faiblesses et de la spéculation internationale, la France avait besoin des dollars américains. C'est sous la pression des banquiers de Wall Street que Poincaré aurait finalement accepté, en avril 1924, un plan Dawes très éloigné de ce qu'il espérait six mois plus tôt. Ses erreurs tactiques, sa mauvaise appréciation, sur le moment, de la réalité des rapports de force, lui auraient été fatales. Il est certain qu'il a surestimé, au moins jusqu'en janvier 1924, la capacité de la France à imposer une solution maximale à la fois sur le Rhin et au comité des experts. La question, toutefois, ne se pose pas exclusivement en termes tactiques ; il ne s'agit pas seulement de savoir si Poincaré a trop attendu pour passer à l'offensive, ni quel aurait été le meilleur moment pour le faire. Il faut aussi se demander si l'on ne pouvait pas au Quai d'Orsay, comme on le faisait à Londres ou Washington, envisager le problème de façon radicalement différente.

> Il s'agit en définitive de se mettre d'accord avec l'Angleterre sur la formule qui permettra à l'Allemagne de trouver son équilibre dans l'Europe actuelle et de poursuivre, de concert avec les Alliés, l'œuvre de reconstitution économique et financière qui, seule, permettra de panser les plaies de la guerre et d'éviter de nouveaux conflits.

La phrase est de Jacques Seydoux ; elle inaugure une longue note de trente pages, l'un des documents les plus importants produits par le Quai d'Orsay au tournant décisif du printemps 1924, jetant les bases de ce que doit être l'attitude de la France à la conférence de Londres prévue pour l'été ; elle date du 30 mai et reprend largement à son compte l'esprit du plan Dawes publié un peu plus d'un mois auparavant[32]. Certes, Poincaré n'est plus au ministère et Seydoux peut s'exprimer plus librement, mais ses idées ont toujours été les mêmes. Elles sont, à bien

---

[31] Voir Reibel, C., « Une grande occasion manquée : le premier drame de la Ruhr », *Écrits de Paris*, n° 55, 1949, pp. 24-31, ou Auffray, B., *Pierre de Margerie (1861-1942) et la vie diplomatique de son temps*, Paris, Klincksieck, 1976.

[32] MAE, RC/B-84, vol. 24, note de Seydoux, le 30 mai 1924.

des égards, à l'opposé de celles que l'on vient d'exposer et qui animaient la politique étrangère de la France depuis au moins 1922.

Premier point : retrouver sur le continent un équilibre à trois entre les grandes puissances, la France, la Grande-Bretagne et l'Allemagne. C'est une idée constante chez Seydoux, qui a commencé sa carrière, avant que la maladie ne le condamne à demeurer à l'administration centrale, comme secrétaire d'ambassade à Londres, puis à Berlin. Chacun dispose de ses atouts, l'Angleterre de sa puissance financière, la France de « sa force matérielle et morale », l'Allemagne de son industrie et de son essor démographique. Chacune a besoin des deux autres :

L'Angleterre se trouve avoir autant besoin de l'Europe que l'Europe a besoin d'elle. Elle en revient à un programme de reconstruction de l'Europe et de réouverture des marchés. Or, ce programme ne se comprend que si l'Angleterre s'entend, au point de vue économique, avec la France, avec la Belgique et avec l'Allemagne. De son côté, l'Europe a besoin de la puissance financière de l'Angleterre ; ce n'est donc que par une entente étroite que les États du continent pourront se relever financièrement et l'Angleterre économiquement[33].

Encore plus clairement dans la note du 30 mai :

La consommation générale du monde a diminué, et si les industries française et allemande ne s'entendent pas pour mettre en commun leurs ressources de charbon et de minerai et se partager les marchés étrangers, elles seront amenées à se faire, dans un bref délai, une guerre sans merci. Cette entente doit se faire sans pointe contre l'Angleterre car l'Europe manque de capitaux et ces capitaux ne peuvent être trouvés, pour le moment, que par l'entremise de la Banque anglaise. C'est donc d'une entente à trois qu'il s'agit, entente à laquelle l'Italie et la Belgique s'adjoindront naturellement et que les États-Unis considéreront certainement avec bienveillance[34].

On voit bien les avantages que la France, en difficulté avec sa monnaie, et la Grande-Bretagne, en mal de débouchés pour ses marchandises, peuvent retirer d'une telle entente. Quant à l'Allemagne, second point, loin d'être exclue, elle y trouvera l'occasion de renouer avec les puissances victorieuses et de se réinsérer dans le concert des nations, les règlements économiques ouvrant la voie aux accords politiques. Il est ainsi tout à fait essentiel qu'elle accepte de son plein gré les conclusions des experts, condition nécessaire pour qu'elle les exécute. L'état des paiements de Londres, imposé en mai 1921 après un ultimatum, et que

---

[33] MAE, papiers Seydoux, vol. 30, pp. 136-141, lettre signée de Poincaré, mais rédigée par Seydoux, adressée à Saint-Aulaire, ambassadeur de France à Londres, le 18 février 1924. On retrouve des idées semblables, exposées cette fois au grand jour, dans l'article que Seydoux publie dans le *Times* en 1928, et dont Robert Boyce, dans l'article qu'il consacre au *Foreign Office* dans le présent volume, cite quelques extraits.

[34] MAE, RC/B-84, vol. 24, note de Seydoux, le 30 mai 1924.

l'Allemagne n'a depuis cessé d'éluder, en fournit la preuve *a contrario*. La contrainte doit céder la place à la confiance[35].

C'est de la sorte, troisième point, que s'apaiseront les tensions politiques, et notamment « le malaise qui règne en Allemagne et qui risque de la jeter sur une Europe qu'elle considère comme hostile[36] ». La sécurité du continent, et donc celle de la France, ne passe pas d'abord par l'occupation militaire du Rhin (même si cela reste une garantie indispensable) ni par une alliance avec la Grande-Bretagne. Avant d'être politique, la solution est économique. « Il s'agit de rétablir la paix, c'est-à-dire de faire avec l'Allemagne un arrangement que celle-ci n'aura pas intérêt à déchirer dans vingt ans. Sans cet arrangement, qui encore une fois ne peut être fait que d'accord avec l'Angleterre, il n'y aura en Europe ni paix, ni repos ». Le succès du plan Dawes sera véritable s'il contribue à substituer à la méfiance et la discorde, la confiance et la conciliation. Est-il nécessaire de rappeler qu'un an après son adoption sont conclus les accords de Locarno ?

Deux remarques toutefois pour ne pas caricaturer la pensée de Jacques Seydoux.

1. Seydoux ne s'est jamais opposé de front à l'occupation de la Ruhr. C'est lui qui, en août 1922, prépare concrètement les plans d'exploitation économique de la région. C'est lui qui, au ministère, coordonne l'opération durant toute l'année 1923. L'occupation était inévitable. Elle a mis les choses à plat. Elle a montré aux Alliés combien la France était déterminée ; elle a montré à l'Allemagne qu'un plan de paiement raisonnable était nécessaire. Le plan que présente le Premier ministre britannique Bonar Law à Paris, début janvier 1923, même s'il annonce par bien des traits ce que sera le plan Dawes, était totalement inacceptable dans le contexte d'alors ; les propositions qu'avance l'Allemagne en juin, bien que parfaitement ignorées par la France, sont déjà beaucoup plus réalistes, Seydoux le reconnaît lui-même avec quatre ans de recul. Il n'y aurait pas eu de réunion des experts sans l'occupation de la Ruhr[37]. Mais là s'arrête son rôle. L'occupation est un pis-aller, un

---

35   MAE, RC/B-84, vol. 21, note de Seydoux, le 28 février 1924.

36   Note citée du 30 mai 1924. Aux élections du 4 mai, le DNVP a obtenu 95 sièges au *Reichstag* (19,5 % des voix) et l'extrême-droite nationale-socialiste 32 sièges (6,6 %), faisant ainsi son entrée au parlement allemand. Son score est nettement moins élevé aux élections suivantes, de décembre 1924 et mai 1928.

37   Seydoux, J., « Le Plan Dawes et la solution de la question des dettes », *Revue économique internationale*, mars 1927, pp. 433-456 :
      « La France et la Belgique avaient eu amplement satisfaction, et les accords de Londres, qu'on a déclaré être si fâcheux pour elles, n'étaient que la conséquence logique de la prise de possession de la Ruhr. Il est probable que sans l'occupation, l'Allemagne n'eût jamais consenti à accepter un plan de paiement [...]. Elle n'aurait jamais payé aussi régulièrement qu'elle l'a fait les deux premières annuités et le commencement de la troisième. Autant nous avions eu auparavant avec elle de diffi-

moyen de pression pour amener les différents protagonistes autour d'une table, pas une fin en soi ; l'exploitation sur place des mines et des gages donnera toujours des résultats inférieurs à ceux d'un plan de réparations bien conçu. Quant aux initiatives politiques menées sur la rive gauche, Seydoux, qui n'en est pas à l'origine, les considère avec un certain scepticisme. Il est le premier à vouloir s'en détacher quand, à partir de décembre 1923, il devient clair qu'elles sont vouées à l'échec.

2. Seydoux a parfaitement conscience des difficultés financières de la France. Il est le premier au Quai d'Orsay, début janvier 1924, à mettre en garde contre une politique trop ambitieuse, et trop onéreuse, dans la Ruhr comme sur le Rhin. Alors que le mark sort de la débâcle, le franc commence à plonger. Les rapports de force entre les deux monnaies, à l'automne encore favorables au franc, sont en train de s'inverser. Les deux pays désormais ont besoin des crédits américains et britanniques et doivent donner satisfaction aux banquiers anglo-saxons. Seydoux ne méconnaît pas cet état de fait, la France est tenue d'en tenir compte dans ses négociations. Mais là n'est pas l'argument qui doit la convaincre d'accepter le rapport des experts. Le plan Dawes, à la rédaction duquel des experts français ont participé, n'a pas besoin d'être adopté sous la contrainte de Wall Street, ni sous aucune pression, de quelque nature qu'elle soit. Il donne pleinement satisfaction et propose un règlement pratique du problème des réparations conforme à ce que la France pouvait espérer.

À partir de janvier 1924, la sous-direction des relations commerciales produit de nombreuses notes, signées ou non de Jacques Seydoux, qui proposent une révision complète de la politique allemande de la France, tenant compte certes des circonstances nouvelles, mais aussi d'une autre conception de la reconstruction européenne, plus en accord avec les vues américaines et britanniques. Il faut d'abord renoncer à tout ce qui peut faire croire, à tort ou à raison, que la France a l'intention de mettre en place un régime particulier dans les territoires occupés : suppression, donc, de la frontière douanière intra-allemande, des projets de création d'une banque d'émission rhénane ou des pourparlers plus ou moins avancés avec les représentants des tendances autonomistes ou séparatistes. « Il faut que nos prétentions soient modérées et surtout qu'elles montrent directement qu'elles n'ont aucun but politique et que nous n'intervenons en rien dans le rendement économique des territoires occupés[38] ». Seydoux aimerait en revanche maintenir l'idée d'une société internationale des chemins de fer rhénans, à majorité française, dont la cession serait comptabilisée pour l'Allemagne comme paiement

---

cultés, de troubles de toutes sortes, autant on peut dire que depuis l'application du plan Dawes, la question des réparations "va toute seule". Ce n'est plus une question politique, c'est simplement une question technique, une question financière ».

[38]   MAE, RC/B-84, vol. 21, note de Seydoux, le 21 janvier 1924.

en capital. « Nous pourrions », explique-t-il, « invoquer notre sécurité, qui sera largement garantie si tout ce réseau se trouve entre les mains d'une société à majorité étrangère ». Il conçoit toutefois, dans sa note du 30 mai, qu'il sera difficile de convaincre l'Angleterre. L'assurance que les troupes françaises pourront user du réseau rhénan comme elles le désirent suffirait alors. La Ruhr, à court terme, sera inévitablement évacuée. Le rapport des experts, même s'il n'aborde pas de front la question, réclame que l'Allemagne puisse disposer sans entraves de la totalité de ses ressources économiques. Par ailleurs, le maintien de la présence française risquerait de détourner les investisseurs étrangers de souscrire à l'emprunt de 800 millions de marks sur lequel repose le plan Dawes[39].

Ces vues ne font évidemment pas l'unanimité au Quai d'Orsay. Il est assez difficile de mesurer l'influence exacte des idées de Seydoux, mais on peut faire plusieurs remarques. Au-delà de la sous-direction des relations commerciales, Seydoux trouve des alliés, notamment à Washington, par exemple chez le chargé d'affaires Laboulaye, très tôt favorable à la proposition américaine d'un comité d'experts, et avec lequel il entretient une correspondance privée. Il semble aussi que Millerand, alors président de la République, qui suit de très près le dossier des réparations et avait déjà soutenu les projets de Seydoux en 1920, se soit rallié à ses vues, certainement pas cependant avant 1924. En revanche, Peretti, le directeur des affaires politiques et commerciales (et donc le supérieur hiérarchique direct de Seydoux), proche de Poincaré, et Saint-Aulaire, l'ambassadeur à Londres, sont très réticents[40]. Peretti commente ainsi la note Seydoux du 21 janvier 1924 : « Ces considérations sont très intéressantes, mais il faut veiller avec soin à ne pas, sous prétexte d'être modérés, être dupes, et abandonner toutes nos positions pour fortifier l'unité de l'Allemagne ». Poincaré lui-même n'est pas convaincu. Il accepte les conclusions du rapport des experts en avril 1924, mais apparemment sans en saisir toutes les implications (il reste persuadé que la France pourra se maintenir dans la Ruhr ou du moins monnayer l'évacuation, alors que l'acceptation même du rapport suppose à court terme le retrait des troupes).

Quand Seydoux rédige le 4 février une longue note proposant d'engager la conversation avec le nouveau Premier ministre anglais MacDonald sur des bases neuves, et considérant comme inéluctable l'évacuation de la Ruhr, il provoque en marge un commentaire favorable de

---

[39]   Note du 30 mai 1924. Seydoux se démarque donc nettement de Poincaré qui, dans sa lettre du 14 mai à MacDonald, le nouveau Premier ministre anglais, rappelait que la France ne quitterait la Ruhr qu'à mesure des paiements de l'Allemagne.

[40]   Saint-Aulaire, successeur de Paul Cambon à l'ambassade de Londres en décembre 1920, sera révoqué par Herriot en juin 1924 ; voir de Saint-Aulaire, C., *Confessions d'un vieux diplomate*, Paris, Flammarion, 1953.

Millerand et des remarques hostiles de Peretti, qui rappellent que la France doit se préoccuper autant des réparations que de sa sécurité[41]. Quelques jours plus tard, Peretti demande à Seydoux de préparer une lettre pour Saint-Aulaire s'inspirant non de cette note du 4 février, mais de ce que lui, Peretti, y avait inscrit *in fine* ! Seydoux s'exécute, mais à titre personnel, envoie également sa note à Saint-Aulaire en y faisant figurer l'annotation de Millerand[42]... Le 2 mars, Seydoux est appelé par Millerand à l'Élysée.

Il était nécessaire, commente-t-il, de causer avec les Anglais : M. Ramsay MacDonald nous avait tendu la main. J'avais pu obtenir l'envoi à Londres d'instructions demandant une conversation complète avec le Premier anglais. Cette conversation n'avait pas eu lieu, M. de Saint-Aulaire s'étant borné à voir Sir Eyre Crowe [le secrétaire général du *Foreign Office*], il est paralysé par la peur qu'il a de M. Poincaré. « Il est sidéré », a observé M. Millerand. À la seconde lettre de M. MacDonald, on a répondu de suite sans se donner le temps de la réflexion, par des phrases qui ne peuvent donner satisfaction et qui ne font qu'éluder les questions.

Seydoux conclut désabusé : « J'avais fait tout ce qu'il m'était possible de faire et je n'avais pas réussi. Le président de la République m'a dit qu'il était absolument de mon avis, mais qu'il était impossible d'obtenir du président du Conseil une négociation[43] ».

Il n'empêche. Un mois plus tard, la France accepte le plan des experts. En août, le plan Dawes est adopté lors de la conférence de Londres en même temps qu'est décidée l'évacuation de la Ruhr. Une nouvelle ère commence pour les relations franco-allemandes. Une période de détente, trop courte, mais riche d'enseignements, succède aux tensions internationales de l'immédiat après-guerre. Tout cela coïncide aussi en France avec un changement de majorité et de gouvernement. En mai, Herriot, président du Conseil du cartel des gauches, succède au Quai d'Orsay à Poincaré. Mais les péripéties électorales n'expliquent

---

[41] MAE, papiers Millerand, vol. 35, pp. 33-44. Extrait du commentaire de Peretti : « Si nous n'avions pas occupé la Ruhr, nous aurions dû faire notre deuil de toute réparation et notre sécurité eût été compromise. L'occupation de la Ruhr nous met en bonne posture pour aborder maintenant le règlement : 1° de nos réparations, 2° de notre sécurité. Les dispositions du nouveau gouvernement anglais, qui a besoin d'un succès extérieur au point de vue politique et au point de vue économique, et ne saurait l'obtenir sans nous, sont meilleures que ses principes. Il nous faudra tirer avantage de cette situation au double point de vue réparations et sécurité, car nous ne pouvons plus guère attendre et l'occasion ne se représentera sans doute plus ».

[42] *Ibidem*, pp. 110-111, note manuscrite de Vignon, secrétaire général-adjoint à la présidence de la République, le 14 février 1924. Vignon révèle aussi que Peretti a communiqué la note Seydoux au journaliste du *Matin*, Jules Sauerwein, qui, dans les colonnes de son journal, dénonce la volonté française d'évacuer la Ruhr. Tout cela irrite profondément Poincaré (*ibidem*, p. 99).

[43] MAE, papiers Seydoux, vol. 40, note de Seydoux, le 3 mars 1924.

pas seules le changement de politique. Les orientations prises par le nouveau gouvernement ne surgissent pas d'un coup. Entre les deux politiques, celle incarnée par Poincaré et celle d'Herriot puis de Briand, la rupture n'est pas si brutale qu'on l'a souvent dit. Au sein du ministère, la sous-direction des relations commerciales, qui seule il est vrai, par ses attributions et ses compétences, avait une vision d'ensemble du problème, avait compris bien avant les élections du printemps, que la reconstruction de l'Europe ne pouvait effectivement se concevoir qu'à l'échelle continentale, en recherchant un équilibre qui n'exclurait aucune puissance. La transition s'est faite d'autant plus facilement que les idées du nouveau gouvernement en la matière étaient déjà préconisées depuis longtemps par le service et par son directeur.

Les services économiques de l'*Auswärtiges Amt* et les questions européennes (1919-1940)[1]

Sylvain SCHIRMANN

Institut d'études politiques de Strasbourg

Le traité de Versailles limite considérablement les marges de manœuvre de la conduite de la politique extérieure allemande. L'un de ses domaines d'intervention majeurs reste au début des années 1920 le champ économique : on peut sans crainte affirmer que c'est le champ par excellence de l'action diplomatique du *Reich*. Cela se comprend aisément lorsque l'on voit la place centrale qu'occupe la question des réparations dans cette politique : de 1919 à 1932, pratiquement pas une seule conférence internationale qui n'évoque ce problème. L'heure impose également – en ce début des années 1920 – la reconstruction économique et financière du continent. Il est dès lors vital pour un ministère des Affaires extérieures de disposer d'experts économiques, car derrière les considérations techniques, on retrouve des préoccupations éminemment politiques concernant l'architecture de l'espace européen, la possibilité ou non d'une politique révisionniste, celle-ci décidant de la place de l'Allemagne en Europe.

L'importance de l'expertise économique pour l'*Auswärtiges Amt* se voit dans les réformes du ministère au début des années 1920. J'exposerai ces réformes dans un premier temps. La question se pose ensuite de savoir si ces experts se contentent de leur rôle technique, ou si ces services économiques n'entendent pas faire prévaloir leurs conceptions européennes. D'une façon générale et pour la période qui m'occupe, on peut, pour répondre à cette question, voir trois phases dans l'action de ces services économiques :

---

[1] Pour se familiariser avec les fonds de l'*Auswärtiges Amt*, se reporter à Kent, G. (ed.), *A Catalog of Files and Microfilms of the German Foreign Ministry Archives 1920-1945*, Vol. I-III, Stanford, 1962-1966 ; parmi les sources publiées, les incontournables *Akten zur deutschen auswärtigen Politik 1918-1945*, Göttingen, Vandenhoeck et Ruprecht, publiés entre 1966 et 1995.

- une première phase au cours des années 1920, que l'on pourrait qualifier d'active, au cours de laquelle les services économiques de l'*Auswärtiges Amt* impriment indéniablement une marque « européiste » à la politique extérieure allemande ;
- une seconde phase, où ces services épousent un rôle plus technique, plus suiviste. Elle correspond à la phase de la crise ;
- avec l'arrivée au pouvoir des nazis débute une période de soutien à l'impérialisme national-socialiste, avec cependant l'espoir de pouvoir lui donner une coloration wilhelmienne. Les événements, à partir de 1938, montrent les limites de ce rêve.

I. Les services économiques de l'*Auswärtiges Amt*

Trois réformes affectèrent la *Wilhelmstrasse* au cours de l'entre-deux-guerres : en 1920 la réforme Schüler voulut d'abord accorder plus d'importance aux questions économiques au sein de l'*Auswärtiges Amt*. Elle fut suivie par une reprise en main menée par von Schubert, secrétaire d'État sous Stresemann. Sans sous-estimer les questions économiques, celui-ci restructura ses services selon des schémas plus conformes aux habitudes des diplomates. En 1936 enfin, von Neurath et son secrétaire d'État, von Bülow, qui devait décéder au cours de cette année, entreprirent une dernière réforme d'envergure au sein de la *Wilhelmstrasse*, dans le cadre des lois sur la fonction publique en usage dans le Troisième *Reich*. Donnons rapidement la philosophie de chacune de ces réformes et voyons ensuite la place des services économiques dans chacune des structures[2].

La réforme Schüler (du nom du directeur du personnel de l'*Auswärtiges Amt*) souhaite accorder une place importante à l'économie en matière de politique extérieure. Cela correspond certes aux priorités de l'heure (question des réparations, reconstruction des économies nationales en Europe, etc.), mais l'*Auswärtiges Amt* supportait de plus en plus difficilement les tendances dirigistes d'un ministère de l'Économie qui intervenait de façon croissante dans les affaires extérieures de la

---

2   Sur l'histoire de l'*Auswärtiges Amt*, le lecteur se reportera à : Döscher, H.-J., *Das Auswärtige Amt im Dritten Reich*, Berlin, Siedler Verlag, 1987 ; Doss, K., *Das deutsche Auswärtiges Amt im Übergang vom Kaiserreich zur Weimarer Republik. Die Schülersche Reform*, Düsseldorf, Droste-Verlag, 1977 ; von Hindenburg, H., *Das Auswärtige Amt im Wandel der Zeiten*, Frankfurt am Main, 1932 ; Kraske, E. (auf Veranlassung des Auswärtigen Amtes bearbeitet von), *Handbuch des Auswärtigen Amtes*, Halle/Saale, Max Niemeyer Verlag, 1939 ; Schwabe, K. (ed.), *Das diplomatische Korps als Elite 1871-1945*, Boppard am Rhein, 1985 ; dans cet ouvrage, lire plus particulièrement le texte de Krüger, P., « Struktur, Organisation und Wirkungsmöglichkeiten der leitenden Beamten des auswärtigen Dienstes 1921-1933 » ; Seabury, P., *The Wilhelmstrasse. A Study of German Diplomats under the Nazi Regime*, Berkeley, University of California Press, 1954.

République de Weimar. Cette position particulière réservée aux problèmes économiques se traduisit de plusieurs manières :

- la carrière tout d'abord s'ouvrit à des industriels et à des représentants du commerce extérieur ;
- en avril 1921, tout fonctionnaire devait avoir suivi une formation
  d'au moins trois semestres en économie pour pouvoir être reçu
  aux concours ;
- la *Wilhelmstrasse* fut enfin réorganisée : aux six directions régionales vinrent se greffer trois directions spécialisées, une direction
  de la presse (en commun avec la présidence du *Reich* et la Chancellerie), et un bureau indépendant (office) pour le commerce extérieur.

Marqué par l'impréparation du *Reich* lors de la conférence de
Londres sur les réparations en mars 1921, von Schubert prit en octobre
1921 la succession de Schüler et poursuivit jusqu'à l'automne 1924 la
réorganisation de l'*Auswärtiges Amt*. Les transformations qu'il opère
accentuent la centralisation au sein du ministère. Trois directions géographiques et trois directions spécialisées en constituent l'armature. Des
services spécialisés sont chargés de questions précises, comme le Service des réparations et des questions économiques. Un secrétaire d'État,
bras droit du ministre, se charge des problèmes techniques, laissant au
ministre l'entière responsabilité politique. Avec Schubert, secrétaire
d'État de 1924 à 1930, les anciens diplomates du *Reich* wilhelmien
reviennent en force. Von Neurath, par exemple, devient, responsable de
la formation des attachés, et dès 1921 on observe déjà un recul des gens
issus du commerce, ou de l'économie[3].

Comme ministre des Affaires étrangères (de juin 1932 à février
1938), von Neurath dut d'abord faire face à des velléités de réforme de
la part des nationaux-socialistes. L'aide-mémoire Schulenburg (avril
1933) prévoit de « soustraire les fonctionnaires de l'influence du lobby
juif, de la puissance du capital et de l'Église catholique, des mondani-
tés ». Il faut des gens ayant foi dans le national-socialisme, donc puiser
dans le vivier SA, SS. Selon Schulenburg, il faudra quatre années pour
avoir un *Auswärtiges Amt* digne du NSDAP. Mais le parti et Hitler
intervinrent peu dans la politique du personnel et l'organisation du
ministère jusqu'en 1937. Ils laissèrent notamment Neurath et Bülow
mener à terme en mai 1936 une nouvelle réforme de l'*Auswärtiges Amt*.
À côté du ministre et du secrétaire d'État, six divisions spécialisées et

---

3   Sur les réformes des années 1920, outre les ouvrages cités en note 2, se reporter
à Baechler, C., *Gustave Stresemann (1878-1929). De l'impérialisme à la sécurité
collective*, Strasbourg, Presses Universitaires de Strasbourg, 1996, notamment le
chapitre IX, p. 469 s. À côté de la présentation des réformes, l'auteur nous dresse un
portrait des principaux collaborateurs de Stresemann.

deux services particuliers (Protocole et Affaires internes allemandes) couvraient les charges du ministère. Deux directions furent particulièrement importantes : la direction politique et la direction de la politique commerciale extérieure. Les deux furent divisées en sous-directions reposant sur des critères géographiques. Ce n'est qu'avec la nomination de Ribbentrop (février 1938), que le régime commença à faire « disparaître la clique de vingt à trente familles aristocratiques qui considèrent depuis un siècle que la carrière diplomatique constitue leur monopole[4] ».

L'évolution montre que les services économiques d'abord considérés comme un secteur spécialisé, sont progressivement élevés au rang de direction. Ce qui est plus important, c'est de savoir que, quelle que soit la position administrative des services économiques dans l'organigramme de l'*Auswärtiges Amt*, un homme domine ce secteur. Il s'agit de Karl Ritter, qui les dirige quasiment sans interruption de 1922 à 1937. Karl Ritter quitte le ministère des Finances pour l'*Auswärtiges Amt* en 1922. Promu directeur ministériel en 1924, il cumule plusieurs fonctions : directeur du Service spécial économie et réparations, commissaire du *Reich* pour les négociations commerciales. À partir de 1925, il préside le jeune comité interministériel de la politique du commerce extérieur, tant et si bien qu'il n'y a pas un accord commercial du *Reich* qu'il n'ait supervisé. Ce comité interministériel est composé de deux représentants des ministères concernés : *Auswärtiges Amt*, Finances, Économie et Agriculture. Dans ce comité, Ritter a le soutien de Posse, l'inamovible directeur des questions commerciales au ministère des Finances. En 1936, Ritter devient tout naturellement directeur de la *Handelspolitische Abteilung* créée alors. En 1937, il doit cependant céder cette direction à Wiehl, son ancien bras droit, membre du NSDAP. La mainmise du parti sur l'*Auswärtiges Amt* et sur ses services économiques se poursuit en 1938, avec l'arrivée au ministère de Keppler, conseiller du chancelier pour les questions économiques depuis 1933. L'équipe autour de Ritter fut relativement restreinte : l'ensemble du service compta vingt personnes tout au long de la République de Weimar et au début du régime hitlérien. Le nombre doubla en 1936 (trenteneuf personnes) avec la création de la *Handelspolitische Abteilung*[5].

Les services économiques de l'*Auswärtiges Amt* durent enfin faire face à des organismes parallèles pour la conduite des relations écono-

---

[4]   Voir Döscher, H.-J., *op. cit.*, surtout les deux premiers chapitres, pp. 18-79. Compléter par les passages consacrés aux structures de la politique extérieure allemande à l'époque nationale-socialiste par Jacobsen, A., *National-sozialistische Aussenpolitik 1933-1938*, Frankfurt am Main, Alfred Metzner Verlag, 1968, p. 16 s.

[5]   Sur Karl Ritter, on dispose d'une notice biographique intitulée « Ritter Karl, Diplomat », établie par Peter Grupp, in W. Benz et H. Graml (eds.), *Biographisches Lexikon zur Weimarer Republik*, München, Verlag C.H. Beck, 1988. Des papiers privés (*Privatbesitz*) et un dépôt (*Nachlass*) existent également au *Politisches Archiv des Auswärtiges Amtes*.

miques extérieures. D'une manière générale, la coopération avec ces instances fut bonne et le rôle dirigeant de la *Wilhelmstrasse* rarement contesté. Pour la promotion du commerce extérieur allemand, on créa un office du *Reich* pour le commerce extérieur, relevant d'abord des Affaires extérieures, mais dirigé par un commissaire du ministère de l'Économie, puis transformé en 1927 en service commun de l'*Auswärtiges Amt* et de l'Économie, avant d'en faire en 1933 un office indépendant. À côté de cette instance, il fallut compter avec les offices allemands à l'étranger, les chambres de commerce et d'industrie, etc., ou encore les nombreuses associations patronales intervenant dans les affaires commerciales du *Reich*. Mais au bout du compte on peut affirmer, que la conduite de la politique économique extérieure n'échappa pas aux services économiques du *Reich*.

Quelle vision Karl Ritter et ses collaborateurs ont-ils eu de la reconstruction économique européenne, de l'organisation économique du continent européen de 1919 à juin 1940 lorsqu'un dernier projet de Ritter, certes plus à la tête du service, mais dans une nouvelle position auprès du Führer, modela une vision de l'organisation économique européenne que n'aurait pas rejeté le pangermanisme wilhelmien ?

Trois phases me semblent caractériser les visions européennes des services économiques de l'*Auswärtiges Amt*. Une première, celle des années 1920, jusqu'à la nomination en 1930 de von Bülow à la place de Schubert au secrétariat d'État, correspond à une phase active, d'initiatives et de projets intégrant l'Allemagne dans des schémas « européistes ». Une seconde, à partir de 1930, fut une phase suiviste de la politique de révision. Les services économiques furent réduits à un rôle technique. Avec Hitler, ils essayèrent d'imprimer un cours wilhelmien à la politique étrangère allemande. Le purent-ils vraiment, avec la mainmise progressive du parti sur les services des Affaires extérieures ?

II. Les services économiques et les questions européennes au cours des années 1920[6]

Les responsables économiques de l'*Auswärtiges Amt* sont convaincus dès le début des années 1920 que le maintien d'un *Reich* économiquement puissant est dans l'intérêt des Alliés. Sans liens écono-

---

[6] Une importante littérature existe sur cette question de la reconstruction économique de l'Europe des années 1920. Mentionnons notamment : Badel, L., *Un milieu libéral et européen. Le grand commerce français 1925-1948*, Paris, CHEFF, 1999 ; Bussière, É., *La France, la Belgique et l'organisation économique de l'Europe*, Paris, CHEFF, 1992 ; Bussière, É., « La paix économique dans les années 1920 ou la recherche d'une architecture économique pour l'Europe », in C. Carlier et G.-H. Soutou (dir.), *1918-1925, Comment faire la paix ?*, Paris, Economica, 2001, pp. 333-345 ; Bussière, É. et Dumoulin, M. (dir.), *Les cercles économiques et l'Europe au XXᵉ siècle*, Louvain-la-Neuve, 1992.

miques avec l'Allemagne, la survie des petits États d'Europe centrale est délicate. Sans liens économiques avec l'Allemagne, la reconstruction française sera difficile (cf. la situation économique et financière de la France au début des années 1920). La reconstruction économique de l'Europe centrale et de l'Europe occidentale est nécessaire à la stabilité de l'économie mondiale. Elle ne peut se faire que si l'Allemagne ne se lance pas dans une politique d'opposition à Versailles, mais bien au contraire, à travers l'*Erfüllungspolitik*, si elle parvient à se rendre indispensable, à desserrer quelque peu l'étau du *Diktat*. Selon quel modèle fallait-il reconstruire ce continent européen ? Selon un schéma universaliste (économie mondiale) ou selon un schéma régionaliste (économie européenne) ? Selon un modèle contractuel ou selon un modèle libéral à l'anglo-saxonne ?

Ritter et ses services sont partisans d'une unité économique européenne, en partant d'une entente franco-allemande[7]. Cette position s'écarte nettement des conceptions traditionnelles d'une politique allemande du *Mitteleuropa*. On souhaite une politique douanière libérale, fondée sur l'octroi réciproque de la clause de la nation la plus favorisée. Les États devraient adopter des tarifs de base modérés, sans droits *minima* : ils laissent toute latitude pour négocier les traités de commerce. Prend forme un projet de réorganisation économique de l'Europe sur la base d'un système libéral. Pour les services économiques de la *Wilhelmstrasse*, l'Allemagne n'a pas intérêt à la guerre douanière, qui priverait ses industries de certains débouchés extérieurs. Une Europe sans barrières douanières est « essentielle pour le développement de la production allemande ». Mais cette Europe ne doit pas se replier sur elle-même : les services rejettent « toute autarcie économique de l'Europe face aux États-Unis ». C'est confirmé encore par une circulaire de janvier 1926 adressée aux missions diplomatiques : il faut veiller à obtenir la libéralisation des échanges, même si certains secteurs de l'économie allemande doivent en souffrir. Cette libéralisation concerne bien évidemment aussi les matières premières (cf. la situation allemande

---

[7]   Sur les positions allemandes face à la construction économique du continent européen, sur la place que devrait y occuper le *Reich* : Baechler, C., *Gustave Stresemann, op. cit.* ; Jeannesson, S., *Poincaré, la France et la Ruhr (1922-1924)*, Strasbourg, Presses Universitaires de Strasbourg, 1998 ; Letourneau, P., *Walter Rathenau, 1867-1922*, Strasbourg, Presses Universitaires de Strasbourg, 1995 ; Poidevin, R., *L'Allemagne et le monde au XXᵉ siècle*, Paris, Masson, 1983 ; Freymond, J., « Gustave Stresemann et l'idée d'une Europe économique (1925-1927) », *Relations internationales*, n° 8, 1976, pp. 343-360. En langue allemande : Elvert, J., *Mitteleuropa. Deutsche Pläne zur europäischen Neuordnung (1918-1945)*, Stuttgart, Franz Steiner Verlag, 1999 ; Krüger, P., *Die Aussenpolitik der Republik von Weimar*, Darmstadt, Wissenschaftliche Buchgesellschaft, 1985. Enfin, Jacobson, J., *Locarno Diplomacy. Germany and the West 1925-1929*, Princeton, Princeton University Press, 1972. Dans ces différents ouvrages figurent d'imposantes bibliographies sur la politique extérieure du *Reich* pendant la République de Weimar.

à cet égard) et commence par une diminution graduelle des droits sur les produits finis jusqu'à leur disparition complète. La négociation des traités commerciaux du *Reich*, sur laquelle Karl Ritter a la haute main, est l'occasion de mettre ces principes en pratique : de décembre 1923, date du traité de commerce germano-américain, au traité du 17 août 1927 avec la France, les négociateurs allemands généralisent la clause de la nation la plus favorisée et réduisent accord après accord leurs droits.

Les services économiques de l'*Auswärtiges Amt* s'engagent ainsi fortement en faveur d'un ancrage occidental de l'Allemagne qui devait, pour eux, conduire à une réconciliation franco-allemande, dont le socle serait la coopération économique. Cette réconciliation, prémice d'une union économique en Europe, amorcerait la reconstruction d'un continent pacifié. C'est également la condition pour que l'Allemagne retrouve un rang. Une telle vision amène les responsables économiques à critiquer les positions de Rathenau qui espère – cela pourrait être un rôle confié à la SDN – une organisation internationale aux pouvoirs étendus qui réglerait l'ordre économique universel. En revanche, les desseins de Lloyd George en faveur de la reconstruction européenne séduisent davantage les « économistes » de l'*Auswärtiges Amt*. Cela les amène à s'opposer sans succès à Rapallo, décidé par « les politiques » et Rathenau, car le rapprochement avec la Russie des Soviets, en écartant le *Reich* de l'ouest, compromet toute la politique de reconstruction européenne, gage d'un possible révisionnisme pacifique. La crise de la Ruhr, la négociation du plan Dawes et la conférence de Londres (1924) permettent enfin à ces services d'avancer leurs pions, en saisissant l'opportunité fournie par ce contexte difficile. Il s'agit d'éviter que ne se constitue un grand bloc industriel et financier sous-direction française. Pour eux, le plan Dawes est l'occasion de sortir les réparations de la sphère du politique pour ne les considérer que d'un point de vue strictement économique. La rationalité économique doit dans ce secteur également l'emporter sur les arguments et passions politiques. Si cette perspective s'impose, on pourra alors – à travers une politique des réparations – mettre fin aux désordres économiques continentaux. Le plan Dawes peut mener à la consolidation de l'Allemagne et de l'Europe. Ce plan, estime-t-on, fera prendre conscience de l'interdépendance des économies. Il est dès lors une garantie de détente et de reconstruction économique. La liberté commerciale recouvrée par le *Reich* en janvier 1925 ne doit pas le conduire à faire cavalier seul, mais bien au contraire l'amener à poursuivre la stabilisation de l'espace économique européen. Pour cela, il faut garantir la sécurité de la France : Locarno doit précéder le traité de commerce. Ce préalable assuré, Karl Ritter et ses services soutiennent la montée en puissance des cartels au cœur desquels se trouvent des intérêts franco-allemands (ils symbolisent la paix industrielle franco-allemande à laquelle on associe l'Europe occidentale – cf. l'Entente internationale de l'acier) et se rallient aux propositions de Louis Loucheur sur l'abaissement des tarifs douaniers comme sur la tenue d'une conférence économique internationale.

Le rôle des services économiques s'accroît encore à partir de 1927, lorsque l'Allemagne renégocie son dispositif commercial et connaît déjà ce que Borchhardt avait appelé « la crise avant la crise ». Le régionalisme européen est rejeté en 1928, lorsque que les services conseillent de ne pas donner suite à la proposition de Benès d'une union régionale économique austro-germano-tchèque : l'intérêt économique est limité et le risque politique majeur. Bien au contraire, c'est d'un rapprochement avec l'ouest et d'une unité économique européenne qu'on espère la souveraineté, la participation aux entreprises coloniales et le règlement des réparations. Les prises de position de la délégation allemande à la conférence de la Haye, directement inspirées par les services économiques (nécessité d'une nouvelle conférence économique internationale pour rationaliser les économies européenne et mondiale, critique du morcellement économique européen), laissent espérer un ralliement à la proposition Briand de septembre 1929. Les services économiques jugent le projet d'union européenne tout à fait raisonnable, l'entente économique étant surtout nécessaire en Europe pour « éviter une catastrophe ». Mais les directions régionales et Stresemann craignent que les perspectives du ministre français ne suivent une logique plus politique et ne favorisent le maintien du *statu quo* territorial.

C'est également l'avis de Curtius, qui succède à Stresemann en octobre 1929, et surtout de Bernhard von Bülow, nouveau secrétaire d'État, à partir de juin 1930, qui inspire la politique extérieure allemande jusqu'en 1933. Partisan d'une politique de révision rapide dans tous les domaines, il se sert des services économiques comme d'un instrument technique au service de cette politique. Ritter et ses collaborateurs essaient-ils cependant de faire passer une réflexion propre ?

III. Les services économiques et les questions européennes au temps de la crise[8]

La *Wilhelmstrasse* de Curtius et von Bülow n'envisage certainement pas de prendre part au projet d'union européenne de Briand. La réponse allemande, le 15 juillet 1930, au mémorandum rendu public le 17 mai le montre amplement : les organismes européens mordraient sur les compétences de la SDN. Berlin explique de surcroît que la collaboration économique ne doit pas dépendre de la sécurité. « La construction de l'Europe ne peut se faire sans une révision courageuse d'une situation

---

[8] Voir notre ouvrage : Schirmann, S., *Crise, coopération économique et financière entre États européens, 1929-1933*, Paris, CHEFF, 2000.

reconnue comme intenable » : la proposition Briand est l'occasion d'une demande de révision des traités.

Sur le plan économique, l'Allemagne se sert du régionalisme européen pour parvenir à ses fins. L'*Auswärtiges Amt* redonne corps au concept de *Mitteleuropa* et ses services économiques sont chargés de forger les armes économiques pour renforcer l'influence allemande dans cette partie de l'Europe. Les conférences d'action économique concertée (1930-1931) lui fournissent l'occasion de s'opposer à la trêve douanière. L'Allemagne s'y prononce en faveur des préférences commerciales, de la bilatéralité des échanges. Elle s'appuie sur l'idée de créer des entités régionales en Europe – « une Europe à plusieurs vitesses et à plusieurs cercles » –, pour revendiquer la possibilité d'une Union douanière austro-allemande, qui, tôt ou tard, amènera la Tchécoslovaquie dans l'orbite allemande et permettra la domination économique de l'Europe du Sud-Est. L'échec de cette tentative n'entraîne pas la fin de la politique des unions douanières. En avril 1932, Posse, membre du comité interministériel pour le commerce extérieur présidé par Ritter, ne propose-t-il pas à l'Italie une union douanière italo-allemande, à laquelle pourraient se joindre l'Autriche, la Hongrie et plus tard les autres États danubiens ? Rome cependant ne donne pas suite.

L'Allemagne utilise alors une autre approche pour la constitution de cette *Mitteleuropa*. Elle se lance dans la conclusion d'accords commerciaux préférentiels avec l'Europe du Sud-Est, en acceptant d'ouvrir son marché à leurs productions agricoles. En juin 1931, elle signe un accord de ce type avec la Roumanie, puis avec la Hongrie. Le *Reich* – quelles que soient les considérations techniques – choisit en quelque sorte de restaurer à son profit l'unité économique des anciens Empires centraux. Il s'agit pour lui de constituer un *Grosswirtschaftsraum*, reposant sur les complémentarités des économies nationales, sur le bilatéralisme. Cet espace, une fois constitué, aurait la capacité de rivaliser avec les États-Unis, le Japon et les deux puissances coloniales que sont la France et le Royaume-Uni. Il combine avantages politiques et avantages économiques. L'Europe serait ainsi soumise à la domination politique et économique des grandes puissances : à l'Allemagne à terme, l'Europe continentale, à la France, l'Europe occidentale. Le rapprochement avec les puissances occidentales semble dès lors appartenir à une autre époque[9].

Un mémorandum du 10 novembre 1931 consacré à la commission économique franco-allemande (rédigé donc au lendemain de la visite de Laval et de Briand à Berlin en septembre 1931) préconise une ligne plus proche de celle des années 1920. Les services économiques de l'*Auswärtiges Amt* se prononcent en faveur de la réalisation d'une union

---

[9]   Elvert, J., *op. cit.* ; Schirmann, S., *op. cit.*

douanière européenne à laquelle cette commission devrait travailler. Cela suppose la suppression des entraves douanières pour certaines industries des deux pays. On souhaite des échanges de participations industrielles, une coopération au Maroc, en Turquie, en Perse et au Proche-Orient. Cette coopération franco-allemande pourrait servir à une relance de la coopération européenne. Comme le mentionne le mémorandum : « L'union du capital français avec la main-d'œuvre allemande permettrait d'entreprendre la solution d'importants problèmes économiques dans les Balkans, en Afrique du Nord [...], même dans les transactions avec l'URSS[10] ». En clair, il s'agit d'instituer un « *condominium* économique » franco-allemand en Europe, fondé sur la puissance financière française et la puissance industrielle allemande. Laquelle des deux puissances bénéficierait le plus de cette répartition du travail ? Pour Brüning, il n'était cependant pas question de revenir au libre-échange, à l'abaissement des tarifs, à cette cartellisation de l'économie envisagée en Europe occidentale, sans l'obtention préalable de la fin des réparations, de l'égalité des droits en matière d'armement et des modifications des frontières orientales.

IV. Les services économiques de l'*Auswärtiges Amt* au temps du régime hitlérien[11]

Le suivisme déjà observé au moment de l'arrivée de Curtius et de von Bülow à la tête de l'*Auswärtiges Amt* se renforce avec l'arrivée au pouvoir d'Hitler. Les services économiques se rallient à une vision impériale, wilhelmienne de la politique extérieure allemande et suivent le régime dans sa politique révisionniste et impérialiste.

Avec les services de la *Reichsbank* (Schacht), l'équipe autour de Ritter et de Posse élabore dans la première phase de l'expansion allemande la *Bündniswirtschaft* qui place le *Reich* au cœur de l'Europe. Cette « économie fondée sur des liens de dépendance » repose sur un principe simple. Vis-à-vis de l'Europe occidentale, le *Reich* s'octroie, à travers les accords de *clearing*, un solde commercial positif. Celui-ci lui permet de rembourser ses dettes et de se constituer des réserves financières (les accords avec la France, le Royaume-Uni et la Belgique sont de ce point de vue éclairants). Vis-à-vis de l'Europe orientale, la balance allemande est sciemment négative. Cette politique économique extérieure présente plusieurs avantages. Elle mobilise d'abord les ressources européennes pour la *Wehrwirtschaft*. Elle lie l'Europe orientale à l'économie alle-

10 Schirmann, S., *Les relations économiques et financières franco-allemandes 1932-1939*, Paris, CHEFF, 1995.

11 Sur certains aspects de ce quatrième point, voir : Bloch, C., *Le Troisième Reich et le Monde*, Paris, Imprimerie nationale, 1986, où est étudié notamment le mémorandum Ritter de juin 1940 ; Metzger, C., *L'Empire colonial français dans la stratégie du Troisième Reich (1936-1945)*, 2 tomes, Bruxelles, P.I.E.-Peter Lang, 2002.

mande, en quelque sorte préparée à entrer dans l'espace vital du *Reich*. Il en est de même pour l'Europe occidentale, pour laquelle le remboursement des créances sur l'économie du *Reich*, dépend de ce type d'accord.

L'impasse du « Nouveau Plan » vers 1935-1936 amène les responsables économiques à envisager plusieurs formes de coopération en Europe et hors d'Europe. Karl Ritter se rend par exemple en septembre-octobre 1935 aux États-Unis. Il est favorable à certaines concessions que l'Allemagne pourrait octroyer aux États-Unis, notamment en matière de remboursement de dettes. Le refus conjugué de Schacht et d'Hitler fait échouer cette mission. Dans les services économiques, comme d'ailleurs d'une façon générale à l'*Auswärtiges Amt*, on voit d'un mauvais œil le retour des questions coloniales (sous la pression de Schacht) autour de 1936-1937. Le retour au *Reich* de certaines colonies, l'idée d'une gestion commune de l'espace colonial avec d'autres puissances (cf. ce concept d'Eurafrique qu'on ébauche surtout avec la France) et sa mise en valeur empêcheront, estime-t-on, toute expansion économique et *a fortiori* territoriale en Europe. Le plus important, c'est alors de réaliser cette *Mitteleuropa* allemande, que réclament par exemple le *Mitteleuropäischer Wirtschaftstag* ou encore le *Konzern* IG Farben. De nouveaux traités de commerce resserrent les liens entre le *Reich* et ces pays : traité avec la Hongrie (février 1934), avec la Yougoslavie (mai 1934) ou encore avec la Roumanie (mars 1935). En février 1936, le *Reich* s'oppose à – et réussit à faire échouer – un projet d'union économique entre l'Autriche, la Hongrie, l'Italie et la Petite Entente. La politique d'apaisement économique que l'on encourage chez les partenaires anglais ou français permet à Berlin de renforcer ses positions en Europe. Si la conquête d'une position hégémonique en Europe est l'objectif des services économiques, deux lignes s'esquissent cependant à partir de 1938, lorsque les nazis prennent en main l'*Auswärtiges Amt*, et investissent également les services économiques (remplacement de Ritter par Wiehl, arrivée de Keppler, etc.).

L'une des lignes est exposée par Karl Ritter, devenu homme de liaison entre l'*Auswärtiges Amt* et la *Wehrmacht*. Son mémorandum du 1er juin 1940 parle du « grand espace européen sous la direction du *Reich* ». Le centre économique et politique de cet espace serait la Grande Allemagne, avec la Bohême, la Moravie et la Pologne. On y intègrerait sur le plan économique – selon des modalités qui restent à déterminer (il n'y a pas de précisions dans le mémorandum) – les Pays-Bas, la Belgique, le Luxembourg, le Danemark et la Norvège. L'objectif serait de réaliser une union économique complète entre la Grande Allemagne et ces États. Les autres pays n'auraient, dès lors, d'autre choix, vu le poids économique de cet ensemble, que d'être liés à l'Allemagne, d'une manière certes moins étroite. C'est particulièrement vrai, estime Ritter, pour les États du Danube, la Suède et la Finlande. On éloignerait ainsi la Russie et le Royaume-Uni. De la France, il n'est pas question dans le mémorandum. On créerait un bloc économique de 200 millions d'habitants. Le concept d'Eurafrique prend également une place notable dans son projet. Il explique qu'il faudrait compléter ce bloc économique par un Empire colonial en Afrique (n'oublions pas que Ritter a commencé sa carrière en 1911 dans les services coloniaux). Celui-ci serait constitué par les anciennes colonies allemandes, le Congo belge, l'Afrique équatoriale française et par le Nigeria britannique. L'empire fournirait à l'espace économique dominé par l'Allemagne les matières premières nécessaires. Il ne serait pas, en revanche, destiné à la colonisation de peuplement. *Grosswirtschaftsraum* et *Mittelafrika* allemande, on est en présence de conceptions inspirées du pangermanisme wilhelmien.

L'ancien subordonné de Ritter, Clodius, nommé en 1938 directeur-adjoint du département Économie de l'*Auswärtiges Amt*, est lui aussi l'auteur d'un mémorandum, le 30 mai 1940. Pour lui, la Grande Allemagne, dont les contours rejoignent celle de Ritter, doit conserver des relations économiques étroites avec la Russie, avec l'Italie et son Empire, avec la Turquie et les pays du Proche-Orient. Mais en revanche, il ne faut pas chercher à avoir des liens étroits avec le Royaume-Uni. Celui-ci doit devenir un pays de seconde zone pour cet espace économique allemand. S'il parle également de colonies en Afrique, le texte de Clodius donne la priorité au rétablissement d'une position commerciale de choix en Amérique latine, ce qui suppose tôt ou tard froisser les intérêts américains. Clodius expose donc le projet d'une autarcie européenne dirigée contre les Américains, ou plutôt le projet d'une autarcie pour une « Europe allemande » contre les États-Unis, fidèle à ce que Walter Funk, le nouveau ministre de l'Économie du *Reich* depuis février 1938, avait déjà préconisé en 1929 : « Une union économique européenne dirigée contre les États-Unis ». Cette vision rejoint également celle de certains *Konzerne*, celle d'Ilgner de l'IG Farben par exemple : le plan IG Farben du 3 août 1940 déclare que les adversaires des *Konzerne* allemands sont les trusts américains.

Au total, si l'attitude des services économiques face aux questions européennes passe par plusieurs phases (ancrage occidental et euro-péisme au cours des années 1920, structure technique qui organise le révisionnisme d'un Brüning, ou encore instrument sans marge de manœuvre sous Hitler), leur objectif aura été le même au cours de la période qui nous intéresse : il s'agit de faire en sorte que le *Reich* retrouve son rang de puissance économique du continent. Seule celle-ci lui permettra de peser politiquement. Cela passe par un projet plus occidental, plus centré sur le rapprochement avec la France, puis, à partir des années 1930, par la résurgence des rêves pangermaniques wilhelmiens. Le suivisme de cette administration se voit très nettement lors de l'arrivée au pouvoir du tandem Curtius-von Bülow. L'équipe mise en place par Stresemann applique sans état d'âme la politique révisionniste décidée par Brüning. On comprend dès lors qu'à une exception près, les services économiques restèrent en place au moment de l'arrivée au pouvoir d'Hitler. Ils servirent le régime, dans la politique duquel ils virent souvent la poursuite de la politique de Guillaume II. Ils alimentèrent le régime en projets impérialistes – sans voir ou vouloir voir – la différence de nature entre les projets nazis et les perspectives wilhelmiennes. Le procès de la *Wilhelmstrasse* en 1949 montre de ce point de vue l'ambiguïté des services économiques de l'*Auswärtiges Amt* : ses principaux responsables furent condamnés à des peines de trois à quatre années d'emprisonnement[12]. Cette ambiguïté se retrouve pleinement dans leurs perspectives pour l'Europe.

---

[12] Sur ce procès : Staatliches Archivlager Göttingen und Staatsarchiv Nürnberg, *Akten des Wilhelmstrassen Prozesses*, Dokumentenreihe NG 146 – 5921 ; *Das Urteil im Wilhelmstrassen Prozess*, Einführung von R.M.W. Kempner und C. Haensel, Schwäbisch-Gmünd, 1950.

Le *Foreign Office*
et l'Europe (1919-1931)

Professionnalisme et préjugés

Robert BOYCE

London School of Economics and Political Science

Le ministère britannique des Affaires étrangères (*British Foreign Office*) a longtemps été réputé pour son professionnalisme et sa *Realpolitik* libérée de toute contrainte idéologique. Les historiens ont souvent défini son *modus operandi* en citant la devise de Palmerston : la Grande-Bretagne n'a ni amis, ni ennemis éternels, seulement des intérêts éternels[1]. Telle est, sans exception ou presque, la tonalité générale des travaux universitaires consacrés au *Foreign Office* des années 1920, période dominée – même après sa mort en avril 1925 – par la personnalité du secrétaire général (*Permanent Under-Secretary*) Sir Eyre Crowe, comme au *Foreign Office* des années 1930, quand Sir Robert Vansittart, a-t-on coutume de lire, fit du ministère le principal foyer d'opposition à la politique d'apaisement[2].

En dehors des milieux universitaires, le *Foreign Office* est parfois taxé d'eurocentrisme. Non sans raisons ; ainsi, avant 1919, entrer au ministère requérait, entre autres, la connaissance de quatre langues étrangères, le français, l'allemand et le latin étant le plus souvent présentés à l'examen[3]. Pour mettre à niveau leurs talents linguistiques, les candidats passaient souvent un an ou plus sur le continent avant de subir

---

[1] L'exemple le plus récent : McKercher, B.J.C., « Old diplomacy and new : the Foreign Office and Foreign Policy, 1919-1939 », in M. Dockrill et B. McKercher (eds.), *Diplomacy and World Power : Studies in British Foreign Policy, 1890-1950*, Cambridge, Cambridge University Press, 1996, p. 81.

[2] Crowe, S. et Corp, E., *Our Ablest Public Servant : Sir Eyre Crowe, 1864-1925*, Braunton Devon, Merlin Books, 1993 ; Roi, M.L., *Alternative to Appeasement : Sir Robert Vansittart and Alliance Diplomacy, 1934-1937*, Westport CN, Praeger, 1997 ; *Diplomacy and Statecraft*, vol. 6, 1995, numéro spécial sur Vansittart et la diplomatie britannique.

[3] Vansittart, R., *The Mist Procession. The Autobiography of Lord Vansittart*, London, Hutchinson, 1958, p. 40.

les épreuves. Le fait qu'en 1919 cinq des huit ambassades britanniques étaient situées en Europe – la proportion passa à neuf sur quinze en 1930 – illustre également l'importance de cette dernière. Le chiffre diminua les années suivantes, quand quatre légations extra-européennes furent élevées au rang d'ambassade[4]. Mais, hormis Washington, les postes les plus convoités étaient sur le continent, y compris le plus prestigieux de tous, Paris. Il n'est finalement pas surprenant que de nombreux hommes politiques, dont Lloyd George et Neville Chamberlain (et plus récemment Margaret Thatcher), aient considéré le ministère des Affaires étrangères comme eurocentrique, et suspecté ses fonctionnaires d'être pro-européens.

En fait, la politique étrangère britannique, durant l'entre-deux-guerres, n'était ni particulièrement « réaliste », ni eurocentrique. On pourrait la définir en trois mots : moralisme, légalisme, pacifisme[5]. Loin d'être eurocentrique, le ministère partageait l'avis de l'opinion britannique et, encore quelques mois avant le début de la Seconde Guerre mondiale, considérait avec répugnance l'idée d'un « engagement continental[6] ». Peut-être la meilleure façon d'illustrer ses spécificités est-elle d'examiner ses positions sur trois questions cruciales pour les affaires européennes de l'entre-deux-guerres.

La première question concerne la place de l'Europe de l'Est dans les calculs stratégiques de l'Angleterre. Durant la conférence de la Paix, le Maréchal Foch, commandant suprême des forces interalliées, répétait à qui voulait l'entendre que l'Europe de l'Est faisait partie intégrante du continent et de l'équilibre des forces. Il était persuadé qu'avant vingt ans, l'Allemagne, de nouveau libre de ses mouvements et réarmée, chercherait à retrouver une position hégémonique sur le continent, et qu'elle le ferait en s'étendant à l'est avant d'attaquer à l'ouest. Le problème était crucial : si l'on n'empêchait pas l'Allemagne d'asseoir sa domination à l'est, elle deviendrait si puissante qu'on ne pourrait plus l'arrêter lorsqu'elle déciderait de se tourner vers l'ouest. La prévision de Foch ne fut que trop exacte. Mais alors que la France en fit le fondement de sa stratégie défensive, concluant des alliances avec la Pologne en

[4]   Dilks, D., « The British Foreign Office between the Wars », in B.J.C. McKercher et D.J. Moss (eds.), *Shadow and Substance in British Foreign Policy, 1895-1939*, Edmonton, University of Alberta Press, 1984, p. 183.

[5]   Ces termes furent utilisés par George Kennan, dans une série de cours magistraux, pour définir la politique étrangère des États-Unis durant cette période ; ils s'appliquent tout aussi bien à la Grande-Bretagne : Kennan, G., *American Foreign Policy, 1900-1950*, Chicago, University of Chicago Press, 1951.

[6]   Howard, M., *The Continental Commitment : the Dilemma of British Defence Policy in the Era of Two World Wars*, Harmondsworth, Penguin, 1972. Cette expression fut utilisée occasionnellement durant les années 1920 : voir par exemple *Documents on British Foreign Policy* (DBFP), 1st series, vol. XXIV, n° 191, mémorandum de Sir Maurice Hankey, 23 janvier 1925.

1921 et la Tchécoslovaquie en 1924, la Grande-Bretagne ne reconnut la réalité qu'au printemps 1939, bien trop tard pour lui donner une expression pratique. Qu'en fut-il du *Foreign Office* ? Sur la question de l'Europe de l'Est et de son importance pour la sécurité britannique, les fonctionnaires du ministère firent-ils preuve de plus de clairvoyance que les dirigeants politiques ?

La deuxième question touche à la perception, au sein du ministère des Affaires étrangères, de la France, de son rôle en Europe, de ses ambitions et sa puissance. Après l'armistice, les dirigeants français savaient que la supériorité militaire de leur pays sur l'Allemagne serait éphémère ; il fallait anticiper, par des accords spécifiques de sécurité, le moment – d'ici une génération – où l'Allemagne recouvrerait sa puissance. Les dirigeants britanniques, eux, interprétaient la supériorité française du moment comme la volonté de dominer l'Allemagne et l'Europe entière, Grande-Bretagne comprise. Il en résulta un extraordinaire malentendu, les hommes d'État français se tournant vers la Grande-Bretagne pour chercher à garantir la sécurité de leur pays, tandis que les hommes d'État britanniques, obsédés par le prétendu militarisme de la France, allaient jusqu'à considérer celle-ci comme leur principal ennemi potentiel[7]. Sur ce point aussi, un examen des opinions du *Foreign Office* s'impose, pour bien juger de la *Realpolitik* et de l'eurocentrisme de ses fonctionnaires.

La troisième et dernière question concerne l'attitude du ministère des Affaires étrangères face au mouvement européen de l'entre-deux-guerres. J'ai montré par ailleurs que la réponse officielle de Londres au plan Briand de 1930 fut un non poli mais catégorique, ce qui – c'était le but avoué – conduisit à faire échouer l'initiative[8]. Nous tenterons ici de voir si cette réponse fut faite sur les conseils, ou en dépit de l'avis du *Foreign Office* ; et de savoir – la question est liée – à quel point ce dernier était informé du mouvement européen et de l'intérêt que la Grande-Bretagne avait à le soutenir ou à s'y opposer.

Avant d'aborder ces questions, quelques explications sur le contenu et les limites de cet article : en premier lieu, l'expression « ministère des Affaires étrangères » est employée pour regrouper le personnel du ministère proprement dit et le service diplomatique. Officiellement, les deux services fusionnèrent en un seul *Foreign Service* le 1er avril 1919, selon les recommandations de la commission MacDonnell de 1914. En pratique les deux services avaient été déjà effectivement intégrés au tout

7   Gibbs, N.H., *History of the Second World War, Grand Strategy*, vol. 1 : *Rearmament Policy*, London, Her Majesty's Stationery Office, 1976, pp. 46-49.
8   Boyce, R., « Britain's First "No" to Europe : Britain and the Briand Plan, 1929-1930 », *European Studies Review*, vol. 10, 1980/1, pp. 17-45.

début de la Grande Guerre[9]. Par ailleurs, il ne s'agit pas ici d'étudier la politique étrangère britannique ni même, à proprement parler, le rôle du ministère des Affaires étrangères dans le processus de décision. Durant les années 1920, une grande partie des postes diplomatiques importants étaient attribués en tenant compte de critères politiques : ainsi en était-il, parmi d'autres, pour Sir Auckland Geddes à Washington, le vicomte d'Abernon à Berlin, le comte de Derby à Paris et pour son successeur, le marquis de Crewe. Ce sont eux, et plus encore le ministre lui-même ainsi que les ministres sous tutelle, nommés par le Premier ministre, qui ont influencé la politique européenne du *Foreign Office*. Cet article n'essaie pas d'étudier leur rôle ni l'influence générale du ministère sur la politique du gouvernement. Il se concentre seulement sur l'importance des représentants, des fonctionnaires du *Foreign Office* et des membres du service diplomatique, dans la formulation de la politique.

Le choix de la période 1919-1931 mérite également une explication. La politique européenne de l'Angleterre aurait sans doute pu être à tout moment révisée durant l'entre-deux-guerres. Mais 1931 est incontestablement un tournant : la Grande-Bretagne abandonne alors le libre-échange et l'étalon-or, tournant ainsi le dos à près d'un siècle d'internationalisme économique, pour se lancer dans une politique de préférence impériale. L'entreprise, on le sait, s'avéra vite chimérique et aurait sans doute été abandonnée plus tôt si la Seconde Guerre mondiale n'avait provisoirement rendu les ressources de l'Empire essentielles pour la survie du pays. Mais on avait fait un choix crucial, qui affaiblissait encore plus l'intérêt porté par la Grande-Bretagne au continent européen. L'ironie, nous le verrons, tient à ce qu'en 1931 le *Foreign Office* semblait avoir enfin reconnu la nécessité pour l'Angleterre de contribuer directement à la sécurité et à l'organisation de l'Europe. Mais il était alors trop tard, au vu des développements récents de la situation, tant britannique qu'européenne.

I. La question de l'Europe de l'Est

L'intérêt de la Grande-Bretagne pour l'Europe de l'Est s'accrut soudain en 1917, avec la révolution russe, quand il devint possible d'y exploiter les sentiments nationalistes pour accélérer la défaite des puissances centrales. Mais une fois l'armistice signé en 1918, l'intérêt britannique pour la région déclina rapidement. Alors que la France refusait en 1920 une quatrième partition de la Pologne, la Grande-Bretagne se tint en retrait. Elle prit le parti de l'Allemagne sur la question de la Haute-Silésie. Et quand, en 1921, Paris conclut une alliance

---

9 United Kingdom, *Parliamentary Papers*, Cd.7748, cinquième rapport de la Commission royale sur la fonction publique, 18 décembre 1914, p. 39 ; Public Record Office (PRO), Kew, FO366/788, 97172, circulaire de Sir Ronald Graham, 12 juillet 1919.

défensive avec Varsovie, les ministres britanniques en tirèrent prétexte pour refuser de s'engager aux côtés de la France. L'état-major n'était pas loin de partager ces vues. Il acceptait un engagement continental, pourvu qu'il soit strictement limité à la France et la Belgique et ne concerne donc pas l'Europe de l'Est[10].

Au sein du *Foreign Office* cependant, les opinions divergeaient. Pour James Headlam-Morley, le conseiller historique du ministère, les pays situés à l'est et au sud de l'Allemagne faisaient partie intégrante de l'équilibre européen ; la Grande-Bretagne ne pouvait s'en désintéresser qu'à ses risques et périls. Comme il le souligna en 1925 devant le ministre des Affaires étrangères, Austen Chamberlain, la Pologne était essentielle pour empêcher une alliance de l'Allemagne et de la Russie bolchevique, les deux puissances exclues de l'Europe versaillaise, et parce que la reconquête par l'Allemagne des territoires orientaux la rendrait encore plus menaçante lorsqu'elle déciderait de se tourner vers l'ouest. Le sort des pays de l'ex-Autriche-Hongrie lui semblait tout aussi important :

> Quelqu'un a-t-il tenté d'imaginer ce qui se passerait s'il devait y avoir une nouvelle partition de la Pologne, ou si l'État tchécoslovaque était si réduit et divisé qu'il en vienne à disparaître de la carte de l'Europe ? Toute l'Europe serait de nouveau plongée dans le chaos. Imaginons, par exemple, que sous d'improbables conditions, l'Autriche se réunisse à l'Allemagne ; que l'Allemagne, s'appuyant sur la minorité mécontente de Bohême, réclame une nouvelle frontière, bien au-delà des montagnes, qui inclue Carlsbad et Pilsen, et qu'en même temps, d'accord avec l'Allemagne, les Hongrois récupèrent le versant sud des Carpates. Cela serait catastrophique, et même si, par négligence, nous n'intervenions pas à temps pour l'empêcher, nous serions obligés d'intervenir ensuite, et sûrement trop tard[11].

Le système politique européen pourrait certes s'accommoder de modifications territoriales mineures, mais les accords de l'après-guerre avaient créé un équilibre qui réclamait et méritait une participation active de la Grande-Bretagne :

> Nous sommes trop timides et modestes quant à nos propres réalisations ; nous les critiquons sans cesse et ne les défendons pas assez. Ne pouvons-nous admettre que l'accord de 1919 représente un immense progrès par rapport à d'autres traités signés en Europe par le passé ? Dans les grandes lignes, il incarne une paix de justice et de raison, et de son respect dépend tout l'édifice européen[12].

---

[10] Bond, B., *British Military Policy between the Two World Wars*, Oxford, Clarendon Press, 1980, p. 76.

[11] PRO, FO371/11065, W2070/9/98, mémorandum, 10 mars 1925 ; repris dans Headlam-Morley, J., *Studies in Diplomatic History*, London, Methuen, 1930, p. 184.

[12] *Ibidem*, pp. 184-185.

Avec le recul, le conseil paraît bon ; soulignons toutefois que Headlam-Morley adopta tardivement ce point de vue. Il fut l'un des rares membres du ministère des Affaires étrangères à avoir directement participé à l'élaboration de la paix de 1919, et avait travaillé à établir un accord fondé, disait-il, sur les « principes élémentaires de l'humanité et de la chrétienté » ; il fut de plus en plus frustré lorsque la France se montra réticente à pardonner à l'Allemagne son agression[13]. Comme il l'écrivait à son père, le Révérend A.C. Headlam, au printemps 1919, l'accord de paix, dans son ensemble, était « j'en suis sûr, vraiment indéfendable, et dans la pratique, réellement inapplicable[14] ». La prétention de la France à vouloir créer une Pologne forte lui semblait particulièrement « désastreuse[15] ». C'est ce point de vue, et non celui qu'il développera plus tard, que partageait l'ensemble du ministère au lendemain de la guerre[16]. Le comportement du nouvel État, qui se montrait très agressif envers l'Allemagne et la Russie, expliquait ce pessimisme. L'attitude de la Pologne précédant le plébiscite en Haute-Silésie, notamment l'annexion de territoires biélorusses et ukrainiens ou l'occupation de Vilnius, semblait presque vouloir appeler des châtiments futurs.

Une autre explication, qui apparaît clairement dans la correspondance diplomatique, relève de préjugés culturels ou racistes à l'égard des Polonais et du monde slave en général. Peu de diplomates britanniques allèrent aussi loin que Keynes, qui affirma dans *Les Conséquences économiques de la paix* en 1920 que sans le secours financier de la France, la Pologne n'aurait « pas d'autre industrie que de persécuter les Juifs[17] ». Un fonctionnaire du *Foreign Office* soutenait que placer les Allemands de Dantzig sous contrôle polonais « reviendrait à remettre une ville écossaise à sa population irlandaise[18] ». De tels préjugés attirèrent les protestations d'un diplomate, H.J. Paton, qui suggérait à ses collègues de ne pas croire que l'Allemagne incarnait seule la

---

[13] Headlam-Morley, J., *A Memoir of the Peace Conference, 1919*, A. Headlam-Morley, R. Bryant et A. Cienciala (eds.), London, Methuen, 1972, p. 52.

[14] *Ibidem*, p. 161.

[15] *Ibidem*, p. 163. Antony Lentin décrit Headlam-Morley, avec Keynes, comme l'un de ceux qui, au sein de la délégation britannique, faisaient preuve d'une sympathie appuyée envers l'Allemagne : *Lloyd George and the Lost Peace : From Versailles to Hitler, 1919-1940*, London, Palgrave, 2001, p. 81.

[16] Un mémorandum pour le ministre des Affaires étrangères, passant en revue les engagements britanniques à l'étranger, lui rappela que « ce pays n'a jamais pris les armes dans le passé pour empêcher la partition de la Pologne », et ne pouvait envisager de le faire maintenant quand il était « paralysé par une colossale dette de guerre » (DBFP, série 1A, vol. 1, mémorandum du ministère des Affaires étrangères, 10 avril 1926, p. 857).

[17] Keynes, J.M., *The Economic Consequences of the Peace*, London, Macmillan & Co., 1920, p. 273.

[18] PRO, FO371, f.3787, fo.534, minute de George Saunders, 27 mars 1919.

civilisation dans la région, et de ne pas ignorer les réussites culturelles du peuple slave[19]. On ne tint aucun compte de ses conseils.

Dans son étude sur la Grande-Bretagne et la république de Weimar, F.L. Carsten confirme de manière implicite ce préjugé à l'encontre du monde slave et en faveur de l'Allemagne. Sans doute à juste titre, Carsten conclut de son étude des archives que les analyses politiques des diplomates britanniques en poste dans l'Allemagne de l'après-guerre étaient particulièrement pénétrantes, insistant notamment sur les infractions aux clauses de désarmement du traité de Versailles par la *Reichswehr* et sur la montée du parti nazi. Mais sans doute aussi peut-on remarquer que, dans le cas de Carsten, né à Berlin, ce jugement laudatif peut s'expliquer par la promptitude des diplomates à représenter l'Allemagne sous les traits d'une nation civilisée, respectueuse des lois, où le militarisme et le nationalisme ne concernaient qu'une minorité de la population, certes dangereuse, mais tournée vers le passé. Le *Foreign Office* considérait l'Allemagne non comme une menace pour l'équilibre européen, mais comme un bastion de la civilisation, qu'il fallait consolider pour pouvoir défendre efficacement l'Occident contre les dangers venus de l'est[20]. Vansittart, le secrétaire général, méditant sur les années de l'entre-deux-guerres, écrivait que la Pologne avait peu d'amis au sein du ministère des Affaires étrangères[21]. Lui-même ne semble pas lui avoir été particulièrement hostile. Mais de manière significative, en mai 1930, dans le premier de ses mémorandums *Old Adam*, où il met en garde contre une recrudescence des ambitions hégémoniques en Europe, il désapprouve fermement la politique de sécurité française, fondée sur un système d'alliances avec la Pologne et autres pays de l'Est :

> On aurait pu espérer que l'adoption par l'Allemagne de la politique d'exécution, notamment la reconnaissance de la perte définitive de l'Alsace-Lorraine, et les progrès continus réalisés en faveur de la paix et de la stabilité en Europe durant les dix dernières années, auraient convaincu la France que ses peurs étaient exagérées, et que sa sécurité était suffisamment garantie pour ne plus être obsédée par « l'équilibre des forces[22] ».

Maintenant que l'Allemagne avait « liquidé la guerre », Vansittart estimait qu'elle s'attaquerait désormais à la révision de ses frontières orientales. Mais il déplorait l'engagement de la France dans une région dont l'intérêt, pour elle comme pour la Grande-Bretagne, ne lui semblait pas essentiel. Erik Goldstein, un des rares spécialistes de la politique

---

[19] DBFP, série 1, vol. 6, doc. 83, mémorandum de H.J. Paton, 27 février 1919.

[20] Carsten, F.L., *Britain and the Weimar Republic : The British Documents*, London, Batsford, 1984.

[21] Vansittart, R., *op. cit.*, pp. 326, 412 et 468.

[22] PRO, FO371/14350, C3358/3358/62, mémorandum de Vansittart : « An Aspect of International Relations in 1930 », 1ᵉʳ mai 1930 ; aussi dans ĐBFP, serie 1A, vol. 7, appendix, pp. 834-852.

étrangère britannique contemporaine à avoir étudié la place de l'Europe de l'Est dans la politique anglaise, résume la position britannique d'une formule : « loin des yeux et loin du cœur[23] ». À juste titre, il en rend responsable le personnel politique, au premier chef Austen Chamberlain comme son demi-frère Neville. Il n'en est pas moins vrai que l'échec de leurs conseillers, dont la tâche consiste à permettre de décider en toute connaissance de cause, est en l'occurrence tout aussi patent[24].

II. La France, amie ou ennemie ?

Au lendemain de la Grande Guerre, l'alliance franco-britannique est aussi populaire en Grande-Bretagne qu'en France. De façon significative, il y a beaucoup plus de monde le long des rues menant à *Victoria Station* pour applaudir sous une pluie glaciale Georges Clemenceau et le Maréchal Foch en décembre 1918, que pour accueillir le président américain Wilson deux semaines plus tard[25]. Les relations franco-britanniques se détériorent toutefois rapidement, et touchent le fond quand les troupes françaises occupent la vallée de la Ruhr en janvier 1923 ; malgré l'Entente cordiale, elles ne se rétablirent jamais complètement. À première vue, les sujets de désaccord étaient trop nombreux : l'interprétation du traité de Versailles, le règlement territorial en Europe de l'Est, la politique à l'égard de Russie, le Levant, le Maroc, les tarifs douaniers, les réparations et les dettes de guerre. Mais au-delà de ces questions particulières, les dirigeants britanniques étaient animés envers la France de préjugés qu'aucun échange de vues ne pouvait réellement dissiper. Les Premiers ministres Lloyd George et Ramsay MacDonald étaient particulièrement francophobes, mais c'était aussi, à l'évidence, le cas de Lord Curzon, Lord Balfour et d'autres ministres influents des gouvernements de l'après-guerre.

Selon Lord Riddell, le directeur de journaux et le compagnon le plus proche de Lloyd George après la guerre, le Premier ministre exprimait fréquemment sa profonde hostilité, usant de termes comme « avidité », « méchanceté » ou « stupidité ». Il était par-dessus tout convaincu que la politique française masquait sous une fine couche de principes républicains, des ambitions de style napoléonien. La Grande Guerre elle-même, selon lui, avait eu pour cause principale la volonté française de se

---

[23]   Goldstein, E., « The Evolution of British Diplomatic Strategy for the Locarno Pact, 1924-1925 », in M. Dockrill et B. McKercher (eds.), *op. cit.*, p. 126 s.

[24]   Le conseil du secrétaire général, Sir William Tyrrell, sur le problème germano-polonais correspondait exactement à celui du ministre des Affaires étrangères et a pu lui servir de base : « Laissons les chiens endormis dormir – et s'ils ne le font pas, essayons de les endormir ». DBFP, série 1A, vol. 1, n° 151, mémorandum de Huxley, 17 décembre 1925, minute de Tyrrell, 21 décembre 1925.

[25]   Lloyd George, D., *Memoirs of the Peace Conference*, tome II, New Haven, Yale University Press, 1939, p. 110.

venger de la Prusse et de récupérer l'Alsace-Lorraine. Maintenant que l'Allemagne avait été battue, la France voulait s'affirmer comme le « dictateur militaire de l'Europe[26] ». De tous les ministres influents, Austen Chamberlain, ministre des Affaires étrangères de novembre 1924 à mai 1929, avait le moins de préventions contre la France. Il aimait la France, et était l'un des rares dirigeants britanniques à bien parler français – et à pouvoir le parler en public. Cependant, comme ses collègues, il était persuadé que l'Europe se divisait en trois groupes raciaux distincts, les Anglo-Saxons, les Latins et les Slaves, ce qui dressait une barrière insurmontable entre la Grande-Bretagne et la France, qui le devint encore plus quand la France insista pour lier son destin avec les Slaves de la Pologne et de la Tchécoslovaquie. Étant latins, les Français étaient intelligents, pleins de ressources, mais aussi étroitement égoïstes et « matérialistes » ; Chamberlain n'était donc pas disposé à prôner une alliance avec la France. Il n'excluait pas en effet complètement la possibilité d'un conflit avec celle-ci[27].

Lord Curzon, ministre des Affaires étrangères de 1919 à 1923, essaya de traiter les relations franco-britanniques de manière plus équilibrée. Mais toujours persuadé que la Grande-Bretagne était plus une puissance asiatique qu'européenne, il ne voyait pas où ni comment les intérêts britanniques pouvaient bénéficier du soutien français, et en concluait qu'entre son pays et la France, les différences de point de vue, de méthodes et de critères de jugement créaient un fossé qu'on ne pouvait combler. On ne pouvait faire confiance aux Français : ils étaient « toujours à la recherche de leur profit, parfois d'un éclat politique, parfois de leur intérêt financier ». Leur diplomatie ne recherchait que l'intérêt national, « sans se soucier de loyauté, de sincérité, ni de franchise ». C'était « intrinsèque à la mentalité de ce peuple[28] ». Lord Balfour, ancien Premier ministre et président du Comité de défense impériale après la guerre, était du même avis. Bien que souvent décrit par les historiens britanniques comme un homme d'État réfléchi, prudent et plein de sang-froid, il partageait entièrement les craintes de Lloyd George à l'égard du militarisme français. Il insista au début des années 1920 pour qu'une part plus importante des dépenses militaires fût affectée à la *Royal Air Force*, ce pour protéger le pays contre une éventuelle attaque aérienne française[29].

---

[26] Lord Riddell, *Lord Riddell's Intimate Diary of the Peace Conference and after, 1918-1923*, London, Victor Gollancz Ltd., 1933, pp. 112, 188, 196, 247 et 399. Sur Lloyd George et la guerre, voir Boyce, R., *The Dual Crisis* (à paraître).

[27] Grayson, R.S., *Austen Chamberlain and the Commitment to Europe : British Foreign Policy 1924-1929*, London, Frank Cass, 1997, pp. 44-47 et 136 s.

[28] Gilmour, D., *Curzon*, London, John Murray, 1994, pp. 529-530.

[29] PRO, CAB 2/3, CID, 147ᵉ réunion, 31 octobre 1921 ; Gibbs, N.H., *op. cit.*, p. 47 ; Mackay, R.F., *Balfour : Intellectual Statesman*, Oxford, Oxford University Press, 1985, p. 335 ; Howard, M., *op. cit.*, pp. 81-85 ; PRO, CAB 8/63, Comité de la dé-

Ramsay MacDonald, Premier ministre et ministre des Affaires étrangères en 1924, puis de nouveau Premier ministre de juin 1929 à juin 1935, était en apparence très différent de Lloyd George. Mais, comme lui, il ne connaissait pas de langues étrangères, avait très rarement voyagé hors des frontières de son pays et ne comptait pas de Français et très peu d'étrangers parmi ses amis. Il pensait que les Français formaient un peuple dangereux, une race inférieure. Il note dans son journal, en juillet 1931, alors que l'exécution du moratoire Hoover sur les dettes intergouvernementales connaissait du retard :

> La France est en train de jouer son jeu habituel, mesquin et égoïste au sujet de la proposition Hoover. Ses méthodes sont celles des pires Juifs. Agir au nom des valeurs morales n'est pas compatible avec la nature française. Voilà l'Allemagne qui s'effondre pendant que la France marchande[30].

Lord Cecil, secrétaire du ministère des Affaires étrangères et responsable pour les affaires concernant la SDN, était du même avis. Voici ce qu'il écrivait au ministre des Affaires étrangères, Lord Reading, le 21 septembre 1931, pour le prévenir que la France allait profiter de la crise de la livre sterling pour réduire l'influence britannique en Europe et à la SDN :

> Nous ne devons pas oublier que les Français n'ont pas de sentiments élevés. Ils s'enorgueillissent de traiter toutes les affaires d'un point de vue strictement professionnel. Malgré Napoléon, ils croient peu aux impondérables, ce qui dans leur histoire fut à l'origine de la plupart de leurs problèmes, et ce qui explique leur remarquable ténacité sur la question matérielle de la sécurité. Si vous vous pliez à leur logique, ce sont des gens avec qui il est agréable de négocier parce qu'ils sont intelligents et, j'en ai fait l'expérience, directs ; mais si vous tentez de traiter avec eux en adoptant le point de vue anglo-saxon, vous ne pourrez qu'être déçus. Ce sont du moins les impressions que j'ai tirées des dix ou douze années où je les ai fréquentés. La raison pour laquelle ils sont désormais si méprisants envers nous vient du fait qu'ils pensent que nous n'avons plus de puissance financière et que nous n'avons pas d'avenir industriel. Une opinion absurde, je pense, mais apparemment défendue par des hommes comme Flandin[31].

Rien n'était plus faux. Flandin, Laval, Briand et toute la classe politique française étaient plus désireux que jamais de maintenir de bonnes relations avec la Grande-Bretagne : le jour même où Cecil écrivait cette lettre, Flandin prenait des mesures pour freiner la spéculation sur la livre

---

fense impériale, sous-comité sur la défense nationale et impériale, minute de la dixième réunion, 16 mai 1923.

[30] PRO, papiers MacDonald, 30/69/8/1, journal du 5 juillet 1931. Voir aussi le 11 juillet 1931.

[31] British Museum, papiers Cecil, 51,082, Cecil à Reading, 21 septembre 1931.

sterling à la bourse de Paris[32]. Mais l'opinion de Cecil reflétait sans doute ses convictions profondes.

Qu'en est-il des fonctionnaires du *Foreign Office* et du personnel diplomatique ? Au vu de leur supposé réalisme, de leur discours sur l'équilibre des forces et de leurs sentiments pro-européens, on pouvait imaginer qu'ils auraient condamné l'usage que le personnel politique faisait de tels stéréotypes racistes, ou du moins qu'eux-mêmes les auraient évités. On pouvait aussi s'attendre à ce qu'ils jugent absurde l'idée que la France préparait une attaque militaire contre la Grande-Bretagne, du moins tant qu'elle restait voisine d'une Allemagne forte d'un potentiel démographique, économique et militaire presque deux fois supérieur au sien, et dont les ambitions d'hégémonie européenne ne semblaient que provisoirement refoulées. Les diplomates français ne croyaient pas que leurs collègues britanniques étaient particulièrement mal disposés envers la France, et comptaient sur eux pour contrebalancer les préjugés de leurs dirigeants politiques. En réalité, les fonctionnaires du *Foreign Office* comme le personnel diplomatique, bien que n'ayant pas tous la même vision des choses, contribuaient souvent à forger l'image caricaturale qu'on se faisait de la France dans les cercles politiques et journalistiques.

L'opinion de Lord Hardinge, secrétaire général de 1916 à 1920, était contradictoire. D'un côté, il s'opposait avec force à Lloyd George et Lord Curzon, qui voulaient rompre avec la France, faisant valoir qu'une telle politique réduirait à néant vingt ans de réussites diplomatiques[33]. De l'autre, il désapprouvait la construction d'un tunnel sous la Manche, que Lloyd George avait promis durant la conférence de la Paix, en invoquant le spectre d'une brusque et soudaine invasion de la Grande-Bretagne par les forces françaises[34]. Son attitude ne changea pas lorsqu'il fut nommé ambassadeur à Paris en novembre 1920. Il note dans son journal, deux mois après son arrivée : « Aucun Anglais sain d'esprit ne pourrait accepter de suivre la roue du chauvinisme et du pseudo-impérialisme de la France. Il faudrait alors nous préparer à souffrir et à fermer les yeux[35] ». Les Britanniques étaient des Anglo-Saxons, et les Français des Latins : « Avec les Latins, il est essentiel de leur tenir tête ; la seule chose qui compte vraiment, c'est l'aspect formel[36] ».

---

[32] Sur les relations franco-britanniques durant la crise de l'été, voir Boyce, R., *British Capitalism at the Crossroads, 1919-1931 : A Study in Politics, Economics and International Relations*, Cambridge, Cambridge University Press, 1987, chapitre 11.

[33] Lord Hardinge, *Old Diplomacy : The Reminiscences of Lord Hardinge of Penshurst*, London, John Murray, 1947, p. 260.

[34] *Ibidem*, p. 264.

[35] Cité dans Cooper Busch, B., *Hardinge of Penshurst. A Study in the Old Diplomacy*, South Bend, Archon Books, 1980, p. 298.

[36] *Ibidem*, p. 305.

Hardinge n'était pas le seul à penser ainsi. En avril 1920, Sir George Graham, le chargé d'affaires à Paris, déclara avec assurance que les Français n'avaient rien à craindre de l'Allemagne « pour le moment », et probablement pour longtemps encore. L'occupation de la Ruhr leur garde « à tout jamais l'Allemagne à leur merci ; aussi certain qu'après l'été vient l'hiver, les Français, s'estimant les maîtres absolus du continent, se retourneront ensuite contre nous[37] ».

Sir Eyre Crowe, le nouveau secrétaire général et le successeur de Hardinge, qui était considéré à Paris comme un bon ami de la France, n'allait pas aussi loin. Même en 1922-1923, au plus fort de la dispute opposant Curzon à Poincaré, il était prêt à recommander des initiatives britanniques pour apaiser les craintes de la France à l'égard de l'Allemagne. Il partageait néanmoins les vues racistes de Hardinge sur la France. On pouvait toujours, écrivait-il en décembre 1921, résoudre par de patientes négociations les nombreuses questions en cours opposant la France à la Grande-Bretagne, d'autres surgiraient inévitablement, en raison du caractère inéluctablement différent des deux peuples :

> Cela vient en partie des traditions de la diplomatie française, mais encore plus de la mentalité de la race française ; il y a là, comparé aux Britanniques, une différence de perspectives et de méthodes qui est fondamentale. Peut-être pourrait-on définir au mieux cette différence en opposant l'habitude britannique de traiter les questions diplomatiques en cours, lorsqu'elles se présentent, en considérant chaque cas particulier pour ce qu'il vaut, à la pratique française de subordonner même les problèmes les plus ordinaires à des considérations générales d'opportunité, en les insérant dans de vastes plans visant la promotion du prestige français et la satisfaction d'intérêts ou d'ambitions privées, généralement d'ordre financier et souvent sordides, et en faisant trop souvent fi de toute franchise ou loyauté. Tout cela est répugnant et choquant pour un esprit britannique. C'est cette différence dans le caractère national et les comportements qui a rendu constamment difficile, et parfois impossible, la coopération entre gouvernements et agents français et britanniques, que ce soit aux pires moments d'hostilité, comme pendant les périodes d'entente et même d'alliance : sous les Bourbons après 1815, comme sous Louis-Philippe ; sous Napoléon III, et après la guerre de Crimée ; sous la grande Entente initiée en 1904 ; et depuis la dernière guerre, malgré une alliance bien cimentée [...]. On ne peut pas dire honnêtement qu'il y ait une chance que les Français modifient leur conduite, et ce malgré l'amitié sincère que nous portons à ce pays. Ils ne sont pas vraiment conscients de l'étendue de leurs défauts, et ne sont donc pas disposés à écouter les arguments des autres, ni capables de répondre à leurs protestations[38].

---

[37]   Lentin, A., *op. cit.*, p. 64.

[38]   DBFP, série 1, vol. 26, n° 768, mémorandum de Curzon sur la question d'une alliance franco-britannique, 28 décembre 1921. Sur les origines du mémorandum, voir Crowe, S. et Corp, E., *op. cit.*, p. 413.

Curieusement, Crowe se sentit obligé d'inclure ce portrait peu flatteur de la France dans une note recommandant qu'une garantie lui soit accordée en cas d'agression non provoquée. Curzon la fit immédiatement circuler dans tous les ministères. Comme on peut l'imaginer, tous furent plus impressionnés des dangers qui pourraient résulter d'un rapprochement avec la France, que des avantages que procurerait l'octroi d'une garantie.

Après la mort de Crowe, en avril 1925, deux hommes occupèrent successivement, et brièvement, le poste de secrétaire général : Sir William Tyrrell jusqu'en juillet 1928, puis Sir Ronald Lindsay jusqu'en janvier 1930, à qui Vansittart succéda lorsqu'il fut nommé ambassadeur à Washington. Des prédécesseurs de Vansittart, c'est Tyrrell qui exerça la plus grande influence sur le *Foreign Office*, et notamment sur son approche des problèmes européens. Comme secrétaire général, puis comme ambassadeur à Paris, il fit preuve d'une compréhension exceptionnellement aiguë de la politique française. On ne trouve pas dans ses dépêches de ces stéréotypes, ni de ces remarques désobligeantes sur le comportement français, pourtant si fréquentes sous les plumes britanniques, ni l'idée qu'on ne pouvait expliquer l'intérêt que la France portait à sa sécurité par la seule préoccupation naturelle d'un État confronté, sur l'autre rive du Rhin, à un voisin particulièrement puissant et imprévisible. La relative absence de critiques à l'encontre de la France entre 1925 et le printemps de 1929 peut largement se comprendre par la mise en place des accords de Locarno, qui s'accompagnèrent d'une période de paix et de relative prospérité. Mais que cela continue après la formation d'un gouvernement travailliste très atlantiste et le début de la crise mondiale, s'explique en grande partie par l'influence de Tyrrell. Il engagea constamment le ministre des Affaires étrangères à prendre en compte les contraintes qui étaient celles des politiciens français, et la nécessité pour la Grande-Bretagne de faire preuve de patience et de compréhension[39]. Ses efforts étaient activement relayés par le personnel de l'ambassade parisienne, y compris par le chargé d'affaires, Ronald Campbell, le premier secrétaire, Ralph Wigram, le conseiller commercial, J.R. Cahill, et par Sir Charles Mendl, responsable du bureau de presse et l'éminence grise de l'ambassade.

L'influence de Vansittart au sein du *Foreign Office* date de février 1928, quand il devient le secrétaire privé du Premier ministre, Stanley

---

[39] Par exemple, PRO, ministère des Finances, T160/392, F11300/03/3, Tyrrell à Henderson, n° 1077, 26 juillet 1929 ; PRO, FO371/14365, C1234/230/18, Tyrrell à Vansittart, 11 février 1930 ; C1570/230/18, Tyrrell à Henderson, n° 179, 17 février 1930 ; C1963/230/18, Tyrrell à Sargent, 10 mars 1930 ; C2841/230/18, Tyrrell à Henderson, n° 411, 11 avril 1930. Tyrrell finit ainsi sa dépêche du 11 avril : « Pour l'opinion française, c'est seulement par une Europe fédérée qu'une solution pacifique est possible. Pour moi, c'est la réelle importance du plan, et la principale raison pour laquelle nous ne devrions rien faire pour le décourager ».

Baldwin. Il conserve le poste en juin 1929, quand MacDonald succède à Baldwin, et l'abandonne en janvier 1930 pour devenir secrétaire général. Tous les témoignages insistent sur les rapports exceptionnellement proches qu'il entretenait avec Baldwin et MacDonald[40]. Il était personnellement très francophile. Il avait travaillé plusieurs années à l'ambassade britannique à Paris, au lendemain de l'Entente cordiale, s'était mêlé à la société parisienne, avait écrit une pièce en français qui fut jouée six semaines durant au théâtre Molière, et avait regretté son départ. Il demeura, après la guerre, bien disposé envers la France et sceptique sur la volonté allemande d'exécuter le traité, mais sa carrière le mena d'abord au Moyen-Orient, puis aux départements Amérique et Afrique de l'administration centrale. Malgré son amour de la culture française, il partageait tous les préjugés politiques et racistes de ses collègues du ministère. Il était convaincu qu'il fallait abandonner la « vieille diplomatie » des alliances, des traités secrets et de l'équilibre des puissances, pour faire de la Société des Nations l'arbitre des conflits européens, et pour aller dans le sens d'une politique d'apaisement. En tant que secrétaire privé de Baldwin et MacDonald et durant ses dix-huit premiers mois au secrétariat général, il manifesta son impatience devant la prudence excessive de la France. Son mémorandum *Old Adam* de mai 1930 décrivait une France passéiste, hystérique, imprudente, qui poussait l'Allemagne dans les bras de l'extrémisme. Le Britannique, affirmait-il avec le ton supérieur typique de l'époque, était « de tous nos contemporains, celui qui était le plus ouvert aux questions internationales, voire le seul à l'être, à l'exception des Scandinaves, toujours insouciants et désintéressés[41] ». De tels commentaires apportaient de l'eau au moulin de MacDonald, qui les répétait souvent avec un mépris décuplé.

Au sein du ministère quelques voix discordantes se firent entendre, notamment celle d'Alan Leeper, le premier secrétaire du département occidental (*Western Department*) – il était né en Australie et avait fait ses études à Oxford –, celle d'Orme Sargent, directeur du département central qui traitait des affaires allemandes, belges et françaises, et celle de Sir Victor Wellesley, le secrétaire général-adjoint. Leeper et Sargent suivaient les conseils de Tyrrell et refusèrent de se joindre aux critiques grandissantes qui s'abattirent sur la France après le début de la crise mondiale. Quand les relations franco-allemandes se détériorèrent après la révélation du projet d'union douanière austro-allemande en mars 1931, Sargent appela la Grande-Bretagne à se ranger du côté français. Vansittart exprima franchement son désaccord[42]. Quand la crise finan-

---

[40]   Rose, N., *Vansittart : Study of a Diplomat*, London, Heinemann, 1978, pp. 64 et 66-67 s. ; Vansittart, R., *op. cit.*, pp. 399-404 s.

[41]   PRO, FO371/14350, C3358/3358/62, mémorandum de Vansittart, 1er mai 1930.

[42]   PRO, FO371/15182, C4386/172/62, minute de Sargent, 24 juin 1931, et minute de Vansittart, sans date.

cière se propagea d'Autriche en Allemagne, puis gagna la Grande-Bretagne, Vansittart reprit à son compte le traditionnel discours francophobe, qualifiant la politique française d'absurde, peu clairvoyante, digne d'un Shylock, etc.[43] Sans le contredire directement, Sargent n'était pas d'accord. Les hommes d'État français, selon lui, étaient en droit d'exiger de l'Allemagne des garanties politiques avant de lui accorder une aide financière. Les attaques anti-françaises lui semblaient injustifiées, et tenaient à ce que les banques britanniques avaient placé de manière imprudente près de cent millions de livres en Allemagne[44]. Vansittart ne répondit pas ; sans doute reconnaissait-il la pertinence de l'analyse.

III. Une appréciation faussée du mouvement européen

Le mouvement d'intégration européenne commença au lendemain de la Grande Guerre, mais ne connut un réel essor que lorsque la crise de la Ruhr fut résolue en 1924. Jusqu'à la fin de la décennie, au moins une demi-douzaine d'organisations promurent activement l'intégration, généralement en premier lieu l'intégration économique. Bien que loin d'être un mouvement de masse ou un mouvement populaire, il avait le soutien, comme Laurence Badel l'a démontré de manière convaincante, d'une très impressionnante partie de la classe politique et du milieu des affaires européens[45]. Le *Foreign Office*, toutefois, ne semblait que vaguement conscient de son existence. Rendant compte des préparatifs du premier congrès de Pan-Europa, en septembre 1926, Lord Chilston, le ministre britannique à Vienne, reconnaissait que l'initiative du comte Coudenhove-Kalergi avait suscité un large intérêt. Si elle s'avérait avoir des résultats pratiques, il craignait qu'elle ne fût préjudiciable au commerce britannique. Mais l'idée même des États-Unis d'Europe – une des expressions alors les plus communément employées pour évoquer l'intégration européenne – lui semblait tellement surnaturelle qu'elle ne méritait pas de retenir l'attention[46]. Tyrrell, le secrétaire général du

---

[43] *Ibidem*, C4391/172/62, minute de Vansittart, 22 juin 1931 ; PRO, FO371/15183, C4549/172/62, minute de Vansittart, 29 juin 1931 ; PRO, FO371/15187, C5176/172/62, minute de Vansittart, 12 août 1931 ; PRO, FO371/15195, C7119/172/62, minute de Vansittart, 5 septembre 1931.

[44] Selon Sargent : « Les Français savent très bien pourquoi nous sommes si anxieux à propos des Allemands, parce que leur argent est à Londres, et non en Allemagne comme le nôtre ». PRO, FO371/15195, C6784/172/62, minute de Sargent, 29 août 1931. Voir aussi PRO, FO371/15200, CC8945/172/62, minute de Sargent, 3 décembre 1931.

[45] Badel, L., *Un milieu libéral et européen. Le grand commerce français 1925-1948*, Paris, CHEFF, 1999, pp. 118-119, 163-169 et 178-181 s.

[46] PRO, FO371/11246, C10417/10417/62, Chilston à Austen Chamberlain, n° 250, 22 septembre 1926.

Foreign Office, était du même avis : « Je connais le comte Coudenhove : c'est un théoricien qui manque sérieusement d'esprit pratique[47] ».

Après le congrès, cependant, le ton change. Chilston avait été impressionné par le nombre et l'importance de ceux qui y avaient assisté, y compris ses collègues à Vienne, français, allemands et belges : « Le mouvement a réellement fait d'énormes progrès ». Tôt ou tard, croyait-il désormais, la Grande-Bretagne devra prendre position sur une Europe unie. Après réflexion, il lui semblait que la stabilité qu'une telle union apporterait à l'Europe profiterait aux échanges britanniques, quitte à bouleverser quelques pratiques commerciales[48]. L'année d'après, la suite des événements conduisit M.H. Huxley, du département central du ministère, à estimer que Pan-Europa était « une force montante – sinon la force montante – en Europe ». Conscient du scepticisme de ses collègues, il ajoutait : « La plupart des gens dans ce pays seraient étonnés d'apprendre avec quelle fréquence les discours et écrits européens se réfèrent à ce mouvement[49] ». Ses collègues ne firent aucun commentaire.

La création en mai 1926 du comité Mayrisch, ou pour être plus précis, du Comité franco-allemand d'information et de documentation, était passée inaperçue au sein du ministère des Affaires étrangères. La création du cartel européen de l'Acier en septembre 1926 et l'adoption du traité commercial franco-allemand en août 1927 avaient à peine été remarquées[50]. Le *Foreign Office* ignora presque autant les débats portant sur l'avenir en Europe de la clause de la nation la plus favorisée, qui suivirent la Conférence économique mondiale de mai 1927[51]. Les rapports de juillet 1929, qui révélaient l'intention de Briand d'aborder la question d'une fédération européenne devant la prochaine assemblée de la SDN, poussèrent le ministre travailliste des Affaires étrangères, Arthur Henderson, à commander un historique du sujet. Après avoir passé en revue la correspondance diplomatique et les notes internes du département, les bureaux du ministère conclurent qu'à ce jour, aucune proposition sérieuse n'avait été faite sur la question de l'intégration politique ou économique européenne : « Le ministère, il est vrai, a eu connaissance d'un certain nombre de projets de cette nature, mais qui se présentaient comme des pamphlets, ou qui étaient le fruit d'idéalistes ou d'individus isolés, et qui n'avaient ni soutien officiel ni, apparemment, de bases concrètes ».

---

[47] *Ibidem*, minute de Tyrrell, 2 octobre 1926.
[48] *Ibidem*, C10831/10417/62, Chilston à Chamberlain, n° 260, 6 octobre 1926.
[49] DBFP, série 1A, vol. 4, mémorandum de Huxley, 8 septembre 1927.
[50] Grayson, R., *op. cit.*, p. 34.
[51] Bussière, É., « L'organisation économique de la SDN et la naissance du régionalisme économique en Europe », *Relations Internationales*, n° 75, 1993, pp. 301-313.

La seule organisation que connaissait le ministère était le mouvement Pan-Europa de Coudenhove-Kalergi. Mais, concluait le rapport, qu'elle soit « presque entièrement financée par les amis de M. Coudenhove et puisse à peine couvrir ses dépenses » résumait amplement ses faiblesses[52]. Le discours de Briand à la dixième assemblée de la SDN, en septembre 1929, ne fit pas grand-chose pour attirer l'attention du ministère sur le mouvement. Même en mai 1930, Sir Horace Rumbold, l'ambassadeur britannique à Berlin, semblait presque ne rien connaître de Coudenhove-Kalergi ni de son organisation. Et, comme le remarqua justement Leeper, les collections du ministère n'avaient pas non plus pris la peine d'acquérir un exemplaire des publications de Coudenhove, que ce soit *Pan-Europa* ou *Kampf um Pan-Europa*[53].

Les contraintes institutionnelles qui pesaient sur la participation du *Foreign Office* aux questions économiques expliquent notamment cette ignorance. Depuis l'ère victorienne, les *businessmen* se plaignaient souvent du mépris du ministère pour le commerce, les aristocrates du *Foreign Office* ne s'abaissant pas à la tâche sordide de promouvoir le commerce extérieur. L'accusation, bien qu'en partie justifiée, était exagérée[54]. Dans les années 1920, les membres du service diplomatique étaient relativement zélés lorsqu'il s'agissait de soutenir le commerce britannique. À la fin de la décennie, les hauts fonctionnaires des Affaires étrangères engagèrent à plusieurs reprises les ministères du Commerce (*Board of Trade*) et des Finances (*Treasury*) à oublier leurs principes libre-échangistes pour favoriser le commerce britannique à l'étranger. Néanmoins, l'abondance des problèmes économiques internationaux issus de la Grande Guerre poussa d'autres ministères à s'impliquer dans les relations extérieures, réduisant d'autant le rôle du *Foreign Office*. Le ministère du Commerce insista pour se charger de négocier les nouveaux traités de commerce, participa aux nombreuses conférences internationales sur la reconstruction économique, et prépara la réponse britannique aux initiatives de commerce multilatéral. Le ministère des Finances prit en charge les dettes de guerre et les réparations. Le *Dominions Office*, créé en 1925, voulut intervenir sur toutes les questions touchant les relations avec les *dominions* ; de même, le ministère de l'Agriculture et de la Pêche s'immisça dans toutes les questions concernant les fermiers britanniques. La Banque d'Angleterre, une institution officiellement privée mais à vocation nationale, s'impliqua de plus en plus dans la politique étrangère.

---

[52] PRO, FO371/14134, W7294/6739/98, mémorandum : « Proposals for Securing Economic and Political Unity in Europe », 24 juillet 1929.

[53] PRO, FO371/14366, C3439/230/18, minute de Leeper, 8 mai 1930.

[54] Boyce, R., « Economics and the Crisis of British Foreign Policy Management, 1914-1945 », in D. Richardson et G. Stone (eds.), *Decisions and Diplomacy : Essays in Twentieth-Century International History*, London, Routledge, 1995, pp. 11-12 s.

Plusieurs fonctionnaires des Affaires étrangères, conscients de l'importance croissante prise par l'économie dans les relations internationales, tentèrent d'obtenir pour leur ministère un rôle de coordination, mais sans succès. Les Finances refusèrent de coopérer et insistèrent pour demeurer l'unique intermédiaire entre le gouvernement et la Banque d'Angleterre. En décembre 1930, des fonctionnaires proposèrent la création d'un département d'information politico-économique, au sein du *Foreign Office*, pour renforcer son emprise sur les questions économiques et accroître son influence au sein de *Whitehall*. Mais Arthur Henderson, le ministre des Affaires étrangères, ne s'intéressait guère à l'économie et ne soutint pas l'initiative. En septembre 1931, le *Foreign Office* demanda un siège au Conseil économique consultatif du Premier ministre (*Prime Minister's Economic Advisory Council*). Mais le Conseil ne s'était pas réuni depuis le précédent printemps, et seul le ministère des Finances obtint un siège au Comité d'information économique, qui lui, continuait de fonctionner. Vansittart invita cependant Wellesley, en décembre 1931, à reprendre sa proposition d'un département d'information politico-économique, et l'année suivante Frank Ashton-Gwatkin, un fonctionnaire de niveau intermédiaire, prit en charge le dossier. Finalement, en 1933, Gwatkin créa une « section économique » non officielle, comprenant deux employés. Mais le ministère des Finances maintint encore une année son opposition, menaçant de pénaliser financièrement le *Foreign Office* ; la « section économique » ne devint donc pleinement opérationnelle qu'en 1934[55]. En attendant, le ministère demeura à l'écart des initiatives de reconstruction de l'après-guerre, ce qui limita fortement la compréhension qu'il pouvait avoir des forces économiques qui étaient à la base du mouvement européen.

Encore peut-être plus significatif, il ignora tout autant les conséquences de l'expansion économique américaine sur les comportements des Européens. Sur le continent, l'industrie était autant considérée comme une source d'emploi et de richesse, que comme un élément de sécurité nationale. L'extraordinaire augmentation des investissements directs étrangers américains, et en particulier la prise de contrôle d'industries à la fin des années 1920, provoqua donc un malaise particulièrement aigu. Ce malaise fut également profond en Grande-Bretagne, dès le printemps de 1928, et contribua à favoriser les tenants du protectionnisme impérial. Mais au *Foreign Office*, seuls ceux qui travaillaient au département Amérique semblaient conscients de la situation. Ils avaient vu, sans pouvoir rien faire, le capital américain prendre contrôle du *business* en Amérique du Sud, un continent dominé jusqu'à la Grande Guerre par les capitaux britanniques[56]. Ils comprenaient donc

---

[55] *Ibidem*, pp. 9-41.

[56] Significatif est le rapport du secrétaire commercial de la légation britannique à Buenos-Aires en 1929 : « L'invasion de l'industrie automobile nord-américaine fait

que les nations européennes aient envie de s'organiser en un bloc économique capable de rivaliser à grande échelle avec l'industrie manufactu-
rière américaine et de résister aux prises de contrôle américaines. Mais
leurs collègues ne faisaient pas le même raisonnement. Peu d'entre eux
semblaient conscients du fait qu'au sein des milieux d'affaires britanniques et continentaux, la soudaine croissance et l'expansion du capital
américain encourageaient la conviction que l'avenir passait par la
constitution de larges blocs économiques. Ils comprenaient les avantages économiques que les pays du continent pouvaient retirer de
l'intégration européenne, mais ne prenaient guère en compte cet aspect
des choses.

Tout cela n'explique que partiellement l'insuffisance de l'analyse du
Foreign Office ; le mouvement européen ne s'insérait pas dans l'idée
que la Grande-Bretagne se faisait de l'Europe de l'après-guerre, et que
le *Foreign Office* partageait totalement. Au cœur de cette idée figurait
l'opinion que la guerre avait mis fin aux tentatives hégémoniques de
l'Allemagne en Europe, laissant ainsi la voie libre aux ambitions françaises. La roue avait tourné, mais c'était toujours la même roue et le
même type de conflit, que Vansittart caricatura dans ses mémorandums
Old Adam. D'accord avec les dirigeants politiques, les fonctionnaires
des Affaires étrangères tentèrent de mettre un terme à ce cycle infernal
en misant sur le désarmement, la SDN, et en se montrant conciliants
envers les États les plus revendicatifs. Leurs efforts étaient sincères,
mais ils doutaient à l'évidence de leurs chances de succès. L'Allemagne,
sous Stresemann, semblait avoir retrouvé sa place en Europe, ou du
moins était prête à user de moyens pacifiques pour réviser le traité de
Versailles. L'obstacle majeur n'était pas l'Allemagne, mais la France.
Aristide Briand, certes, fit impression sur le *Foreign Office* par le soutien qu'il portait à la SDN et ses appels répétés en faveur de la réconciliation franco-allemande, du désarmement et de la paix. Mais, à en
croire Alan Leeper, son cas était exceptionnel : « Il est presque le seul
homme politique français à avoir constamment agi ces dernières années
en bon Européen, en ami de la paix et des avancées dans les relations
internationales[57] ». Les autres ne pensaient qu'à restaurer l'hégémonie

---

partie d'un plan préconçu par les principales compagnies de production en accord
avec le gouvernement des États-Unis, pour garantir un débouché aux industries nord-
américaines, que le gouvernement doit maintenir à tout prix sous peine de voir le
chômage augmenter et les salaires chuter, ce qui causerait le mécontentement des
travailleurs et de sérieux troubles sociaux ». Wellesley résume le tout d'une phrase :
c'est non seulement l'Argentine mais toute l'Amérique du Sud qui « sera victime de
la mainmise américaine » ; le ministre des Affaires étrangères, Austen Chamberlain,
ajoute : « Le Premier ministre devrait voir cela ». FO371/13459, A2578/52/2, mémorandum de H.O. Chalkley, 13 mars 1929, minutes de Wellesley et Chamberlain,
19 avril 1929.

57   PRO, FO371/14980, W5111/451/98, minute de Leeper, 21 mai 1931. Tyrrell répéta
ces propos à Henderson le 28 mars 1930 (PRO, FO800/281) : les Français « ont une

française sur le continent en usant de diplomatie secrète, de subventions et d'alliances militaires. La France, de surcroît, semblait se renforcer, et non s'affaiblir. Comme le remarquaient les fonctionnaires du *Foreign Office*, l'Allemagne avait fait l'effort de stabiliser sa monnaie, mais avait dû s'endetter auprès des banques américaines et britanniques, tout en supportant le lourd fardeau des réparations. La Grande-Bretagne s'était sacrifiée pour la reconstruction européenne, et devait désormais compter avec un fort taux de chômage et la perte de marchés extérieurs. La France, au contraire, avait modernisé son économie, et en juin 1928, avait restauré la convertibilité de sa monnaie en or, sans aide extérieure – seuls les États-Unis disposaient de réserves en or supérieures aux siennes. Dans ces conditions, un mouvement pour l'intégration euro-péenne conduit par la France ne pouvait apparaître que comme une tentative de celle-ci d'imposer son hégémonie sur le continent.

Lorsque le *Foreign Office* recevait des rapports l'informant que la France cherchait à se rapprocher de l'Allemagne, ses fonctionnaires ne parvenaient pas à leur accorder totalement crédit. Ce fut le cas en mars 1928, quand Jacques Seydoux, l'ancien sous-directeur des relations commerciales du Quai d'Orsay, publia un appel dans *The Times* afin que la Grande-Bretagne se joignît à l'Europe. La France avait récemment pris de gros risques en signant un traité de commerce avec l'Allemagne. Si le rapprochement devait franchir de nouvelles étapes, la Grande-Bretagne aurait un rôle à jouer :

> La France et l'Allemagne ne sauraient se passer de la Grande-Bretagne ; mais la Grande-Bretagne a également besoin de la France et de l'Allemagne. La paix en Europe et dans le monde demande que toute entente franco-allemande sur le plan économique ait comme corollaire une entente encore plus étroite entre la France et la Grande-Bretagne ; car si la France désire être en bons termes avec l'Allemagne, elle veut être en meilleurs termes – dans de meilleurs termes que jamais – avec la Grande-Bretagne[58].

Les fonctionnaires du *Foreign Office* ne croyaient pas que la « liqui-dation de la guerre » puisse rendre les hommes d'État français si anxieux qu'ils envisagent de diriger activement le mouvement européen. Ils pensaient plutôt que derrière les appels à la participation britannique se cachaient d'autres objectifs. Comme Sargent l'écrivait en commentant l'article de Seydoux : « M. Seydoux essaie de nous faire peur […]. Il essaie de nous faire peur en agitant l'épouvantail de l'isolement, mais il se pourrait bien que cet isolement, s'il se matérialise, soit plus dange-reux pour la France que pour l'Allemagne[59] ». L'annonce de l'initiative

---

vue à court terme de l'avenir ; c'est une mauvaise habitude. Le seul homme public qui ait ici une vue à long terme de l'avenir de l'Europe, c'est Briand ».

[58] Seydoux, J., « France and Germany. A Necessary Entente », *The Times*, 15 mars 1928, p. 15.

[59] PRO, FO371/12900, C2116/652/18, minute de Sargent, 20 mars 1928.

Briand, en juillet 1929, suscita des réactions semblables. Pour Ralph Wigram, l'initiative visait à convaincre les socialistes français de voter à l'Assemblée la ratification des accords sur les dettes de guerre, qui devait avoir lieu ce même mois[60]. Peu après le discours de Briand à Genève en septembre, Sargent spéculait encore sur les objectifs que masquait cette proposition :

> Je devrais être content de penser que ce soudain enthousiasme des Français pour Pan-Europa ne représente qu'une tentative visant à protéger l'Europe contre d'éventuelles pressions économiques. Cependant, je ne suis pas si sûr que dans les circonstances présentes cela n'ait pas également, aux yeux des Français, le mérite de leur offrir un moyen de faire comprendre à notre pays sa dépendance économique, sinon politique, sur le continent européen[61].

Même durant les premiers mois de 1930, le ministère des Affaires étrangères poussait encore Tyrrell, à Paris, à identifier le « vrai » mobile du plan Briand[62]. Et quand le mémorandum Briand, qui mettait désormais l'accent sur l'action politique plus que sur l'action économique, parvint à leur connaissance, les fonctionnaires y virent la preuve qu'ils avaient eu raison d'insister sur ce que « cachaient ces propositions[63] ».

C'est en juillet 1929 qu'on apprit à Londres que Briand avait l'intention de parler à Genève, alors que le nouveau gouvernement travailliste était préoccupé par les relations anglo-américaines. Le Parlement demanda aussitôt à William Graham, le ministre du Commerce (*President of the Board of Trade*), « s'il devait rentrer en contact avec des ministres du Travail et du Commerce étrangers et considérer la formation des États-Unis économiques d'Europe comme le seul moyen de combattre les tarifs élevés américains ». Les fonctionnaires du Commerce lui conseillèrent de répondre que le traité commercial anglo-américain excluait toute action discriminatoire, et que dans tous les cas, le gouvernement « n'avait aucune intention de proposer ou de faire parti d'un accord avec l'étranger qui incluait une discrimination contre les États-Unis d'Amérique[64] ». Le *Foreign Office* était aussi désireux que le gouvernement de rétablir de bonnes relations avec les États-Unis. Mais Lindsay, le secrétaire général, et son adjoint Wellesley, ne voulaient pas saper la crédibilité de Briand en France. À leur demande, Graham ne fit

---

[60] PRO, FO371/14134, W6932/6739/98, annexe de Wigram pour Tyrrell, 16 juillet 1929.

[61] *Ibidem*, W6739/6739/98, minute de Sargent, 18 octobre 1929.

[62] PRO, FO371/14365, C230/230/18, minute de Charles H. Smith, 9 janvier 1930 ; C1002/230/18, Sargent à P.J. Grigg, 3 février 1930 ; Vansittart à Tyrrell, 3 février 1930.

[63] PRO, FO371/14980, W5111/451/98, minute de Leeper, 21 mai 1930.

[64] PRO, FO371/13537, A4956/139/45, minute de Roger Makin, 11 juillet 1929.

référence qu'aux contraintes du traité commercial dans sa réponse au Parlement[65].

La priorité du *Foreign Office* était néanmoins d'améliorer les relations avec les Américains. Une semaine plus tard, il rédigea pour le Premier ministre MacDonald, une réponse à une autre question parlementaire, qui s'interrogeait sur l'intention du gouvernement de soutenir la « politique des États-Unis d'Europe » ; le brouillon initial invitait celui qui posait la question à considérer la réponse de Graham sur une éventuelle union économique, et ajoutait : « Si par ailleurs on envisageait une union politique, le projet, bien que très souhaitable en théorie, se heurterait dans la pratique à des difficultés encore plus insurmontables que celles que rencontrerait une union économique ». D'autre part Robert Craigie, directeur du département Amérique, remarqua que l'initiative pourrait être mal comprise aux États-Unis, où le plan Briand était largement perçu comme visant à constituer un front anti-américain. En conséquence, quand Hugh Dalton, le secrétaire parlementaire des Affaires étrangères (*Parliamentary Under-Secretary*), répondit au nom du Premier ministre, il omit de mentionner que le projet était « très souhaitable en théorie[66] ».

L'idée d'une Europe unie fut-elle vraiment prise au sérieux ? Était-ce pour la Grande-Bretagne une chance ou une menace ? Au lendemain du discours de Briand à la dixième assemblée de la SDN, il y eut un bref échange de vues au sein du ministère des Affaires étrangères. Stephen Gaselee, le bibliothécaire, ne croyait pas l'idée réalisable, mais pensait qu'on pourrait en user pour avertir Washington que l'Europe n'était pas disposée à admettre indéfiniment de dépendre des capitaux et des biens américains :

> Je vois des points communs entre Pan-Europa et le fascisme. Le fascisme n'est pas souhaitable en lui-même, mais sert de repoussoir au libéralisme extrême. De même, Pan-Europa ne doit pas être souhaité *per se*, mais dans le cas où les États-Unis adopteraient certaines politiques et les pousseraient à l'extrême, Pan-Europa pourrait constituer une sérieuse menace, à brandir devant Washington *in terrorem*.

Mais dans tous les cas, la Grande-Bretagne, en tant que puissance non européenne, devait se tenir à l'écart d'une querelle entre l'Europe et les États-Unis :

> Nous devons être dans la position confortable du *tertius gaudens* : nous pouvons soit nous associer (mais pas de manière trop proche) avec Pan-

---

[65]   *Ibidem*, minutes de Lindsay et Wellesley, 12 juillet 1929 ; minute de Henderson, sans date.

[66]   PRO, FO371/7346/6739/98, brouillon de minute, sans date ; minute de Craigie, 23 juillet 1929.

Europa, soit nous replier sur notre Empire, à mi-distance de l'Europe et de l'Amérique[67].

Deux membres du département Amérique ne partageaient pas ces vues. Face à l'attitude américaine qui poussait l'Europe à agir en commun, G.H. Thompson ne pensait pas que le repli sur l'Empire fût une option réaliste :

> Je crains fort que nous ne nous retrouvions alors entre le diable et la mer profonde. Le Canada n'est guère éloigné des États-Unis, dont l'influence économique dans le *dominion* augmente de jour en jour, et je ne peux imaginer que les Canadiens se détachent de leur cher frère du Sud. Le projet d'une union économique européenne, me semble-t-il, nous offre l'espoir de nous maintenir face au colosse de l'Ouest[68].

Son collègue, T.M. Snow, était d'accord :

> Le principal risque pour nous serait qu'à cause de notre incapacité à nous décider définitivement à rejoindre le groupe européen, ou qu'en aspirant au rôle désastreux « d'interprète entre l'Amérique et l'Europe », nous finissions entre deux chaises. Un système de cartels européens, *auquel nous participerions*, a de grandes chances d'être la seule alternative à une Amérique qui absorbe, l'un après l'autre, les marchés de tous les pays européens, à commencer par le nôtre[69].

Ce point de vue restait toutefois minoritaire au sein du *Foreign Office*. Pour la plupart des diplomates, une fédération européenne constituait une menace pour la Grande-Bretagne : la construction de blocs régionaux viendrait miner ses intérêts mondiaux. La création au même moment d'un département des affaires occidentales et de la SDN, au sein du ministère des Affaires étrangères, fut une initiative du gouvernement travailliste, qui nomma aussi Lord Robert Cecil conseiller spécial pour les affaires de la SDN, qui disposait d'un bureau au ministère[70]. Dans l'ensemble, les fonctionnaires du *Foreign Office* étaient persuadés, tout comme le gouvernement, que les intérêts britanniques seraient mieux défendus par la SDN que par des initiatives régionales. Charles Howard Smith et Alan Leeper, du département des affaires occidentales et de la SDN, étaient prêts à croire que la pression économique américaine forcerait éventuellement l'Europe à former un bloc économique et même politique. Mais la dépendance du commerce britannique envers les *dominions* ferait toujours donner priorité à l'Empire. Il n'était donc pas question que la Grande-Bretagne fasse partie d'une fédération euro-

---

[67]   PRO, FO371/14134, W9966/6739/98, minute de Gaselee, 17 octobre 1929.

[68]   *Ibidem*, minute de Thompson, 18 octobre 1929.

[69]   *Ibidem*, minute de Snow, 18 octobre 1929. Souligné dans l'original.

[70]   Carlton, D., *MacDonald versus Henderson : The Foreign Policy of the Second Labour Government*, London, Macmillan, 1970, pp. 18, 27 s.

péenne. La seule question était de savoir si elle devait bloquer le mouvement européen dès maintenant ou le laisser subsister un moment[71].

En mai 1930, quand le département des affaires occidentales et de la
SDN fut appelé à préparer la réponse de la Grande-Bretagne au mémorandum Briand, les fonctionnaires du ministère doutaient toujours que le
projet soit réaliste ou souhaitable. Comme Leeper le remarqua, la
Grande-Bretagne aurait peut-être à choisir un jour entre une fédération
européenne et son Empire. Mais dans un avenir proche, cela semblait
peu probable : on pouvait compter sur l'Italie et l'Allemagne, « plus
directement concernées », pour bloquer l'initiative française. La Grande-
Bretagne pouvait donc se contenter d'une réponse poliment équivoque,
et ne pas gêner Briand, « un des seuls bons Européens en France[72] ».

Ce n'est qu'au printemps 1931 que la position du *Foreign Office*
commence à évoluer. Les rumeurs concernant le projet d'une union
douanière austro-allemande, révélés le 21 mars, détériorent immédiatement les relations franco-allemandes, humilient Briand, qui les avait
démenties peu auparavant, et ébranlent la confiance placée dans les finances autrichiennes. Tandis que la crise financière submergeait
l'Europe centrale, le ministère des Affaires étrangères se demanda si
l'Europe pouvait se contenter des solutions libérales conventionnelles
que préconisaient les ministères du Commerce et des Finances[73]. Mais
incapables d'élaborer la moindre réponse, ses hauts fonctionnaires n'intervinrent pas, tandis que leurs collègues du ministère du Commerce,
des Finances et du *Dominions Office* mettaient en pièce un plan français,
qu'était venu présenter pour le Quai d'Orsay Pierre Arnal, le 22 avril[74].
Comme la crise empirait, ils pressèrent les autorités d'assouplir leurs
positions à l'égard de l'Autriche et de l'Allemagne. Jacques Rueff
présenta le 2 mai un plan revu et corrigé, que Vansittart conseilla au
ministre des Affaires étrangères d'appuyer au Conseil de la SDN prévu
pour le 18, à Genève. On peut imaginer l'embarras de Vansittart et de

---

[71] PRO, FO371/14365, C1570/230/18, minute de Leeper, 24 février 1930 ; minute de
Howard Smith, 25 février 1930 ; FO371/14366, C3439/230/18, minute de Leeper,
8 mai 1930.

[72] PRO, FO371/14981, W5585/451/98, mémorandum de Leeper, 30 mai 1930. La réponse du gouvernement britannique, sur les conseils de Lord Robert Cecil, fut finalement beaucoup plus négative : voir Boyce, R., « Britain's first "No" to Europe »,
article cité.

[73] Sur la politique libérale internationaliste du gouvernement britannique, voir
Boyce, R., « Was There a "British" Alternative to the Briand Plan ? », in P. Catteral
et C.J. Morris (eds.), *Britain and the Threat to Stability in Europe, 1918-1945*, Leicester, Leicester University Press, 1993, pp. 17-34.

[74] PRO, FO371/15160, C2703/673/3, mémorandum de Sargent, 22 avril 1931. Une
copie du plan original français de François-Poncet se trouve dans France, ministère
des Finances, F30/1384 : « Mémoire sur l'Anschluss économique », sans date ; PRO,
FO371/15160, C2790/673/3, mémorandum de Sargent, 23 avril 1931.

ses collègues quand J.H. Thomas, le secrétaire pour les *dominions*, et Graham, le ministre du Commerce, se plaignirent du manque de consultation préalable[75]. Sur les instructions du Premier ministre, Henderson refusa d'approuver le plan français[76].

Par la suite, la Grande-Bretagne compta sur la Cour permanente internationale de justice pour bloquer le projet d'union douanière, et sur les efforts de la Banque d'Angleterre et son gouverneur Norman pour empêcher un effondrement financier en Autriche. Durant la crise de l'été, les fonctionnaires du *Foreign Office* ne pouvaient rien faire d'autre qu'observer et attendre, tandis que la crise financière se propageait d'Autriche en Allemagne, puis gagnait la Grande-Bretagne à la mi-juillet. Ils ressentirent, comme tout le pays, un sentiment d'humiliation lorsque l'effondrement de la livre sterling précipita la chute du gouvernement travailliste et la formation d'un gouvernement d'union nationale, entraînant de sévères réductions dans les dépenses publiques, la mutinerie de la flotte de la mer du Nord, et le 21 septembre, le décrochage de la livre de l'étalon-or. À plusieurs reprises durant l'été, Vansittart qualifia les Français de « tyrans », « singulièrement peu clairvoyants », « égoïstes et avares[77] ». L'hostilité britannique envers la France atteignit alors un niveau sans précédent.

L'étendue de la crise et l'intensité de l'antagonisme conduisirent plusieurs membres du ministère des Affaires étrangères à repenser leur approche envers l'Europe. Ils s'étaient battus pour faire triompher en Europe le désarmement, l'arbitrage et la révision des traités, refusaient tout engagement spécifique pour la sécurité du continent et traitaient les questions économiques séparément des questions politiques. Cette approche cloisonnée avait clairement échoué ; il était temps de le reconnaître. Paradoxalement, c'est l'extension de la crise à la Grande-Bretagne qui permit à celle-ci de prendre l'initiative. Puisque l'ensemble de l'Europe voulait continuer d'accéder aux marchés et aux capitaux britanniques, le gouvernement était en position favorable pour marchander avec les autres puissances européennes ses futurs tarifs et politiques monétaires.

En novembre 1931, Sir Victor Wellesley proposa de s'engager de façon globale sur le continent européen. Le monde faisait face à une

---

[75]   PRO, Premier ministre, PREM 1/106, Vansittart à MacDonald, 20 mai 1931.

[76]   Boyce, R., *British Capitalism at the Crossroads, op. cit.*, pp. 316-327.

[77]   PRO, FO371/15182, C4391/172/62, minute de Vansittart, 22 juin 1931 ; PRO, FO371/15183, C4549/172/62, minute de Vansittart, 29 juin 1931 ; PRO, FO371/ 15187, C5176/172/62, minute de Vansittart, 12 août 1931 ; PRO, FO371/15195, C7119/172/62, minute de Vansittart, 5 septembre 1931 ; PRO, CAB 21/350, memorandum de Vansittart, 4 septembre 1931. Vansittart venait justement de rédiger un mémorandum dénonçant la tendance qui faisait de la France le bouc-émissaire des malheurs européens : PRO, CAB 24/221 : « An Aspect of International Relations », 14 mai 1931.

série de problèmes entrecroisés : le chaos commercial et monétaire, les dettes de guerre et les réparations, la sécurité, le désarmement et la révision des traités, aucun de ces problèmes ne pouvant être traité isolément. Il était essentiel « de rassembler et de passer en revue tous les atouts dont nous disposons, pour les utiliser *en bloc* dans la négociation [...]. En aucune manière nous ne devons nous en défaire en échange de quelques concessions secondaires ». Tout cela, bien sûr, réclamait d'évoluer radicalement sur au moins deux points. En premier lieu, la Grande-Bretagne devait s'engager sur la question de la sécurité européenne, ce qui signifiait qu'il fallait accorder une garantie sans ambiguïté à la France, cette garantie qui lui avait été refusée depuis la fin de la guerre. Elle devait à nouveau étudier, d'un œil neuf, le plan Briand d'union européenne. Elle devait aussi reconnaître qu'elle avait intérêt à la stabilité de l'Europe de l'Est. Sur ce point, Wellesley ne pouvait faire mieux que de citer un article récent de *The Economist* :

> Le sentiment universel d'insécurité est le mal qui paralyse la vie économique et financière du monde ; ces craintes paralysantes sont politiques aussi bien qu'économiques ; elles sont principalement politiques en France, et les choix financiers qui en résultent sont au cœur de la situation internationale actuelle ; ces peurs françaises s'expliquent notamment par l'insécurité dans laquelle se trouve l'Europe de l'Est [...]. Nous devons donc nous poser la question : s'impliquer dans les affaires d'Europe orientale est-il vraiment plus dangereux pour l'Angleterre que d'être impliqué, ici et maintenant, dans l'effondrement économique et financier mondial que le sentiment universel d'insécurité menace de provoquer ?

En second lieu, il fallait reconnaître que la politique commerciale et monétaire britannique avait des conséquences déterminantes sur l'avenir des relations internationales. Les décisions devaient donc être prises à la lumière de leurs conséquences internationales, et non « décidées sur la base de considérations simplement domestiques ou pour l'Empire ». Pour lui, ne pas adopter une approche globale comportait des risques qu'on ne pouvait exagérer : on pouvait s'attendre à ce que la France bloquât toute discussion à la conférence sur le désarmement, qui allait s'ouvrir au début de l'année ; les États-Unis ne feraient pratiquement pas de concessions sur les dettes de guerre. Et l'Allemagne ne pouvait plus continuer d'attendre longtemps une aide financière :

> Les gens dans ce pays ne semblent pas être conscients que l'avenir de la « civilisation » dépend de ce qui va se passer en Allemagne au cours des six prochains mois, ni que l'on peut se demander s'il en résultera la paix ou la guerre, un rétablissement ou un effondrement.

C'était maintenant ou jamais :

> À moins que l'on ne trouve rapidement une solution, nous aurons très probablement à affronter une crise mondiale dans laquelle les pays, les uns

après les autres, seront plongés dans une crise économique et politique à haut risque pour l'ensemble de la civilisation[78].

Le mémorandum de Wellesley peut être considéré comme l'un des documents les plus visionnaires qui ait été produit par le *Foreign Office*. Il aurait pu aussi être l'un des plus importants ; si ses recommandations avaient été adoptées et aussitôt mises en pratique, il est fort possible que la crise européenne n'aurait pas eu la même ampleur et que le cours ultérieur de l'histoire en aurait été radicalement modifié. Mais le mémorandum arriva trop tard. Le 27 octobre, les élections législatives avaient provoqué la formation d'un gouvernement d'union nationale dominé par les conservateurs, qui s'étaient engagés à poursuivre une politique de protectionnisme impérial. Le marquis de Reading, qui était ministre des Affaires étrangères quand Wellesley avait rédigé son mémorandum, fut remplacé par Sir John Simon, également un libéral, mais beaucoup moins clairvoyant – et plus jeune – que Reading. La personnalité dominante du nouveau gouvernement était Neville Chamberlain, le ministre des Finances (*Chancellor of the Exchequer*). Non seulement Chamberlain était viscéralement francophobe, mais il était impatient de mener une politique impériale et refusait farouchement de s'engager à stabiliser la livre.

Le gouvernement remarqua à peine la note de Wellesley ; Vansittart fit alors une nouvelle note sur la politique étrangère britannique, qu'il adressa au gouvernement en janvier 1932. Il suggérait cette fois que la part de la Grande-Bretagne à la lutte contre la crise mondiale se limitât à deux éléments. On pouvait d'abord, mais sans trop insister, rassurer la France sur sa sécurité. On devait ensuite contenter l'Allemagne en prônant l'abandon de toutes les clauses de désarmement du traité de Versailles. Tout cela s'accompagnait d'une attaque en règle contre la politique « peu clairvoyante et décevante » de la France, la « mauvaise foi, l'obstination et l'impolitesse » dont elle avait fait preuve durant les récentes négociations sur le désarmement, ainsi que sa quête grotesque et obstinée de la puissance :

> Personne, bien sûr, n'envisage de conflit avec la France. Nous ne sommes pas, en tous cas, en position de nous disputer ou d'avoir des mots avec notre voisin le plus proche et le plus puissant, qui récemment, est parvenu à imposer ce que nous avons toujours essayé d'éviter en Europe : l'hégémonie, sinon la dictature, politique et financière.

Bien qu'il fût favorable à un nouvel examen des problèmes européens, il ajoutait que le gouvernement devait être prêt à se retirer des affaires continentales ; il s'agissait d'abord d'une menace, qu'on pouvait

---

[78]   PRO, CAB 24/225, C.P.301(31) : « Changing Conditions in British Foreign Policy, with reference to the Disarmament Conference, a possible Reparations Conference and other contingent Problems », 26 novembre 1931.

brandir contre la France, mais aussi, *in fine*, d'un réel choix de politique :

> Au-delà d'un certain point, les querelles entre Européens ne sont pas les
> nôtres, et nous en arriverons peut-être justement au point où, en cas de diffé-
> rend sur notre participation, nous devrons le dire clairement [...]. On peut
> nous rétorquer qu'il y a dans tout cela une part de bluff, que certains d'entre
> nous ont eux-mêmes peu d'illusions sur le *Commonwealth*, qui a son lot de
> « mauvais coucheurs ». Il y a, bien sûr, une part de bluff, comme de vérité ;
> mais passer à l'acte serait, au besoin, légitime et nécessaire[79].

La réputation de *Realpolitik* et d'eurocentrisme, dont jouit le *Foreign
Office*, s'explique largement par les positions prises par ses hauts fonctionnaires à la veille de la Première et de la Seconde Guerre mondiale.
Les appels, exemplaires, de Crowe et Vansittart à tenir tête aux agres-
sions allemandes, particulièrement pertinents et réflechis, mettaient sur
le moment leurs auteurs en conflit avec leurs dirigeants. Cependant,
malgré toutes les tentatives pour les présenter comme de froids réalistes,
les fonctionnaires du ministère, pendant presque tout l'entre-deux-
guerres, ne se firent guère les champions d'une coopération prononcée
avec l'Europe continentale[80]. Ils rejetaient en premier lieu, comme le dit
Vansittart, « un retour à l'ancien – et vicieux – équilibre des forces[81] » et
soutenaient l'opinion dominante des libéraux sur la diplomatie, qui
militaient contre un engagement continental. En second lieu, ils entrete-
naient à l'égard de l'Europe de l'Est un sentiment d'indifférence, qui ne
répondait guère aux exigences stratégiques que réclamaient alors la paix
et la sécurité européennes. En raison notamment du désaccord qui les
opposait à la France sur ces deux questions, ils s'élevaient constamment
contre celle-ci, nourrissant ainsi une francophobie déjà courante dans les
milieux politiques. Enfin, puisque la France ne voulait pas contribuer
comme ils l'entendaient à l'apaisement de l'Europe, ils considéraient les
hommes d'État français comme de « mauvais Européens », et ne prirent
pas au sérieux le mouvement pour l'intégration européenne, dont
l'origine était française ou qui, du moins, dépendait du soutien de la
France. Briand, qui savait adapter avec talent son discours pour aller
dans le sens des Anglo-Saxons, était le seul homme d'État français qui
trouvât grâce à leurs yeux.

La crise politico-économique mondiale qui débuta en 1928 ruina les
espoirs sur lesquels se fondait la politique européenne de la Grande-
Bretagne et incita les hauts fonctionnaires du *Foreign Office* à reconsi-

---

[79] PRO, CAB 24/227, C.P.4(32), mémorandum de Vansittart : « The British Position in
      Relation to European Policy », 11 janvier 1932.

[80] Par exemple, Vansittart dans ses mémoires loue le réalisme français, mais ne fait
      aucune allusion à ses propres critiques, pourtant nombreuses : *op. cit.*, pp. 402, 403 et
      409.

[81] PRO, CAB 24/227, C.P.4(32), mémorandum de Vansittart, 11 janvier 1932.

dérer leur approche. Au plus fort de la crise, ils en vinrent à considérer favorablement la possibilité de s'engager à mieux garantir la sécurité de l'Europe de l'Est comme de l'Europe occidentale, de soutenir l'intégration économique européenne, et d'aligner la politique britannique sur celle de la France. Leur conseil vint trop tard, puisque le gouvernement d'union nationale avait déjà fait le choix du protectionnisme et de l'Empire. Par la suite, Vansittart et quelques autres fonctionnaires du ministère se distinguèrent en préconisant la fermeté face à la menace nazie. Vansittart dut céder la place, en 1937, à Sir Alexander Cadogan, dont les vues sur l'Europe correspondaient plus à celles de Neville Chamberlain. Mais il ne faut pas oublier que Vansittart et les autres « réalistes » des années 1930 étaient ceux-là mêmes qui, durant les quinze années précédentes, avaient, par leurs conseils, contribué à définir et mettre en place une politique d'indépendance à l'égard de l'Europe.

Le Mouvement général des fonds et la coopération européenne au tournant des années 1930

Laure QUENNOUËLLE-CORRE

UMR-IDHE

Les recherches récentes sur la construction européenne attribuent au champ économique une place croissante dans l'action diplomatique des grandes puissances, au moins depuis la fin de la Première Guerre mondiale. L'étude des prémices d'une coopération européenne entre les administrations nationales doit naturellement prendre en compte non seulement les aspects économiques et financiers autant que les aspects politiques et diplomatiques, mais aussi s'interroger sur leurs liens réciproques et la priorité accordée à l'un ou à l'autre dans la construction d'une identité européenne. Dans cette perspective, il semble pertinent de s'intéresser à l'administration qui occupait alors les fonctions économiques du gouvernement, le ministère des Finances. Au sein de ce dernier, la direction du Mouvement général des fonds (MGF) tient une place grandissante depuis la Première Guerre mondiale.

Ainsi que le rappelle Jacques Rueff, l'un des principaux responsables du MGF dans les années 1930 : « À cette époque, il n'y avait pas de ministère de l'Économie nationale et les fonctions du ministère de l'Économie étaient remplies, toutes proportions gardées, par la direction du Mouvement général des fonds[1] ».

Nommé direction du Trésor en 1940, direction qui fut elle-même scindée en deux – le Trésor et les Finances extérieures – de 1943 à 1965, le Mouvement général des fonds est ainsi l'ancêtre de cette institution influente. Il est donc fondé de s'interroger sur la manière dont l'idée de coopération européenne a pu être appréciée avant la guerre par ses dirigeants et sur les éventuelles prises de position qu'ils ont pu mettre en avant sur la scène internationale. La question mérite d'autant plus d'être étudiée que, dès la Seconde Guerre mondiale, la direction des finances

---

[1] Rueff, J., « Témoignage », in F. de Baecque, C. Braibant, G. Dethan *et al.*, *Les directeurs de ministère en France XIXᵉ-XXᵉ siècles*, Genève, Droz, 1976, p. 133.

extérieures jouera un rôle avéré dans la construction d'une coopération économique européenne[2].

L'idée de coopération européenne a-t-elle été pensée, étudiée, voire même seulement abordée par les hauts fonctionnaires du Mouvement général des fonds dans l'entre-deux-guerres ? Cette question apparemment simple en appelle d'autres, qui renvoient aux métiers et aux fonctions de la direction, aux priorités politiques de la période, aux préoccupations financières et monétaires de l'État en cette période économiquement instable et incertaine. Elle doit également être envisagée en relation avec sa culture et sa logique de fonction. Pour comprendre la portée de ce sujet, il est nécessaire d'expliquer dans un premier temps la situation du Mouvement général des fonds dans l'entre-deux-guerres, du point de vue de son organisation, de ses effectifs et de son influence au sein de la politique économique et financière. En second lieu, l'évolution du contexte monétaire et financier de l'entre-deux-guerres permettra de mettre en perspective les enjeux et la nature de la coopération économique européenne. Enfin, il sera possible alors de s'interroger sur les bases d'une éventuelle construction de l'identité européenne d'une administration financière avant la Seconde Guerre mondiale.

I. Le Mouvement général des fonds dans l'entre-deux-guerres

A. *Le Mouvement général des fonds dans la politique économique et financière*

À la faveur d'une inflation préoccupante, de problèmes monétaires persistants et d'une intervention croissante de l'État pour la reconstruction, mais aussi d'une instabilité parlementaire chronique, le rôle du ministère des Finances se développe progressivement à partir de la Première Guerre mondiale. Dans un premier temps, le Mouvement général des fonds conserve des attributions traditionnelles de gestion des mouvements de fonds nationaux et internationaux, de gardien de la trésorerie de l'État, de tutelle sur les banques et sur le marché financier. Ses attributions proprement économiques ne verront le jour qu'à partir des années qui suivent la Grande Dépression. Sur le plan international, la direction intervient dans les opérations de change, les transactions sur l'or, les applications financières des traités internationaux, les opérations financières entre États. En revanche, les questions commerciales, la fixation des tarifs douaniers n'entrent pas dans son champ de compé-

---

[2]   Voir notamment Lepage, S., *La direction des Finances extérieures de 1946 à 1953. Les années fondatrices ou le magistère Guindey*, thèse de l'École des Chartes, 1996 ; Lévy-Leboyer, M. et Girault, R. (dir.), *Le plan Marshall et le relèvement économique de l'Europe*, Paris, CHEFF, 1993.

tence. À lui les négociations monétaires et financières, mais non les traités commerciaux et les questions de protectionnisme et de libre-échange attenants.

Ses attributions, au carrefour de la politique monétaire et des finances publiques, en font l'une des directions les plus influentes auprès du ministre et le recrutement des meilleurs éléments de l'inspection des Finances et des administrateurs du ministère lui confère un prestige supplémentaire dans l'enceinte de l'État et des milieux financiers privés.

Avec la période de turbulences monétaires qui commence après la guerre et du fait des prérogatives régaliennes du MGF en matière monétaire, ses responsables deviennent des experts de plus en plus influents auprès des politiques. Par ce biais, la direction développe peu à peu son champ de compétence et étend son prestige au sein de l'État. On peut rappeler à ce propos le rôle tenu par Clément Moret, directeur du Mouvement général des fonds, et par Jacques Rueff, conseiller au cabinet du ministre, auprès de Raymond Poincaré lors de la stabilisation du franc en 1928[3]. Du côté des finances extérieures, la direction intervient dans les négociations relatives au règlement des réparations de la guerre et des dettes interalliées, participe à la Commission des réparations et au Comité d'experts financiers créé en 1928.

Bien que le rôle effectif de la direction dans les grandes décisions politiques soit sujet à discussion, et que les convergences entre experts et politiques soient délicates à analyser, les historiens s'accordent sur le fait que le Mouvement général des fonds est alors la direction la plus écoutée des ministres des Finances qui se succèdent jusqu'à la guerre. Le contexte économique et financier impose en effet de faire appel de plus en plus fréquemment aux experts du ministère. Et les seuls hauts fonctionnaires ayant une connaissance des milieux internationaux et des relations financières avec les pays étrangers sont alors les attachés financiers issus de la direction.

Parallèlement, de la stabilisation Poincaré à la Grande Dépression, puis à la déflation et jusqu'au Front populaire, le Mouvement général des fonds évolue dans ses doctrines et ses fonctions. Du point de vue des finances publiques, la direction garde les principes d'orthodoxie selon lesquels l'équilibre budgétaire est la condition de la stabilité de la monnaie et du crédit public ; mais les besoins d'une économie en récession lui ont conféré des tâches d'intervention dans l'économie : sauvetage d'entreprises en difficulté, de banques, mise en œuvre de plan d'outillage national, etc. Ses fonctions internes se sont alors fortement développées.

---

[3] Voir à ce sujet Mouré, K., *La politique du franc Poincaré*, Paris, Albin Michel, 1998 ; Jeanneney, J.-N., *François de Wendel en République : l'argent et le pouvoir, 1914-1940*, Paris, Le Seuil, 1976.

Du côté des finances extérieures, du fait des difficultés monétaires et financières qui suivent la Grande Guerre, les attributions du Mouvement général des fonds l'ont amené à exercer les fonctions d'expert lors des ajustements monétaires et des négociations des dettes envers les Alliés. Au sein d'une direction aux attributions grandissantes, mais aux effectifs restreints, les attachés financiers sont à la fois le relais d'information du gouvernement et les experts financiers sur la scène diplomatique.

B. *Une direction d'état-major*

Au lendemain de la Première Guerre mondiale, le Mouvement général des fonds est une structure légère qui ne compte que trois bureaux. Contrairement aux idées répandues à l'époque sur la bureaucratie née de la guerre, les effectifs du ministère des Finances ont sensiblement diminué depuis les années 1880, particulièrement ceux des cadres, dont les traitements, de surcroît, n'ont pas été révisés depuis 1869. Le Mouvement général des fonds ne dispose plus que d'un sous-directeur et de deux bureaux au lieu de quatre[4]. Cependant, à partir de 1920, au regard des nouvelles fonctions que la direction prend en charge, le nombre de bureaux s'accroît de deux en 1920 à cinq en 1930, les effectifs des rédacteurs augmentent de dix à trente-trois et le poids des inspecteurs des Finances en fonction dans la direction[5] se renforce également : ils sont deux en 1928, six en 1934, placés aux postes stratégiques du Mouvement général des fonds.

En dehors des bureaux, l'organigramme de la direction comprend au début des années 1930 un directeur, un directeur-adjoint, deux sous-directeurs, plusieurs chargés de mission ainsi que quatre attachés financiers, presque tous inspecteurs des Finances. En dépit d'un accroissement conséquent de ses effectifs après la guerre, le MGF reste une direction d'état-major de plus en plus dominée par l'inspection des Finances. Le prestige de la direction réside en grande partie dans sa capacité à attirer les inspecteurs des Finances, mais aussi dans la jeunesse de ses cadres qui contribue à lui donner l'appellation de « jeune école du Trésor ».

Au sein de l'équipe de direction, un sous-directeur, ou un directeur-adjoint, chapeaute les relations extérieures, au moyen d'un bureau, de deux chargés de mission et de quatre attachés financiers. Ces derniers

---

[4]   Ministère de l'Économie et des Finances, Service des archives économiques et financières (SAEF), Fonds administration générale, B 48374 : « Étude sur l'organisation de l'administration centrale des Finances », janvier 1920. À titre de comparaison, la direction du Trésor et les Finances extérieures disposent à elles deux de douze bureaux en 1944.

[5]   Sur l'inspection des Finances dans l'entre-deux-guerres, voir les travaux de N. Carré de Malberg, notamment, « Les inspecteurs des Finances à la direction du Trésor, XIXe et XXe siècle », *Revue des Deux Mondes*, 1998.

constituent un groupe à part mais prestigieux, en raison de leur autonomie, de leur expérience sur la scène financière internationale et de la
filière d'excellence qu'ils incarnent. Ils sont également parmi les rares
du ministère à bénéficier d'une expérience internationale et à pratiquer
des langues étrangères.

C. Le poids des attachés financiers dans la politique financière extérieure de la France

Sans retracer le processus de leur « entrée dans la machine diplomatique » subtilement décrit par Robert Frank[6], il n'est pas inutile de
rappeler que la création de ces postes est directement issue de la Grande
Guerre et de ses conséquences financières en matière de relations internationales. Il apparaît alors que les diplomates ont besoin de techniciens
des Finances pour gérer la dette française vis-à-vis des Anglo-Saxons,
représenter la France dans les instances internationales comme la Commission des réparations ou le Comité financier de la SDN. Après la
création d'un poste à Londres puis à Washington, la fonction sera
progressivement étendue à trois autres capitales, Berlin, Rome et
Bruxelles. Ils bénéficient d'adjoints et sont attachés à l'ambassade de
France. Après avoir été, durant la première décennie qui suit la guerre,
en retrait dans les négociations financières internationales, il semble
qu'à partir des années 1930, les attachés financiers donnent toute leur
mesure en dépit d'un contexte diplomatique de plus difficile. Véritables
« diplomates professionnels de la finance[7] », certains ont joué un rôle
décisif dans les négociations des dettes françaises, dans les dévaluations
ou bien encore dans la coopération économique qui se profile dans ces
années : relais d'information pour le gouvernement, ils ont un accès
privilégié au ministre et leurs conseils d'experts pèsent dans la décision
politique. Leur statut indépendant leur confère également une grande
liberté d'esprit et de ton dans les rapports d'information envoyés régulièrement au ministère et les personnalités marquantes ont pu y développer leurs propres analyses de la situation. Mais leur capacité d'influence
est tributaire de la puissance financière du pays au sein duquel ils travaillent, de la conjoncture financière et monétaire, et enfin des relations
que la France entretient avec ledit pays. Enfin, la personnalité même des
attachés financiers, leur talent de négociateur jouent un rôle décisif dans
la définition de leur fonction et donc de leur aire d'influence.

Les deux inspecteurs des Finances les plus connus ayant exercé ces
fonctions sont Jacques Rueff et Emmanuel Mönick. L'un et l'autre ont

---

[6] Frank, R., « L'entrée des attachés financiers dans la machine diplomatique, 1919-
1945 », *Relations internationales*, n° 32, 1982, pp. 489-505. Les informations qui
suivent sont issues de cet article.

[7] *Ibidem.*

occupé l'un des postes d'attachés financiers les plus stratégiques[8] au tournant des années 1930, celui de Londres. Jacques Rueff, polytechnicien, inspecteur des Finances, chargé de mission au cabinet de Raymond Poincaré en 1926-1927, expert financier à la SDN de 1927 à 1930 aux côtés de Joseph Avenol, alors attaché financier à Londres, prend sa suite en 1930 et y restera jusqu'en 1933. Emmanuel Mönick, inspecteur des Finances également, sort de la tournée de l'inspection pour devenir attaché financier à Washington. Il succède à Jacques Rueff à Londres de 1933 à 1940.

Plusieurs historiens ont évoqué le rôle de Mönick dans la définition de la position française dans les négociations internationales et dans la mise en place de la dévaluation monétaire de 1936 ; leurs avis sont partagés sur sa réelle influence. D'un côté, Kenneth Mouré et René Girault[9] ont souligné sa part décisive dans la décision de dévaluer en 1936. De l'autre, Michel Margairaz et Nathalie Carré de Malberg[10] le considèrent comme un informateur et un technicien plus qu'un conseiller du ministre. Sans vouloir trancher un débat qui montre la difficulté de définir les relations entre l'administration et le politique sur un point d'histoire précis, il apparaît intéressant de chercher à caractériser les positions de ces deux attachés financiers sur la coopération internationale au tournant des années 1930.

C'est à notre sens dans cette définition de la position française et dans la perception qu'ils donnent des négociations internationales que les attachés financiers jouent un rôle discret mais réel. Libérés des contingences de gestion et relativement détachés de considérations politiques, ils sont les plus à même d'être les relais d'une éventuelle coopération économique européenne. Pour cerner plus précisément cette question, il est nécessaire d'ancrer auparavant le débat et les enjeux dans le contexte historique extrêmement particulier des années 1930.

II. Un contexte monétaire et financier défavorable ?

Le champ économique et financier constitue-t-il un terrain privilégié, à tout le moins propice au développement d'idées de coopération européenne ? *A priori*, dans l'entre-deux-guerres, rien n'est moins sûr. Cependant une évolution se dessine à partir de la fin des années 1920, autant du point de vue du contexte économique (crise de 1929) que du point de vue de l'avancée des conférences économiques internationales.

---

[8] Selon le témoignage d'E. Mönick recueilli par N. Carré de Malberg et consigné dans « Les attachés financiers – technocrates ou techniciens ? – et la perception de la puissance économique de la France », *Relations internationales*, n° 33, 1983, pp. 43-64.

[9] Mouré, K., *op. cit.* ; Girault, R., « Léon Blum, la dévaluation de 1936 et la politique extérieure de la France », *Relations internationales*, n° 13, 1978, pp. 91-109.

[10] Carré de Malberg, N., article cité ; Margairaz, M., *L'État, les finances et l'économie 1932-1952. Histoire d'une conversion*, Paris, CHEFF, 2 tomes, 1991.

A. L'entre-deux-guerres dominé par les dettes financières et l'instabilité monétaire

Au lendemain de la Grande Guerre, les antagonismes nationaux sont avivés par les difficultés économiques et financières des pays sortis exsangues de la guerre. La question des dettes interalliées et le problème des réparations allemandes enveniment les relations entre Alliés. La France se trouve bien isolée face aux États-Unis et à la Grande-Bretagne et, qui plus est, dans une position de débiteur envers les Alliés.

À cela s'ajoutent les difficultés économiques et monétaires qui touchent les pays occidentaux. L'Union latine de 1865, qui dessinait alors une perspective claire d'intégration monétaire européenne, s'affaiblit pour disparaître en 1926 et l'idée monétaire et financière européenne apparaît alors en pleine régression par rapport à l'avant-1914. Les questions économiques et monétaires divisent les grands pays occidentaux, surtout dans les choix opérés dans la lutte contre la crise. Alors que les États-Unis et l'Angleterre optent pour la dévaluation monétaire et une politique de relance inflationniste, la France s'enferre dans des politiques de déflation jusqu'en 1935. Logiquement, après l'Union latine, le renoncement à l'étalon-or des États-Unis, puis de l'Angleterre en 1933, marque une étape supplémentaire dans les divergences de politiques économiques et monétaires entre les pays anglo-saxons et le reste des pays occidentaux. La tentative de compléter le bloc-or avec une solidarité commerciale entre la France, la Belgique, les Pays-Bas et le Luxembourg, fin 1933 et début 1934, se solde également par un échec[11]. La désorganisation du système monétaire international, qui se prolonge tout au long de la décennie, ne facilite guère l'idée de coopération économique et financière.

Dans un premier temps, les crises et les divergences de politique économique – déflation ou dévaluation – empêchent donc la coopération intergouvernementale sur le terrain économique et monétaire : tensions politiques internationales et désordres politiques, crise économique, dévaluations, etc., autant d'événements qui ne facilitent guère le rapprochement entre pays occidentaux. Chaque gouvernement est confronté à des problèmes économiques intérieurs tels que les intérêts nationaux l'emportent sur d'éventuels efforts de coopération aux retombées hypothétiques. Il y a un décalage entre des projets politiques de coopération européenne de long terme, comme le plan Briand de 1930, et les préoccupations des responsables politiques et administratifs contraints de gérer à court terme une réalité économique et financière difficile.

---

[11] Bussière, É., *La France, la Belgique et l'organisation économique de l'Europe, 1918-1935*, Paris, CHEFF, 1992, chapitre V. Cette initiative des chambres de commerce réunit des hauts fonctionnaires de différents ministères, dont pour les Finances, Jacques Rueff, alors directeur-adjoint du MGF.

Paradoxalement, la coopération entre les banques centrales prend une tournure positive en cette fin des années 1920. La Banque des règlements internationaux (BRI), fondée en 1929 par quinze grandes banques centrales, est destinée alors à faciliter le financement des réparations[12]. Elle devient rapidement un instrument de concertation et de coopération entre les grandes banques centrales, marquant un tournant dans l'évolution du multilatéralisme monétaire et financier. Au sein de cette institution internationale, la Banque de France, plus que le Mouvement général des fonds, joue un rôle actif et développe des relations avec les experts financiers des autres pays[13]. Enfin, à partir de 1929, les activités financières de la SDN se développent ainsi que ses conférences à caractère économique, comme la conférence internationale de Genève en 1927, celle sur l'or de 1930-1931, ou bien encore la conférence économique de Londres de 1930-1933. Sur le terrain douanier et commercial, on relève que les débats témoignent d'une opposition entre la France et la Grande-Bretagne, alors que, nous le verrons sur le terrain financier, les positions sont plus proches.

À la fin des années 1920, l'idée d'une concertation internationale capable de résoudre les difficultés économiques des nations, fait ainsi son chemin. C'est seulement à partir de ces années que le Mouvement général des fonds commence timidement à s'ancrer dans une démarche multilatérale, au gré des conférences internationales qui se déroulent sous l'égide de la SDN.

B. L'ancrage du MGF dans la démarche multilatérale et le rôle de Rueff (1930-1933)

Voici donc le décor planté. D'un côté, des attachés financiers chargés d'informer leur ministre et de négocier des opérations financières intergouvernementales, de l'autre un contexte économique et monétaire mouvementé qui finit par ouvrir des perspectives de coopération aux fins de résoudre la crise. Comment le MGF, fort de ses « têtes de pont » sur la scène internationale, a-t-il réagi face à ces nouvelles démarches ? Le premier constat est celui d'un grand vide documentaire sur l'idée d'Europe dans les archives du ministère des Finances et dans celles du fonds Baumgartner, telle qu'on peut la percevoir dans les projets qui s'élaborent alors et qui sont suivis par le ministère des

---

[12] Feiertag, O., « Les banques d'émission et la BRI face à la dislocation de l'étalon-or (1931-1933) », *Histoire, Économie et Société*, 1999/4, pp. 715-736.

[13] D'après les archives, le MGF participe sans doute aux négociations, mais on n'en trouve aucune trace dans les archives de la direction, excepté dans les papiers de Jean Parmentier, directeur du MGF en 1920-1924. Ce dernier exercera par la suite des fonctions d'expert économique à la SDN, mais pas au titre du MGF. A-t-il été écouté par ses successeurs ?

Affaires étrangères[14]. On ne retrouve guère de trace des projets de petite ou grande Europe, ni des questions douanières traitées par le Quai d'Orsay. Certes, on trouve dans les archives de Wilfrid Baumgartner un exemplaire du mémorandum Briand de 1930 qui propose une union fédérale européenne entre 27 pays, mais sans commentaire ni annotation. N'est-ce pas le signe d'un désintérêt de la part d'un responsable du MGF, qui vient de quitter les fonctions d'attaché financier à Rome, plutôt préoccupé alors par la situation des finances publiques de la France ? Ou bien le terrain politique paraît-il éloigné des préoccupations purement financières et monétaires du MGF ? On peut voir aussi dans cette ignorance, la volonté de privilégier les relations bilatérales avec les pays créanciers de la France, comme l'aide personnelle de Baumgartner en faveur de la livre sterling en 1931 tend à le prouver[15]. Si l'on se fie aux archives, il apparaît que, au sein du MGF, seuls les experts financiers en poste à l'étranger réfléchissent à cette question et plus particulièrement celui qui domine cette période charnière, Jacques Rueff.

Secrétaire du Comité financier de la SDN de 1927 à 1930, avant d'être nommé attaché financier à Londres, Jacques Rueff s'initie alors à la coopération financière internationale, mais il étend rapidement ses compétences aux questions économiques et douanières, et surtout aux questions politiques. Dès 1929, il entreprend de défendre l'idée européenne dans les instances internationales. Dans une démarche à la fois à la fois pragmatique et audacieuse, il envoie des notes sur la situation internationale à ses relations à la SDN ou en France. Dans la note sur un projet de « Pacte économique » datée de décembre 1928-mars 1929, il regrette l'enlisement des projets aux mains des experts de la SDN et propose une orientation nouvelle de la méthode de concertation entre pays, qui responsabiliserait les gouvernements :

> Le problème est donc de replacer la question des relations économiques internationales *sur le plan politique*, en l'arrachant aux experts qui en ont fait leur chose. Il faut obliger les gouvernements à la considérer en elle-même, à la lumière de leurs responsabilités propres [...]. Le but sera alors fixé, les experts pourront alors sans danger entrer en action[16].

À l'avant-garde de la construction économique européenne, il développe des idées pour le moins audacieuses sur le terrain douanier en

---

[14] Voir les articles de S. Jeannesson et de R. Ulrich-Pier dans le présent volume.

[15] Wilfrid Baumgartner, inspecteur des Finances, est entré au Mouvement général des fonds en 1929, il y est nommé directeur-adjoint, puis directeur en 1933 jusqu'en 1937 ; voir la thèse d'Olivier Feiertag, *Wilfrid Baumgartner, un grand commis à la croisée des pouvoirs*, sous la direction d'Alain Plessis, Université de Paris-X, 1995, à paraître au CHEFF.

[16] Rueff, J., *Œuvres complètes*, tome I. *De l'aube au crépuscule. Autobiographie*, Paris, Plon, p. 287. Souligné par nous.

proposant à Alexis Léger, alors directeur de cabinet d'Aristide Briand, de suggérer à son ministre l'idée de « l'exception d'Europe à la clause de la nation la plus favorisée ». « C'était le principal avantage de ma formule d'ouvrir la voie aux unions régionales, telle que serait ultérieurement la Communauté économique européenne[17] ».

Sur le même sujet du libre-échange, lors d'une conférence tenue en Sorbonne, Jacques Rueff critique ouvertement la politique agricole de la France, qui selon lui est dangereuse et malthusienne (1933). Avec son talent d'économiste et de pédagogue et ses convictions libérales, il démontre les méfaits du maintien des droits de douane pour la balance commerciale de chaque pays[18].

Parallèlement à ces prises de positions personnelles, si l'on s'en tient aux archives, l'entrée du MGF dans le concert des conférences internationales prend un tour nouveau avec la tenue de la conférence de l'or en 1930-1931, qui pourrait être le point de départ d'une coopération financière franco-anglaise, car comme le rappelle Rueff :

> Il est inutile d'espérer une coopération financière franco-anglaise si l'on ne discute pas franchement de la question de l'or, ou si cette discussion secrète et confidentielle n'avait pas pour objet d'apaiser l'inquiétude. La question de l'or n'est plus une question technique, elle est devenue symbolique[19].

Dans ce même texte, Jaques Rueff défend l'idée d'une coopération plus étroite entre les banques centrales, « à Bâle par exemple ». Il développe l'idée d'une politique de placement pour décongestionner le marché des capitaux à court terme de Londres. « Ranimer la confiance, restaurer un sentiment de sécurité européenne », telle est la solution, et la France doit montrer sa bonne volonté et sa solidarité[20].

Alors que de brusques mouvements d'or de Londres vers Paris sont à l'origine de frictions entre les deux capitales, la responsabilité française dans ces mouvements et l'idée d'une réorganisation du marché de l'or à Paris sont avancées[21]. La tenue de cette conférence qui devait rapprocher les positions anglaise et française sur la question de l'or, et plus largement trouver des remèdes communs à la crise, est soutenue par la Trésorerie britannique d'un côté, et par le Mouvement général des fonds de l'autre. En revanche, en France, le ministre des Finances et le ministre

---

[17]   *Ibidem*, p. 67 et annexe II, p. 294. La note est très développée et mériterait un examen approfondi.

[18]   *Ibidem* : « De quelques hérésies qui ravagent le monde », extrait d'une conférence tenue à la Sorbonne le 27 février 1933, p. 321.

[19]   SAEF, fonds Trésor, B 64341, négociations franco-britanniques, mouvements de l'or 1930-1931, note de Rueff du 2 janvier 1931 : « La question de l'or et la coopération financière anglo-française ».

[20]   *Ibidem.* Rappelons qu'à Bâle se situe le siège de la BRI.

[21]   SAEF, fonds Trésor, B 64341, négociations franco-britanniques, mouvements de l'or 1930-1931.

des Affaires étrangères y sont défavorables, craignant apparemment un désistement des États-Unis qui ne souhaitent pas aborder à cette occasion la question des réparations ; or, ce désistement isolerait davantage les Français et les Anglais. Enfin, s'ajoutent des complications dues au désaccord entre l'Italie, la Grande-Bretagne et la France sur la transmission ou non des travaux sur l'or à la BRI[22] : le chemin vers la coopération monétaire est bien périlleux ! Cependant, quelques résultats tangibles dans le domaine financier apparaissent : l'idée d'une coopération économique générale sur les placements financiers ; celle d'une coopération franco-anglaise sur les réparations et la mise en œuvre du plan Young ; et celle d'un plan de crédit agricole international ; enfin le projet britannique « Kindersley » d'un institut international de crédit à moyen terme rattaché à la BRI rencontre l'approbation de la France, mais non celle des États-Unis.

À l'occasion de ces tensions autour de l'or, Jacques Rueff explique comment une question apparemment technique peut mettre en jeu la coopération économique et financière européenne. Dans une note du même jour, à l'occasion de la réunion de la Commission d'étude sur l'union européenne, sous la présidence de Briand le 16 janvier 1931, Rueff explicite toute la ferveur et la teneur de son credo européen :

> Le vote de la Commission européenne s'ouvre vers l'étude de la coopération économique, financière, etc. ; que de la Commission puisse sortir avec l'expression d'une volonté commune, une démonstration pratique de coopération, le résultat politique serait considérable [...]. L'Europe a absolument besoin d'une cure psychologique. Cette cure, si elle réussit, ne suffirait pas à résoudre la crise économique ; mais elle est une condition nécessaire de tout progrès. D'autre part, il est évident cette fois que l'Europe ne peut compter que sur elle-même ; on ne peut rêver cette fois d'une *dérivation de la surabondance américaine*[23].

Jacques Rueff insiste ensuite sur le fait que la coopération européenne ne pourra se faire sans « une étroite et complète coopération » avec la Grande-Bretagne, avec laquelle malheureusement de graves malentendus persistent en raison des tensions sur le marché monétaire de Londres, tensions que l'opinion britannique impute à la France. Il souhaite que cette coopération soit réalisée autour de ces deux pays avec la Belgique, les Pays-Bas, la Suisse et les pays scandinaves. Il est clair que pour l'attaché financier, la solution de la crise économique passe par une coopération européenne, fondée sur une alliance franco-anglaise.

---

[22] *Ibidem.* C'est visiblement le gouverneur de la Banque de France, Clément Moret, qui s'oppose à la transmission à la BRI, arguant que ce sujet ne concerne que les banques d'émission. Ceci est d'autant plus intéressant que le comité financier de la SDN s'était prononcé en 1930 pour une coopération entre les banques centrales par la BRI.

[23] SAEF, fonds Trésor, B 6431, note du 2 janvier 1931 : « Importance politique de la réunion de la Commission européenne. Des résultats à espérer ». Souligné par nous.

Mais le préalable à cette coopération est la résolution de différends monétaires entre la France et la Grande-Bretagne. L'intérêt de sa démarche est de lier étroitement les aspects politiques et économiques de la coopération européenne ; si le politique doit donner l'impulsion, il doit nécessairement s'accompagner de mesures monétaires et financières.

Autre exemple, dont les archives du MGF offrent un aperçu : la conférence monétaire internationale, qui se tient à Londres en 1933, est censée apporter quelques réponses communes à la crise économique, notamment sur le front de la stabilisation monétaire. Elle rassemble une grande délégation française, dont une grande part des responsables du MGF. Outre Jean Parmentier, l'ancien directeur du MGF représentant la France en qualité d'expert économique, y participent trois membres de la Banque de France (Moret, Rist et Fournier), cinq du Mouvement général des fonds (Escallier, Boisanger, Bizot, Rueff et Maxime-Robert). Ont-ils été édifiés par le spectaculaire renoncement des États-Unis à l'étalon-or ? Ceux qui ont participé à la conférence ont pu ressentir un sentiment d'échec de la coopération monétaire internationale et garder un souvenir mitigé de ce qui constitue pour certains d'entre eux leur seule expérience internationale. Par la suite, les soubresauts monétaires et la dévaluation du franc donneront à Mönick la possibilité de faire valoir son influence. Mais on ne voit guère son engagement européen à travers les négociations monétaires qui conservent un caractère bi- ou trilatéral.

C. Une direction atlantiste, des experts européens ?

Que conclure des ces indices que les archives livrent avec parcimonie ?

Des signes évidents d'engagement personnel d'un expert financier en faveur de l'Europe, il ne faudrait pas conclure hâtivement à un sentiment européen de l'ensemble du Mouvement général des fonds. Tenter de définir les contours de sa possible influence en revanche permettra de donner des éléments de réponse à la question posée. Personnalité de premier plan, économiste plus que haut fonctionnaire, Jacques Rueff est alors – et restera – en marge des cadres de la direction, souvent en opposition avec les dirigeants de l'époque ou de l'après-guerre. Assimiler son attitude à celle de la direction serait donc un contresens, d'autant qu'il a été en compétition pour le poste de directeur avec Baumgartner[24].

---

[24] Il ne s'agit pas d'une véritable inimitié envers Baumgartner, directeur du MGF de 1934 à 1937, auquel Rueff succèdera, mais plutôt d'une querelle idéologique avec les directeurs du Trésor de l'après-guerre, Bloch-Laîné et Pérouse. En revanche, il restera proche de Maurice Couve de Murville et de Guillaume Guindey, deux grandes figures des Finances extérieures. Pour l'entre-deux-guerres, voir Feiertag, O., *Wilfrid Baumgartner...*, *op. cit.* ; pour l'après-guerre, Quennouëlle-Corre, L., *La direction du Trésor 1947-1967. L'État-banquier et la croissance*, Paris, CHEFF, 2000.

On rappellera également qu'en 1933, sa critique publique du protectionnisme français en matière agricole le fera vertement rappeler à l'ordre par le ministre de l'Agriculture en titre, Henri Queuille[25]. À l'avant-garde dans de nombreux domaines économiques et monétaires, a-t-il été écouté en son temps et a-t-il été entendu ?

L'homme jouit d'une aura qu'il sait entretenir et bénéficie de multiples audiences dans des cercles différents. En raison de ses cours auprès des étudiants de l'École libre des sciences politiques, de ses liens avec le groupe X-Crise, de ses conférences au Bureau d'études internationales de Genève et des articles qu'il publie régulièrement en France ou en Angleterre, on ne saurait dénier à Jacques Rueff une influence certaine dans le cheminement de l'idée européenne chez les hauts fonctionnaires français contemporains, voire parmi ceux de ses étudiants qui seront en poste après la guerre. On relèvera avec intérêt également ses liens avec Alexis Léger, lorsque ce dernier est le directeur de cabinet d'Aristide Briand, indice qui révèle une circulation des idées européennes au sein d'administrations françaises jugées souvent cloisonnées. Enfin, rappelons que Rueff bénéficie d'une réputation, peut-être un peu sulfureuse depuis sa querelle théorique avec Keynes dans les années 1920, mais réelle chez les hommes politiques anglais et dans la City.

Sur le fond, autant pour le MGF que pour Rueff, les prémices d'une coopération « européenne » sont d'abord à construire avec la Grande-Bretagne et avec les États-Unis. L'idée de coopération européenne revêt des contours flous et se confond parfois avec celle de coopération internationale entre les trois grandes démocraties occidentales. Les liens financiers étroits entre deux puissances coloniales et alliées, la France et l'Angleterre, qui sont d'ailleurs des relations de place plus que des liaisons institutionnelles, apparaissent aux responsables des Finances de nature à jeter les bases d'une union plus large. S'y ajoutent les liens nécessaires avec la puissance américaine, l'ensemble fondant ainsi une doctrine atlantiste ancrée dans les mentalités des hauts fonctionnaires du MGF.

Cependant, les esprits restent dominés par la conviction que les relations bilatérales entre grandes puissances sont les plus à même de régler les grandes questions économiques et monétaires. En dépit des tentatives de coopération nées de la crise, la conférence de l'or et l'échec de la conférence de Londres en 1933 augurent mal de possibles solidarités collectives au milieu des années 1930. Peut-être les projets circulent-ils, peut-être l'idée fait-elle son chemin, mais à la lumière de leurs propres expériences, la réalisation d'une union européenne semble encore bien utopique pour ces hauts fonctionnaires des Finances.

---

[25] Rueff, J., *op. cit.*

En conclusion, si l'on s'attache aux différents aspects et aux différentes institutions qui œuvrent dans le domaine économique, monétaire
ou financier, force est de constater que vers le milieu des années 1930,
on s'achemine vers une coopération plus monétaire entre banques centrales que financière entre trésoreries. Certains y voient même les prémices d'une identité monétaire européenne[26]. Pour le MGF, la logique
de fonction est dictée par la question des réparations allemandes et des
dettes alliées dans un premier temps ; puis l'instabilité monétaire et la
question de l'or en 1931-1933 apparaissent comme une occasion possible pour trouver des solutions communes avec les autres pays européens. Mais finalement, le couple franco-britannique sur lequel la
France entend fonder la solidarité européenne est tributaire du lien
anglo-américain ; le Mouvement général des fonds se trouve donc
entraîné dans une logique atlantiste parce que les considérations financières priment dans la définition de ses conceptions et que la France doit
compter avec la puissance financière des États-Unis. Cette logique de
fonction se cumule avec une attirance pour la haute finance anglo-
saxonne, fréquentée par les attachés financiers, mais aussi les dirigeants
du MGF ; attirance qui se transforme peu à peu en trait culturel de
longue durée, mais qui n'est pas dénuée d'ambivalence, comme le
montre la réflexion acide de Rueff. À ce tournant des années 1930-1933,
il n'est pas question aux Finances de rechercher un axe franco-allemand.

On a pu trouver dans les archives certains éléments qui ont tracé des
voies possibles vers la coopération européenne, notamment à travers
l'action de Jacques Rueff. Pour une direction d'administration centrale,
vigilante sur les lieux de pouvoir et les champs d'influence, l'Europe
n'est pas encore un domaine à conquérir. Parallèlement, par rapport à
d'autres institutions impliquées dans des démarches internationales,
voire européennes, le MGF apparaît en retrait. La Chambre de commerce internationale, la Banque de France, et bien évidemment la sous-
direction des relations commerciales du Quai d'Orsay sont entrées dans
une démarche européenne de manière beaucoup plus précoce et plus
sincère.

En définitive, l'historien familier de la période des années 1940-
1950, est frappé de constater que la double, voire la triple ligne qui se
dessine dans les années 1930 perdure et se développe après 1945. D'un
côté, la tendance lourde qui domine encore le Mouvement général des
fonds tend à privilégier les relations bilatérales, particulièrement celles
avec la Grande-Bretagne. Ce bilatéralisme est renforcé par l'organisation du corps des attachés financiers, chaque poste étant dédié à un

---

[26] Plessis, A. et Asselain, J.-C., « Banques centrales, monnaies fortes et monnaies
faibles de la fin du XIXe siècle à la Seconde Guerre mondiale », in O. Feiertag et
M. Margairaz (dir.), *Politiques et pratiques des banques d'émission en Europe XVIIe-
XXe siècles*, Paris, Albin Michel, 2003.

grand pays. Cette logique bilatérale se poursuit pendant plusieurs décennies dans l'organisation des bureaux de la direction des Finances extérieures (FINEX), qui succède à la filière extérieure du MGF. De l'autre côté, l'esprit international et multilatéral de Rueff se prolonge après la guerre, au sein de ce même organisme, et s'épanouit dans deux directions. D'une part, le multilatéralisme en direction du FMI et de la Banque mondiale à partir de 1946, en dépit des tensions des années 1950, conforte la culture atlantiste de la direction. D'autre part, la construction européenne se noue autour des projets Finebel et Fritalux dont Guillaume Guindey est l'un des instigateurs, tandis que plusieurs des responsables des FINEX acquerront une culture européenne au sein de l'OECE[27].

Pour autant, il ne faut pas minimiser l'importance de la guerre dans la détermination européenne de ces responsables administratifs et politiques et le dernier conflit mondial a joué dans ce domaine comme dans d'autres un rôle d'accélérateur d'idées et de concrétisation de projets, tandis que l'aide Marshall ou encore l'OECE ont permis la confrontation régulière et institutionnalisée des positions nationales. À partir du moment où le jeu politique européen prend le pas sur les autres relations internationales, la direction des finances extérieures, puis la direction du Trésor auront à cœur de s'insérer dans ces nouveaux centres d'influence et de créer une filière professionnelle en direction du Marché commun.

---

[27] Voir Girault, R. et Poidevin, R. (dir.), *Le rôle des ministères des Finances et de l'Économie dans la construction européenne (1957-1978)*, Paris, CHEFF, 2002 ; Lepage, S., *op. cit.*

Le courrier connaît-il l'Europe ?

Entre le national et l'universel, la place ambiguë de l'Europe à la direction de l'exploitation postale dans l'entre-deux-guerres

Léonard LABORIE

*Université de Paris-IV Sorbonne,
Centre de recherche en histoire de l'innovation*

Avec le soutien du Comité pour l'histoire de la Poste

Dans un rapport au Comité de coopération européenne, présenté à Genève le 3 juin 1930, Joseph Barthélémy s'avance prudemment quand il aborde la question des moyens d'enclencher une dynamique fédératrice en Europe : « Il faut dire qu'on commencera par où on pourra : timbres-poste, monnaie, douanes, etc. L'essentiel est de constituer l'organisme qui donnera la vie à l'Europe[1] ».

La création d'un timbre-poste commun, en réalité la constitution d'une Union postale européenne, est manifestement présentée ici comme la voie d'ascension la moins périlleuse, la plus modeste, vers ce sommet visé d'une entente générale entre États et peuples d'Europe. Au risque de sacrifier le suspense, il faut dire d'emblée que ce projet restera lettre morte, aussi inaccessible durant l'entre-deux-guerres que le grand dessein d'une Europe unie. La question du rôle de l'administration en charge des affaires postales dans cet échec vient alors à se poser. Nous verrons qu'il n'est pas mince. Toutefois, nous devrons aussi souligner que ce projet et l'accueil qui lui est réservé n'épuisent pas la réalité de la place de l'Europe au sein de la direction de l'exploitation postale, place en fait ambiguë.

Avant d'entrer dans le vif du sujet, situons en quelques mots cette administration dans le paysage des services centraux de l'État. Pendant

---

[1] Cité par Jean Proix dans son rapport à la Chambre de commerce internationale (CCI). Royal Mail Archives (RMA), POST 122-506, CCI, Comité de coordination du groupe Transports et Communications, Commission du service postal international : « Rapport présenté par M. Jean Proix, directeur du Comité d'action économique et douanière, sur l'Union postale européenne », 28 janvier 1931, p. 6.

une longue partie de l'entre-deux-guerres, les Postes, Télégraphes et Téléphones forment un ministère, issu de la réunion depuis la fin des années 1870 des deux premières branches. Au sein de la maison commune, les relations sont assez conflictuelles du fait d'une certaine domination des postiers sur les « télécommunicants ». Il s'agit de l'un de ces ministères techniques qui amènent les tours de table du Conseil des ministres à s'élargir. Aussi n'est-il parfois qu'un sous-secrétariat d'État, ou même un simple secrétariat ou service. Dans ce cas on le trouve rattaché à une tutelle (Commerce et Industrie, Travaux publics) qui montre que ce service public est sorti assez largement de l'orbite, initiale et persistante, des Finances (ou de l'Intérieur pour les Télégraphes), pour accompagner le développement économique du pays.

Dans le contexte d'une vaste réflexion sur la place de l'État dans l'économie et sur l'organisation de l'administration publique après la guerre, la nature particulière du service rendu par les PTT et les spécificités des investissements dans ces domaines ont d'ailleurs conduit en 1923 à une réforme budgétaire. En sortant les PTT du cadre du budget annuel et unique, la réforme reconnaît le caractère industriel et commercial de leur activité[2]. C'est un privilège rare, marquant un léger surcroît d'autonomie, qu'il ne faudrait nullement confondre cependant avec de l'indépendance. Ce budget des PTT pèse lourd et les recettes générées sont considérables. Le contrôle par les Chambres et par le Budget reste donc vigilant.

En matière de relations avec les offices étrangers, pour l'échange du courrier, des colis et de bien d'autres services, les administrateurs des Postes doivent composer en outre avec les vues du ministère des Affaires étrangères. Le caractère technique des enjeux leur laisse néanmoins une forte latitude dans les négociations. Pour autant il convient de croiser les sources postales proprement dites (branche Postes du ministère ou du service des P et T) et les documents produits par le Quai d'Orsay (sous-directions des unions et des relations commerciales) si l'on veut, comme nous, définir la perception, la conception, et la place réelle de l'Europe dans cette administration. Recourir ponctuellement aux archives étrangères des services correspondants, en l'occurrence britanniques, s'avère enfin être un complément utile[3].

Aussi pourrons-nous commencer par caractériser la culture des administrateurs et la nature des affaires postales internationales : de haute extraction nationale, avec une forte tradition de coopération multilaté-

---

[2] Sur cette réforme importante, voir l'article de Le Roux, M. et Oger, B., « Aux origines du budget annexe des PTT », in N. Carré de Malberg (dir.), *La direction du Budget entre doctrines et réalités, 1919-1944*, Paris, CHEFF, 2001, pp. 129-137.

[3] Pour les archives du *Post Office* : Royal Mail Archives, Freeling House, Phoenix Place, London ; pour les archives du *Foreign Office* : Public Record Office (PRO), Kew.

rale, cette culture donnera sans doute des clés de compréhension, dans un deuxième temps, de l'échec du projet, en fait exogène, de constitution d'une Union postale européenne au tournant des années 1920 et 1930. Mais pour finir, nous verrons, par l'exemple de la mise en place contemporaine d'un réseau de poste aérienne, que l'échelle européenne est bien une réalité, dans la pratique, pour les administrateurs des Postes.

I. Identité et culture de l'administration postale

Le contrôle de l'État sur les Postes est séculaire. Son monopole s'est progressivement et fermement construit en France comme à l'étranger[4]. L'acheminement des nouvelles est un service régalien. À l'époque, l'une des marques les plus récentes de ce souci de contrôle avait été la constitution en 1871 par l'Allemagne unifiée d'une Poste impériale chassant la famille de la Tour et Tassis de sa vieille fonction postale dans l'espace germanique et européen[5].

A. Souveraineté et coopération

L'échange de courrier de part et d'autre des frontières a de fait tôt pris l'allure, et même la nature, d'accords, de traités et de conventions diplomatiques entre États souverains. Les plus anciennes traces écrites remontent au XVIIe siècle. L'inflation du nombre des conventions au XIXe siècle et des pressions pour la libéralisation des échanges conduisent à la création d'une Union postale universelle (UPU, 1874), qui organise les relations postales internationales sur une base multilatérale. L'Union survit à la Première Guerre mondiale[6].

Voilà pourquoi on peut parler à la fois d'une haute extraction nationale du service des Postes et d'une certaine tradition ou culture de la coopération multilatérale. Les responsables des Postes du monde entier, en charge d'un service profondément lié à la souveraineté nationale, se réunissent régulièrement pour élaborer les règles communément admises, et surtout les tarifs, qui régissent les flux de courrier internationaux et plus largement les services postaux, y compris financiers. Les discussions les plus acharnées sont celles qui touchent aux recettes

---

[4] En France, la Révolution marque un tournant. Une loi en 1801 formalise le monopole de l'État pour le transport des lettres. Le Roux, M., « Introduction », in Le Roux, M. (dir.), *Histoire de la Poste, de l'administration à l'entreprise*, Paris, éditions rue d'Ulm, 2002, pp. 7-16 et 18.

[5] *Une poste européenne avec les grands maîtres des Postes de la famille de la Tour et Tassis*, Paris, Musée postal, catalogue de l'exposition, 1978.

[6] Sur les origines de l'Union postale universelle : Laborie, L., « Les révolutions des tarifs postaux dans la deuxième moitié du XIXe siècle : vers la constitution d'un territoire postal universel », journée d'études du Centre de recherche en histoire de l'innovation sur *Les logiques spatiales de l'innovation : regards d'historiens*, Sorbonne, 20 juin 2003, à paraître.

(taxes, droit de transit). Chaque administration défend ses intérêts, manifestation sans doute, dans le cas français du moins, d'un long passé fiscal qui demeure prégnant. Si le principe veut que les États membres soient égaux dans les négociations, les voix de chacun se pèsent en réalité davantage qu'elles ne se comptent. À ce jeu-là, la France est un poids lourd.

Dans l'administration postale française, un bureau de la correspondance internationale est chargé prioritairement du suivi de ces questions[7]. Ses origines remontent au moins à la Restauration, du temps où les accords étaient bilatéraux. Lors des congrès et des conférences, la délégation est dirigée par le directeur de l'administration : depuis la fin des années 1870 en effet, il est convenu que les politiques n'ont rien à faire, excepté le discours d'inauguration, dans ces travaux réunissant des techniciens désintéressés. Le ministre est donc absent. Le président de la délégation est secondé le plus souvent par le chef du bureau de la correspondance internationale. On relève ainsi, en établissant la liste des congrès et conférences et leurs participants français, la permanence de deux ou trois personnes aux plus hautes fonctions nationale et internationale, par-delà la variété des assistants[8].

B. Culture commune

Sur la période, deux administrateurs se distinguent, les directeurs successifs Maurice Lebon (1919-1934) et Edmond Quenot (1934-1940). Leur carrière[9], tout entière dévouée à l'administration postale, est marquée par une commune ascension du plus bas de l'échelle administrative au plus haut. Ce caractère est en France généralement partagé par l'ensemble des principaux fonctionnaires des Postes, qui, par définition, n'accèdent cependant pas tous à ces charges uniques de direction centrale. Ces deux trajectoires, pour représentatives qu'elles soient, sont donc bien extrêmement remarquables.

---

[7] La direction de l'exploitation postale emploie 25 cadres et mobilise 150 emplois dits « secondaires » (rédacteurs, expéditionnaires, dames employées, etc.). Le plus petit bureau est celui de la correspondance internationale, qui emploie en tout une quinzaine de personnes (décret du 18 octobre 1918, *Bulletin mensuel*, n° 26, 1918, pp. 842-843 et n° 27, 1919, p. 729). L'organisation de l'administration reste stable sur la période, à quelques ajustements près. On notera en 1935 le rattachement de la direction des chèques postaux et articles d'argent à la direction de l'exploitation postale, ce qui donne sans doute plus de poids encore à cette dernière au sein des PTT (décret du 28 février 1935, *Bulletin officiel des PTT*, n° 10, 1935).

[8] Récapitulatif des délégations dans *L'Union postale universelle, sa fondation et son développement, 1874-1949*, Berne, Bureau international de l'Union postale universelle.

[9] « Retraite de M. Lebon », *L'Union postale*, vol. 59, n° 7, juillet 1934, pp. 171-173 ; Archives nationales (AN), CARAN, F 90 20544, dossier de personnel de Quenot.

Entrés comme surnuméraires, Maurice Lebon à 16 ans en 1885 et Edmond Quenot à 24 ans en 1904, ils ont été remarqués par leur supérieur hiérarchique, qui leur autorise la préparation du concours d'entrée à l'École supérieure professionnelle des Postes et Télégraphes. Méritocratique, l'École propose depuis 1888 de faire sortir du rang les meilleurs éléments en les formant aux responsabilités les plus importantes. Les « brevetés » sont les futurs administrateurs des Postes françaises, forts d'une expérience pratique des différents maillons de la chaîne postale et d'une culture théorique solide. Lebon et Quenot y sont reçus l'un comme l'autre après dix années de service. Leur ascension est ensuite très progressive. Ils atteignent les plus hautes responsabilités autour de cinquante ans et les conservent pendant près de quinze années. Ces parcours très semblables génèrent à n'en pas douter des solidarités entre responsables ainsi qu'une communauté de vision. Ils peuvent aussi expliquer la grande valeur toujours reconnue aux représentants français dans les conférences internationales, leur rôle actif et déterminant.

De ce point de vue, et pour nuancer le tableau, nous devons souligner l'originalité et l'importance d'un troisième administrateur, Léon Genthon[10]. Ce dernier joue en effet un rôle-clé en tant que chef du bureau de la correspondance internationale de 1929 à 1939. Sa formation le distingue des autres administrateurs, car, s'il a lui aussi consacré toute sa carrière à l'Exploitation postale, c'est d'abord en tant que traducteur qu'il y est entré. Il n'est ensuite pas passé par l'École supérieure. Diplômé de l'École spéciale des langues orientales vivantes, mais aussi aguerri à l'administration postale par les responsabilités qu'il y a progressivement acquises en dehors de son champ de compétence initial, ce polyglotte se révèle très utile lors des conférences internationales. Même si le français est la langue officielle, le fait de parler le russe, l'anglais, l'allemand, l'italien et l'espagnol tout en sachant traduire le portugais, le danois, le suédois, le hollandais, le serbe et le bulgare a certainement dû l'aider à se faire comprendre et à gagner les sympathies !

Avec leurs homologues étrangers, à la tout aussi brillante longévité[11], ces hommes forment une sorte de communauté technocratique, consciente de sa culture originale faite du mélange de deux vocations : d'une part le service de l'État et d'autre part l'ouverture internationale, la communication avec l'étranger. Du moins est-ce ce qui ressort des échanges épistolaires ou des discours. Ainsi, après une longue absence de congrès du fait de la guerre, les postiers se réunissent à Madrid en 1920, puis à

---

[10] AN, F 90 20468, dossier de personnel de Léon Genthon.

[11] Retenons notamment la longévité pour l'Allemagne, par delà les changements de régime, de Orth (membre puis chef de la délégation entre 1920 et 1939), pour la Belgique celle de Schockaert (membre puis chef de la délégation entre 1920 et 1939), pour la Grande-Bretagne celle de Williamson (chef de la délégation britannique entre 1920 et 1934).

Stockholm en 1924, où ils célèbrent les vertus désormais cinquante-
naires de leur coopération. Le directeur du Bureau international de
l'UPU s'exprime en ces termes :

> L'Union postale s'étend aujourd'hui sur l'Univers tout entier. Un demi-
> siècle aura suffi pour que l'œuvre de 1874 groupe tous les États du monde
> [...]. C'est à ces États, dont vous êtes les représentants, que je songe en cet
> instant, à ces États dont la confiance et la persévérance ont fait de l'Union
> ce qu'elle est aujourd'hui et, dans un domaine spécial, sur un champ
> d'action plus limité, ont constitué voici cinquante ans, une première Société
> des Nations au travail fécond[12].

C. L'universel comme horizon

La fierté vient de l'extension de l'Union[13], qui recouvre tout le globe
et qui justifie aux yeux d'un administrateur l'idée qu'est advenu un
« État postal mondial[14] », État à la branche d'administration unique, la
Poste, et dont le corps législatif serait le congrès.

Pourtant l'œuvre accomplie avant la guerre se remet difficilement du
conflit et de ses conséquences économiques. La recherche d'une simpli-
fication et d'une uniformisation des tarifs comme des procédures toujours plus poussée est contredite par le long isolement et par les difficultés financières de chacun.

Si bien que la jeune Société des Nations s'intéresse à la question.
Elle participe à la tenue à Paris en 1920 d'une conférence internationale
pour l'amélioration des communications postales et ferroviaires, télégraphiques, téléphoniques et radiotélégraphiques en Europe[15] et organise
à Barcelone, sous la direction de Gabriel Hanotaux, une conférence sur
la liberté du transit et des communications en 1921[16]. Son but principal

---

[12] Decoppet, C., *Discours prononcé lors des Fêtes du jubilé de l'UPU célébrées à Stockholm, à l'occasion du VIIIe Congrès postal universel*, 16 août 1924, p. 13.

[13] L'Union télégraphique internationale, antérieure, n'a pas atteint à l'époque une pareille extension, du fait en particulier de l'absence des États-Unis.

[14] Il convient de nuancer cette formule enthousiaste. L'UPU, dont le bureau n'est guère plus qu'un organe administratif, n'a pas de pouvoirs supranationaux et respecte le monopole de chaque office postal sur son territoire. Örne, A. (directeur général des Postes de Suède), « L'État postal mondial », *L'Union postale*, vol. 55, février 1930, pp. 31-37.

[15] Il s'agit avant tout de rétablir les moyens de communication entre l'Europe de l'Ouest et l'Europe centrale, longtemps isolée et désormais recomposée. *Conférence internationale pour l'amélioration des communications postales et ferroviaires, télégraphiques et téléphoniques et radiotélégraphiques*, Paris, 7-13 juillet 1920, Paris, Imprimerie nationale, 1920.

[16] La SDN dispose d'une Organisation des communications et du transit, représentée au niveau du secrétariat général par une Section du transit. SDN, *Pour la liberté du transit et des communications. La conférence de la SDN à Barcelone. Texte complet des conventions et recommandations adoptées*, Lausanne, Payot, 1921.

est de restaurer les moyens matériels et la liberté des communications, ce à quoi elle parvient en partie. Mais ce faisant, la SDN menace quelque peu d'empiéter sur les prérogatives de l'Union postale. Sans doute le fait-elle à dessein, sachant que l'article 24 du Pacte lui donne la possibilité de placer « sous son autorité » les Bureaux internationaux créés avant elle, afin qu'elle puisse tenir toutes les rênes de l'administration mondiale. Cette mise sous tutelle est cependant dépendante de l'accord des parties intéressées. Le problème est qu'elles ne s'entendent pas.

Si le Bureau, simple organe administratif de gestion du quotidien, n'a guère voix au chapitre, ceux qui forment l'Union, c'est-à-dire les services postaux réunis en congrès, s'y opposent. L'absence des États-Unis de la SDN, mais surtout la volonté farouche d'indépendance à l'égard de toute instance politique, qui plus est supranationale, expliquent ces réticences. Les tensions entre les institutions motivent d'ailleurs un postier à rédiger en 1932 une thèse de droit sur la question, sous la direction du professeur Le Fur.

L'auteur souligne le paradoxe d'une coopération et d'un sentiment de solidarité internationale qui ne peuvent s'accommoder d'un rapprochement avec celle qui promeut le plus ces idéaux :

> Toute personne ayant participé, même modestement, aux travaux d'un Congrès ou d'une Conférence de la sorte, a pu constater avec quelle rapidité, avec quelle spontanéité, s'établit entre les assistants un courant de cordialité, de confiance, véritablement confraternelles, qui conduit chaque délégué à admettre que, tout en défendant, conformément à son droit et à son devoir, les intérêts de son pays, il doit faire des concessions pour donner également satisfaction aux intérêts des autres pays. Et pourtant, il s'agit de représentants de plus de soixante États, traitant de questions qui, dans l'ordre financier, dépassent souvent plusieurs milliards[17].

Mais il doit constater plus loin que cet esprit d'ouverture ne saurait souffrir la tutelle que cherche à exercer, pourtant timidement, la SDN. Il cite ainsi la résolution, très sèche, adoptée en 1931 par une commission de l'UPU à qui la SDN proposait d'envoyer un représentant de son Comité de coopération des aéronautiques civiles :

> Considérant que, d'après sa Constitution même, elle est un organisme spécifiquement postal, siégeant selon les règles fixées par le statut de l'UPU créée en 1874 et qui groupe actuellement tous les pays de l'Univers [...] ;
>
> [La Commission] émet l'avis qu'il n'y a pas lieu d'admettre la suggestion du Comité de coopération des aéronautiques civiles ;

---

[17] Boisson, H., *La Société des Nations et les Bureaux internationaux des Unions universelles postale et télégraphique*, Paris, thèse pour le doctorat en droit, Université de Paris, Pedone, 1932, pp. 28-29.

Remercie ce Comité de sa démarche, et indique que la documentation postale dont il aurait besoin pour ses propres travaux pourrait être demandée par l'intermédiaire des départements des Affaires étrangères des pays représentés[18].

Cette réaction et ses motifs nous donneront à coup sûr des éléments de compréhension de l'accueil très peu enthousiaste, et à première vue paradoxal, sachant la tradition de coopération des administrations en cause, réservé au projet d'Union postale européenne.

II. Résistance aux projets exogènes de coopération européenne

Nous l'avons vu, un projet de timbre-poste européen, en réalité précédé par une réflexion plus large sur une Union postale européenne, est publiquement présenté au tournant des années 1920-1930, par les partisans d'une Europe unie. Ce projet se révèle être d'une origine extérieure à l'administration. Celle-ci y fait barrage, selon des principes et après une concertation avec ses homologues, qui renvoient profondément à son identité et à sa culture.

Il faut distinguer deux étapes dans la mise au point du projet d'Union postale européenne, dont le contenu ne se précise que progressivement.

A. Le projet des usagers : la Poste et le commerce international

La première se situe dans les années 1927-1930, dans les milieux du commerce international. La Poste, en effet, a à voir avec la libre circulation des marchandises et des idées. De même qu'un courant libéral a stimulé la création de l'UPU dans les années 1860 et 1870, l'Union postale européenne est portée par les milieux libéraux de la Chambre de commerce internationale (CCI) et par le plus discret Comité d'action économique et douanière (CAED).

Divers travaux ont bien montré le rôle de ces organisations dans la réflexion sur la reconstruction économique de l'Europe dans l'entre-deux-guerres et sur leurs relations avec la diplomatie française[19]. Nous nous proposons de suivre dans le détail la genèse d'un projet propre aux affaires postales, mais qui finit par rencontrer, et ce sera la deuxième étape, les grands enjeux de la politique étrangère de la France.

---

[18] *Ibidem*, pp. 83-84.

[19] Badel, L., *Un milieu libéral et européen. Le grand commerce français, 1925-1948*, Paris, CHEFF, 1999 ; Bussière, É., « Les aspects économiques du projet Briand : essai de mise en perspective. De l'Europe des producteurs aux tentatives régionales », in A. Fleury (dir.), *Le plan Briand d'Union fédérale européenne*, Berne, Peter Lang, 1998, pp. 75-93.

Au sein de la CCI, qui se présente comme le « Parlement international des affaires », et qui, pour les administrations postales, est en fait le
représentant, non officiel, des usagers des services internationaux, se
crée en 1928 une commission du service postal international[20]. Celle-ci
ne peut tenir son rôle de représentation des intérêts de la Chambre lors
du congrès de l'UPU de Londres, en 1929, car les administrations lui en
refusent l'accès. La CCI s'en plaint officiellement :

Il est regrettable qu'il n'ait pas été possible d'assurer une collaboration plus
efficace à l'occasion du Congrès postal universel. L'utilité pour les administrations de recueillir à la Chambre les vœux des usagers du service postal
international ne peut être contestée. La Chambre est admise avec voix con-
sultative à toutes les conférences diplomatiques intéressant le commerce et il
est indispensable que les administrations postales comprennent la nécessité
de la faire participer à leurs travaux d'intérêt commun[21].

La CCI doit se résoudre à envoyer seulement un rapport. En 1929,
elle préconise un accord régional en Europe entre les administrations
postales pour unifier les procédures et les taxes[22]. Il semble que cette
approche régionale des problèmes postaux, qui apparaît en 1928, soit
due à un élargissement tel de l'UPU que les restrictions, notamment sur
les interdictions d'expédition et les conditions d'emballage des échantil-
lons et des paquets, se sont accumulées au lieu de diminuer[23]. Ces
considérations purement techniques sont à relier aux perspectives plus
larges tracées par le Comité d'action économique et douanière, qui fait
sienne cette proposition d'Union postale européenne d'autant plus aisément que son directeur en 1930, Jean Proix, dirige aussi le comité du
service postal international de la CCI. Ce comité fait ainsi paraître en
1929 un opuscule, *La Poste et l'usager*, dans lequel les tarifs postaux
sont comparés à des barrières douanières. L'idée d'Union postale européenne devient plus précise :

---

[20] Les entreprises du commerce et de la finance internationale sont les principales
utilisatrices, ou usagères pour reprendre la terminologie administrative, des services
postaux internationaux, de loin devant les particuliers : *Journal de la Chambre de
commerce internationale*, n° 17, mai 1928, p. 24.

[21] Allen, J.S., *Rapport général présenté au nom du Comité de coordination du groupe
transports et communications*, Paris, CCI, secrétariat général, congrès de Washington, 1931, p. 72.

[22] Résolution adoptée au Congrès de la CCI de Washington, 1929 : Sandeman, J.,
*Transport et Communications. Principaux événements internationaux depuis mai
1931. Rapport présenté au nom du Comité général des transports et communications*,
Paris, secrétariat général de la CCI, congrès de Vienne, 29 mai-3 juin 1933, p. 34.

[23] « Ici on pourrait éviter les difficultés résultant de l'extension mondiale de l'UPU par
des accords régionaux et la création de collèges d'experts régionaux », *Journal de la
Chambre de commerce internationale*, n° 19, octobre 1928, p. 21.

Dans les échanges avec l'étranger [...], un tarif postal trop élevé agit sans aucun doute comme un véritable droit de douane ; par contre, un tarif bien établi peut devenir une arme d'expansion économique [...]. On doit regretter qu'un développement plus grand n'ait été donné aux « Unions restreintes » qui permettent l'échange entre États signataires des envois postaux sur la base des taxes intérieures [...]. Si l'on admet que la tarification postale doit marcher de pair avec la politique commerciale, il faut demander que s'accélère ce mouvement pour tous les pays que nous voulons atteindre dans l'ordre économique[24].

Nous sommes alors en 1929 et cette idée anodine et encore vague s'apprête à rencontrer de plus vastes desseins. Mais demandons-nous d'abord pourquoi ces hommes, extérieurs à l'administration, en sont venus à étudier les questions postales.

De toute évidence, la pratique des affaires internationales les confronte quotidiennement ou presque à la réalité des communications d'un pays à l'autre. Plus encore, il faut rappeler l'existence de points de contacts directs entre les deux univers. Le conseil d'administration des PTT, le comité consultatif et le conseil supérieur des PTT, créé en 1923 et qui se réunit chaque mois, comptent des représentants, à côté de ceux des différents ministères et des personnels, de ce que l'on appelle les « intérêts généraux de la nation ». Directeurs des chambres de commerce et conseillers du commerce extérieur en font partie. Pour les années 1920, citons les noms de Paul Forsans (président de l'Union des intérêts économiques), d'Henri Poullain (Chambre de commerce de Paris), de Picard (conseiller à Londres) et Rolland (conseiller à Bruxelles). Dans une autre commission, ce sont Francis Delaisi et Aymé Bernard qui défendent, avec d'autres, les intérêts du public.

L'administration a ouvert, à la suite de la réforme de 1923 en particulier, plusieurs fenêtres sur son activité[25]. Ce sont autant de sources d'informations et d'inspiration pour ces hommes pour qui la fluidité des communications, et leur moindre coût, sont nécessaires à la bonne marche des affaires. Enfin n'oublions pas que les relais de la CCI en France, comme Clémentel ou Le Trocquer, ont occupé des charges ministérielles qui les ont placés à la tête, politique, des services postaux.

---

[24] Alcais, H., *La Poste et l'usager*, Paris, Comité d'action économique et douanière, 1929, p. 19.

[25] Le *Bulletin mensuel des PTT* donne la liste des nominations dans les divers organes consultatifs. Le comité central des semaines du commerce extérieur a en outre organisé une « Semaine des PTT » en 1923 autour de laquelle s'est constitué un autre point de convergence, un comité permanent auquel participe l'administration.

B. Le projet d'Union postale européenne et le plan Briand

Dès lors que Briand, ministre des Affaires étrangères, propose à la SDN en septembre 1929 une organisation de type fédéral pour l'Europe, le projet postal porté par les milieux du commerce se précise et prend de l'importance. Il faut dire que Stresemann le premier, dans le discours qu'il prononce à la suite de celui de son homologue français, fait mention explicite, au titre du besoin de rationalisation, d'un déficit d'organisation des postes européennes[26]. Certains des éléments pointés dans ce discours se retrouvent du reste dans le mémorandum que présente la France en mai 1930 aux gouvernements européens. Parmi les neuf champs d'activité où il serait souhaitable d'opérer un rapprochement, figure ainsi au chapitre « communications et transit » l'idée d'un « régime européen des PTT[27] ».

L'intérêt de cette mesure pour les promoteurs d'une Europe unie est double : améliorer concrètement les conditions des échanges et trouver sur le plan politique un premier point de réalisation du grand projet, aisément perceptible par les opinions et plutôt indolore pour les États. La direction politique du ministère des Affaires étrangères croit fermement dans les chances de succès d'une Union postale, dont un schéma d'organisation a été remis personnellement à Briand par un groupe de représentants du CAED[28].

Le projet se présente comme l'un des plus aboutis que l'on puisse soumettre à la Commission d'étude pour l'union européenne lors de sa première réunion, en janvier 1931. « Ce projet a été considéré par la sous-direction des unions comme intéressant et facilement réalisable[29] ». Comme le CAED, la sous-direction chargée du suivi des questions de coopération technique internationale au Quai d'Orsay estime en effet favorables la longue tradition de coopération dans le secteur et la possibilité juridique laissée par la convention postale universelle de créer en son sein des Unions restreintes. D'ailleurs les États-Unis n'en ont-ils pas profité pour créer une Union postale des Amériques et de l'Espagne

---

[26] Les voix allemandes qui auraient pu soutenir un projet d'Union postale européenne et en faire part au département des Affaires étrangères nous sont inconnues, à moins qu'il ne s'agisse des représentants des entreprises allemandes à la CCI, plus précisément celles présentes dans le sous-comité des relations postales internationales.

[27] Archives du ministère des Affaires étrangères (MAE), Paris, série Y internationale, 1918-1940, vol. 640, mémorandum sur l'organisation d'un régime d'union fédérale européenne, 1er mai 1930.

[28] Délégués : Julien Durand, député, ancien ministre des PTT et président de la commission d'étude pour l'Union postale européenne du CAED, créée en 1930, MM. Farjon, Hirsch, Languereau, Megglé, Georges Berger, Jacques Lacour-Gayet et Jean Proix.

[29] MAE, Y, vol. 641, direction politique : « Note relative au programme des travaux de la Commission d'étude pour l'Union européenne », 30 décembre 1930, p. 3.

(1911) ? Des accords préférentiels, certes de moindre portée, bi- ou multilatéraux, n'existent-ils pas entre les pays scandinaves ou entre la France et ses pays frontaliers ?

La proposition s'appuie sur la création d'une part d'un Office international de l'Union postale européenne et d'autre part, et surtout, d'une taxe uniforme (un tarif-or en cours dans toute l'Europe), pour les échanges intra-européens, préalable à l'instauration d'un timbre européen. Taxe de préférence, inférieure à celle généralement pratiquée évidemment, mais qui n'est pas fixée par les auteurs du projet de convention[30]. Ce serait aux administrations de se prononcer sur ce point capital. Pour transmettre la proposition, comme l'a promis Briand au CAED, le ministère des Affaires étrangères attend d'ailleurs l'avis des PTT. Au début de l'année, la réponse de l'administration se fait toujours attendre.

C. Refus et blocage de l'administration postale

C'est qu'elle est en train de discuter de la question, tout à fait officieusement, avec ses homologues suisse et anglaise ! Maurice Lebon écrit au directeur du *General Post Office* britannique[31], Williamson, qui lui répond aussitôt, tant ils sont sur la même longueur d'ondes : il n'y aurait rien de bon à voir se créer une telle Union restreinte, rétrograde face au mouvement d'extension mondiale de l'UPU (on reviendrait, les États-Unis en moins, à la configuration de 1874) et coûteuse pour le budget des administrations. L'Union panaméricaine récemment créée ne saurait être un modèle ; bien plutôt un repoussoir : « Comme vous le remarquez, l'exemple de l'Union panaméricaine a très peu de rassurant. Le résultat (comme peut-être le motif) de ce projet serait de mêler la politique et la Poste, une tendance contre laquelle nous avons toujours cru devoir lutter aux Congrès[32] ».

Le nouveau ministre, Georges Bonnet, dont nous savons l'attachement à l'idée d'une organisation économique de l'Europe[33], n'a plus qu'à transmettre, à regret certainement, la réponse que lui dicte le haut fonctionnaire : opposition totale au projet, justifiée en premier lieu par la baisse de recettes envisageable (d'autant plus élevée que la majeure

---

[30] On trouvera une copie du projet, daté de novembre 1930 dans RMA, POST 122 / 506, European Postal Union, 1930-1957, Sir Geoffrey R. Clarke, C.S.I., Managing Director, Telegraph Construction and Maintenance Company Ltd, à M. Williamson, Director, Postal Services, GPO, 20 janvier 1931.

[31] « Appelé à donner prochainement mon avis sur la question, je serais heureux d'avoir le vôtre, à titre personnel et confidentiel bien entendu », RMA, POST 122/506, Lebon à Williamson, le 24 décembre 1930, p. 2.

[32] *Ibidem*, Williamson à Lebon, 29 décembre 1930.

[33] Voir sa biographie récente : Puyaubert, J., *Georges Bonnet (1889-1973). Étude biographique*, thèse sous la direction de Sylvie Guillaume, Université de Bordeaux-III, 4 volumes, 2001.

partie du trafic international de la France se fait avec les pays européens), ensuite par la complexité qu'introduirait un tarif intermédiaire
entre l'intérieur et l'international, enfin par les risques de délitement de
l'UPU (opposition entre Unions restreintes) et par le sentiment des
offices postaux d'une dépossession de leur indépendance, d'une mise
sous tutelle, de la SDN ou de tout autre organisme intergouvernemental[34]. En somme, l'intérêt national autant, chose rare, que l'intérêt
international, commandent de repousser cette idée.

La presse a beau relayer le projet[35] et la CCI insister sur « l'effet psychologique[36] » qu'aurait cette réalisation, jamais la Commission d'étude
de l'Union européenne n'abordera le sujet. Jamais ne se réuniront,
comme souhaité par la CCI, les experts des administrations postales
pour étudier le projet. Celles-ci se sont entendues pour le laisser se
dégonfler tout seul. L'argument budgétaire prend du poids avec la crise
économique qui s'abat sur le continent et dont la Commission elle-
même ne se remet pas. Lorsqu'elle tente une réapparition en 1938, les
Affaires étrangères interrogent à nouveau les services techniques du
gouvernement. Aux PTT la réponse ne varie pas. Le projet d'Union
postale n'est pas souhaitable et rencontrera l'opposition d'offices postaux qui n'ont du reste pas besoin de l'aiguillon ou de la tutelle politique
pour travailler ensemble à l'échelle européenne : « Il ne paraît pas
indispensable de créer un organisme spécial auquel peuvent suppléer des
rapprochements éventuels entre les hauts fonctionnaires des administrations européennes, ainsi qu'il est fréquemment procédé[37] ».

De fait, comme le montre la gestion de la poste aérienne, cette coopération existe et des projets spécifiquement européens sont avancés.
Mais la logique diffère complètement.

---

[34] L'idée d'une Europe qui se positionnerait contre le reste du monde, agitée par les
détracteurs du plan Briand, est reprise par les administrateurs dans le cadre non plus
de la SDN mais de l'UPU. MAE, Y, vol. 642, Bonnet G., ministre des Postes, Télégraphes et Téléphones, au ministre des Affaires étrangères, service français de la Société des Nations, 8 janvier 1931.

[35] En France, *Les Échos* (« L'union postale européenne deviendra-t-elle bientôt une
réalité ? », 21 février 1931) et en Grande-Bretagne, le *Times* (article du 21 février
1931) sont enthousiastes et optimistes.

[36] Nanin, rapporteur du projet. CCI, commission du service postal international, procès-
verbal de la réunion du 19 février 1931, 4 mars 1931, p. 4.

[37] L'administration signale en outre que des pays majeurs dans le fonctionnement du
système postal ont quitté la SDN, alors qu'ils travaillent toujours dans les institutions
postales internationales. AN, F 90 21659, lettre de Fernand Gentin, ministre des
Postes, Télégraphes et Téléphones, au ministre des Affaires étrangères, direction des
affaires politiques et commerciales, Société des Nations, 11 février 1938, p. 2.

III. Le fait européen dans la pratique : la gestion de la poste aérienne à l'échelle de l'Europe

Alors même que les administrations font semblant d'ignorer puis dénoncent les projets d'Union postale européenne en 1930, elles travaillent à la constitution d'un réseau postal aérien à l'échelle de l'Europe. Amorcée au cours des années 1920, cette réflexion débouche sur des résultats concrets à la fin des années 1930 après s'être heurtée à la crise économique mondiale. La participation française nous donnera l'occasion de comprendre que l'Europe représente bien une réalité dans la pratique des administrateurs des Postes. Réalité dont nous préciserons les contours avant d'en dégager l'horizon.

A. Les enjeux multiples de la poste aérienne

Ce qui frappe à première vue, c'est la diversité des acteurs et des enjeux liés à la poste aérienne. Les administrations postales sont loin d'avoir la haute main sur ces questions, qui souvent dépassent leur domaine de compétence. L'aviation civile se présente d'abord comme un moyen de reconvertir pilotes et usines de la Grande Guerre, d'en prolonger l'activité en temps de paix tout en écoulant les stocks[38]. Le transport du courrier a été expérimenté par les militaires eux-mêmes et s'impose rapidement aux yeux des constructeurs, et des compagnies aériennes qui en émanent, comme une activité idéale pour amorcer, puis entretenir, l'exploitation commerciale des lignes mises en place avec l'accord du gouvernement. Le trafic postal devrait en effet générer, malgré son faible poids, des revenus assez stables et importants, comparés aux résultats plus aléatoires du transport de marchandises ou de voyageurs.

Dans l'Allemagne vaincue, ces considérations prennent un accent tout particulier quand l'armée doit renoncer à disposer d'une force aérienne : au Quai d'Orsay, les rapports s'accumulent qui dénoncent l'entretien outre-Rhin d'une flotte postale surdimensionnée, composée d'appareils susceptibles d'être aisément transformés en armes, et exploitée par des pilotes de guerre dont on s'évertue à maintenir la cohésion[39].

D'une manière générale, l'aviation est perçue par tous les gouvernements comme un nouveau facteur d'influence internationale. Les lignes commerciales sont des ponts jetés pour resserrer les liens entre les nations ou au sein d'un Empire, ce qui signifie souvent exporter des marchandises et établir des relations privilégiées. L'un des exemples

---

[38] Sur ces enjeux connus, voir Chadeau, É., *Le rêve et la puissance. L'avion et son siècle*, Paris, Fayard, 1998, p. 137.

[39] Rapports que l'on trouve dans les archives de la sous-direction des relations commerciales du ministère. MAE, Relations commerciales 1918-1940 (RC), sous-série B-58, vol. 5.

français les plus connus est celui de la compagnie franco-roumaine de navigation aérienne, en faveur de laquelle Philippe Berthelot lui-même œuvre depuis son poste de secrétaire général du ministère des Affaires étrangères[40]. Ainsi la Petite Entente dispose-t-elle d'une liaison avec la France, par les airs, dès le début des années 1920.

Chaque pays soutient par des subventions ses compagnies nationales[41]. La Poste fournit une sorte de subvention déguisée, en échange d'un service cher payé mais pour lequel elle n'a guère son mot à dire : les services de l'Aéronautique sont les inspirateurs d'une politique aérienne à laquelle les postiers doivent se plier[42]. Le gain de temps dans l'acheminement des correspondances est appréciable pour la Poste, surtout au moment où chemins de fer et navires souffrent des dégâts causés par la guerre. Mais certains facteurs, décisifs pour son activité, freinent encore dans les années 1920 le recours à l'avion : manque de régularité (sensibilité aux conditions climatiques, fantaisie des pilotes), sécurité parfois aléatoire et impossibilité la plupart du temps d'effectuer les vols de nuit, rendent l'outil moins intéressant qu'on pouvait le penser. Son surcoût, financé par une surtaxe payée par l'usager dès 1919, ne joue pas non plus en sa faveur.

B. Insatisfactions et premiers plans d'organisation

Dans une telle configuration, où s'enchevêtrent les intérêts et où jouent les concurrences entre nations, la poste aérienne internationale a en fait beaucoup de mal à décoller. Dès le départ pourtant, le cadre de son épanouissement tend à être international. L'atout de l'aviation, sa vitesse, est en effet perceptible surtout sur les moyennes et longues distances. À l'heure où les raids intercontinentaux sont irréalisables ou encore très périlleux, l'échelle régionale semble privilégiée. Pour les offices postaux, la prudence est néanmoins de rigueur. Les congrès

---

[40] Voir la circulaire rédigée sous la direction de Berthelot pour que les postes diplomatiques obtiennent des gouvernements d'Europe centrale et orientale un sursis dans le délai d'expiration des accords avec la compagnie franco-roumaine. MAE, RC, B-58, vol. 5, direction des affaires politiques et commerciales aux légations de Prague, Vienne, Budapest, Bucarest, Belgrade et Constantinople, 1er octobre 1921.

[41] « Disons le tout net : c'est grâce aux subventions de l'État auxquelles la Poste était associée, que les lignes, pendant toute cette période, ont pu parfois prospérer, quelquefois vivre, et, le plus souvent, survivre », Chadeau, É., Bonnaud, L. et Perdrier, É. (dir.), *L'aventure de l'aviation postale. 1919-1939 : imaginaire et réalité*. Cahiers d'histoire des PTT, n° spécial « Exposition à la Cité des Sciences et de l'Industrie, La Villette, 15 septembre-19 octobre 1986 », Paris, ministère des Postes et des Télécommunications, 1986, p. 20.

[42] *L'aviation postale. Conférence prononcée au Centre d'études supérieures de transport, le 15 décembre 1943 par M. Moignet*, Saint-Cloud, Girault, 1944, pp. 5-6.

restent flous sur le sujet. Pour le public, la procédure est par ailleurs compliquée et coûteuse[43].

La CCI ne tarde pas à exprimer son insatisfaction au nom des usagers de ces services, mais aussi, et surtout, des constructeurs et des compagnies aériennes : le sous-comité du transport postal aérien créé en 1925 comprend en effet les directeurs des plus grandes compagnies européennes, comme, entre autres, la Deutsche Luft Hansa, la KLM, la Sabena. Latécoère, Farman, ne sont pas loin. Alors que la logique de ces entreprises les amène à exploiter certaines lignes en *pool*, l'absence d'accords entre administrations postales rend l'opération très délicate : comment reverser les surtaxes et rémunérer les services rendus lorsque les règles qui prévalent changent d'un pays à l'autre, voire d'un contrat passé entre l'administration et une compagnie à l'autre ? La maturité passe par une harmonisation à l'échelle régionale en Europe, là où se trouve le plus important potentiel de trafic international. Les compagnies y poussent.

Pour les administrations postales, ce pourrait être l'occasion de simplifier ce service compliqué, mais qui ne cesse de se perfectionner, d'obtenir une réduction des coûts et de se dégager un peu de la tutelle des services aéronautiques pour imposer leurs critères d'exploitation (horaires, escales, connexion au rail, etc.). Nous savons que le directeur français de l'exploitation postale, ses homologues belge et hongrois sont présents lors de certaines discussions à la CCI et penchent en faveur d'une réunion des administrations concernées[44].

Cette réunion se tient effectivement en 1927 à La Haye, pour une première approche de la question. On décide alors d'établir une base uniforme de rémunération des compagnies par les administrations[45], ni les unes ni les autres ne pouvant se satisfaire de l'état du trafic.

Dès lors, en Europe, la situation s'améliore. Elle reste néanmoins fragile. En 1927 par exemple, c'est une lettre sur mille qui passe par les airs entre Paris et Berlin, et, si la proportion double en 1928, elle demeure négligeable. L'exemple des États-Unis montre qu'on pourrait faire mieux. De même les lignes longs-courriers qui traversent les mers et les océans rencontrent une vraie demande. Les principaux offices d'Europe réagissent en organisant une réunion officieuse en 1930 à Bruxelles, qui débouche l'année suivante sur une enquête de l'UPU. Le sujet en est l'opportunité de créer un réseau postal exclusivement aérien

---

[43] Les services ne sont pas toujours quotidiens et la surtaxe, qui est lourde, varie d'une destination à l'autre.

[44] *Journal de la Chambre de commerce internationale*, n° 11, octobre-novembre 1926, p. 19.

[45] Les États représentés sont pour l'essentiel européens, mais les colonies et les États-Unis participent aussi. UPU, *Documents de la Conférence sur la poste aérienne de La Haye 1927*, Berne, Bureau de l'UPU, 1927.

en Europe. La participation de l'UPU illustre l'absence d'incompatibilité entre une approche régionale et l'existence d'une structure universelle, alors même que les services postaux faisaient, au même moment, de cette incompatibilité un argument contre le projet d'Union postale européenne. Il est vrai que les structures diffèrent : ici les postiers restent entre eux, assez loin des politiques. Pourtant la SDN n'est pas étrangère à ces questions. Elle pousse en effet dans le même sens que la CCI[46]. Mais il n'est pas question de créer une nouvelle institution pour afficher cette coopération et, surtout, la logique qui préside aux travaux est bien différente.

C. Vers un régime européen de la poste aérienne

En témoigne la proposition avancée par la France, qui consiste à créer une taxe postale spécifiquement européenne, non pas privilégiée, mais plus élevée au contraire que la taxe internationale normale issue des accords de l'UPU. Ceci afin de préserver les finances publiques tout en finançant la possibilité pour le courrier intra-européen d'accéder à l'avion, quels que soient la compagnie empruntée et le territoire survolé, chaque fois que cela serait utile[47]. La taxe s'appliquerait à un espace européen que desservirait un réseau aérien, pour l'heure non exclusivement postal mais constitué par les lignes existantes, qu'il faudrait correctement interconnecter. Ainsi pourrait-on toucher de Paris toutes les capitales européennes le lendemain de la remise à la Poste d'un pli, sauf Moscou, Istanbul et Athènes.

Les réseaux proposés diffèrent évidemment d'une délégation à l'autre, en particulier leurs centres névralgiques. Nous pouvons donc parler de représentation de l'Europe au travers de ces propositions. Pour l'administration française, cette Europe réticulée s'organise autour de nœuds qui peinent à éviter l'Allemagne, cœur du système avec l'Angleterre et la Belgique[48]. Les marges européennes s'étendent, sans surprise, jusqu'en Afrique du Nord et englobent la Russie et la Turquie. Les connexions avec l'Est européen sont particulièrement développées.

---

[46] Elle anime un Comité de coopération entre aéronautiques civiles qui réfléchit à la « forme à donner à la collaboration internationale pour l'exploitation du service postal aérien ». MAE, série Y internationale (1918-1940), vol. 641 : « Rapport du secrétaire général sur certaines questions techniques qui ont été examinées par la Société des Nations », Genève, 19 décembre 1930, p. 12.

[47] Musée de la Poste (Paris), archives, 457-3, carton 2, direction de l'exploitation postale, note pour le ministre (Cabinet), 11 mars 1931, p. 3.

[48] *Ibidem*, carton 7, administration des PTT de France, « 2ᵉ projet de réseau postal aérien européen », constitué sur la base des lignes existantes et proposé à la conférence de Prague en 1931.

Les participants aux conférences de 1930-1931[49], qui devaient formaliser leur accord autour d'une ossature de réseau proposée finalement conjointement par les Français et les Allemands, repoussent à plusieurs reprises la réunion conclusive, du fait de la crise. Lorsqu'ils se retrouvent, plusieurs années après, l'état de la question a changé.

Les compagnies proposent de supprimer la surtaxe aérienne, pour stimuler le trafic, en offrant aux administrations de diviser leur rémunération par deux. Finalement, l'accord se fait en 1938 à Bruxelles, toujours à l'échelle européenne, pour la suppression de la surtaxe et l'utilisation de l'avion pour le courrier ordinaire chaque fois qu'il en résultera un gain de temps. Le courrier connaît l'Europe, si l'on ose l'expression, puisqu'à l'intérieur de cet espace régional il bénéficie d'un traitement particulier, justifié par l'état de la technique et par la volonté des différents offices de développer un moyen de transport qui améliore leur service.

Pas question pour autant de placer cette action sous l'égide de la Commission d'étude de l'Union européenne que l'on tente à Genève de ressusciter : l'administration s'y refuse. L'horizon qu'elle s'assigne demeure en effet mondial – il ne s'agit là que d'une étape – et les affaires postales ne sauraient être traitées par d'autres que les offices postaux[50]. En 1939, la résolution européenne est en ce sens proposée, certes sans succès, au congrès universel de l'UPU. Mais déjà le représentant français signale que la bonne entente entre offices, si vantée habituellement, se détériore. Les postiers sont rattrapés par les aléas de la politique internationale auxquels ils souhaitaient tant échapper, et doivent enregistrer le refus de l'Allemagne, de l'Italie et de la Hongrie de signer la convention postale universelle[51].

Un régime européen a été institué, qui n'est pas l'application d'idées d'organisation fédérale de l'Europe, au contraire rejetées par l'administration dans le versant postal qu'elles présentaient. Bien que des pressions extérieures aux offices postaux aient joué en sa faveur, l'institution du régime européen entre pleinement dans la logique propre à l'exploitation du service postal. Ce régime ne saurait être assimilé au projet plus vaste d'Union postale européenne tel qu'avancé par le Comité d'action économique et douanière et la CCI à la fin des années 1920. Pourtant on

---

[49]   À la conférence aéropostale préparatoire de Prague (8-18 juin 1931) sont représentés : Allemagne, Belgique, Espagne, France, Grande-Bretagne, Italie, Pays-Bas, Suède, Suisse, Tchécoslovaquie et URSS.

[50]   AN, F 90 21659 : Fernand Gentin, ministre des Postes, Télégraphes et Téléphones, au ministre des Affaires étrangères, direction des affaires politiques et commerciales, Société des Nations, 24 février 1938, pp. 2-3.

[51]   MAE, série Y internationale (1918-1940), 618 : Peyrouton (signé Quenot), télégramme pour M. Julien, ministre des PTT, Buenos-Aires, 23 mai 1939.

doit reconnaître qu'il traduit une certaine communauté d'intérêts et surtout une réalité, dans la pratique des administrateurs, du fait européen. Ce dernier demeure placé dans un horizon mondial, ou plutôt universel, pour reprendre la terminologie postale, cher à l'administration.

Il faudra la violence de la guerre pour contraindre les offices européens, parmi lesquels celui de la France ne figure pas, à former une Union postale européenne à Vienne en 1942, dévouée à la cause nazie. Ce mauvais souvenir plane d'ailleurs un moment sur les plans avancés au lendemain du conflit pour enfin construire une Europe des Postes et des Télécommunications. Les mêmes arguments qu'avant la guerre ressurgissent à cette occasion, fondés sur la culture propre à cette branche administrative. Dans l'entre-deux-guerres, une Union des Postes d'Europe aurait certainement beaucoup fragilisé l'Union universelle dont ces offices étaient l'ossature. Mais la décolonisation, la guerre froide et la construction européenne amènent lentement à reconsidérer la question. La création de la Conférence européenne des administrations des Postes et des Télécommunications en 1959 marque à ce titre un véritable tournant dans l'histoire des relations postales internationales et de la place occupée par l'Europe dans l'administration française des Postes.

DEUXIÈME PARTIE

LES CONSÉQUENCES
DE L'INTÉGRATION EUROPÉENNE

Le Quai d'Orsay face au traité de Rome

La direction des affaires économiques et financières (DAEF) de 1957 à 1975

Laurent WARLOUZET

Université de Paris-IV

Le 25 mars 1957, le traité de Rome établissant la CEE est signé. Pour la France, il manifeste un double choix en matière de relations économiques européennes. D'une part, un modèle de coopération économique ambitieux, l'intégration économique des marchés dans tous les secteurs, est choisi. D'autre part, l'échelle des Six est privilégiée, au détriment de celle, plus large, de l'OECE. Pour le ministère des Affaires étrangères, ces deux choix posent respectivement le problème de l'ampleur des délégations de souveraineté consenties et de la place à accorder à la Grande-Bretagne dans les schémas français de coopération économique européenne. Le service du Quai d'Orsay le mieux armé pour répondre à ces interrogations est la direction des affaires économiques et financières (DAEF), créée en 1945, et, en son sein, le Service de coopération économique (SCE), né en 1948 pour gérer les rapports avec l'OECE. Il travaille en relation avec la direction des relations économiques extérieures (DREE) du ministère des Affaires économiques, créée en 1944 pour développer la diplomatie commerciale, et le secrétariat général du Comité interministériel pour les questions de coopération économique européenne (SGCI), créé en 1948 pour assurer une coordination de la politique économique européenne de la France[1]. La création de ces services dans l'immédiat après-guerre traduit l'évolution de la diplomatie vers le traitement de dossiers plus économiques et des pratiques de travail plus multilatérales et interministérielles. Dans le cadre de cette évolution longue, le traité de Rome, en raison du modèle d'intégration économique totale qu'il porte, constitue une accélération brutale. L'enjeu est de savoir comment le Quai d'Orsay, à travers la DAEF, s'y adapte et quel est son rôle dans la conduite de la politique européenne de

---

[1]   Voir les contributions de Laurence Badel et d'Anne de Castelnau dans le présent volume.

la France : celui d'un concepteur d'une stratégie pour l'exécutif et les autres administrations, ou d'un simple relais tactique d'une politique définie ailleurs.

Sur les conceptions défendues par la DAEF, des études antérieures ont apporté plusieurs éléments de réponse relatifs aux doctrines européennes développées par deux directeurs, Olivier Wormser, directeur de 1954 à 1966, et son successeur Jean-Pierre Brunet, qui occupa ce poste jusqu'en 1975. Pour les années 1950, Gérard Bossuat souligne l'hostilité d'Olivier Wormser à l'échelle des Six, lors de la négociation de la CECA, et aux délégations de souveraineté importantes, caractéristiques du choix du modèle de l'intégration économique, notamment lors de la négociation du traité de Rome[2]. Laurence Badel a montré que dans les années 1960 les deux directeurs successifs de la DAEF expriment une culture diplomatique gaulliste fondée sur le rejet absolu de l'adhésion de la Grande-Bretagne afin de défendre l'échelle des Six[3]. L'autre facteur d'influence de la DAEF est sa place dans la définition et l'exécution de la politique européenne de la France. Sur ce plan, une inclination pour la coopération interministérielle a été mise en évidence dans les rapports entre la DAEF et la DREE[4], mais aussi, malgré des conflits récurrents, entre la DAEF et le SGCI[5]. D'autre part, une carrière spécifique de diplomates « économiques[6] » ou « communautaristes[7] » se met en place à la DAEF dans les années 1960.

Cette contribution se propose de considérer les années 1957 et 1958 comme un moment fondateur en terme de doctrine européenne et de formation d'un système de gestion de la politique européenne de la France. Elle s'appuie sur le rôle crucial joué, dans ces deux domaines,

---

[2] Bossuat, G., *L'Europe des Français, 1943-1959*, Paris, Publications de la Sorbonne, 1996, pp. 172 et 283.

[3] Badel, L., « Le Quai d'Orsay, la Grande-Bretagne et l'élargissement de la Communauté (1963-1969) », in M. Catala (dir.), *Cinquante ans après la déclaration Schuman. Histoire de la construction européenne*, Nantes, Presses académiques de l'Ouest, 2001 ; du même auteur, « Le rôle tenu par le poste d'expansion économique de Londres dans le processus d'adhésion du Royaume-Uni au Marché commun (1966-1971) », in R. Girault et R. Poidevin (dir.), *Le rôle des ministères des Finances et de l'Économie dans la construction européenne (1957-1978)*, Paris, CHEFF, 2002.

[4] Badel, L., « Deux administrations françaises face à la construction européenne : éléments de réflexion pour une histoire politique des administrations », *Matériaux pour l'histoire de notre temps*, janvier-juin 2002, pp. 13-17 ; et sa contribution dans le présent volume.

[5] De Castelnau, A., « Le rôle du SGCI dans les relations de la France avec le Marché commun, 1956-1961 », in R. Girault et R. Poidevin (dir.), *op. cit.* ; et sa contribution dans le présent volume.

[6] Mangenot, M., « Une Europe improbable. Les hauts fonctionnaires français dans la construction européenne, 1948-1992 », thèse de sciences politiques, Université Robert Schuman de Strasbourg, décembre 2000.

[7] Badel, L., « Deux administrations françaises... », article cité.

par ses deux directeurs successifs, Olivier Wormser et Jean-Pierre Brunet, qui ont incarné cette culture jusqu'en 1975, date du départ du second de la direction de la DAEF.

Les années 1957 et 1958 voient en effet la conjonction de trois facteurs qui mettent la DAEF au centre du processus de décision français en matière de politique européenne[8]. Tout d'abord, avant 1957, comme la DAEF était hostile à la CEE, elle a été écartée des négociations du traité de Rome au profit du SGCI[9]. Mais elle revient dans la course en 1958, avec le rattachement de la représentation permanente auprès de la CEE au Quai d'Orsay, et la fixation d'une organisation duale à Paris, reposant à la fois sur la DAEF et le SGCI[10]. Ensuite, le retour au pouvoir du général de Gaulle, en mai 1958, renforce le Quai d'Orsay, et en particulier la DAEF. Il fixe, en matière de politique extérieure, une doctrine qui se perpétue jusqu'en 1969, voire 1974. Il restaure l'autorité d'une France en pleine crise politique et financière. Enfin, et surtout, ces deux années 1957 et 1958 sont marquées par une double négociation. La première concerne l'application du traité CEE. La Commission doit entrer en fonction en 1958, tandis que le processus de construction du Marché commun débute le 1er janvier 1959 par une première mesure de libération des échanges. Or la France n'est pas sûre de pouvoir la supporter en raison de sa crise financière. Cela obérerait fortement l'avenir de la CEE, d'autant qu'une seconde négociation est suivie en parallèle. En effet, la Grande-Bretagne défend, pour compléter la CEE, son projet de zone de libre-échange (ZLE). Elle serait à l'échelle de l'OECE et constituerait un engagement beaucoup plus lâche que la CEE. En particulier, il n'y aurait ni tarif extérieur commun, ni politique agricole commune, deux caractéristiques du traité de Rome qui intéressent beaucoup la France. Mais la ZLE représente une rupture majeure dans l'histoire de la coopération économique européenne occidentale, car c'est la première fois que Londres défend un projet aussi ambitieux en se tournant vers le continent[11]. Pour la DAEF, il s'agit de savoir quelle politique mener devant cette nouvelle orientation britannique, dans le contexte de mise en place d'une CEE encore hypothétique, si la France ne parvient pas à respecter ses engagements de libération des échanges.

---

[8] Dans les années 1955 et 1956, la place secondaire de la DAEF a été mise en évidence : Sayer, G., « Le Quai d'Orsay et la construction de la Petite Europe : l'avènement de la Communauté économique européenne (1955-1957) », *Relations internationales*, n° 101, 2000, pp. 89-105.

[9] Küsters, H.-J., *Fondements de la Communauté économique européenne*, Luxembourg-Bruxelles, Office de publications des Communautés européennes/éditions Labord, 1990.

[10] De Castelnau, A., article cité ; Mangenot, M., *op. cit.*

[11] Milward, A.S., *The Rise and Fall of a National Strategy, 1945-1963*, London, Whitehall History Publishing, 2002, p. 240.

La place administrative de la DAEF, comme ses conceptions, sont donc profondément bouleversées dans ces deux années 1957 et 1958. De nouveaux équilibres se forment et s'imposent jusqu'en 1975. Ils reposent sur trois piliers. D'une part, une doctrine européenne gaulliste se définit. D'autre part, une culture administrative spécifique, qui intègre les contraintes communautaires en se différenciant de la diplomatie bilatérale traditionnelle, se développe. Enfin, ces deux facteurs conditionnent une influence forte mais variable de la DAEF de 1957 à 1975.

I. Une doctrine européenne gaulliste

La force de la doctrine européenne gaulliste de la DAEF est issue, tout d'abord, de l'unité de vues entre ses deux directeurs pendant la période. Elle s'appuie, ensuite, sur la défense du modèle d'intégration économique de la CEE et, enfin, sur l'échelle des Six, qui implique le rejet de la Grande-Bretagne.

A. La continuité à la tête de la DAEF

De 1954 à 1975, la DAEF a été dirigée par deux directeurs dont la continuité en matière de doctrine européenne se double de nombreuses correspondances sur le plan personnel et professionnel. Le premier, Olivier Wormser, directeur de décembre 1954 à 1966, est un personnage majeur de la période. Son successeur, Jean-Pierre Brunet, directeur de 1966 à 1975, a été son collaborateur direct pendant de nombreuses années.

Leurs origines professionnelles sont communes et liées au milieu de la Banque. Si Jean-Pierre Brunet affirme lui-même que son père n'était pas un banquier d'envergure, Olivier Wormser est issu d'une lignée plus prestigieuse de grands banquiers, qui s'incarne dans la banque Wormser frères[12]. Il compte dans sa famille un chef de cabinet de Georges Clemenceau, lorsqu'il était président du Conseil, Georges Wormser[13].

Les études des deux directeurs sont marquées par leur caractère atypique du point de vue du cursus diplomatique classique. Ainsi, si Olivier Wormser est diplômé de l'École libre des sciences politiques, il ne passe pas le concours du Quai d'Orsay, mais s'oriente vers la recherche en économie à la Faculté de droit. Sa thèse porte sur un sujet financier et monétaire : « Déflation et dévaluation, étude comparée de leurs effets sur les prix[14] ». Chargé de cours, il est admissible à l'agrégation de droit et rate donc de peu une carrière universitaire juste avant la guerre. Mais

---

[12] Archives nationales (AN), archives orales de l'Association Georges Pompidou (AGP/AO), 1 AV 804, interview de Jean-Pierre Brunet par Armelle Demagny et Véronique Pradier, le 12 avril 2002.

[13] De Lattre, A., *Servir aux Finances*, Paris, CHEFF, 1999, p. 225.

[14] Parue chez Sirey en 1938.

il entre en contact avec la diplomatie par les cabinets : de 1936 à 1937, il est membre du cabinet du sous-secrétaire d'État aux Affaires étrangères, Pierre Viénot. Jean-Pierre Brunet, quant à lui, est un officier de l'École navale, suivant une tradition familiale, sa mère étant la fille d'un officier de marine[15].

Pendant la Seconde Guerre mondiale, les deux hommes sont tous deux combattants dans les forces navales françaises libres. Très engagés dans la Résistance, ils ont pu se forger une identité commune avec d'autres personnalités marquantes qui dirigèrent la diplomatie de la France libre comme Hervé Alphand[16]. Au début de la guerre, alors qu'il était au Maroc, Olivier Wormser a composé, à la demande d'Emmanuel Mönick, secrétaire général du protectorat marocain, un ouvrage sur l'idéologie de Vichy, *Les origines doctrinales de la Révolution Nationale. Vichy, 10 juillet 1940-31 mars 1941*, paru en 1971. Ce livre démontre l'autorité intellectuelle que lui attribuaient, dès cette époque, certains hauts fonctionnaires. Par la suite, Olivier Wormser entre au commissariat aux Affaires étrangères à Londres en mai 1943, puis devient deuxième secrétaire à la délégation du CFLN à Londres en décembre 1943. De son côté, Jean-Pierre Brunet intègre la Carrière en passant un concours spécial, dans l'immédiat après-guerre.

En 1945, les deux hommes sont en poste à Londres, auprès de l'ambassadeur René Massigli. Olivier Wormser supervise les questions économiques[17]. Ils rejoignent ensuite la DAEF, dirigée par Hervé Alphand, Jean-Pierre Brunet dès 1947 et Olivier Wormser en 1948. Ils y passent la majeure partie de leur carrière. Olivier Wormser remplace Hervé Alphand dès le mois de décembre 1954, ce dernier étant en conflit avec la politique européenne du président du Conseil Pierre Mendès France[18].

Pendant ce temps, Jean-Pierre Brunet gravit les échelons de la hiérarchie. Il quitte Paris en 1961 pour devenir représentant permanent adjoint à Bruxelles. Il revient en 1965 en tant que chef du SCE, avant d'être nommé directeur de la DAEF en 1966. Les deux hommes complètent leur parcours par des ambassades prestigieuses : ils finissent tous deux leur carrière comme ambassadeur de France à Bonn.

En dehors de cette carrière diplomatique de premier plan, les deux directeurs successifs de la DAEF ont occupé des responsabilités dans la vie économique et financière. Ils ont tous deux appartenu au conseil général de la Banque de France et aux conseils d'administration de

---

[15] AGP/AO, 1 AV 804, interview de Jean-Pierre Brunet.

[16] Badel, L., « Le Quai d'Orsay, la Grande-Bretagne... », article cité.

[17] Archives du ministère des Affaires étrangères français (MAE), Papiers Massigli, vol. 94, p. 65, lettre de René Massigli, ambassadeur de France à Londres, à Jean Chauvel, secrétaire général du Quai d'Orsay, 11 mai 1945.

[18] Hervé Alphand, *L'étonnement d'être*, Paris, Fayard, 1977, p. 248.

compagnies pétrolières nationales, postes liés à la nature stratégique de
ce secteur. Mais le plus remarquable est qu'ils ont occupé des postes de
responsabilité de premier plan tout à fait inhabituels pour des diplomates. Ainsi, Olivier Wormser a été gouverneur de la Banque de France
de 1969 à 1975, tandis que Jean-Pierre Brunet a succédé au puissant
Ambroise Roux comme PDG de la CGE. Bien plus, Olivier Wormser a
failli être ministre de l'Économie et des Finances dans le gouvernement
de son ami Maurice Couve de Murville, en 1968. Il a décliné cette responsabilité majeure pour celle, très prestigieuse cependant, de gouverneur de la Banque de France, car il ne s'estimait pas homme politique[19].

Les correspondances entre les parcours des deux directeurs successifs de la DAEF de 1954 à 1975 permettent d'identifier plusieurs spécificités : ce sont des diplomates atypiques de par leur formation, surtout
pour Jean-Pierre Brunet ; leur profil économique et financier est très
affirmé ; leur identité résistante a pu les faire bénéficier de soutiens
importants au sein du personnel politique gaulliste.

B. La défense du modèle d'intégration économique de la CEE

La spécialisation économique et financière d'Olivier Wormser lui
permit de défendre, en matière d'intégration économique européenne,
une doctrine bien définie qui connaît une inflexion en 1957 et 1958, tout
en reposant sur les mêmes exigences. Elle se caractérise par la défense
de la souveraineté économique et financière française à travers deux
éléments. D'une part, la France doit s'intégrer dans l'ordre occidental en
construction, et donc impérativement respecter le processus de libéralisation des échanges, tout en conservant les éléments essentiels de sa
souveraineté. D'autre part, Olivier Wormser refuse les constructions
européennes supranationales et fédérales. Il s'est ainsi opposé à la
CECA et a défendu la coopération libérale, large et lâche de l'OECE[20].
En 1955 et 1956, le projet de Marché commun est donc mal accueilli par
la DAEF, car il comprend d'importantes délégations de souveraineté et
remet en cause la dynamique de l'OECE[21]. Le projet de ZLE pose quant
à lui des problèmes liés à une libéralisation des échanges plus brutale et
à l'absence de contrepartie, par exemple en matière agricole, pour la
France. Pour déterminer sa doctrine face à ces deux projets peu enthou-
siasmants, le directeur de la DAEF se fonde sur trois critères.

D'une part, l'exigence de libération des échanges s'impose à la
France. Cela explique que la France doive impérativement se conformer
aux engagements OECE, y compris ceux susceptibles d'être conclus
dans le cadre de la ZLE, comme aux accords CEE. Les deux participent

---

[19] De Lattre, A., *op. cit.*

[20] Bossuat, G., *op. cit.*, pp. 172 et 216.

[21] *Ibidem*, pp. 283 et 319.

d'une même dynamique à laquelle la France ne peut échapper[22]. Dès lors, la ZLE est considérée comme incontournable politiquement, en raison de la nécessité de prendre en compte la Grande-Bretagne dans les schémas d'organisation de l'Europe, mais aussi économiquement. Cette position est originale au sein de l'administration, où la ZLE est absolument refusée sur le plan économique[23]. Or, en 1956 et 1957, la France ne peut remplir ces obligations, codifiées dans les accords de l'OECE et de la CEE, en raison de ses difficultés financières. Olivier Wormser impute cette carence à la politique économique intérieure de Guy Mollet, fondée sur un soutien à la demande au prix de lourds déficits[24]. Sous la période dominée par Félix Gaillard[25], malgré les efforts d'assainissement financiers, la situation reste très difficile. La suspension de la libération des échanges est décidée en juin 1957 et le gouvernement procède à une dévaluation masquée du franc de 20 % au milieu de l'année 1957. Très au fait des équilibres financiers, Olivier Wormser est averti à plusieurs reprises de l'imminence du recours de la France aux réserves ultimes de la Banque de France[26]. Il se permet alors des critiques radicales de la politique économique nationale et préconise des mesures qui dépassent très largement son mandat, comme la dévaluation[27]. Dès lors, le retour au pouvoir du général de Gaulle, avec Antoine Pinay comme ministre des Finances et des Affaires économiques, ne peut que rassurer le directeur de la DAEF. Il se montre cependant bousculé par l'ampleur du plan Rueff. Dans une lettre au gouverneur de la Banque de France, Wilfrid Baumgartner, il s'inquiète des risques pour la stabilité extérieure que peut entraîner ce plan[28]. L'ampleur exceptionnelle du plan Rueff, qui impose à la fois un retour à la convertibilité et le passage d'un pourcentage de libération des échanges de 0 à 90 % a d'ailleurs surpris

---

[22] MAE, Papiers directeurs Wormser, vol. 39, p. 223, note d'Olivier Wormser pour le président, 4 décembre 1957.

[23] Bossuat, G., « La France et la zone de libre-échange. Le jeu du pouvoir politique et des intérêts économiques (1956-1959) », in A. Ciampani (dir.), *L'altra via per l'Europa. Forze sociali e organizzazione degli interessi nell'integrazione europea (1947-1957)*, Milan, F. Angeli, 1995.

[24] MAE, Papiers directeurs Wormser, vol. 77, p. 172, note d'Olivier Wormser, 20 février 1957.

[25] Ministre des Finances et des Affaires économiques dans le gouvernement Bourgès-Maunoury à partir du 12 juin 1957, président du Conseil du 4 novembre 1957 au 15 avril 1958.

[26] MAE, Papiers directeurs Wormser, vol. 78, p. 24 (2 mai 1957), p. 38 (20 juillet 1957) et p. 43 (30 juillet 1957).

[27] *Ibidem*, vol. 77, p. 172, note d'Olivier Wormser, 22 février 1957.

[28] *Ibidem*, vol. 42, p. 115, lettre d'Olivier Wormser à Wilfrid Baumgartner, 30 décembre 1958 ; Feiertag, O., « Wilfrid Baumgartner, les finances de l'État et l'économie de la nation (1902-1978) », thèse Université de Paris-X, sous la direction d'A. Plessis, 1995.

une bonne partie de l'administration française[29]. Les limites du libéralisme d'Olivier Wormser se trouvent ici illustrées : le désarmement extérieur ne doit pas aller jusqu'à compromettre la souveraineté nationale par des spéculations déstabilisatrices. La politique économique française doit permettre à la France de respecter ses engagements extérieurs, de restaurer son crédit et donc d'influencer les négociations sur la CEE et la ZLE.

D'autre part, l'organisation économique de l'Europe, qui est souhaitable, doit renforcer la puissance française. Une différenciation progressive des avantages de la CEE apparaît pour des raisons économiques. Sur ce plan, les réflexions patronales, qui sont une source importante pour déterminer l'intérêt économique de la France, contribuent à faire évoluer les conceptions de l'intégration économique européenne[30]. Envisagé au départ suivant un angle défensif, le couple représenté par les notions d'harmonisation et de libération devient plus équilibré. L'harmonisation des charges préalable à la libération des échanges n'est plus réclamée. La libéralisation progressive, que seul permet le cadre de la CEE, est perçue comme un levier de réforme interne, à la fois par le patronat et par les diplomates. L'exigence d'harmonisation ne s'y oppose pas mais, au contraire, doit rendre possible la libéralisation des échanges comme des interventions de l'État dans l'économie.

Enfin, le processus d'intégration économique adopté ne doit pas menacer la souveraineté française sur le plan institutionnel. Or, Olivier Wormser craint peu les dérives supranationales de la Commission européenne mise en place en 1958, tout au moins au début. Tout d'abord, la Commission de Bruxelles bénéficie de pouvoirs moins étendus, sur le plan institutionnel, que la Haute Autorité de la CECA, même si son domaine d'activité est beaucoup plus large[31]. De plus, Olivier Wormser connaît bien le représentant français le plus important, le vice-président chargé de l'Économie et des Finances, Robert Marjolin[32]. Enfin la Commission, sous l'influence de ce dernier notamment, mène une politique favorable aux intérêts français dans les débuts de la CEE et dans le cadre du dossier ZLE. L'intérêt de la Commission convergeait en effet

---

[29] Moguen, M., « Les organisations patronales françaises et allemandes face à l'intégration européenne (1949-1961), L'ouverture des frontières et ses implications pour les industriels », thèse Université de Paris-X, sous la direction d'A. Plessis, 1999, p. 561.

[30] Warlouzet, L., « Quelle Europe pour la France ? Les diplomates de la DAEF et le CNPF entre Petite et Grande Europe (1957-1958) », *Matériaux pour l'histoire de notre temps*, n° 73, janvier-mars 2004, pp. 10-17.

[31] Soulé, Y.-P., « Comparaison entre les dispositions institutionnelles du traité CECA et du traité CEE », *Revue du Marché commun*, avril 1958, pp. 95-102 et juin 1958, pp. 208-216.

[32] Marjolin, R., *Le travail d'une vie. Mémoires, 1911-1986*, Robert Laffont, 1986, chapitre 6 sur les années 1930.

avec celui de la France dans la défense du modèle d'intégration économique de la CEE, qui convenait mieux à la France que la ZLE, sans
remettre en cause l'accord de principe de la France à cette dernière.
Ainsi, dans la négociation, la position de la Commission européenne se
rapproche-t-elle beaucoup de la France. Elle insiste sur une préservation
des dynamiques propres aux Six, comme le tarif extérieur commun, et
sur la préservation de l'autonomie institutionnelle de la CEE[33]. Par
ailleurs, la position commune à Six sur la ZLE, adoptée à l'automne
1958 pendant un bref moment, a pu être atteinte grâce à la médiation de
la Commission, qui a évité un isolement de la France[34].

Ainsi, à la faveur du débat sur la CEE et la ZLE, le directeur de la
DAEF fait évoluer ses conceptions autour des fondamentaux que sont le
refus de dérives supranationales et l'exigence d'une libéralisation des
échanges, réelle mais maîtrisée. Elle conduit à l'acceptation progressive
de la CEE face à une ZLE longtemps perçue comme inévitable. La ZLE
permet de réaffirmer l'exigence de libération internationale des échanges, tout en valorisant la spécificité de l'intégration économique communautaire. Dès lors, l'évolution, dans la continuité, de la doctrine
d'intégration économique impose une rupture sur le plan de l'échelle de
coopération souhaitable, avec la défense de l'Europe des Six. Cela
implique des conséquences politiques dont le Quai d'Orsay ne peut se
désintéresser.

C. L'intérêt politique de l'échelle des Six

À partir du retour au pouvoir du général de Gaulle, en mai 1958, une
défense de l'échelle des Six du point de vue politique peut s'affirmer
pour le directeur de la DAEF. En effet, selon Gérard Bossuat, le lobby
pro-britannique en matière de conception européenne restait fort sous la
longue présidence du Conseil de Guy Mollet[35].

Le général de Gaulle avait une vision moniste des relations internationales, fondée sur le primat des rapports de force entre États-nations.
Son ambition pour la France était celle de l'indépendance, du rang et de
la grandeur[36]. Pour appliquer cette doctrine, il avait recours à deux politiques complémentaires, l'une à échelle mondiale, l'autre à échelle euro-

---

[33] MAE, DE-CE, vol. 743, p. 10, document de la Commission européenne sur la zone de libre-échange, 19 mars 1958.

[34] *Ibidem*, vol. 754, p. 57, note DAEF/Coopération économique, 14 octobre 1958 ; MAE, RPUE, vol. 32, procès-verbal de la 12ᵉ session du Conseil des ministres de la CEE, 8 octobre 1958.

[35] Bossuat, G., « La France et la zone de libre-échange... », article cité.

[36] Vaïsse, M., *La Grandeur. Politique étrangère du général de Gaulle, 1958-1969*, Paris, Fayard, 1998.

péenne[37]. La première se manifeste dès le mois de septembre 1958 avec le mémorandum sur la réforme de l'OTAN, qui proposait un directoire à trois avec la Grande-Bretagne et les États-Unis. La seconde était constituée par l'influence au sein de l'Europe des Six, dans laquelle la France était, de manière incontestable, la première puissance politique. Pour cela, elle s'appuyait sur un partenariat fort avec l'Allemagne, qui ne représentait pas un concurrent stratégique. Les deux visions, européenne et mondiale, ne s'opposaient donc pas.

Or, les diplomates de la DAEF ne défendaient pas particulièrement l'échelle des Six, ni le partenariat franco-allemand, en raison des peurs que le voisin d'outre-Rhin continuait d'engendrer. Ainsi, François Valéry, directeur du SCE, conseille de ne pas privilégier l'Europe des Six pour ne pas mettre l'industrie française sous influence allemande[38]. De même, René de Saint-Légier, membre de la DAEF, qui devint par la suite conseiller au secrétariat général de la présidence de la République de 1964 à 1969, considère qu'un des avantages du cadre de l'OECE est de « diluer » la concurrence allemande[39]. Enfin, le directeur Olivier Wormser lui-même souligne le problème posé par l'influence financière et politique respective de la France et de l'Allemagne. Il fait remarquer que la stabilité financière de la France dépend de plus en plus, du fait des déficits budgétaires, de crédits extérieurs :

> Il me semble, pour ma part, que la seule difficulté réelle viendra de ce que ce crédit ne sera accordé par l'UEP qu'en apparence mais en fait par l'Allemagne, dont la position de créditeur extrême mériterait certainement un traitement plus général. Mais, dans ce domaine, à quelque chose malheur est bon[40].

La position internationale secondaire de l'Allemagne et son insertion dans des organismes de coopérations larges camouflent encore la puissance de ce pays. Mais la France, pour Wormser, se doit de réagir. Désapprouvant la politique économique et financière menée par le gouvernement Mollet, il choisit de l'attaquer sous l'angle politique de l'influence allemande sur la France. Sa méfiance envers l'Allemagne concerne aussi les conceptions politiques et institutionnelles de l'Europe. Ainsi, en janvier 1966, lors de la négociation avec les Allemands pour fixer le compromis mettant fin à la crise de la chaise vide, il déplore la faiblesse de la marge de manœuvre de son partenaire de négociation. Dans le dossier du prix du blé, ce dernier est obligé de compter sur une

---

[37]   Soutou, G.-H., *L'alliance incertaine. Les rapports politico-stratégiques franco-allemands, 1954-1996*, Paris, Fayard, 1996.

[38]   MAE, DE-CE, vol. 741, p. 23, note de François Valéry, 15 mai 1957.

[39]   *Ibidem*, p. 86, note de René de Saint-Légier, 24 juin 1957.

[40]   MAE, Papiers directeurs Wormser, vol. 78, p. 26, note d'Olivier Wormser à Huet, directeur de cabinet du ministre des Finances et des Affaires économiques, 15 mai 1957.

décision communautaire pour régler un problème de politique intérieure : « Cela me paraît montrer que nous sommes séparés (du fait de la
Ve République qui estime devoir trancher elle-même ses problèmes, et
non pas les faire trancher par d'autres dans des conférences internationales) par un abîme philosophique[41] ». À un État centralisé, indépendant
et ambitieux, s'oppose un État fédéral, plus favorable à l'action des
institutions communautaires. Il ne choisit pas d'abandonner ses prérogatives à la CEE, mais de se servir de cette dernière comme d'un levier
décisionnel.

Trois facteurs psychologiques expliquent donc cette méfiance. D'une
part, la peur de l'Allemagne persiste en raison de sa puissance industrielle et financière plus que militaire, ce qui fait craindre un partenariat
inégal en cas de coopération exclusive franco-allemande. D'autre part,
la France est perçue comme incapable de bien profiter d'une libération
des échanges trop brutale. Cette dernière idée peut légitimer une méfiance envers la concurrence allemande, mais aussi un rejet d'une ZLE
trop libérale. Enfin, les conceptions politiques de la construction européenne que développe l'Allemagne sont aux antipodes de celles de la
France gaulliste. Cependant, le renforcement politique et financier de la
France consécutif au retour au pouvoir du général de Gaulle peut
contrebalancer ces facteurs négatifs.

Mais c'est le constat de l'incompatibilité fondamentale des intérêts
britanniques et français qui fait pencher la balance en faveur d'une
collaboration étroite avec Bonn. L'attitude britannique est déterminante
pour comprendre l'évolution des conceptions européennes de la DAEF.
Au début de la négociation, les intentions britanniques paraissent loua-
bles. Isolée par la CEE, Londres voudrait compléter la CEE par un
accord préservant la dynamique de l'OECE. Rapidement cependant, la
DAEF se rend compte que les partenaires de la France dans la CEE et
les Britanniques comptent profiter de la négociation sur la ZLE pour
infléchir la CEE dans un sens plus libéral[42]. Ensuite, la Grande-Bretagne
est perçue comme clairement hostile au Marché commun, en particulier
de par son attitude au GATT en octobre 1957, où elle critique violemment le caractère discriminatoire du traité de Rome[43]. De plus, la volonté
britannique d'isoler la France dans la ZLE apparaît manifeste au sein du
comité de négociation de la ZLE réuni à l'OECE et présidé par un
représentant du gouvernement britannique, Reginald Maudling. Après
des entretiens avec ses partenaires britanniques, Olivier Wormser

---

[41] MAE, DE-CE, vol. 1132, p. 232, note d'Olivier Wormser, 29 janvier 1966.

[42] *Documents diplomatiques français*, télégramme de Raymond Bousquet, ambassadeur
de France à Bruxelles, à Christian Pineau, ministre des Affaires étrangères, 18 avril
1957.

[43] MAE, DE-CE, vol. 620, p. 346, télégramme de Raymond Bousquet sur le bilan des
discussions au GATT au Comité intérimaire, 12 décembre 1957.

conclut : « J'ai recueilli l'impression que la position de Maudling était de nous faire signer, quitte à ce que nous ne ratifions pas et à ce que nous portions ainsi l'entière responsabilité de l'échec[44] ». Les politiques françaises et britanniques paraissent donc non seulement incompatibles, mais aussi antithétiques. Enfin, alors que la France a réussi à infléchir la ZLE vers une solution plus favorable à ses intérêts, la Grande-Bretagne bloque tout compromis dès octobre 1958. Pour Olivier Wormser, elle s'emploie à diviser les Six et à discréditer la France[45]. La ZLE, telle que la promeut Londres, apparaît non seulement comme dangereuse pour la France, mais aussi incompatible avec la CEE, ce qui impose un choix clair.

Ainsi, le travail de la DAEF permet de justifier économiquement et politiquement une coopération privilégiée à six, qui n'est cependant pas idéalisée. Le rejet de la collaboration britannique est motivé par l'intérêt du modèle d'intégration économique européenne, pour promouvoir et contrôler la libération des échanges. Politiquement, il s'appuie sur la démonstration de l'incompatibilité des objectifs français et britanniques. Ces conceptions s'intègrent dans la doctrine gaulliste et s'appuient sur la continuité existante entre les deux directeurs successifs, de 1954 à 1975, Olivier Wormser et Jean-Pierre Brunet. Cela permet d'expliquer le développement d'une culture administrative spécifique au sein du service.

II. Une culture administrative centralisatrice, interministérielle et économique

Afin de s'adapter à la place croissante des affaires communautaires dans la politique extérieure de la France et à leur imbrication avec la politique intérieure, une culture administrative spécifique se développe. Elle se caractérise par le développement d'une filière de diplomates « économiques », le développement du travail interministériel et l'isolement d'une culture administrative différente.

A. La filière des diplomates économiques

La DAEF apparaît comme un service atypique de par les carrières de ses agents. Une filière de diplomates « économiques », spécialisés dans les questions multilatérales et européennes, se forme[46]. Elle se caractérise par des spécificités en terme de poste et de profil, ainsi que par un grand dynamisme au sein du Quai d'Orsay.

---

[44] MAE, Papiers directeurs Wormser, vol. 39, p. 242, note d'Olivier Wormser à François Valéry, 20 janvier 1958.

[45] *Ibidem*, vol. 40, p. 189, télégramme d'Olivier Wormser à l'ambassade de France à Londres, 4 octobre 1958.

[46] Mangenot, M., *op. cit.*

La plupart des diplomates de ce service effectuent des allers-retours entre la représentation permanente à Bruxelles et la DAEF à Paris. Ainsi, Jean-Pierre Brunet a été représentant permanent adjoint avant de devenir directeur de la DAEF. Deux de ses collaborateurs ont effectué un parcours en partie semblable. Maurice Ulrich fut représentant permanent adjoint de 1965 à 1968 avant de diriger le SCE. Luc de la Barre de Nanteuil, directeur du SCE de 1970 à 1976, fut représentant permanent de la France de 1977 à 1981 et de 1984 à 1986. D'autres exemples successifs illustrent cette complémentarité[47]. Plus rarement, des anciens membres de la DAEF sont passés par l'administration communautaire, au sein d'un cabinet. Ainsi Jean-Claude Paye fut directeur de cabinet de Raymond Barre, vice-président de la Commission européenne, de 1967 à 1973, avant de diriger la DAEF de 1974 à 1976. Peu après, Pierre de Boissieu, sorti de l'ENA en 1971, a été détaché auprès de la Commission comme conseiller technique, chef de cabinet, puis directeur de cabinet de François-Xavier Ortoli, vice-président de la Commission européenne de 1977 à 1985. À son retour au Quai d'Orsay, il dirige le SCE (1985-1989), puis la DAEF (1989-1993), avant de devenir représentant permanent (1993-1999)[48]. Dès les années 1960, la spécificité des diplomates de la DAEF apparaissait particulièrement chez le premier d'entre eux, Olivier Wormser. Ambassadeur à Moscou de 1966 à 1968, il apprécie peu ce poste, symbole d'une diplomatie bilatérale, dépassée par les contacts directs entre chefs d'État et par les négociations multilatérales[49]. La spécificité de la carrière est telle que le successeur de Jean-Pierre Brunet à la tête de la DAEF, Henri Froment-Meurice est étonné de se trouver à ce poste alors qu'il avait un profil plus classique de spécialiste de l'URSS[50].

Par ailleurs, cette spécificité de carrière correspond, dans les années 1950 et 1960 tout au moins, à des profils atypiques. Hervé Alphand est inspecteur des Finances, Olivier Wormser docteur en économie et Jean-Pierre Brunet, officier de marine de formation. Une autre figure montante, Maurice Ulrich, est administrateur colonial. Cela a d'ailleurs posé des problèmes à Olivier Wormser pour être intégré dans la hiérarchie administrative à un niveau convenable en 1945, lorsqu'il rejoint le corps diplomatique de l'extérieur. Son supérieur, l'ambassadeur René Massigli, de concert avec Hervé Alphand, plaide sa cause auprès de Jean

---

[47]   Émile Cazimajou : DAEF (1960-1968), sous-directeur en 1966, représentant permanent adjoint (1968-1977). François Scheer : DAEF (1964-1967), représentant permanent adjoint (1977-1979), représentant permanent (1986-1988 et 1992-1993).

[48]   Un autre exemple : Guy Legras qui est devenu DG agriculture à la Commission.

[49]   Froment-Meurice, H., *Vu du Quai. Mémoires, 1945-1983*, Paris, Fayard, 1998, p. 313 et Wormser, S., *Deux années à Moscou*, Paris, Julliard, 1985.

[50]   Froment-Meurice, H., *op. cit.*, p. 407.

Chauvel, secrétaire général du Quai d'Orsay[51]. Le prestigieux ambassadeur de France à Londres lui avoue d'ailleurs son manque de clairvoyance pour ces problèmes nouveaux d'intégration économique européenne, et tout l'intérêt qu'il voit dans les compétences uniques de son collaborateur[52]. Olivier Wormser apparaît comme l'un des rares à maîtriser ces questions au Quai d'Orsay, ce qui peut expliquer la rapidité de sa carrière. Finalement, après avoir proposé sa démission en juin 1945, il obtient la création du poste qu'il demandait à l'ambassade de France à Londres[53]. Par la suite, cependant, la spécificité de la carrière de diplomate « économique » ne se confond plus avec une originalité de profil. Les anciens élèves de l'ENA occupent progressivement cette filière, car elle rehausse le prestige du Quai d'Orsay[54]. En 1965 par exemple, ce sont deux jeunes énarques prometteurs, Lionel Jospin et Ernest-Antoine Seillière, qui sont affectés à la DAEF.

Enfin, la filière des diplomates « économiques » profite du grand dynamisme du Quai d'Orsay, visible en terme d'effectifs, mais aussi de place, parmi les centres décisionnels qui élaborent la politique européenne de la France. En terme d'effectifs, la croissance du SCE a déjà été remarquée[55]. Il passe de sept agents du cadre A au début des années 1960 à treize en 1973. Plus récemment, la spécialisation du SCE dans la construction de l'Europe communautaire a conduit, en 1999, à le dissocier de la DAEF pour en faire une direction indépendante. Le service de coopération économique (SCE) est ainsi devenu la direction de la coopération européenne (DCE). Sa compétence est à la fois fonctionnelle et géographique. Elle s'étend aussi aux pays qui ne font pas partie de l'Union européenne, comme la Suisse ou la Norvège, la direction d'Europe continentale ne s'occupant plus que de l'ex-URSS. Progressivement, les diplomates « économiques » deviennent « communautaristes[56] » et prennent l'ascendant, dans les questions européennes, sur les diplomates « politiques ».

Mais ce dynamisme, dont profite la DAEF, est également lié à la place cruciale de la représentation permanente dans la conduite de la politique européenne de la France. Cela se perçoit dans l'évolution de

---

[51] MAE, Papiers Massigli, vol. 94, p. 65, lettre de René Massigli à Jean Chauvel, 11 mai 1945, citée in Ulrich-Pier, R., « René Massigli (1888-1988). Une vie de diplomate », thèse, Université de Paris-I, sous la direction de M. Vaïsse, 2003, pp. 1012-1013, à paraître aux éditions P.I.E.-Peter Lang, 2005.

[52] *Ibidem*, p. 1061.

[53] MAE, Z-Europe, Grande-Bretagne, vol. 1, p. 126, lettre de Massigli au ministre des Affaires étrangères Georges Bidault, 23 juin 1945, citée in Ulrich-Pier, R., *op. cit.*, pp. 1012-1013.

[54] Lequesne, C., *De Paris à Bruxelles. Comment se fait la politique européenne de la France ?*, Paris, Presses de la FNSP, 1993.

[55] Badel, L., « Deux administrations françaises... », article cité.

[56] *Ibidem*.

ses effectifs. Elle passe de neuf cadres supérieurs en 1960 (un conseiller des Affaires étrangères, deux secrétaires des Affaires étrangères, un secrétaire-adjoint, cinq fonctionnaires détachés) à vingt en 1971 (quatre conseillers, un secrétaire, deux secrétaires-adjoints, treize fonctionnaires détachés). Mais surtout, contrairement à ce qui se passe dans d'autres pays, c'est le Quai d'Orsay qui domine la représentation permanente car elle lui est rattachée. Si dans presque tous les pays de la CEE, le représentant permanent est un diplomate, il dépend parfois du ministère de l'Économie comme en Allemagne[57]. Par ailleurs, le représentant permanent adjoint est aussi un diplomate, ce qui est unique en Europe[58]. L'importance attribuée au rôle politique de la représentation permanente explique ce rattachement préférentiel au Quai d'Orsay. Le poste est même, jusqu'en 1975, confié à un diplomate à profil « politique » très proche de l'exécutif[59]. Georges Gorse, en poste de 1959 à 1961, a été au cabinet du général de Gaulle en 1943 et 1944, et devint secrétaire d'État aux Affaires étrangères en 1961. Son successeur, Jean-Marc Bœgner, en poste à Bruxelles de 1961 à 1971, fit partie du cabinet du général de Gaulle en 1958 et 1959. Enfin, Étienne Burin des Roziers, à Bruxelles de 1972 à 1975, fut secrétaire général de l'Élysée de 1962 à 1967. La croissance de la représentation permanente renforce donc également l'influence de la DAEF. Outre ses liens privilégiés avec la représentation permanente, la DAEF profite aussi du réseau des ambassades bilatérales du Quai d'Orsay, qui s'avère déterminant pour la collecte d'informations ou la préparation de négociations importantes[60].

L'inclination de la DAEF vers la CEE lui permet donc d'affirmer sa spécificité en développant une carrière spécifique de diplomates « économiques », voire « communautaires ». Cela ne l'empêche pas de profiter de la force globale du Quai d'Orsay dans la conduite de la politique européenne de la France, tout en se prêtant mieux aux exigences de la collaboration interministérielle.

B. L'interministériel entre exigence de centralisation et rivalité culturelle

Pour gérer une multitude de dossiers techniques issus des prérogatives croissantes de la CEE, la DAEF a, dès le début, développé ses relations avec les autres administrations. Cela pose le problème des rivalités interministérielles sur les plans fonctionnel et culturel.

---

[57] Voir l'article de Claudia Hiepel dans le présent volume.

[58] Lequesne, C., *op. cit.*

[59] *Ibidem.*

[60] Morisse-Schillbach, M., « France », in B. Hocking et D. Spence (eds.), *Foreign Ministries in the European Union. Integrating Diplomats*, Palgrave, Macmillan, 2002, pp. 111-131.

D'une manière générale et sur le plan fonctionnel, une solution a été trouvée par une réunion hebdomadaire de coordination de la politique européenne de la France, réunissant les différentes administrations concernées. Ainsi, tous les vendredis, au moins au début des années 1960, le directeur de la DAEF, le secrétaire général du SGCI, le directeur de la DREE et le directeur des finances extérieures se réunissaient[61]. Mais les aspects personnels comptaient également beaucoup. Pour la DREE, tout d'abord, l'amitié d'Olivier Wormser avec Bernard Clappier, directeur de la DREE de 1950 à 1964, est avérée[62]. Cette bonne relation a été poursuivie sous leurs successeurs, Jean-Pierre Brunet et Jean Chapelle[63]. Aux Finances extérieures, ensuite, Olivier Wormser profite de ses liens avec André de Lattre[64]. La compétence du directeur de la DAEF dans les questions économiques et financières lui assure un large crédit parmi ses homologues des Finances, qui était perceptible dès les débuts de sa carrière. Déjà en 1945, à Londres, l'ambassadeur René Massigli souligne que, seule, l'autorité personnelle d'Olivier Wormser, qui gère les dossiers économiques et financiers, permet d'assurer une bonne coordination entre les différentes administrations françaises représentées à Londres[65].

Avec le SGCI la concurrence est plus frontale car il s'agit de savoir qui, au sein de l'administration française, conservera une vision globale, donc politique, de la politique européenne de la France. Le SGCI est d'ailleurs issu de la rivalité entre le ministère des Affaires étrangères et le ministère des Finances et des Affaires économiques, selon un arbitrage rendu au profit de ce dernier en 1948[66]. Olivier Wormser est dépossédé de la négociation de la CEE au profit du secrétaire général du SGCI, Jacques Donnedieu de Vabres, en 1956[67]. Ce dernier voulait de même que la représentation permanente de la France auprès de la CEE dépendît de ses services, alors qu'elle avait été attribuée au Quai d'Orsay[68]. Mais les conflits s'aplanissent sous l'influence de Jean-Pierre Brunet, alors membre du SCE. Il conseille, dès 1957 de « rechercher une

---

[61] De Lattre, A., *op. cit.* La direction des finances extérieures disparut en 1965, pour être intégrée au Trésor.

[62] Voir la contribution de Laurence Badel dans le présent volume et A. de Lattre, *op. cit.*

[63] Badel, L., « Le Quai d'Orsay, la Grande-Bretagne... », article cité.

[64] Archives orales du CHEFF (CHEFF/AO), Jean Wahl, cité par Mangenot, M., *op. cit.*

[65] MAE, Z-Europe, Grande-Bretagne, vol. 1, p. 76, télégramme de René Massigli au Département, 25 janvier 1945.

[66] Gerbet, P., « L'élaboration des politiques communautaires au niveau national français », in J. Rideau, P. Gerbet, M. Torrelli et M. Chevalier (dir.), *La France et les Communautés européennes*, Paris, LGDJ, 1975.

[67] Küsters, H.-J., *Fondements de la CEE*, Luxembourg-Bruxelles, Office de publications des Communautés européennes, 1990.

[68] De Castelnau, A., « Le rôle du SGCI... », article cité.

coopération amiable avec le SGCI plutôt que d'essayer de diminuer ses prérogatives et les responsabilités de cet organisme efficace[69] ». Il affirme la complémentarité entre la compétence technique du SGCI et la capacité de la DAEF de discerner les enjeux politiques des négociations européennes quotidiennes. Le primat du Quai d'Orsay, affirmé en particulier par ses liens avec la représentation permanente, reste indispensable pour replacer la coopération communautaire dans le cadre global de la politique étrangère de la France. De fait, dans la gestion du dossier ZLE, la collaboration avec le SGCI fonctionne bien. Le directeur de la DAEF défend le réalisme de ce dernier, beaucoup plus conscient, comme la DAEF, des enjeux européens, à la différence du reste de l'administration. C'est notamment le cas au début de 1958, lorsqu'il s'agit de définir une position réaliste sur la ZLE, que le directeur de la DAEF considère comme incontournable, mais que la majorité de l'administration française refuse absolument[70]. La DAEF reçoit même des plaintes du SGCI sur une mauvaise collaboration du Quai d'Orsay, qui concerne exclusivement la transmission de documents en provenance de services « politiques », comme la sous-direction des organisations européennes[71]. En 1972, un échange de notes entre Jean-Pierre Brunet, alors directeur de la DAEF, et Jean-René Bernard, secrétaire général du SGCI, ainsi qu'un témoignage de Pierre Achard, en poste au SGCI à cette époque, confirment cette volonté de collaboration en dépit des difficultés fonctionnelles et des inévitables oppositions[72].

Les rapports entre la DAEF et le SGCI restent toutefois marqués du sceau de l'ambivalence culturelle. D'un côté, les deux administrations partagent une culture administrative centralisatrice issue, pour la DAEF, d'une culture gaulliste et, pour le SGCI, de sa logique de fonction. Mais, dans le cadre de cette culture centralisatrice, le risque se présente alors d'un recours préférentiel du pouvoir exécutif au SGCI, surtout depuis que le secrétaire général est un membre du cabinet du Premier ministre ou du président de la République. C'est le cas depuis François-Xavier Ortoli, nommé en 1962, qui est à la fois secrétaire général du SGCI et directeur de cabinet du Premier ministre Georges Pompidou. Cela

---

[69] MAE, DE-CE, vol. 628, p. 181, note de Jean-Pierre Brunet pour François Valéry, 16 octobre 1957, citée in A. de Castelnau, article cité.

[70] MAE, Papiers directeurs Wormser, vol. 39, p. 249, note d'Olivier Wormser pour Louis Joxe, secrétaire général du Quai d'Orsay, 5 février 1958.

[71] MAE, DE-CE, vol. 628, p. 192, note de Jean-Pierre Cabouat, SCE, 12 septembre 1958.

[72] *Ibidem*, vol. 946, lettre de Jean-Pierre Brunet à Jean-René Bernard, 21 juin 1972, citée in Badel, L., « Deux administrations françaises... », article cité ; Achard, P., « Les incidences des Communautés européennes sur l'organisation et le fonctionnement de l'administration française », in *La Communauté européenne et le droit administratif français*, Paris, LGDJ, 1972.

traduit une reprise en main par l'exécutif du processus décisionnel dans ce dossier, au détriment des administrations sectorielles[73].

D'un autre côté, une opposition apparaît de manière latente dans la dichotomie entre « généraliste » et « technicien », qui constitue un véritable clivage culturel. Cette opposition était présente dans les télégrammes de René Massigli, alors ambassadeur à Londres, en 1945[74]. Mais elle s'exprimait aussi dans la note de Jean-Pierre Brunet de 1957, pourtant favorable au SGCI. Après avoir loué l'efficacité du SGCI et la nécessité de travailler en collaboration étroite avec lui, il conclut :

> Il semble donc bien que nous soyons appelés à jouer un rôle très actif dans la mise en œuvre du Marché commun [...]. [Mais] il serait peu souhaitable d'accroître la compétence du SGCI, ne serait-ce qu'à cause de la tendance bien naturelle qu'aura cet organisme de vouloir subordonner tous les problèmes à ceux du Marché commun, sans suffisamment tenir compte des réactions des pays tiers[75].

On discerne ici l'originalité de la DAEF dans sa prise en compte de la ZLE, largement rejetée dans le reste de l'administration. Au-delà, s'exprime une tension entre la vision politique du « généraliste » et l'efficacité du « technicien », qui doivent collaborer tout en se concurrençant. Cela renvoie à une opposition culturelle avec les Finances qui reste sous-jacente encore aujourd'hui. Un rapport de l'Assemblée nationale de 2002 parle même de « lutte des classes » entre diplomates et « financiers » : « Au nom des valeurs "bourgeoises" de la rigueur comptable et de la recherche constante des économies, les financiers dénoncent le laxisme d'une administration soupçonnée de cultiver les mœurs aristocratiques de ses origines[76] ». Les luttes proprement culturelles propres à chaque corps peuvent entraver la coordination administrative.

Ainsi, les oppositions administratives ne sont pas seulement fonctionnelles, c'est-à-dire liées à un organigramme, mais aussi culturelles. Deux solutions ont été trouvées pour résoudre ces oppositions. La première est administrative, elle passe par la facilitation de l'intégration de diplomates au sein du SGCI, longtemps dominé par le personnel des

---

[73] Kessler, M.-C.., *La politique étrangère de la France. Acteurs et processus*, Paris, Presses de la FNSP, 1999 ; Claisse, A., « L'adaptation de l'administration française à la construction européenne (1948-1967) », in E.V. Heyen (dir.), *Les débuts de l'administration de la Communauté Européenne*, Baden-Baden, Nomos Verlag, 1992.

[74] MAE, Z-Europe, Grande-Bretagne, vol. 1, p. 76, télégramme de René Massigli au Département, 25 janvier 1945.

[75] MAE, DE-CE, vol. 628, p. 181, note de Jean-Pierre Brunet pour François Valéry, 16 octobre 1957.

[76] Tavernier, Y., *L'ambassadeur entre tradition et modernité*, documents d'information de l'Assemblée nationale, Commission des finances, de l'économie générale et du Plan, 2002, p. 8.

Finances[77]. Jean-Pierre Brunet avait déjà envisagé une fusion du SGCI et du SCE en 1957, au nom du contrôle du processus d'intégration communautaire[78]. Le premier diplomate à avoir rejoint le SGCI fut Guy Legras, en 1971, mais il n'avait fait qu'un court passage au Quai d'Orsay, comme directeur-adjoint du cabinet du secrétaire d'État aux Affaires étrangères. Le premier secrétaire général du SGCI diplomate fut Jean-Claude Paye, en 1977, un proche de Raymond Barre dont il fut directeur de cabinet à la Commission de Bruxelles, et qui devint ensuite directeur de la DAEF. Depuis cette époque, des diplomates sont régulièrement en poste au SGCI, comme secrétaire général ou comme secrétaire général-adjoint. L'actuelle secrétaire générale, Pascale Andréani, est une diplomate et une ancienne directrice de la DCE. Le passage par le SGCI s'insère aujourd'hui dans la carrière normale des diplomates « économiques », en plus de la représentation permanente. Toutes ces administrations sont au service de la centralisation et de la coordination de la politique européenne de la France.

La seconde solution est de profiter de la présence de personnalités charnières entre deux administrations. Olivier Wormser joua parfaitement ce rôle. Sa crédibilité auprès du ministère des Finances et des Affaires économiques est démontrée par le poste de gouverneur de la Banque de France, traditionnellement dévolu à un inspecteur des Finances, qui lui fut confié par la suite. L'estime que lui portaient d'autres inspecteurs des Finances diplomates comme Hervé Alphand et Maurice Couve de Murville confirme ce rôle charnière. Jean-Pierre Brunet, lui aussi atypique au sein du Quai, a cherché à prolonger cette bonne collaboration. Son poste de PDG de la CGE est tout aussi exceptionnel pour un diplomate.

L'opposition culturelle entre diplomates et financiers renforçait donc la concurrence fonctionnelle. Elle fut en partie dépassée par la nécessité de centralisation de la politique européenne de la France, mais aussi par la personnalité des directeurs de la DAEF.

C. Une culture administrative concurrente isolée

La position d'Olivier Wormser, fondée sur une méfiance envers une libération des échanges trop large et le primat, progressif, du cadre de la Petite Europe, n'était pas partagée par l'ensemble des diplomates de la DAEF, notamment par François Valéry, directeur du SCE. Sa doctrine, comme sa carrière avant 1957 et 1958, et après ces années déterminantes, illustrent cette divergence.

---

[77] Le décret du 25 juin 1948, qui créa le SGCI, précisait que son secrétariat général devait être assuré par un fonctionnaire du ministère des Finances et des Affaires économiques (MAE, DE-CE, vol. 628, p. 158).

[78] MAE, DE-CE, vol. 628, p. 181, note de Jean-Pierre Brunet pour François Valéry, 16 octobre 1957.

Ses notes sont très favorables à la ZLE, car celle-ci complète la CEE,
qui n'est pas exempte de défauts. Il craint ainsi que la CEE ne devienne
une Europe des cartels :

> On peut se demander si certains industriels ne cherchent pas à constituer des
> cartels pour atténuer les conséquences du Marché commun. Leur point de
> vue serait alors qu'il sera plus facile d'édifier un cartel à l'abri du tarif
> commun, dans le cadre des Six et avec le partenaire allemand, que dans une
> zone de libre-échange comprenant la Grande-Bretagne[79].

Plus tard, alors que la négociation ZLE s'enlise, il critique l'action
du patronat, qui mène une vigoureuse campagne hostile à la ZLE, et de
plus en plus favorable à la CEE :

> Un choix de grande importance doit être fait ; il ne peut être dicté par tels
> milieux français, si autorisés soient-ils [...]. Si la crainte des industriels est
> que l'intervention des pays tiers et notamment de la Grande-Bretagne empê-
> che les ententes de se nouer aussi facilement, il reste à se demander si c'est
> véritablement l'Europe des cartels que l'on veut construire [...]. À certains
> égards, la « lune de miel » de l'industrie allemande et de l'industrie fran-
> çaise est satisfaisante ; mais elle ne laisse pas aussi d'inquiéter quelque
> peu[80].

François Valéry reste dans une optique libérale hostile aux plans patronaux d'ententes franco-allemandes inspirés des réflexions de l'entre-
deux-guerres[81]. Sa note témoigne de la capacité d'influence du patronat
qu'il veut limiter à une expertise sectorielle. Au contraire, Olivier
Wormser ne se prive pas, en 1956, d'évoquer des schémas « d'accords
de spécialisation entre les grandes firmes privées » contrôlés par l'État
comme préférables à l'intégration libérale par le marché[82]. Cela n'empêche pas le directeur de la DAEF d'être libéral et convaincu de la
nécessité d'une pression extérieure, certes contrôlable, pour pousser à
l'amélioration des structures françaises. La nuance de son approche, par
rapport à celle de son adjoint, qui dirige le SCE, se situe plutôt sur le
rôle à accorder aux acteurs patronaux dans les réflexions sur l'intégration économique européenne et sa mise en œuvre.

La carrière antérieure de François Valéry peut expliquer cette attitude méfiante envers « l'Europe des cartels ». Il est entré au Quai
d'Orsay grâce à Jacques Rueff, qui est un ami de son père, l'écrivain
Paul Valéry. L'influence de l'économiste français néo-libéral sur le

---

[79] MAE, DE-CE, vol. 741, p. 23, note de François Valéry, 15 mai 1957.
[80] *Documents diplomatiques français*, document n° 271, note de François Valéry,
      20 octobre 1958.
[81] Bussière, É. et Dumoulin, M., « L'émergence de l'idée d'identité économique euro-
      péenne d'un après-guerre à l'autre », in R. Girault (dir.), *Identités et conscience euro-
      péenne au XXe siècle*, Paris, Hachette, 1994.
[82] MAE, DE-CE, vol. 613, p. 134, note d'Olivier Wormser, 3 mai 1956.

jeune diplomate est cependant difficile à cerner. Une fois au Quai d'Orsay, François Valéry s'occupe des objectifs économiques de la France en Allemagne. Il travaille en particulier à la décartellisation. Il est ensuite intégré dans l'équipe Monnet qui traitait de la CECA, pour l'informer des problèmes en cours en Allemagne. Or Olivier Wormser appréciait peu l'activisme de Jean Monnet[83]. Selon le témoignage de François Valéry, le problème majeur était la déconcentration. Monnet a débloqué la négociation en s'appuyant sur les États-Unis par la reprise de la législation anticartels[84]. Une convergence s'était opérée entre les objectifs d'intégration européenne de Jean Monnet et ceux, plus traditionnels, de contrôle du potentiel économique allemand du Quai d'Orsay[85]. Cette insistance de François Valéry sur les problèmes de concurrence peut expliquer ses doutes envers la CEE, car elle est soutenue par un patronat dont il se méfie. Il est également hostile à l'échelle des Six car le rapport de forces semble défavorable à la France.

La carrière postérieure de François Valéry témoigne également de son éloignement de la ligne Wormser au profit de Jean-Pierre Brunet. À l'origine, François Valéry était un collaborateur direct du premier, et placé hiérarchiquement au-dessus du second. Il était à la fois directeur du SCE et représentant de la France à l'OECE. Mais, en 1965, l'organigramme change. De retour de la représentation permanente, Jean-Pierre Brunet obtient la direction du SCE au détriment de François Valéry, qui conserve seulement la représentation auprès de ce qui est devenu l'OCDE. Cependant, ce service devient maintenant autonome. Selon Jean Baillou, cette autonomisation traduit le déclin de l'OCDE par rapport à l'OECE, une fois la reconstruction passée[86]. L'OECE gérait en effet les crédits du plan Marshall, la libération des échanges et les échanges monétaires, dans le cadre de l'UEP. Après 1958, qui marque le retour à la convertibilité des monnaies, l'UEP s'éteint, tandis que les négociations commerciales sont transférées à l'échelle du GATT. L'OCDE reste un organisme d'études important, mais les décisions sont prises ailleurs, à la CEE ou au GATT. Le SCE, créé à l'origine pour l'OECE, s'est donc réorienté vers la CEE. Cette évolution a d'ailleurs été en partie initiée par Jean-Pierre Brunet. La plupart des notes de 1957 à 1959 qui traitent de la réorientation du SCE vers la CEE, et dans une logique interministérielle, sont signées Jean-Pierre Brunet, et non

---

[83] MAE, Papiers directeurs Wormser, vol. 78, p. 111, note d'Olivier Wormser pour François Valéry, 24 janvier 1958.

[84] Archives orales du ministère des Affaires étrangères (MAE/AO), François Valéry, interview par Maurice Vaïsse et Catherine Oudin, le 5 avril 1990.

[85] Kipping, M., *La France et les origines de l'intégration européenne. Intégration économique et compétitivité internationale, 1944-1952*, Paris, CHEFF, 2002, conclusion.

[86] Baillou, J. (dir.), *Les Affaires étrangères et le corps diplomatique français*, tome 2, Paris, CNRS, 1984, p. 712.

François Valéry[87]. En 1966, alors que Jean-Pierre Brunet accède à la tête de la DAEF, François Valéry reste à l'OCDE, qu'il ne quittera que pour l'UNESCO, une autre enceinte fondamentale du point de vue des études qui y sont poursuivies, mais pas des négociations qui y sont menées.

La DAEF s'appuie sur une doctrine européenne gaulliste, qui n'empêche pas le développement d'une culture administrative spécifique adaptée aux contraintes de l'intégration européenne communautaire. Elle se fonde sur une carrière originale et des liens interministériels, destinés à orienter le dynamisme européen du ministère des Affaires étrangères dans une direction spécifique. Elle correspond donc à une doctrine gaulliste que tous ne partagent pas. Mais l'influence de la DAEF dépend aussi de facteurs fonctionnels et politiques.

III. Les ressorts de l'influence de la DAEF

L'influence de la DAEF dépend à la fois de facteurs fonctionnels, comme la compétence dans le cadre de l'OECE, personnels, liés aux réseaux de son directeur Olivier Wormser, et politiques, en fonction du rapport avec l'exécutif présidentiel.

A. Olivier Wormser, artisan du rejet britannique à l'OECE en 1958

La DAEF profite de la négociation sur la ZLE pour reprendre l'initiative dans le traitement des questions européennes. Olivier Wormser affirme clairement le monopole de son service pour les négociations à l'OECE, où se traite le dossier ZLE. Ainsi, au printemps 1957, il s'irrite de la prétention du représentant du secrétariat des Affaires économiques à l'OECE, Henri Menahem, de vouloir commenter le bien-fondé de la politique française, et juge ainsi cette attitude : « M. Menahem s'occupe de ce qui ne le regarde pas[88] ». Ce dernier critiquait une position française qu'il estimait insuffisamment constructive dans le dossier de la ZLE. Gérard Bossuat associe d'ailleurs Henri Menahem aux réseaux pro-britanniques de l'administration française, actifs sous la présidence du Conseil de Guy Mollet[89].

Le rôle personnel du directeur de la DAEF dans la définition de la position française est crucial car, d'une part, l'exécutif français change souvent et n'a pas de position bien définie sur ce sujet, autre qu'une position d'attente. D'autre part, il estime la ZLE incontournable jusqu'à l'extrême fin de 1958, mais la position officielle française reste défen-

[87] MAE, DE-CE, vol. 628, notes de Jean-Pierre Brunet pour François Valéry, 16 octobre 1957 (p. 181) et 26 mars 1959 (p. 194).

[88] *Ibidem*, vol. 740, p. 314, note d'Henri Menahem pour le ministre, 12 avril 1957, avec un commentaire manuscrit d'Olivier Wormser.

[89] Bossuat, G., « La France et la zone de libre-échange... », article cité.

sive et minimaliste. Pour renverser la situation, Olivier Wormser conseille, au début de 1958, de définir des positions viables et offensives dans ce dossier, au lieu de temporiser[90]. Constatant que la Grande-Bretagne veut isoler la France, il contre-attaque par un projet réaliste. Il élabore un mémorandum en collaboration avec le SGCI. La collaboration entre ces deux administrations fonctionne bien sur ce dossier, car Olivier Wormser est soucieux du crédit international de la France[91]. Celle-ci ne peut se permettre de proposer un traité qu'elle ne pourra pas honorer, ou que ses partenaires ne pourront pas accepter.

Avec le retour du général de Gaulle au pouvoir, Olivier Wormser se sent renforcé. Dès le début de juin 1958, il propose à l'exécutif une nouvelle stratégie plus réaliste sur la ZLE, qu'il fait accepter et appliquer avec succès pendant l'été 1958[92]. Par la suite, alors que les compromis définis par la France sont finalement refusés par la Grande-Bretagne, c'est également Olivier Wormser qui met en place les conditions indispensables pour une rupture de la négociation ZLE sans inconvénients pour la France. Le 20 octobre 1958, il observe en effet[93] :

> Une rupture des négociations ou une contre-proposition française déplaçant la discussion entraîneraient entre les Six une crise sérieuse. Mais chez nos partenaires – et surtout chez les Allemands – le point de vue politique ne coïncide pas entièrement avec le point de vue économique [...]. Dans ces conditions, il serait peut-être sage de risquer une crise avec nos partenaires du Marché commun pour maintenir la lettre et l'esprit du traité de Rome. S'ils sont réellement attachés à ce traité, ils n'accepteront pas plus que nous de le laisser disparaître dans une zone n'ayant elle-même aucune cohésion et destinée de ce fait à s'évanouir rapidement [...]. C'est ainsi que le Gouvernement anglais n'est pas disposé à donner à ses partenaires des assurances au sujet du maintien d'une préférence douanière à dix-sept, puisqu'il revendique, une fois la zone constituée, sa liberté tarifaire à l'égard des pays tiers. Au point où en sont parvenues les négociations, une occasion de remettre en cause toute la question de la zone nous est offerte dans des conditions relativement favorables.

Selon lui, la Grande-Bretagne n'est pas vraiment prête à mettre en place une coopération véritablement européenne, qui suppose un minimum de préférence commerciale, mais se place toujours dans un cadre mondial. En conséquence, la France ne parviendra jamais à obtenir des clauses favorables dans la ZLE, comme l'a montré le refus par les Britanniques d'accepter le compromis défini par Olivier Wormser à l'été

---

[90] MAE, Papiers directeurs Wormser, vol. 39, p. 249, note d'Olivier Wormser pour Louis Joxe, secrétaire général du Quai d'Orsay, 5 février 1958.

[91] *Ibidem.*

[92] Warlouzet, L., « Quelle Europe pour la France ?... », article cité.

[93] MAE, Papiers directeurs Wormser, vol. 40, p. 241, note d'Olivier Wormser, 20 octobre 1958.

1958. Preuve étant donnée de la mauvaise volonté européenne des Britanniques, il faut profiter du tropisme français des Allemands, en dépit de leur inclination économique vers la ZLE, pour clore le dossier. C'est, tout naturellement, Olivier Wormser qui prononce les discours amenant à la rupture des négociations, lors de la tenue du Comité Maudling, le 24 octobre 1958[94]. Le ton dramatique de son allocution est perçu par les pays de l'OECE non membres de la CEE comme une annonce de la rupture prochaine des négociations[95]. Une partie de l'administration britannique considère d'ailleurs d'ores et déjà la négociation comme terminée, mais Maudling veut la poursuivre. Elle s'achève finalement quelques jours plus tard, le 14 novembre 1958. Le général de Gaulle, par son accord avec Adenauer à Bad Kreuznach, le 26 novembre, et par la mise en œuvre du plan Rueff, ajourne définitivement la ZLE. La rupture est acceptable pour les cinq partenaires, en particulier pour l'Allemagne, grâce à la restauration de la situation financière et monétaire de la France par le plan Rueff[96]. Par ailleurs, la rupture provient des Britanniques. En effet, si les Français avaient voulu rompre, il est probable qu'ils auraient préféré conclure un accord franco-allemand avant la rupture et pas après[97]. Olivier Wormser a été le principal vecteur de cette tactique. Son rôle de dénonciation de l'incompatibilité des intentions britanniques et de l'intégration européenne par la CEE, a été poursuivi également lors de la première candidature britannique, de 1961 à 1963.

La logique de fonction ancienne de la DAEF, celle de gérer les rapports avec l'OECE, n'a donc pas interféré avec la naissance d'une doctrine qui isolait cette organisation. Bien que la DAEF bénéficiât au sein de l'administration française d'une position plus forte pour l'OECE que pour l'intégration communautaire à six, elle n'a pas privilégié la première. Progressivement, Olivier Wormser participe de plus en plus à la définition de la position européenne de la France sur la ZLE, et à son application. À partir du retour au pouvoir du général de Gaulle, il a profité du second facteur de renforcement de la DAEF, ses liens avec les réseaux de l'exécutif.

---

[94] MAE, DE-CE, vol. 789, p. 197, déclaration du délégué français lors du comité Maudling, 24 octobre 1958.

[95] MAE, DE-CE, vol. 754, p. 94, 25 octobre 1958 : « Réactions des Onze au discours d'Olivier Wormser », note pour Olivier Wormser.

[96] Lynch, F., « De Gaulle's First Veto. France, the Rueff Plan and the FTA », *Contemporary European History*, 2000/1, pp. 111-135.

[97] Bossuat, G., « La France et la zone de libre-échange... », article cité.

B. Les réseaux d'Olivier Wormser au sein de l'exécutif

La haute administration française tire son pouvoir de ses liens avec le pouvoir exécutif, que ce soit par les hommes politiques ou par les hauts fonctionnaires influents. Ainsi, l'exceptionnelle carrière d'Olivier Wormser a-t-elle été favorisée par ses relations avec ces deux milieux. Dans l'entre-deux-guerres, à moins de trente ans, il faisait déjà partie du cabinet de Pierre Viénot, secrétaire d'État aux Affaires étrangères. Après-guerre, sa nomination à la tête de la DAEF, à seulement 41 ans, a pu être facilitée par la présence de son oncle, Georges Boris, dans le cercle des collaborateurs directs du président du Conseil Pierre Mendès France, qui a écarté Hervé Alphand à son profit. Cependant, aucune continuité directe n'a pu être établie entre Wormser et Mendès France.

À partir de 1958, Olivier Wormser est au faîte de son pouvoir grâce au retour de De Gaulle. Il bénéficie, en effet, d'une relation très étroite avec le nouveau ministre des Affaires étrangères Maurice Couve de Murville[98]. Ce dernier, également issu d'une famille de banquiers[99], était inspecteur des Finances de formation, comme Hervé Alphand, le prédécesseur d'Olivier Wormser à la tête de la DAEF[100]. Malgré une carrière diplomatique « classique », marquée par un poste de directeur politique, puis de grandes ambassades, à Washington et Bonn, Couve de Murville comprenait bien les enjeux de la diplomatie économique et multilatérale. Il était réputé pour sa maîtrise des dossiers techniques[101]. Il avait été écarté de la direction politique par Robert Schuman, dont il n'approuvait pas la politique européenne allemande, ce qui témoigne chez lui de la persistance des lignes de la politique définie par de Gaulle de 1944 à 1946[102]. Cette méfiance envers la voie représentée par Jean Monnet et Robert Schuman est commune avec Olivier Wormser. Après avoir dirigé la DAEF puis servi comme ambassadeur à Moscou de 1966 à 1968, ce dernier se voit proposer par son ami Couve de Murville, devenu Premier ministre en 1968, le poste de ministre de l'Économie et des Finances[103]. Il décline cette proposition pour devenir gouverneur de la Banque de France de 1969 à 1974, ce qui correspond mieux à ses affinités personnelles.

---

[98]   Marjolin, R., *op. cit.* ; contribution de Laurence Badel dans le présent volume.

[99]   Garrigues, J., *Les patrons et la politique. De Schneider à Seillière*, Paris, Perrin, 2002.

[100] MAE, Papiers Massigli, vol. 91, p. 15, lettre d'Hervé Alphand, directeur de la DAEF, à René Massigli, 9 mars 1945, citée par R. Ulrich-Pier, *op. cit.*

[101] Leprette, J., *Une clef pour l'Europe*, Bruxelles, Bruylant, 1994, p. 90. Jacques Leprette est un ancien diplomate français spécialiste des affaires européennes.

[102] Vaïsse, M., *op. cit.*

[103] De Lattre, A., *op. cit.*, p. 225.

Par ailleurs, pendant cette période, alors qu'il avait la charge des affaires communautaires, Olivier Wormser a pu également profiter de l'amitié de Robert Marjolin, rencontré avant la guerre et croisé au début du second conflit mondial au Maroc[104]. Marjolin était le premier secrétaire général de l'OECE, lorsqu'Olivier Wormser, à la DAEF, participait à la définition de la politique française envers cet organisme. Il devint ensuite professeur d'économie, ce qui n'a pas contribué à l'éloigner du directeur de la DAEF, qui avait envisagé une carrière universitaire. Il revient ensuite dans l'administration en participant aux négociations du traité de Rome pour la France, avant de devenir vice-président de la Commission, chargé de l'économie et des finances. Pendant cette période, il a de fréquents contacts avec Wormser pour l'informer des positions prises au sein du collège des commissaires[105]. Les deux hommes sont écartés de ces responsabilités économiques européennes à peu près au même moment, en 1966 et 1967. Le directeur de la DAEF est nommé ambassadeur à Moscou, où il accueille pour un long séjour son ami évincé de la Commission européenne[106]. Ils se retrouvent ensuite pour élaborer, avec Jean Sadrin, un rapport sur la modernisation du système financier français qui permettra à Olivier Wormser de disposer d'un véritable programme lors de son accession à la tête de la Banque de France[107].

Enfin, Olivier Wormser profitait de soutiens parmi les hauts fonctionnaires influents. L'estime que lui portaient Emmanuel Mönick, Hervé Alphand et René Massigli a déjà été évoquée. Par la suite, il s'est appuyé sur ses relations avec Bernard Clappier, directeur de la DREE, et André de Lattre, directeur des finances extérieures. Ses liens avec Robert Marjolin étaient en outre renforcés par la présence d'un de leurs amis communs à une position importante dans l'administration française, le philosophe hégélien Alexandre Kojève, entré à la DREE lorsque Marjolin la dirigeait[108]. Son originalité force l'admiration du directeur de la DAEF, même si l'application pratique de ses suggestions laisse parfois à désirer. Jean-Pierre Brunet consulte lui aussi souvent Alexandre Kojève, qui lui fournit des réflexions globales originales et

---

[104] Marjolin, R., *op. cit.*, chapitre 6 sur les années 1930.

[105] Par exemple lors de la négociation sur l'accélération du rythme de désarmement douanier interne : MAE, Papiers directeurs Wormser, vol. 34, p. 175, télégramme d'Olivier Wormser à l'ambassade de France à Londres, 5 avril 1960.

[106] Froment-Meurice, H., *op. cit.*, p. 304.

[107] Marjolin, R., Sadrin, J. et Wormser, O., *Rapport sur le marché monétaire et les conditions du crédit*, Paris, Documentation française, 1969.

[108] Marjolin, R., *op. cit.* ; MAE/AO, Jean-Pierre Brunet.

parfois iconoclastes[109]. Cette relation peut être un indice de l'extension du réseau d'Olivier Wormser à celui qui devint son successeur.

La personnalité exceptionnelle d'Olivier Wormser a été mise en valeur par Henri Froment-Meurice, le successeur de Jean-Pierre Brunet à la tête de la DAEF. Il assure qu'il « avait longtemps dominé la DAEF et, exerçant son influence bien au-delà, contribué à forger la diplomatie européenne de la Ve République[110] ». À la Banque de France, Wormser a pu s'efforcer d'utiliser son crédit pour soutenir l'action de son successeur, mais les temps avaient changé. Le général de Gaulle et Maurice Couve de Murville n'étaient plus au pouvoir.

C. Le primat des présidents de la Ve République

Les rapports entre le directeur de la DAEF et le sommet de l'exécutif, à la fois sur le plan personnel et sur le plan des conceptions européennes, déterminent son autorité, particulièrement sous la Ve République. De 1958 à 1975, trois périodes peuvent être distinguées, celle dominée par de Gaulle, puis celles correspondant à ses deux successeurs à la présidence de la République. Auparavant, l'influence des idées de Mendès France sur Wormser est difficile à évaluer. Les relations avec le gouvernement de Guy Mollet ne semblent pas avoir été bonnes du fait de divergences en matière de politique économique et financière, ainsi que de la méfiance de la DAEF envers la CEE.

Sous la présidence du Conseil, puis de la République de Charles de Gaulle, la DAEF profite à la fois de la revalorisation de la position internationale de la France et de l'amitié entre son directeur, Olivier Wormser, et Maurice Couve de Murville. Selon Marjolin, cette double caractéristique, associée à la permanence de l'exécutif, fonde la puissance de la position française à la CEE :

> Au cours de ces dix années qui suivirent l'accession de De Gaulle au pouvoir, la France, appuyée souvent par la Commission, a joué un rôle décisif à Bruxelles, où le ministre des Affaires étrangères, Maurice Couve de Murville, et son principal collaborateur Olivier Wormser, la représentèrent dans une continuité sans précédent[111].

Cette position privilégiée de la DAEF se perpétue sous Jean-Pierre Brunet. Le témoignage de ce dernier sur la gestion de la crise de la chaise vide confirme l'autorité du Quai d'Orsay. Le directeur de la DAEF géra la crise depuis Paris, en relation avec le représentant-adjoint, Maurice Ulrich. Ce dernier était en première ligne, sans toutefois siéger au COREPER car son supérieur, le représentant permanent Jean-Marc

---

[109] MAE, DE-CE, vol. 754, p. 137, note de Jean-Pierre Brunet à Olivier Wormser, 12 septembre 1958.

[110] Froment-Meurice, H., *op. cit.*, p. 303.

[111] Marjolin, R., *op. cit.*, p. 258.

Bœgner, avait été rappelé à Paris pour manifester publiquement le désaccord français. Jean-Pierre Brunet et Maurice Ulrich géraient la situation sans en référer aux autres administrations car la question était éminemment politique[112]. La DAEF n'avait donc pas que des compétences économiques, en dépit de son appellation, et assurait sa prééminence sur l'ensemble des questions européennes, de par sa vision globale et politique[113]. Elle pouvait donc avoir un rôle prépondérant dans les négociations institutionnelles[114]. La gestion de la crise par le représentant permanent adjoint, resté à Bruxelles, est caractéristique de l'ambivalence de la position française pendant la crise de la chaise vide, car des représentants français continuaient à siéger dans les comités expédiant les affaires courantes, mais pas dans les réunions de développement de nouvelles compétences[115]. La crise a, en tout cas et sur le plan administratif, favorisé la carrière de Maurice Ulrich, appelé à rédiger des télégrammes cruciaux sur l'état d'esprit des Cinq[116]. Il rentre à Paris comme directeur de cabinet adjoint du ministre des Affaires étrangères, puis comme directeur du SCE en 1969. Enfin, l'attitude hostile de la DAEF aux deux candidatures britanniques, alors que certains services du ministère des Finances tempéraient la position officielle gaulliste, est un indice de la permanence des conceptions développées en 1957 et 1958[117].

La situation change avec la présidence de Georges Pompidou, qui se montre favorable à l'entrée de la Grande-Bretagne dans la CEE. La DAEF reste incontournable dans les négociations d'adhésion, mais Pompidou n'hésite pas à contourner le Quai d'Orsay, notamment lors de sa rencontre décisive avec le Premier ministre Edward Heath en mai 1971. À cette occasion, il s'appuie sur Jean-René Bernard, secrétaire général du SGCI et membre de son cabinet, moins hostile que Jean-Pierre Brunet envers la candidature britannique. Le rapprochement du SGCI avec l'exécutif, issu de la confusion entre le poste de secrétaire général du SGCI et celui de membre du cabinet du Premier ministre ou du président de la République, s'avère négatif pour l'influence de la DAEF. Dans ses entretiens, Jean-Pierre Brunet juge d'ailleurs sévèrement l'exécutif de l'époque dans le domaine de la politique euro-

---

[112] MAE/AO, Jean-Pierre Brunet, entretien du 13 février 1991 avec M. Vaïsse et C. Oudin.

[113] Gerbet, P., « L'élaboration des politiques communautaires… », article cité.

[114] De même, pour le traité de Maastricht, c'est Pierre de Boissieu, directeur de la DAEF, qui a fixé les directives de la négociation institutionnelle : Lequesne, C., *op. cit.*

[115] MAE, DE-CE, vol. 1111, p. 283, note de Jean-Pierre Brunet pour Olivier Wormser, 21 juillet 1965.

[116] *Ibidem*, vol. 1112, p. 40, note de Maurice Ulrich, 17 septembre 1965.

[117] Badel, L., « Le Quai d'Orsay, la Grande-Bretagne… », article cité.

péenne[118]. Il estime que Pompidou était naturellement enclin à se rapprocher de la Grande-Bretagne en raison de son passé de grand banquier,
qui le faisait fréquenter le milieu de la banque anglo-saxonne. Il s'appuie
peut-être sur son expérience personnelle pour nourrir cette affirmation.
Issu d'une famille de banquiers, par son père, il était à un quart anglais
et avait épousé, en première noce, une anglaise, ce qui ne l'empêchait
pas de rester très hostile à l'entrée de la Grande-Bretagne dans la
CEE[119]. Le directeur de la DAEF méprise également les qualités diplomatiques de son ministre de tutelle de l'époque, Maurice Schumann, qui
fait l'objet d'une description strictement opposée à celle de Couve de
Murville[120]. Si le premier était un brillant orateur, il ne possédait pas,
selon lui, la connaissance des dossiers, le sérieux et le sens des
négociations que maîtrisait le second. La doctrine gaulliste d'Olivier
Wormser marque donc profondément Jean-Pierre Brunet, au point de
l'isoler dans le processus de décision.

Avec l'élection de Valéry Giscard d'Estaing à la présidence de la
République, les hauts fonctionnaires gaullistes sont progressivement
remplacés par des personnalités plus centristes. Ainsi, Jean-Pierre
Brunet, nommé ambassadeur au Japon, quitte la direction de la DAEF. Il
est remplacé par Henri Froment-Meurice, diplomate « politique », mais
dont le père a également travaillé dans la banque[121]. Après un article
critiquant la politique gouvernementale, Olivier Wormser cède la place à
la tête de la Banque de France à Bernard Clappier, ancien directeur de
cabinet de Robert Schuman[122]. Enfin, à la représentation permanente, le
gaulliste Étienne Burin des Roziers est remplacé par Jean-Marie Soutou[123]. Soutou est le premier ancien membre de la DAEF à accéder à ce
poste. Il avait servi sous la direction d'Olivier Wormser. Ainsi, si la
doctrine évolue, la culture administrative persiste et se renforce.

Les années 1957 et 1958 apparaissent donc comme un moment crucial pour la DAEF, à la fois en terme de formation d'une doctrine européenne, mais aussi d'organisation administrative. Le projet britannique
de ZLE a joué un rôle majeur dans les deux domaines. Il a permis
d'identifier l'intérêt spécifique de la CEE, qui n'était pas bien acceptée,
et de renforcer le rôle de la DAEF, qui conduisait les négociations sur la
ZLE à l'OECE. Il a favorisé la concentration de la DAEF sur la CEE et
son modèle d'intégration économique à six.

---

[118] AGP/AO, 1 AV 806, Jean-Pierre Brunet, entretiens du 17 mai 2002.

[119] *Ibidem* ; de Lattre, A., *op. cit.*

[120] MAE/AO, Jean-Pierre Brunet, entretiens du 13 février 1991.

[121] Froment-Meurice, H., *op. cit.*, p. 407.

[122] De Lattre, A., *op. cit.*

[123] Lequesne, C., *op. cit.*

Les personnalités des deux directeurs successifs, Olivier Wormser et Jean-Pierre Brunet, jouent un grand rôle dans la formation de ces équilibres qui se perpétuent jusqu'en 1975. La ligne définie par Olivier Wormser perdure, tandis que celui qui fut son second, François Valéry, choisit une autre voie. La personnalité des directeurs joue également un rôle pour dépasser les oppositions entre administrations car les conflits ne sont pas seulement fonctionnels, mais aussi culturels. La combinaison d'une doctrine gaulliste de l'intégration européenne avec une culture administrative à la fois « communautaire » et centralisée, a permis de dégager un modèle original, qui se traduit par des spécificités de carrière et d'habitudes de travail. Ces dernières se perpétuent même après le déclin de la doctrine européenne gaulliste.

Plus largement, l'adaptation du Quai d'Orsay à la CEE pose le problème de l'évolution vers une diplomatie plus multilatérale, économique et interministérielle, qui doit tenir compte d'une interpénétration croissante des politiques intérieures et extérieures. Aujourd'hui, le système centralisé et dual de coordination de la politique européenne de la France, mis en place dans les années 1957 et 1958, voit son efficacité remise en question. Le développement des relations entre les administrations nationales et communautaires, mais aussi la différenciation des procédures en fonction des dossiers, et la multiplication des acteurs, remettent en cause l'organisation ancienne. La coordination centralisée, qui faisait autrefois la force de la France, peine à s'adapter à ces réalités qui exigent plus de souplesse de la part de l'administration centrale[124]. La place des diplomates dans le processus de définition et d'exercice de la politique européenne de la France est ainsi constamment remise en question.

---

[124] Wright, V., « La coordination nationale de la politique européenne. Le bourbier de la négociation », *Revue d'administration publique*, 2000, n° 93, pp. 103-124, version originale in Richardson, J. (ed.), *European Union : Power and Policy-Making*, Londres, Routledge, 1996, pp. 148-169.

La direction des relations économiques extérieures (DREE)

Origines, culture, logique (1920-1970)

Laurence BADEL

Université de Paris-I, UMR-IRICE

Si l'on admet que l'histoire d'une administration peut s'analyser en termes de culture et de logique[1], on pourrait écrire que la vision qui s'est imposée de la DREE est marquée par l'opposition entre sa culture, perçue comme protectionniste, et sa pratique, qui la conduit à œuvrer pour la libéralisation de l'économie française au sortir de la Seconde Guerre mondiale. Pour les uns, elle est un « outil de redressement économique et d'économie dirigée[2] », dans lequel on peut lire la marque d'un dirigisme conjoncturel : il s'agit, dans un contexte de restrictions, de gérer la pénurie et les contraintes internationales. Mais pour une partie du monde économique français, sa création et son développement suscitèrent indéniablement l'espoir de voir prises en compte les aspirations libre-échangistes encore étouffées par les contraintes de la Reconstruction. Et, de fait, l'ambivalence de cette appréciation reflète la vision séculaire que l'on peut avoir de la politique commerciale extérieure française entre protectionnisme et ouverture internationale.

Les origines de la direction des relations économiques extérieures du ministère de l'Économie et des Finances expliquent en partie cette vision. Issue du ministère du Commerce de la Troisième République, mais aussi héritière de la direction du commerce extérieur du secrétariat d'État aux Affaires économiques de Vichy, elle doit trouver sa voie dans un monde nouveau marqué par la guerre froide et les choix politiques et sociaux qui sont faits à la Libération.

---

[1]   Badel, L., « Deux administrations françaises face à la construction européenne : éléments de réflexion pour une histoire politique des administrations », *Matériaux pour l'histoire de notre temps*, n° 65-66, janvier-juin 2002, p. 13.

[2]   Archives orales du Comité pour l'histoire économique et financière de la France (CHEFF/AO), entretien de Michel de Boissieu du 30 janvier 1992, entretien 2, cassette 3.

À cette culture protectionniste, voire dirigiste, s'opposerait une logique libérale, assignée par ses directeurs successifs. Or cette opposition semble excessive autant parce que l'on a durci l'image protectionniste du ministère français du Commerce de l'entre-deux-guerres que parce que le « libéralisme » de la DREE s'exprime après 1945 de manière très nuancée.

Autre image attachée à cette direction : sa culture pro-européenne. Dans quelle mesure n'est-elle pas née de la place exceptionnelle qu'occupa l'un de ses futurs directeurs, Bernard Clappier, auprès de Robert Schuman ? Ancien directeur de cabinet du ministre des Affaires étrangères qui porta la CECA sur les fonts baptismaux, Clappier aurait imprimé à la DREE à partir de 1951 une orientation européiste qui la distingue d'autres directions plus rétives face à la construction européenne. Qu'en est-il du rôle effectif tenu par la DREE dans la construction de l'Europe des Six et face au premier élargissement de la Communauté européenne ? La politique suivie permet-elle de trancher le débat sur son identité protectionniste ?

Pour répondre à ces questions, nous avons exploité trois types de sources : la bibliographie existante, les archives du ministère des Finances regroupées à Savigny-le-Temple, et les témoignages recueillis auprès d'anciens hauts fonctionnaires du ministère des Finances par le Comité pour l'histoire économique et financière de la France (CHEFF). En ce qui concerne la bibliographie, il n'existait pas d'étude synthétique et historique de la DREE, comme celle que Laure Quennouëlle-Corre vient de consacrer au Trésor[3]. On trouvait soit des informations diffuses dans des ouvrages ou articles plus généraux sur les hauts fonctionnaires français et la construction européenne, soit de rares études spécialisées[4], soit enfin des informations indirectes dans des études sur les milieux patronaux ou sur les négociations commerciales internationales.

Les archives du ministère livrent peu d'informations directes et précises sur la direction dans son ensemble. Les directeurs n'ont pas laissé de papiers, à part leur dossier personnel (CV, déroulement de carrière, retraite). Le classement des archives est révélateur des missions fondamentales de la DREE : représenter la France dans les négociations commerciales internationales (OECE, GATT) ; soutenir l'exportation française (archives abondantes des postes d'expansion économique établis auprès des ambassades de France à l'étranger et notes nombreuses de l'inspection générale des Finances sur la nécessaire modernisation de l'expansion économique). Les données chiffrées dont on dispose

---

[3]   Quennouëlle-Corre, L., *La direction du Trésor 1947-1967. L'État-banquier et la croissance*, Paris, CHEFF, 2000.

[4]   Voir les recherches en cours de Boris Hazoumé, fondées sur l'exploitation des archives d'Alexandre Kojève, le représentant de la DREE lors des conférences internationales de l'après-guerre.

sur les effectifs et le budget du ministère ne permettent pas de considérer la DREE dans son ensemble et dissocient en particulier le service de l'expansion économique.

Les archives orales collectées par le CHEFF ont donc été fort utiles et l'on ne peut que souligner la fécondité de ces témoignages sans doute encore sous-exploités. Le Comité conserve en l'occurrence le témoignage de tous les directeurs de la DREE depuis 1940 (pourrait-on dire) jusqu'en 1967.

Il existe enfin deux autres textes sur la DREE dus à de hauts fonctionnaires : l'un publié dans un petit ouvrage sur le ministère de l'Économie et des Finances[5]. Il offre une présentation descriptive des structures de la DREE dans les années 1960. Quant au second, nous l'avons exhumé à une date récente du fonds de la bibliothèque de la Fondation nationale des sciences politiques, à Paris, et, à notre connaissance, c'est un texte inédit, précieux dans la mesure où son auteur s'est fondé en partie sur des entretiens avec des fonctionnaires de la DREE, témoins des débuts de la direction entre 1945 et 1952. Évoquant l'un d'eux, Georges Drillien, il confirme que celui-ci, en tant qu'ancien fonctionnaire du ministère du Commerce, incarnait la mémoire de cette administration[6]. Cette étude est ainsi venue confirmer *a posteriori* l'histoire de ce transfert que nous avions reconstituée à partir d'autres sources.

I. Aux origines de la DREE

Évoquer la genèse de la DREE, c'est en effet commencer à mettre en lumière une dimension sous-évaluée de l'action du ministère français du Commerce de l'entre-deux-guerres dont elle est issue : l'engagement de ce ministère en faveur de l'expansion économique de la France sous l'impulsion conjuguée de l'État et des milieux économiques.

A. *Héritière du ministère du Commerce et de l'Industrie*

Il fut de bon ton au lendemain de la Seconde Guerre mondiale de se moquer de la faiblesse du ministère du Commerce, voire du manque de caractère de ses titulaires, qui condensaient en leur personne toutes les tares présumées du régime de la Troisième République. Le journal d'Hervé Alphand, qui fut directeur des accords commerciaux à partir de 1937, en offre une bonne illustration, qui trace sans aménité le bref

---

[5] Closon, F.-L. et Filippi, J., *L'Économie et les Finances*, Paris, PUF, 1968, chapitre XIV, « La direction des relations économiques extérieures », pp. 445-454.

[6] Longevialle, C. de, *La direction des relations économiques extérieures*, thèse présentée sous la direction de M. B. Chenot, Institut d'études politiques (section services publics), mai 1952, 110 pages. Sur G. Drillien, cf. *infra*.

portrait des derniers ministres du régime[7]. Plus grave, le thème de la corruption de ses fonctionnaires, soumis aux intérêts privés, a alimenté une littérature extrémiste qui a longtemps rendu impossible une réflexion sereine sur le rôle des groupes de pression en France. Le discrédit de ce ministère vint enfin justifier en partie son démantèlement en juillet 1940. « Avant la guerre, il y avait un petit ministère du Commerce, c'est tout », se souvenait Claude Gruson en 1996, dans une comparaison destinée à valoriser le projet ambitieux de ministère de la Production industrielle développé en juillet 1940[8]. Dans le souvenir de Christian Lherm, ancien haut fonctionnaire de la DREE, ce ministère était peuplé de fonctionnaires « dont le niveau moyen était plutôt un peu en dessous de celui des gens des Finances[9] ».

De rares travaux ont commencé à revisiter l'histoire de cette administration ; un dossier de la *Revue d'histoire consulaire* a été consacré au ministre Henry Boucher, aujourd'hui oublié, et pourtant le promoteur d'une modernisation de l'appareil commercial français : il a en particulier porté sur les fonts baptismaux l'Office national du commerce extérieur en 1898[10]. À partir des archives personnelles du ministre Étienne Clémentel, déposées aux archives départementales du Puy-de-Dôme, Guy Rousseau a retracé l'itinéraire d'un homme qui fit beaucoup pour augmenter les moyens d'action de son ministère[11]. Clotilde Druelle a mis en valeur les novations introduites par lui durant la guerre (octobre 1915-janvier 1920)[12]. En revanche, le journal de son successeur Auguste Isaac (janvier 1920-janvier 1921), qui a fait l'objet d'une récente édition critique, n'apporte pas les éléments d'information que l'on pouvait espérer sur cette année au ministère[13]. Il faut en fait se reporter au livre d'un autre ministre, prédécesseur de Clémentel, Jean Cruppi, pour acquérir une vision, rapide, du fonctionnement du ministère avant la

[7]   Alphand, H., *L'étonnement d'être : journal 1939-1973*, Paris, Fayard, 1977.

[8]   Bloch-Lainé, F. et Gruson, C., *Hauts fonctionnaires sous l'Occupation*, Paris, Odile Jacob, 1996, p. 24.

[9]   CHEFF/AO, entretien de C. Lherm du 28 novembre 1990, cassette 3, entretien 3.

[10] « Henry Boucher, ministre du Commerce et de l'Industrie de 1896 à 1898, "père" de la loi régissant les CCI », *Revue d'histoire consulaire*, n° 14, mai 1998, pp. 2-7.

[11] Rousseau, G., *Étienne Clémentel (1864-1936). Entre idéalisme et réalisme, une vie politique (essai biographique)*, Archives départementales du Puy-de-Dôme, 1998.

[12] Druelle, C., *Le ministère du Commerce et de l'Industrie pendant la Première Guerre mondiale : Étienne Clémentel ou la volonté de moderniser la France*, mémoire pour le DEA, Institut d'études politiques de Paris, 1993 ; *Un laboratoire réformateur. Le département du Commerce en France et aux États-Unis de la Grande Guerre aux années vingt*, thèse de doctorat d'histoire, Institut d'études politiques de Paris, 2004.

[13] Son jugement se résume à la date du 12 janvier 1921 à un « Chute du ministère. Vive la liberté ! », in *Journal d'un notable lyonnais. Auguste Isaac, 1906-1933*, textes choisis et annotés par Hervé Joly, Lyon, Éd. BGA Permezel, 2002. Le journal donne un aperçu de la vision sociale et politique d'un notable.

guerre de 1914[14]. Cruppi devient ministre dans le premier cabinet Clemenceau, en janvier 1908, et constate le sous-développement d'un ministère qui survit autour de sa direction des affaires commerciales et industrielles. Celle-ci traite à la fois de la législation intérieure et de la législation douanière. Ses trois bureaux sont animés par une équipe de vingt-six personnes, dont cinq sont les interlocuteurs des consuls et, bientôt, des premiers attachés commerciaux. Une véritable ambition pour l'exportation anime Cruppi qui, au-delà, imagine de faire de son ministère un « instrument de direction économique qui n'existe pas en ce moment en France[15] ».

La DREE est donc l'héritière de ce ministère du Commerce et de l'Industrie tant décrié par certains, mais que d'autres imaginaient de transformer en « véritable ministère économique[16] ». La guerre et le dessein qui anime alors Clémentel vont transformer cette administration et tenter de lui donner des moyens plus importants. La DREE s'inscrit dans la continuité de deux des quatre directions qui la composaient dans l'entre-deux-guerres : la direction des accords commerciaux et de l'information économique et la direction du personnel, de l'expansion commerciale et du crédit[17]. Si celles-ci ont tenté, au moins jusqu'à la fin des années 1920 pour la première, de conduire une politique à la finalité libérale, il n'en demeure pas moins que la visibilité de leur action a été occultée par celle déployée par une troisième direction – la direction des affaires commerciales et industrielles –, qui avait sous sa responsabilité tout ce qui touchait à la production nationale ainsi que la tutelle des chambres de commerce et des régions économiques. Cette dernière incarnait la vocation protectionniste du ministère aux yeux de ses détracteurs qui le présentaient soumis aux intérêts des industriels et des agriculteurs français. Un ancien ministre du Commerce, Lucien Lamoureux, étayait d'ailleurs publiquement cette thèse en soutenant en 1935 que la direction des affaires commerciales en était réduite à « contrôler avec les moyens du bord les informations nécessairement intéressées qui lui sont fournies par les grandes entreprises ou les organismes économiques, désireux d'obtenir telle ou telle modification dans le régime de protection dont ils bénéficient ou dont ils souffrent[18] ».

On peut néanmoins commencer à nuancer la vision traditionnelle de cette administration qui, tout en veillant à assurer la protection des

---

[14] Cruppi, J., *Pour l'expansion économique de la France. Dix-neuf mois au ministère du Commerce et de l'Industrie*, Paris, Stock, 1910.

[15] *Ibidem*, p. 3.

[16] *Ibidem*, p. 70.

[17] Charmeil, A., *Les services français d'expansion commerciale*, conférence faite à l'Institut des sciences sociales de l'Université de Lille, le 22 décembre 1927.

[18] Archives de la Chambre de commerce et d'industrie de Paris (ACCIP), III-1.12(1), article dans *L'Éclair* du 21 janvier 1935.

intérêts nationaux pour des raisons de stabilité politique et sociale, n'en a pas moins entrepris de développer une politique novatrice en matière d'expansion commerciale et qui a assuré la gestion de la principale novation introduite dans le système de la diplomatie économique au lendemain de la guerre de 1914 : les conférences multilatérales.

1. *L'ouverture internationale de la direction des accords commerciaux*

Dans le rapport qu'il présente en juillet 1930 au nom de la commission des Finances dans le cadre de l'examen du projet de budget pour 1931-1932, le député Charles Delesalle insiste sur « la multiplicité des questions abordées par la direction des accords commerciaux » :

> Son activité est absorbée par la nécessité d'ajuster continuellement les conventions existantes [...]. [Elle] doit enfin soutenir le point de vue français dans les conférences économiques qui se tiennent à Genève. Une large part de la préparation des travaux de la délégation française à la conférence de février-mars 1930 pour une action économique concertée a incombé à ce service dont le directeur a participé personnellement à toutes les séances de la conférence comme il prend part à tous les débats du comité économique de la Société des Nations [...]. C'est donc une véritable direction du commerce extérieur qui fonctionne au ministère du Commerce[19].

Ainsi, à côté de son activité traditionnelle de préparation des conventions commerciales avec les pays étrangers – rappelons que la France a dénoncé tous ses anciens traités en 1918 –, elle assure, aux côtés du Quai d'Orsay, représenté par la sous-direction des relations commerciales, la préparation et le suivi de la politique française lors des grandes conférences économiques des années 1920.

Cette direction a été régie pendant les années 1920 par un haut fonctionnaire, bien connu en son temps pour ses capacités de travail hors normes comme pour son caractère difficile, Daniel Serruys. C'est à lui que revient la responsabilité des accords conclus par la France dans les années 1920[20]. Mû par une aspiration libre-échangiste, Serruys n'en ignore pas pour autant que le « monde d'hier » a disparu et que, si le principe de l'égalité entre les partenaires commerciaux – qui se traduisait jadis par l'octroi de la clause de la nation la plus favorisée – doit être réaffirmé comme l'idéal à atteindre, on ne peut l'appliquer d'un coup. Aussi sa politique vise-t-elle à encourager la réduction du nombre des droits intermédiaires, entre le tarif général et le tarif minimal mis en place par la loi du 29 juillet 1919, et à « donner plus libéralement,

---

[19]   ACCIP, I-4.10 (1).

[20]   Badel, L., *Un milieu libéral et européen : le grand commerce français (1925-1948)*, Paris, CHEFF, 1999, pp. 93-97.

comme une sorte de tarif d'usage, une portion du tarif minimum[21] ». Dans les faits, la direction des accords commerciaux eut à résister face aux assauts protectionnistes déployés par certains industriels comme ce fut le cas dans le cadre des négociations commerciales franco-allemandes jusqu'en 1924[22].

La dimension de l'action de cette direction réside dans le sens qu'elle a donné à sa participation aux négociations économiques internationales organisées sous l'égide de la Société des Nations. Représentant permanent de la France au comité économique de la SDN – il le présida de décembre 1927 à octobre 1930 –, présent à toutes les conférences de 1921 à 1930, Serruys estime que les difficultés douanières de la France ne trouveront un début de réponse que dans une concertation européenne. Il convient donc d'encourager les initiatives visant l'harmonisation des systèmes tarifaires européens. C'est dans cette perspective que la direction des accords commerciaux apparaît animée par une dynamique libérale fondée sur l'ouverture internationale et le rapprochement des économies européennes. Au-delà, on a souligné depuis une quinzaine d'années que l'engagement européiste de nombreux fonctionnaires français de l'entre-deux-guerres, tels Serruys, avait trouvé sa source dans la conscience nouvelle de la solidarité européenne, alimentée par ces rencontres internationales et un travail en commun avec d'autres fonctionnaires étrangers au sein des organismes genevois.

2. La vocation exportatrice de la nouvelle direction de l'expansion commerciale

L'apparition, au sortir de la guerre, d'une direction de l'expansion commerciale dans l'organigramme du ministère du Commerce constitue la grande novation de l'entre-deux-guerres pour ce ministère, même si ce fait a été peu souligné jusqu'ici. Cette direction est créée pour mettre en œuvre l'ambitieux dispositif exportateur défini par Étienne Clémentel et elle est confiée au conseiller d'État Alexis Charmeil. Lui est rattaché le réseau des agents de la diplomatie commerciale de la France à l'étranger : les attachés et agents commerciaux. À la fin des années 1930, leur nombre avoisine la centaine, ce qui atteste l'essor d'un corps, conçu comme le fer de lance de l'exportation française[23]. L'Office national du commerce extérieur, les chambres de commerce françaises à l'étranger,

---

[21] Serruys, D., « Les instruments diplomatiques de l'expansion économique », *Notre diplomatie économique*, conférences organisées par la Société des anciens élèves et élèves de l'École libre des sciences politiques, 1925, p. 92.

[22] Guillen, P., « La politique douanière de la France dans les années 1920 », *Relations internationales*, n° 16, 1978.

[23] Badel, L., « Les acteurs de la diplomatie économique de la France au XXᵉ siècle : les mutations du corps des attachés commerciaux (1919-1950) », *Relations internationales*, n° 114, 2003, pp. 189-211.

les conseillers du commerce extérieur, les foires relèvent également de cette direction.

B. Tributaire des débats sur la direction de l'économie

La mobilisation économique décrétée en 1938-1939 a eu des effets sur l'organisation des échanges extérieurs, et en l'occurrence sur les structures ministérielles du commerce et de l'industrie.

1. Réformer le ministère du Commerce ?

Mais, dès avant cette date, les appels se multiplient en faveur d'une réforme du ministère du Commerce destinée à renforcer son efficacité. La loi adoptée le 28 février 1934 vise à accroître les cadres du ministère en créant de nouveaux emplois répartis entre la direction des accords commerciaux et celle des affaires commerciales et industrielles. Mais les problèmes perdurent, répercutés dans la presse et les études conduites par les groupements patronaux : la crise économique a démultiplié les tâches d'une administration aux effectifs réduits et aux crédits faibles, surtout si l'on compare sa situation avec celles de ses homologues européens. Un nouveau projet de loi, déposé le 18 janvier 1935, envisage une restructuration hardie reposant sur le dédoublement de la direction des accords commerciaux et de l'information économique. Serait créée une direction de l'information économique destinée à doter le ministère d'un « organisme d'études économiques et de préparation méthodique des décisions à prendre en fonction non seulement d'intérêts limités, mais de l'intérêt général compris dans son sens le plus large ». Le ministère continua à reposer, en définitive, jusqu'à la guerre sur les quatre piliers institués en 1920.

1920	Personnel, Expansion commerciale et Crédit	Affaires commerciales et industrielles	Accords commerciaux et Information écono-mique	Propriété industrielle
Avril 1939	Administration générale, Expansion commerciale et Information éco-nomique	Affaires commerciales et industrielles	Accords commerciaux	Propriété industrielle
Septembre 1939	Administration générale, Expositions et Transports	Production	Commerce extérieur (en décembre, inclut le Service de l'expansion commerciale)	Propriété industrielle

2. La transformation en direction du commerce extérieur

La fin des années 1930 est marquée par l'arrivée d'Hervé Alphand à
la tête de la direction des accords commerciaux où l'ont précédé Daniel
Serruys, Paul Elbel, et Louis Bonnefon-Craponne. Cet inspecteur des
Finances (1932), qui devait par la suite effectuer une carrière brillante au
sein du Quai d'Orsay et en devenir le secrétaire général d'octobre 1965
à janvier 1973, tranche parmi les littéraires et les juristes qui ont assumé
antérieurement cette fonction, mais son discours contre l'atmosphère
sclérosante qui pèse sur l'économie française est dans la tradition libérale incarnée par ses prédécesseurs des années 1920. En septembre
1939, son administration prend la dénomination nouvelle de direction du
commerce extérieur, et, en décembre, le Service de l'expansion commerciale lui est rattaché[24]. Hervé Alphand a laissé le seul – et bref –
témoignage dont on dispose sur l'activité quotidienne d'un directeur de
ce ministère juste avant la guerre. Des journées-types qui débutent à
neuf heures par une conférence d'une heure avec les chefs de service,
suivie de négociations avec les représentants de pays étrangers, ou de la
rédaction d'un rapport au ministre ou encore d'une réunion avec des
collègues d'autres ministères. De midi à treize heures trente ont lieu les
audiences accordées par le directeur. L'après-midi est occupé à partir de
quinze heures par des réunions diverses. Contrebalançant sa vision des
ministres, il porte un regard plutôt positif sur ses collaborateurs : « Les
fonctionnaires qui travaillent avec moi se passionnent, je crois, pour leur
tâche. Je leur laisse beaucoup d'initiative, je leur donne des instructions
larges, les couvre toujours ».

Il semble que la direction du commerce extérieur ait acquis sous
Alphand un rôle prééminent dans la conduite des affaires économiques
extérieures comme l'atteste ce trait : « Périodiquement, une liaison
s'établit à ma direction entre tous les services économiques de l'État[25] ».
De fait, Alphand participe alors à la mise en place de la collaboration
économique franco-britannique (établissement de plans d'importation,
coordination avec Jean Monnet et les *executives* franco-britanniques)
dans le contexte de la mobilisation économique.

C. Issue du rattachement du Commerce extérieur au ministère de l'Économie nationale et des Finances

C'est sous cette dénomination de direction du commerce extérieur
qu'Yves Bouthillier, devenu ministre-secrétaire d'État à l'Économie
nationale et aux Finances le 16 juin 1940, va opérer son transfert vers
son ministère. Le 18 juillet, il propose à Hervé Alphand de permuter son
poste avec celui d'attaché financier occupé par Paul Leroy-Beaulieu à

---

[24] Alphand, H., *op. cit.*, à la date du 22 décembre 1939.
[25] *Ibidem*, p. 37.

Washington. Cet éloignement, motivé par des raisons politiques, devait conduire Alphand à présenter sa démission en juin 1941. Lorsque le 30 août 1940, deux secrétariats généraux sont créés, échelons intermédiaires entre les directeurs et le ministre, la direction du commerce extérieur est officiellement rattachée au secrétariat général pour les questions économiques que dirigèrent Olivier Moreau-Néret, Jean Filippi, puis Henri Zaffreya.

1. *Des structures restreintes et fluctuantes*

Qu'elle soit éclatée en huit bureaux comme sur l'organigramme de 1942 ou resserrée en deux divisions (Affaires générales, Bureaux géographiques) comme en 1943, la direction du commerce extérieur est composée de trois secteurs principaux : les accords commerciaux, les achats et ventes à l'étranger, la gestion des services d'expansion commerciale. Ils recouvrent des réalités variables et des affaires décroissantes au fur et à mesure que se prolonge la guerre.

Par ailleurs, les secrétariats d'État à la Production industrielle, au Ravitaillement et à l'Agriculture disposent chacun d'un service interne dévolu au suivi du commerce extérieur.

2. *Un vivier de hauts fonctionnaires pour la DREE*

L'analyse de l'évolution de la direction du commerce extérieur et des hommes qui la composent alimente le débat récurrent sur les (dis)continuités de l'appareil administratif français d'un régime l'autre. Le premier directeur retrouva une fonction à la Libération, sauvé par son passage à Alger, tandis que le second, demeuré en poste jusqu'en août 1944, fut l'un des trois directeurs concernés par l'épuration sur les 18 que comptait alors le ministère.

Paul Leroy-Beaulieu, inspecteur des Finances (1929), qui exerça les fonctions d'attaché financier à Rome (1935-1937), puis à Washington (1937-1940), a échangé ce dernier poste avec Hervé Alphand, écarté de Paris par Yves Bouthillier. À la direction du commerce extérieur, son activité se réduit comme peau de chagrin en raison de la restriction croissante des échanges de Vichy. Il suit principalement la négociation des accords Weygand-Murphy en 1941, ainsi que les échanges avec l'Espagne et l'Afrique du Nord[26]. Dans ce cadre, il effectue des voyages à Madrid. C'est au retour de l'un d'entre eux, que, convoqué par son nouveau ministre Pierre Cathala pour s'expliquer, il décide en mars 1943 de passer à Alger en compagnie de Maurice Couve de Murville, alors directeur des Finances extérieures. Parti le 12 mars et arrivé le 20 du même mois à Alger, il est révoqué de ses fonctions de directeur dès

---

[26] CHEFF/AO, entretien de P. Leroy-Beaulieu du 2 mars 1989, entretien 3, cassette 4.

le 24 mars[27]. Il rejoint ensuite Washington, le 10 novembre. Leroy-Beaulieu comme Couve de Murville font partie de la génération de hauts fonctionnaires tardivement ralliés au général de Gaulle, plusieurs mois après le débarquement, ce qui ne les empêcha pas de poursuivre l'un et l'autre une grande carrière. Les dispositions du décret de Vichy furent annulées par un arrêté du 20 septembre 1944. Leroy-Beaulieu fut réintégré dans les fonctions de directeur du commerce extérieur. Il devait occuper des fonctions en Allemagne occidentale au sortir de la guerre, tout comme Jean Filippi dont il sera reparlé ci-après.

Louis-Pierre Coquelin, polytechnicien (1926) et également inspecteur des Finances (1931), lui succède le 24 mars 1943. Après avoir été nommé sous-directeur à la direction générale des impôts le 4 juillet 1940, il était alors chargé des services administratifs du secrétariat général auprès du chef de gouvernement depuis le 6 mai 1942, fonction qu'il dit avoir accepté, après avoir beaucoup hésité, par sens du devoir, un peu comme Jacques de Fouchier entré au cabinet de Pierre Cathala[28]. Nommé directeur du commerce extérieur, il atteste que ce poste est devenu une « coquille vide » dont les relations se restreignent aux pays neutres, à la Suisse (importation de lait), au Portugal (importation de sardines). Son témoignage attire surtout l'attention sur la dimension prospective de son activité, peut-être destinée à défendre une présence à Vichy qui lui valut sa révocation à la Libération, mais qui, sur le fond, est confirmée par d'autres éléments que l'on a commencé à rassembler sur ces structures vichystes en charge du commerce extérieur. Coquelin rappelle en particulier que sa direction commença à roder le mécanisme des licences d'importation et d'exportation qui allait perdurer après la guerre. Il cite aussi un « point tout à fait oublié » : la recréation du Centre national du commerce extérieur en 1943[29]. L'Office national du commerce extérieur avait été supprimé, rappelons-le, en 1934, pour des raisons d'économie budgétaire. Sa renaissance sous l'Occupation fut saluée par la plupart des journaux économiques. Suspendu le 23 août 1944, révoqué le 8 décembre, Louis Coquelin fut réintégré le 14 juin 1952 et mis en disponibilité pour occuper des fonctions directoriales au sein de la banque Worms.

Si, au niveau de la direction, les responsables de la direction du commerce extérieur changent à la Libération, on est sensible à la continuité de certains fonctionnaires, dès lors que l'on envisage les échelons inférieurs. Le cas le plus marquant est celui de Georges Drillien, l'un

---

[27] Ministère de l'Économie et des Finances, Service des archives économiques et financières (SAEF), dossier Personnel/Commerce extérieur (P/CE), 1 C 567, P. Leroy-Beaulieu.

[28] CHEFF/AO, entretien de P. Coquelin du 23 octobre 1989, entretien 2, cassette 2.

[29] AN, F/60/341, sd.C3 A1 sd3, décret du 27 septembre 1943 portant création du CNCE.

des deux sous-directeurs, archétype du fonctionnaire issu du ministère du Commerce ; on le retrouve au même poste à la DREE dès 1945 sous Robert Marjolin, en compagnie de l'autre sous-directeur Ogé. Puis, Drillien devient le directeur-adjoint de la DREE sous Jean Filippi à partir de 1948 et assure cette fonction sans solution de continuité jusqu'en 1962. Autre exemple, celui des adjoints de Paul Leroy-Beaulieu, René Sergent et Jacques de Fouchier, les responsables du BAVE, bureau d'achats et de ventes à l'étranger, demeurés quelque temps encore à leur poste après le départ de celui-ci pour Alger[30]. Sergent devait devenir secrétaire de l'OECE[31]. Fouchier, après son départ tardif pour Alger, se voit proposer par Mendès France le poste de directeur-adjoint de la nouvelle DREE[32]. Troisième exemple intéressant : celui de Jacques Soulé, chef du bureau des attachés commerciaux à l'étranger. Au cœur de la tourmente, le Service de l'expansion commerciale est demeuré dirigé par ce fonctionnaire, qui, par-delà les fluctuations politiques, s'est préoccupé, des années 1940 aux années 1950, de défendre un corps insuffisamment défini. Entré comme rédacteur stagiaire au ministère du Commerce en septembre 1932, puis passé au 2e bureau qui a la charge de l'Expansion commerciale, il subit la réorganisation de Vichy et se retrouve sous-chef de bureau, puis chef de bureau à la direction du commerce extérieur. Le 1er janvier 1942, il est placé hors-cadres en vue d'exercer les fonctions d'inspecteur-adjoint des services d'expansion commerciale[33]. On le retrouve au poste de sous-directeur du personnel de l'expansion économique à l'étranger, encore en 1950, dans le nouveau service des exportations dont Hubert Rousselier vient de prendre la tête. De la même manière, son collègue Georges Libersart, major de la promotion (1936) de Claude Gruson à l'inspection des Finances, et que ce dernier présente comme « vichyssois »[34], désigné comme inspecteur de ces mêmes services d'expansion commerciale pendant la guerre, devient chef du poste d'expansion économique de Londres en 1953. On peut ainsi en juxtaposant les organigrammes multiplier les exemples attestant la grande continuité interne de la direction du commerce extérieur de Vichy à la Libération.

---

[30] De Fouchier, J., *Le goût de l'improbable*, Paris, Fayard, 1984, p. 119.
[31] CHEFF/AO, entretien de P. Coquelin du 5 novembre 1989, entretien 3, cassette 3.
[32] De Fouchier, J., *op. cit.*, p. 243.
[33] SAEF, P/CE, 1 C 30 366, J. Soulé, sd. Retraite.
[34] Bloch-Lainé, F. et Gruson, C., *op. cit.*, p. 154.

II. Genèse et développement entre dirigisme et réinsertion internationale (1945-1970)

On l'a compris, la naissance de la DREE en 1945 fut loin de s'effectuer *ex-nihilo.*

A. *Entre nécessité et idéologie, une place difficile à trouver*

Sa création va s'inscrire dans la continuité des structures vichystes, dont le maintien est imposé par les contraintes de la Reconstruction, mais également dans celle du débat du milieu des années 1930 portant sur l'édification d'un puissant ministère de l'Économie nationale.

Le 4 septembre 1944, Pierre Mendès France prend la tête de ce ministère qui hérite de l'essentiel des directions du secrétariat général pour les questions économiques de Vichy, y compris du commerce extérieur. L'ordonnance du 23 novembre 1944 qui en fixe les attributions fait apparaître qu'à cette date, il y a huit directions dont cinq « directions d'exécution » parmi lesquelles apparaît, pour la première fois, la direction des relations économiques extérieures (article 14). À celle-ci sont rattachés le Service central des licences d'importations et d'exportation, celui de l'expansion commerciale, celui des importations et des exportations, et celui de l'assurance-crédit d'État (article 16).

À la suite du remplacement de Pierre Mendès France par René Pleven à la tête d'un ministère des Finances et de l'Économie, il est décidé en septembre 1945 de réduire le nombre des directions de l'administration de l'économie nationale, ce qui est accompli par l'ordonnance du 26 octobre 1945 avec le passage de huit à six directions. En novembre, Gaston Cusin, secrétaire général du Comité économique interministériel et chargé par Pleven de réfléchir à cette réorganisation, livre un état des lieux :

> La direction des relations extérieures enferme aujourd'hui dans son sein les services qui étaient en 1939 groupés au ministère du Commerce, dans la direction des accords commerciaux et dans celle du commerce extérieur. Elle comprend en outre le service des affaires économiques allemandes – plus important que le service des réparations rattaché au ministère des Finances après 1918 – et le service de la documentation et des études étrangères dont il est inutile de souligner l'intérêt au moment où nous devons reprendre les marchés étrangers. C'est un véritable secrétariat général qui est ainsi confié à la direction de M. Marjolin[35].

Une note de février 1946 témoigne des difficultés de la DREE à trouver ses marques dans le nouveau paysage administratif français : « Composée de services extrêmement divers, venant les uns de l'ancien

---

[35] SAEF, B 00 58 858, note du 2 novembre 1945 : « Note de M. Cusin sur l'organisation du ministère de l'Économie nationale ».

ministère du Commerce, les autres des services des approvisionnements, elle n'a pas, jusqu'à ce jour, réussi à les regrouper dans un ensemble harmonieux[36] ». Elle propose sa restructuration autour de cinq piliers : un Service des affaires générales ; un Service des finances extérieures, un Service importation et approvisionnement, un Service exportation et expansion économique, et un Service des accords économiques internationaux[37]. Ce projet prolonge l'ambition qui était incarnée par Mendès France à la Libération : conférer au ministère de l'Économie nationale la direction de la politique économique internationale, suscitant un débat vif avec le Quai d'Orsay, que de Gaulle avait tranché en son temps[38]. Il place l'Économie nationale en rivalité à la fois avec le ministère des Affaires étrangères et avec la direction des finances extérieures du ministère des Finances. « Le drame de la [DREE] dont l'objet est l'ensemble de nos transactions économiques avec l'étranger [...] est de ne pouvoir, avec sa structure actuelle, traiter que de la balance du Commerce, alors que c'est la responsabilité de la balance des paiements qui lui incombe ». Ce qui est donc proposé, c'est de confier à la première section du Service des affaires générales l'élaboration de la politique commerciale *et financière extérieure générale* et d'établir la balance des paiements. Quant au Service des finances extérieures envisagé, il reprendrait « les attributions de la direction du trésor (ministère des Finances) relatives aux finances extérieures ».

Loin d'être réglé en 1949, le problème sous-jacent d'enchevêtrement des compétences relatives à la gestion du commerce extérieur est dénoncé par Georges Boris, responsable du Comité central d'enquête sur le coût et le rendement des services publics : « Il va de soi que la complexité de la structure actuelle, caractérisée à la fois par sa dispersion et sa polycéphalie, entraîne le chevauchement des attributions, la dilution des responsabilités et la difficulté des initiatives[39] ». Il dénonce ainsi les doublons entre les bureaux géographiques de la DREE, ceux de la direction politique du Quai d'Orsay et des divisions de la DAEF (direction des affaires économiques et financières), et préconise purement et simplement la suppression de la DAEF et le transfert de ses attributions à la DREE.

---

[36] *Ibidem*, note III de février 1946 émanant du Syndicat de l'administration centrale de l'Économie nationale, p. 7.

[37] *Ibidem*, pp. 7-9.

[38] Margairaz, M., *L'État, les finances et l'économie. Histoire d'une conversion, 1932-1952*, tome II, Paris, CHEFF, 1991, p. 782.

[39] SAEF, 1 A 438(3), note de G. Boris du 15 janvier 1949 : « Note sur l'organisation des services administratifs centraux chargés des questions relatives aux relations économiques extérieures ».

En réalité, comme le souligne une autre étude, le Quai d'Orsay comme les Finances extérieures ont conforté leur position depuis trois ans aux dépens de la DREE :

> Théoriquement, les Affaires étrangères devraient être [simplement] le porte-parole du Gouvernement dans les négociations internationales. En fait, elles ont pris, par suite de l'autorité personnelle de leurs hauts fonctionnaires, une part considérable dans la préparation des positions économiques françaises [censées revenir à la DREE]. La mise en application du plan Marshall et de l'Organisation économique de coopération européenne leur font prendre la part la plus importante dans la détermination de la politique économique française sur ces problèmes[40].

Cette analyse confirme le rôle nouveau assumé par la DAEF depuis sa création en 1945, en particulier dans la préparation des négociations multilatérales, puis dans le suivi de la construction européenne. Sur ce point, un tel constat est intéressant car il contrebalance la vision couramment donnée d'un Quai d'Orsay qui aurait perdu ses prérogatives régaliennes au lendemain de la guerre au profit de la montée en puissance des grandes féodalités financières et économiques. Or, il semble que l'élaboration de la position économique internationale de la France se soit bien plutôt accomplie dans les années 1940-1950 lors des rencontres collégiales entre hauts fonctionnaires des Finances et des Affaires étrangères et que les rivalités soulignées par certains se soient estompées devant la bonne entente qui prévalait entre les principaux responsables[41].

« D'autre part, le contrôle que les Finances extérieures assurent sur l'Office des changes leur donne un droit de regard extrêmement important pour la délivrance des licences d'importation et d'exportation[42] ». De fait, Finex est l'héritière du Service des affaires internationales du Mouvement général des fonds, transformé en direction du trésor en 1940. La direction des finances extérieures et des changes, indépendante du Trésor à cette date, lui est rattachée de 1943 à 1946, à la suite du passage à Alger de ses deux principaux dirigeants Couve de Murville et Guillaume Guindey[43]. Une nouvelle scission intervient en 1946. Le décret du 21 novembre crée la nouvelle direction des finances extérieures, issue de la direction du blocus née à la Libération. Ses missions sont la gestion du contrôle des changes et des relations financières à l'étranger. À ce titre, elle intervient conjointement avec le Quai d'Orsay

---

[40] SAEF, B 00 58 858, note : « Réorganisation du ministère de l'Économie nationale », sans date, ni auteur.

[41] Voir ce que j'écrivais dans *Matériaux*, article cité.

[42] SAEF, B 00 58 858, note : « Réorganisation du ministère de l'Économie nationale ».

[43] Lepage, S., « La direction des finances extérieures de 1946 à 1953. Les années fondatrices ou le magistère de Guillaume Guindey », thèse, École des Chartes, 1996, p. 134 s.

et la DREE dans la définition des relations économiques internationales. En particulier, elle suit étroitement l'établissement des programmes d'importation et d'exportation par la DREE et tranche en dernière instance en tant que responsable de la trésorerie en devises. Pour renforcer l'autorité d'un ministère de l'Économie nationale, réduit à l'état de peau de chagrin, devenu « une administration squelettique »[44], le rapport de Georges Boris préconisait la fusion des deux directions, DREE et Finances extérieures, aux tâches dépeintes comme « voisines et complémentaires » en un grand ministère du Commerce extérieur et de la balance des paiements qui aurait ainsi la mainmise sur les négociations économiques internationales, y compris multilatérales[45]. Ultime tentative pour affirmer un grand ministère de l'Économie que l'on savait condamné, cette proposition ne fut pas retenue. Mais les critiques émises durant cette première période sur l'enchevêtrement des services en charge du commerce extérieur, sur le manque de direction d'ensemble comme la suggestion d'instituer un ministère du Commerce extérieur et de la balance des paiements ne disparurent pas[46]. Bien au contraire, elles jalonnèrent l'histoire de la DREE jusqu'aux restructurations intervenues au début du XXIe siècle...

La structure quasi définitive de la DREE qui se met en place à partir de 1950, resserrée autour de deux pôles principaux (la politique commerciale et la politique d'expansion économique), apparaît donc comme le fruit de cinq années marquées du sceau des débats idéologiques, mais aussi des « disputes de services, de corps, de personnes » pour corroborer ce qu'écrivait Michel Margairaz dans sa thèse. Si la DREE s'insère au sein de l'administration française, l'échec du projet de la Libération, qui aurait donné à l'Économie nationale l'importance du *Wirtschaftsministerium* allemand, l'a vraisemblablement privée d'acquérir une place centrale et l'a, de fait, reléguée, pendant deux décennies, loin derrière les directions « nobles » qu'étaient le Trésor ou le Budget.

B. La stabilisation des structures

La direction qui se constitue en 1945 est faite de bric et de broc, juxtaposant trois sous-directions – affaires générales, bureaux géographiques, approvisionnements – et des services annexes sans hiérarchie déterminée et sur des sites différents. Jusqu'au début des années 1950, le directeur siège rue de Rivoli, mais nombre de ses services sont répartis sur divers sites du huitième arrondissement de Paris. À l'orée de cette nouvelle décennie, les effectifs de la direction se montent à 249 agents,

---

[44]   SAEF, B 00 58 858, note : « Réorganisation du ministère de l'Économie nationale ».
[45]   SAEF, 1 A 438(3), note déjà citée de G. Boris du 15 janvier 1949.
[46]   L'étude de Christian de Longevialle, écrite en 1952, l'illustre parfaitement avec son lamento récurrent sur des « exigences contradictoires », d'« inévitables conflits de compétences », et la « déperdition d'énergie » qui en découle (p. 81).

titulaires en majorité, mais l'on y dénombre aussi des agents auxiliaires, des agents temporaires et quelques contractuels issus des administrations les plus diverses[47].

1. De 1945 à 1950 : l'importance du Service des affaires allemandes

Une vingtaine de responsables permet le lancement de la nouvelle direction en 1945. Dès cette date apparaît au sein du 2e bureau de la direction des affaires générales une section dévolue aux conférences internationales dans laquelle s'illustrera à partir de 1948 Alexandre Kojève, philosophe entré dans l'administration grâce à Robert Marjolin, le premier directeur de la DREE. Mais ce qui donne sa spécificité à la DREE de cette première époque, c'est l'existence du Service des approvisionnements – vital en cette période de reconstruction, et auquel succède, sous des noms divers, un Service des produits –, et celle du Service des affaires allemandes, qui gère la zone française d'occupation.

Le Service des accords commerciaux (ou des bureaux géographiques) a survécu à tous les régimes attestant la continuité avec le ministère du Commerce de l'avant-guerre, tandis que l'ancien Service des relations extérieures du ministère du Ravitaillement est rattaché à la DREE et donne naissance à la sous-direction des approvisionnements, devenue Service des produits[48].

Le Service des affaires allemandes dépend de la délégation aux affaires économiques allemandes dirigé par Jean Filippi à Baden-Baden[49]. Il a une autonomie réelle vis-à-vis de la DREE, de par sa localisation (situé dans le huitième arrondissement, puis 53, quai d'Orsay), et sa mainmise sur les problèmes économiques de la zone française d'occupation. Hubert Rousselier y débute sa carrière comme sous-directeur de l'occupation et des affaires générales, assisté de Marc Hyafil et d'Alexandre Kojève. L'amitié qui lie Rousselier à Filippi, renforcée par une expérience commune – ils furent tous deux membres du cabinet d'Yves Bouthillier sous Vichy –, permet une coordination efficace des bureaux de Paris et de Baden-Baden[50].

2. La structure-type (1950-1963)

C'est à partir de 1949-1950 que se fixe l'organigramme-type de la direction autour de quatre pôles : accords commerciaux, importations (devenu en 1956, politique commerciale), produits, et exportation

---

[47] Longevialle, C. de, *op. cit.*, pp. 37-38.
[48] CHEFF/AO, entretien de C. Lherm du 28 novembre 1990, entretien 3, cassette 3.
[49] Lefèvre, S., *Les relations économiques franco-allemandes de 1945 à 1955. De l'occupation à la coopération*, Paris, CHEFF, 1998, pp. 72-73.
[50] CHEFF/AO, entretien de M. Hyafil du 12 mai 1992, entretien 3, cassette 4.

(devenu en 1951, expansion économique à l'étranger). Le Service des importations (section des approvisionnements) est en charge du suivi du plan Marshall, de l'Union européenne des paiements et de la libération des échanges.

L'élément marquant de cette nouvelle structure est l'apparition, en 1950, du service dévolu aux exportations auquel l'arrivée d'Hubert Rousselier donne, dès 1951, une impulsion décisive. Avec ce service, la DREE sort de la période de la guerre et peut commencer à envisager une politique dynamique de promotion du commerce extérieur français. Progressivement, elle se dote de moyens nouveaux et le gonflement spectaculaire du nombre des hauts fonctionnaires de ce nouveau service atteste l'importance reconnue dorénavant à cette nouvelle fonction (huit en 1950, quatorze en 1955, vingt-cinq en 1960).

3. La réforme de la DREE

Au début des années 1960, certains en viennent à déplorer une « inflation d'effectifs et de titres » (François Bizard) qui font de la DREE une direction tout à fait atypique du ministère[51]. Lorsque Christian Lherm succède en février 1963 à Hubert Rousselier, nommé directeur du Centre national du commerce extérieur, il tente, à la demande de Bernard Clappier, une première réorganisation de la direction afin de normaliser la DREE et de casser les féodalités qui se sont créées depuis la Libération. La nouvelle DREE présente en 1963 une structure apparemment resserrée sur deux grands services : Expansion économique, Politique commerciale, eux-mêmes partagés en deux divisions. Mais l'ensemble de ces divisions fait apparaître pas moins de onze sous-directions. Dans son propre service, Lherm introduit deux sous-directions appelées à perdurer, l'une Études et programmes, l'autre Promotion des exportations, spécialisée dans les procédures financières de soutien à l'exportation, dans laquelle un futur directeur de la DREE, Bertrand Larrera de Morel, débute sa carrière à la DREE.

Durant l'hiver 1964, une réflexion en profondeur sur le fonctionnement de la DREE est entreprise sous l'impulsion du ministre des Finances et des Affaires économiques Valéry Giscard d'Estaing. Conduite par l'inspection des Finances, elle vise à renforcer l'autorité du directeur de la DREE sur ses services et à obtenir une meilleure orchestration de la politique commerciale extérieure. L'une des réformes préconisées concerne les structures de la direction qu'il convient d'adapter à la multilatéralisation croissante des relations économiques extérieures, et, en particulier, à la construction européenne. Elle est fondée sur la critique du principe géographique, qui reflète en l'occurrence une vision du monde en partie dépassée. Elle vise donc à réduire le nombre des bu-

---

[51] CHEFF/AO, entretien de F. Bizard du 14 décembre 1989, entretien 7, cassette 11.

reaux géographiques en les regroupant en zones unies par un certain nombre de traits communs. Une logique fonctionnelle doit l'emporter sur la logique géographique :

À la notion de bureau géographique assez étroitement spécialisé et pourtant actuellement plutôt sous-employé, la mission a préconisé *de substituer* la notion de grand secteur dont le *fondement ne serait plus ou presque plus géographique mais tiendrait essentiellement compte des problèmes posés* […]. Ce regroupement *essentiellement fonctionnel* est l'idée de base des suggestions faites par la mission [qui a précisé] que ce regroupement ne devait *en aucune manière* faire l'objet d'un nouveau « sous-découpage » géographique qui risquerait de reconduire aux errements actuels[52].

Concrètement, quatre zones sont envisagées : les pays membres du Marché commun, les autres pays industrialisés non membres de la CEE, les PVD, les pays à régime socialiste, Chine comprise[53].

À la suite de la réforme conduite en juin 1965, l'organigramme va progressivement se structurer autour de cinq sous-directions : Postes à l'étranger et affaires générales, Études et informations, Affaires multilatérales (CEE, OCDE), Affaires financières et promotions des exportations, Relations bilatérales (zone franc, les pays de l'Est et la Chine, l'URSS). C'est encore au milieu des années 1960 que l'organigramme prend sa physionomie actuelle, chaque sous-direction étant décomposée en bureau 1 A, 1 B, 1 C…, 2 A, 2 B, etc. Par ailleurs, le Service de la coopération technique apparaît sur l'organigramme de 1966, ainsi qu'une inspection générale des postes de l'expansion économique.

Les mutations structurelles de la DREE dans les années 1960 reflètent ainsi les mutations des relations économiques internationales, mais traduisent également l'évolution de leur cadre juridique. Celles-ci ne se déploient plus tant dans un cadre bilatéral, sauf pour les pays à commerce d'État, que dans un environnement marqué par le multilatéralisme. L'entrée en vigueur du traité de Rome prive *de facto* la DREE de toute compétence bilatérale sur les relations commerciales intra-communautaires, ainsi que sur les relations commerciales extérieures. D'autre part les relations commerciales ne peuvent plus être séparées de l'ensemble des relations économiques : relations financières, coopération technique, etc. À partir de la fin des années 1960, puis de la crise de l'énergie, elles seront marquées par un regain de bilatéralisme qui renforcera le rôle de la DREE.

---

[52] SAEF, 4 A 2482 (314-64), note du 17 mai 1965 de MM. Dubois-Taine et Ronze, note complémentaire n° 1 : « L'organisation de la direction des relations économiques extérieures », p. 6-7. Souligné par les auteurs.

[53] *Ibidem*, 4 A 2477 (237-64), note du 6 janvier 1965 de MM. Dubois-Taine et Ronze sur la direction des relations économiques extérieures, p. 17.

C. Des inspecteurs des Finances à la tête de la direction

À l'exception de Jean Chapelle, administrateur civil, ce sont des inspecteurs des Finances, placés en détachement, qui se succèdent à partir de 1948, au poste de directeur de la DREE dans les trois décennies qui suivent sa création : Jean Filippi (1930), Bernard Clappier (1939), François Bizard (1942), André Valls (1946), et Bertrand Larrera de Morel (1955).

1. Les hommes de la Reconstruction

Atypiques sont, dans cette filiation, les premiers directeurs Robert Marjolin et Roger Nathan. Doit-on en tirer des conclusions pour le thème qui est le nôtre ? Tous deux furent des éditorialistes de *L'Europe nouvelle*, la très européiste revue fondée par Louise Weiss au lendemain de la Première Guerre mondiale.

Des années 1930, *Robert Marjolin* garda de solides amitiés avec des personnalités engagées dans la reconstruction de la France après 1945 : retenons les noms d'Olivier Wormser[54], futur directeur du Quai d'Orsay, d'Emmanuel Mönick[55], attaché financier devenu banquier, et d'Alexandre Kojève, philosophe qu'il devait faire entrer à la DREE[56]. Il a également acquis des convictions : devenu socialiste en partie sous l'influence des grands intellectuels de l'époque, il se déclare rapidement opposé à la politique économique et sociale du gouvernement de Léon Blum, préconisant la mobilisation des énergies au service de la défense nationale. Il soutient alors la politique de Paul Reynaud, « l'homme politique le plus intelligent de la Troisième République[57] ». *L'Europe nouvelle* est la tribune où il exprime ses idées jusqu'à la guerre. Il ne faut pas se méprendre : la revue n'est plus le flambeau brandi par les pacifistes genevois et autres briandistes. Louise Weiss en a abandonné en 1934 la direction à Madeleine Gex-Le Verrier et, au fur et à mesure de la montée des tensions internationales, *L'Europe nouvelle* se transforme en organe antimunichois, sous l'impulsion d'André Géraud (Pertinax) qui en assure la rédaction en chef de février 1936 à juin 1940. Robert Marjolin condense dans son livre de souvenirs les thèmes principaux qu'il développe avec vigueur pour obtenir un sursaut national, « hanté par l'idée de la décadence économique de la France », scandalisé par les entraves posées par la loi des quarante heures, humilié par les accords de Munich[58]. Le futur directeur des relations économiques exté-

---

[54] Marjolin, R., *Le travail d'une vie. Mémoires 1911-1986*, Paris, Robert Laffont, 1986, p. 58.

[55] *Ibidem*, p. 106.

[56] *Ibidem*, p. 57.

[57] *Ibidem*, p. 84.

[58] *Ibidem*, p. 72-80.

rieures prend position à la fin de l'année 1938 en faveur d'une politique de rupture avec le protectionnisme qui entrave l'expansion économique de la France[59].

Le début de la guerre décide de la nouvelle orientation de sa vie en le conduisant à accepter un travail de statisticien auprès du conseil de coordination franco-britannique, créé par Jean Monnet en novembre 1939. Chef de cabinet du secrétaire général du Maroc depuis août 1940, il s'enfuit en mars 1941 pour rejoindre le général de Gaulle à Londres et s'engager dans les forces navales françaises libres. Il va affiner ses idées au sein du CFLN où il occupe la fonction de conseiller économique de novembre 1942 à novembre 1943[60]. C'est durant cette période londonienne qu'il achève de se familiariser avec la littérature économique anglo-saxonne, et devient membre du *Reform Club*. Il est ensuite nommé en novembre 1943 conseiller économique au sein de la mission d'approvisionnement de la France à Washington aux côtés de Jean Monnet. Il représente la France aux conférences de Hot Springs (mai-juin 1943) et Atlantic City (octobre-novembre 1943)[61]. Il se lie durant cette période avec le britannique Eric Roll, un futur collaborateur au sein de l'OECE, qui sera ultérieurement chargé d'animer le comité de réflexion sur l'adhésion de la Grande-Bretagne au Marché commun. Son admiration pour le courage du peuple britannique, sa proximité avec de nombreux responsables britanniques, son appréciation du rapport des forces sur le continent conduisent naturellement Marjolin à concevoir à cette date une construction européenne fondée sur un noyau franco-britannique[62].

C'est sur la recommandation de Jean Monnet auprès de Pierre Mendès France, alors ministre de l'Économie nationale, qu'il est nommé le 18 janvier 1945 directeur des relations économiques extérieures. Installé dans un bureau rue de Rivoli, dans des conditions précaires, il préside au démarrage d'une direction éclatée sur plusieurs sites : le Service des affaires allemandes demeurant rue de la Ville-l'Évêque, celui des approvisionnements, avenue Franklin-Roosevelt[63]. Marjolin n'a que peu de notes à rédiger, mais beaucoup de voyages à accomplir : il dit n'avoir gardé trace que d'un mémorandum rédigé à l'attention de René Pleven, le ministre des Finances. Durant l'année 1945, son activité principale consiste à coordonner les efforts français en matière d'approvisionnement auprès des Anglo-Saxons et à veiller au transport et à l'acheminement des produits. Bien qu'il ne soit pas issu de la haute administration, il forme immédiatement une bonne équipe avec le

---

[59]   *Ibidem*, p. 87.
[60]   *Ibidem*, p. 116.
[61]   SAEF, P/CE, 1 C 575, R. Marjolin.
[62]   Marjolin, R., *Le travail d'une vie, op. cit.*, p. 128-131.
[63]   CHEFF/AO, entretien de M. Hyafil du 12 mai 1992, entretien 3, cassette 4.

directeur-adjoint des relations économiques extérieures déjà en place
Jacques de Fouchier, et avec le directeur-adjoint du Trésor, Guillaume
Guindey. Tandis qu'il a en charge les problèmes vitaux d'approvisionnement et les relations avec les Alliés, c'est Fouchier qui s'occupe à
l'époque de la relance de l'activité devenue classique de la direction :
promotion des exportations, reconstitution du réseau des conseillers
commerciaux et préparation de nouvelles conventions commerciales[64].

À la demande de Jean Monnet, Marjolin quitte la DREE pour le suivre au Commissariat général du plan de modernisation et d'équipement
qui vient d'être créé pour devenir son adjoint le 8 mars 1946. Il tint
par la suite un rôle important lors de la première relance de la construction européenne, comme membre du cabinet du ministre des Affaires
étrangères Christian Pineau.

Roger Nathan, son successeur, n'était pas plus que lui voué à la
haute administration. Destiné au commerce par ses parents, il obtient
d'être envoyé au lycée et intègre l'École normale supérieure en novembre 1919. Ayant obtenu l'agrégation de philosophie en 1922[65], il décide
d'entrer dans le monde des affaires. Après avoir acquis une expérience
dans une entreprise bancaire américaine, puis au sein de la société André
Citroën, où il est le chef des services financiers des filiales étrangères à
partir de novembre 1927, il devient journaliste pour *L'Europe nouvelle*
en novembre 1929 et en assure la rédaction en chef, puis la direction de
1931 à novembre 1934[66]. C'est avant la guerre qu'il entre dans l'administration *via* son intégration le 1er décembre 1935 au sein du ministère
du Commerce et de l'Industrie où viennent d'être créés des postes de
conseillers techniques[67].

Il demeure conseiller technique au sein du ministère de la Production
industrielle de Vichy de juillet 1940 à novembre 1942, puis il se replie
dans les Alpes au lendemain de l'invasion de la zone sud. Il est détaché
auprès du ministère de l'Économie nationale comme président du
Conseil français des approvisionnements à Londres à compter du 16 novembre 1945 avant de prendre en charge la DREE, à titre intérimaire, en
janvier 1946[68]. Après avoir passé le relais à Jean Filippi, il retourne dans

---

[64]   De Fouchier, J., *Le goût de l'improbable, op. cit.*, p. 245.

[65]   La notice rédigée par l'ENS (note 67) fait état d'un échec tandis que son *curriculum vitae* établi par le ministère des Finances mentionne son succès...

[66]   Weiss, L., *Mémoires d'une Européenne*, tome II : 1919-1934, Paris, Payot, 1969, p. 202 ; Manigand, C., « *L'Europe nouvelle* de Louise Weiss », in G. Bossuat (dir.), *Inventer l'Europe. Histoire nouvelle des groupes d'influence et des acteurs de l'unité européenne*, Bruxelles, P.I.E.-Peter Lang, 2003, p. 126, note 3.

[67]   Association amicale des anciens élèves de l'École normale supérieure, 1968, notice sur R. Nathan, pp. 69-71.

[68]   En fait, Marjolin, devenu commissaire-adjoint au Plan à cette date, continuait à occuper en titre son poste de directeur et à en percevoir le traitement, tandis que

le monde des entreprises en juin 1948. Il occupe alors les fonctions de conseiller économique et financier à la société d'électro-chimie et d'électro-métallurgie d'Ugine, et de PDG de la Cempa (Centrale des papiers)[69].

Avec *Jean Filippi*, c'est un haut fonctionnaire patenté qui prend la tête de la DREE pour trois années décisives (1948-1950). Auteur d'un important rapport pour le Conseil national économique en 1935 sur « La crise des exportations françaises », il s'est forgé avant-guerre une solide expérience politique au sein de cabinets de ministères techniques, puis il est devenu le premier secrétaire général de la nouvelle SNCF en septembre 1937, au lendemain de la nationalisation des compagnies de chemins de fer. Devenu chef de cabinet du ministre des Finances le 27 mars 1940, il se voit prier de conserver cette fonction par le ministre suivant Yves Bouthillier le 6 juin 1940. Il accepte ensuite, mais à titre temporaire, d'exercer les fonctions de secrétaire général pour les affaires économiques au secrétariat d'État aux Finances en remplacement d'Olivier Moreau-Néret. Cette fonction lui sera reprochée à la Libération. Il arguera alors, lettres à l'appui, qu'il a offert sa démission à deux reprises à Bouthillier, le 4 janvier 1942, puis à Cathala, son successeur, le 24 avril 1942. À cette date, il put réintégrer son poste à la SNCF, remplacé par Henri Zaffreya[70]. En octobre 1945, il est nommé directeur général de l'Économie et des Finances du gouvernement militaire en zone française d'occupation, nomination apparemment destinée à l'éloigner un temps de Paris en raison de son passé vichyste.

Il devient le 1er juin 1948 le troisième directeur de la DREE, nommé à ce poste par René Mayer et fonction qu'il exerce un temps parallèlement avec celle de directeur du cabinet de Maurice Petsche. La transition avec Roger Nathan s'est faite à l'amiable, ce dernier demeurant un mois de plus à son poste afin de familiariser Jean Filippi avec sa nouvelle fonction[71]. Filippi est dans une situation paradoxale : ce « dirigiste éclairé », comme il se définit lui-même, doit œuvrer à partir de 1949 en faveur d'une libéralisation des échanges qu'il estime par ailleurs nécessaire[72]. Son activité de directeur est alors tout entière tournée vers la préparation des réglementations intérieures. En ce qui concerne la libéralisation de l'économie française, s'il est tenu de soutenir l'ouverture à la concurrence internationale comme une nécessité pour la modernisation

---

Nathan continuait à être rémunéré sur le budget des missions françaises à l'étranger. La régularisation intervint le 1er janvier 1947 (SAEF, P/CE, 1 C 589, R. Nathan).

[69] *Ibidem.*

[70] CHEFF/AO, dossier de J. Filippi, lettre du 9 septembre 1944 adressée à R. Mayer, ministre des Communications et de la Marine marchande. Les copies des lettres citées figurent aussi dans ce dossier.

[71] CHEFF/AO, entretien de J. Filippi du 3 mai 1989, entretien 8, cassette 9.

[72] *Ibidem*, entretien du 10 mai 1989, entretien 9, cassette 10.

industrielle et économique de la France, il rappelle que la France de l'époque ne pouvait se permettre de supprimer brutalement ses contingents. Il convenait de « choisir » et de « doser », travail qui l'occupe prioritairement à partir de 1949[73]. Selon lui, c'est parce que le commerce extérieur français était encore dirigé, que la DREE occupait alors une place prépondérante au sein du ministère des Finances. En tant que directeur de la DREE, il détient aussi une fonction de négociateur direct comme président de la Commission des échanges de l'OECE.

2. La décennie Clappier : d'une direction éclatée à une direction centralisée

Les témoignages dont on dispose permettent de distinguer avec netteté deux phases. Une grande liberté d'action est laissée aux chefs de service sous la direction de Roger Nathan, puis de Jean Filippi. Ce dernier assure une direction collégiale des affaires, organisant de grandes réunions où chacun peut s'exprimer et il permet aussi à ses subordonnés de solliciter directement les ministres[74].

À partir des années 1950, la DREE devient pour certains une administration comme les autres. Est-ce l'influence de son nouveau patron *Bernard Clappier*, plus réservé que son prédécesseur, et qui mène une politique de cabinet, médiatisant les relations de ses subordonnés avec les ministres[75] ? Est-ce une évolution structurelle liée au renforcement des structures de la DREE et au poids nouveau des hiérarchies ? Clappier a lui-même laissé un témoignage ambigu sur cette DREE du début des années 1950, une direction très puissante du fait de l'emprise étatique sur le commerce extérieur, mais située Quai Branly, perçu comme le « dépotoir de la rue de Rivoli » accueillant les directions « roturières » (INSEE, Prix)[76]. Grâce au témoignage recueilli par Christian de Longevialle auprès d'une fonctionnaire de l'époque, Mlle Mouchet, on dispose d'une description pittoresque des nouveaux bâtiments où s'établit alors la DREE.

> Les services ont été tout récemment regroupés Quai Branly dans la nouvelle cité administrative qu'on est en train d'achever. Cette cité occupe un vaste terrain bordé au nord par le Quai Branly, au sud par la rue de l'Université ; elle est composée de bâtiments comprenant uniformément un rez-de-chaussée et deux étages, disposés parallèlement les uns aux autres, suivant l'orientation est-ouest [...]. La direction des relations économiques extérieures occupe le premier et le second étage des bâtiments [...].

---

[73]   *Ibidem*, entretien du 3 mai 1989, entretien 8, cassette 9.

[74]   *Ibidem*, entretien de M. Hyafil du 20 mai 1992, entretien 4, cassette 5. Entretien de C. Lherm du 28 novembre 1990, entretien 3, cassette 3.

[75]   *Ibidem*, entretien de M. Hyafil du 20 mai 1992, entretien 4, cassette 5.

[76]   *Ibidem*, entretien de B. Clappier du 23 février 1990, entretien 4, cassette 7.

Il y a donc, au total, 204 cellules (mais il y a beaucoup moins de bureaux distincts car il y a une vingtaine de doubles cellules). Celles-ci sont très claires, très gaies, mais elles ne sont pas très confortables ; les bâtiments sont construits de façon économique : aussi les cloisons internes trop minces laissent passer d'une cellule à l'autre tous les bruits, tandis que les murs extérieurs défendent mal contre les atteintes du froid, et surtout de la chaleur [...].

Il y a une étroite corrélation entre la superficie accordée à chacun et son importance hiérarchique ; ainsi, par opposition aux simples agents d'exécution, qui peuvent être deux par cellule, l'administrateur a toujours droit à une cellule entière [...] ; les sous-directeurs et les chefs de service ont droit personnellement à une double cellule, ce qui leur donne un bureau de 3 mètres sur 5,80 ; enfin, le directeur a droit à trois cellules, donc à un bureau de 3 mètres sur 8,70. D'autres signes extérieurs révèlent l'importance hiérarchique du titulaire de chaque bureau : ainsi des peintures spéciales et des cloisons renforcées et insonorisées sont réservées aux plus hauts agents de la direction ; de même, les moquettes sont l'apanage du directeur et de ses chefs de service ; enfin, la couleur acajou du mobilier indique que l'on a affaire à un administrateur civil, les bois clairs étant réservés au personnel d'exécution [...].

[La direction] n'a qu'un matériel très réduit [...] :
- 55 machines à écrire
- 4 machines à calculer
- une voiture avec chauffeur pour le directeur et les chefs de service[77].

Paradoxalement, l'arrivée de Clappier correspond pour certains à un affaiblissement de la DREE face à un Trésor qui tend à devenir hégémonique[78]. Pour d'autres, Bernard Clappier n'a fait que ramener de l'ordre dans une direction où, profitant de l'effervescence des débuts, les chefs de services s'étaient constitués en autant de « féodalités », confirmant la tendance à la « satrapie » de tout fonctionnaire[79]. Symbole du grand vassal, le chef du Service de l'expansion économique Hubert Rousselier s'entendait difficilement avec son directeur, lequel lui rend pourtant hommage dans son témoignage. Aussi quand il quitta la DREE pour prendre la tête du CNCE, Bernard Clappier chargea-t-il Christian Lherm d'élaborer un projet de réforme destiné à réorganiser la direction.

Clappier était polytechnicien, devenu inspecteur des Finances en mai 1939. Avant d'entrer à la DREE, il dirigea le cabinet du ministre des Affaires étrangères Robert Schuman d'octobre 1947 à février 1951. C'est Schuman qui va proposer sa nomination comme directeur au secrétaire d'État aux Affaires économiques Robert Buron, alors que

---

[77] Longevialle, C. de, *op. cit.*, pp. 34-36.

[78] CHEFF/AO, entretien de M. Hyafil du 26 mai 1992, entretien 5, cassette 6.

[79] *Ibidem*, entretien de C. Lherm du 28 novembre 1990, entretien 3, cassette 3.

Clappier décline, entre autres, la proposition de Jean Monnet de prendre la direction financière de la nouvelle Communauté européenne du charbon et de l'acier.

Il dirige la DREE de février 1951 à janvier 1964. Dans la continuité du travail effectué par Filippi, il s'acquitte avec conscience de ses obligations au sein du comité de direction des échanges de l'OECE, qu'il vice-préside à partir d'août 1956. Sous son impulsion, c'est le Service de la politique commerciale, dirigé par Jean Wahl, qui prend en charge le dossier européen. En 1960, le premier bureau géographique du Service des accords commerciaux, jusque-là consacré à l'Europe occidentale et aux pays scandinaves, se spécialise : « CEE, Allemagne occidentale, Pays-bas, Belgique, Luxembourg, Italie ». Puis dans les années 1970, le dossier revient à la sous-direction des affaires multilatérales.

3. La fin de l'indépendance des directeurs ?

Un certain nombre de témoignages font en effet état de l'intérêt inédit manifesté par Valéry Giscard d'Estaing, ministre des Finances et des Affaires économiques depuis janvier 1962, pour les négociations économiques internationales. Clappier évoque l'étonnement de celui-ci face à la grande liberté d'action laissée au directeur des relations économiques extérieures et sa volonté de prendre lui-même directement en charge une partie importance de ces réunions internationales[80]. Cela correspond de fait à une réforme structurelle qui voit la suppression du secrétariat d'État aux Affaires économiques et le rattachement direct de la DREE au ministre des Finances. « J'ai compris qu'il était temps pour moi de quitter mon poste », déclare Clappier.

En 1962, on assista à l'apparition d'un éphémère secrétariat d'État au Commerce extérieur. Réapparu en 1966, il est confié par Michel Debré à Charles de Chambrun, dont les relations avec le directeur de la DREE s'avérèrent difficiles. En 1974-1975 enfin, un secrétariat, puis un ministère du Commerce extérieur fut créé et confié à Norbert Ségard. Selon l'article 2 du décret du 21 février 1975, la DREE ainsi que les organismes placés sous son contrôle ou sous sa tutelle étaient « placés sous l'autorité du ministre du Commerce extérieur pour l'exercice de la mission de celui-ci[81] ». Ce nouveau dispositif ne laissa pas de susciter des relations un peu tendues entre son directeur et les ministres successifs du Commerce extérieur...

Le 25 juillet 1964 a lieu une autre réforme importante : la DREE perd la tutelle directe du corps de l'expansion économique. L'ordonnan-

---

[80]   *Ibidem*, entretien de B. Clappier du 5 mars 1990, entretien 5, cassette 9.

[81]   *Journal officiel*, en date du 22 février 1975. Décret n° 75-106 du 21 février 1975 relatif aux attributions du ministre du Commerce extérieur.

cement des dépenses de ses services extérieurs est en effet transféré à la direction du personnel du ministère des Finances. *François Bizard* venait de succéder à Clappier en mars 1964. Un court intérim à la tête de la DREE avait été assuré de janvier à mars par Guillaume Guindey, dont Bizard avait été le collaborateur à la direction des finances extérieures de 1945 à 1950. Lorsqu'il fut nommé directeur, Bizard exerçait depuis une décennie les fonctions de directeur général de la Banque d'État du Maroc. Le transfert opéré en juillet 1964 le heurte profondément. L'enquête diligentée par l'inspection des Finances en septembre 1964 ne peut que mettre en lumière les « incidents récents » et le « profond malaise » créés par cette décision : « Le directeur y voit une atteinte à son prestige, une perte d'autorité vis-à-vis du Service de l'expansion économique[82] ». Bizard présente immédiatement sa démission, refusée. Sa nouvelle démission en mars 1965 est, cette fois-ci, acceptée[83]. Il confirma, des années plus tard, des divergences constantes avec son ministre que ce soit sur le dossier du rattachement administratif de l'Expansion économique ou sur la construction européenne où Valéry Giscard d'Estaing se montre plus hardi que lui[84]. Stigmatisant l'attitude d'un ministre qui « ne communiquait pas avec ses directeurs », il donna comme contre-exemple le modèle d'entente qu'il avait en permanence sous les yeux et qui régnait entre Olivier Wormser et Maurice Couve de Murville. Sa propre situation semble avoir été compliquée par le fait que les deux ministres ne s'entendaient pas[85]. Au-delà, la décision de juillet 1964 créait au détriment de la DREE, selon lui, une situation d'exception par rapport aux autres directions qui, comme la Comptabilité publique ou les Régies, géraient elles-mêmes leurs services extérieurs.

André Valls prend la tête de la DREE en mars 1965. Issu de la direction des finances extérieures, il est nommé à ce poste pour concrétiser la volonté réformatrice de Valéry Giscard d'Estaing. La direction des finances extérieures vient d'être supprimée et rattachée à la direction du trésor ; quant à la DREE, elle pâtit de son éloignement de la rue de Rivoli, de son éclatement persistant en fiefs et du caractère vétuste de ses locaux[86]. Exécutant fidèle, André Valls achève de mener à terme la normalisation de la DREE qui passe par la réduction du nombre des chefs de service et la réaffirmation de l'autorité du directeur sur des sous-directions qui coordonnent les différents bureaux. Il témoigne d'une relation apaisée avec son ministre Valéry Giscard d'Estaing qui

[82] SAEF, 4 A 2482 (314-64), note du 9 novembre 1964 de MM. Dubois-Taine et Ronze ; CHEFF/AO, entretien de C. Lherm du 13 décembre 1990, entretien 5, cassette 7.
[83] CHEFF/AO, entretien de F. Bizard du 14 décembre 1989, entretien 7, cassette 11.
[84] *Ibidem.*
[85] *Ibidem*, et entretien du 4 janvier 1990, entretien 8, cassette 13.
[86] *Ibidem*, entretien d'A. Valls du 24 avril 1990, entretien 3, cassette 3.

laissait une très large délégation de pouvoir à son directeur tandis que Michel Debré, devenu ministre de l'Économie et des Finances en janvier 1966, s'est personnellement engagé dans le suivi de la grande commission franco-soviétique[87].

Jean Chapelle succède à André Valls en juin 1967. Issu de la direction du budget, réputée pour son sens de la discipline et de la hiérarchie, il tend à accentuer la normalisation entreprise par son prédécesseur. C'est à ses côtés que *Bertrand Larrera de Morel* fait ses armes de directeur-adjoint, voyageant beaucoup aux côtés de Valéry Giscard d'Estaing, de retour au ministère en juin 1969 et qui achève de se forger une dimension internationale[88]. La carrière de B. Larrera de Morel à la DREE reflète l'importance prise par les mécanismes de financement des exportations à partir des années 1960. Il y entre en 1962 comme chef du secteur de l'assurance-crédit, des risques économiques et de l'assurance-prospection du Service de l'expansion économique. Il est nommé directeur-adjoint avant de prendre la tête de la direction en octobre 1972 et d'y demeurer jusqu'en 1978.

D. *Les réseaux administratifs et patronaux*

Quoiqu'on ait pu écrire sur la rivalité croissante des administrations en charge des relations économiques extérieures de la France, les débuts de la DREE semblent s'être caractérisés par les bonnes relations de travail existant entre son directeur, les directeurs du ministère des Finances et son interlocuteur des Affaires étrangères. Jean Filippi l'attribue pour sa part à sa qualité « d'ancien » au sein de l'administration : il connaissait tous les autres directeurs comme Guillaume Guindey, jadis son « poulain »[89], devenu directeur des finances extérieures. Ses bonnes relations personnelles avec Hervé Alphand, directeur des affaires économiques et financières au Quai d'Orsay, permettent un travail harmonieux dans l'élaboration des négociations commerciales : Jean Filippi prépare les négociations et Hervé Alphand les conduit. Son témoignage est corroboré par celui, admiratif, de l'un de ses subordonnés Marc Hyafil, chef du Service des produits, qui insiste sur le poids politique considérable de celui qui fut « plus qu'un grand directeur de la DREE » et chez lequel le directeur des finances extérieures se rendait, ce qui, avec le recul, lui paraît « invraisemblable »[90]. Dans les années 1950, cette entente personnelle perdure. Bernard Clappier témoigne de manière favorable sur les relations qui l'unissent alors à son *alter ego* du Quai d'Orsay, Olivier Wormser, directeur des affaires économiques.

---

[87] *Ibidem.*

[88] Entretien de M. Larrera de Morel avec l'auteur le 29 mars 2004.

[89] CHEFF/AO, entretien de J. Filippi du 3 mai 1989, entretien 8, cassette 9.

[90] *Ibidem*, entretien de M. Hyafil du 20 mai 1992, entretien 4, cassette 5.

Formant un « duo efficace », ils détenaient « une sorte de monopole des relations économiques internationales » durant une période où la France peine à respecter ses engagements au sein de l'OECE.

Au milieu des années 1960, les réunions des trois directeurs (DREE, Finex, DAEF) continuent à un rythme bi-mensuel sans que François Bizard n'évoque lui non plus de conflit de compétences particulier entre sa direction et le Quai d'Orsay[91]. André Valls se souvient de la « sacro-sainte » réunion hebdomadaire avec, en outre, le représentant du SGCI dont, à sa connaissance, il n'y avait pas de compte rendu[92]. Un rapport de l'inspection des Finances reconnaissait d'ailleurs que « la distinction entre la préparation des négociations et les instructions préalables d'une part, de l'autre la conduite des négociations, est loin d'être aussi nette » que dans les textes[93]. Le représentant de la DREE a parfois été amené à assumer la conduite d'une négociation. Bertrand Larrera de Morel a confirmé la continuité de la qualité des relations entre Jean Chapelle, lui-même et le directeur de la DAEF de l'époque, Jean-Pierre Brunet, au début des années 1970[94].

Dans d'autres domaines, une nette rivalité a pu s'exprimer entre les directions. À titre d'exemple, on peut citer celui de l'expansion écono-mique et le débat qui oppose au printemps 1974 la DREE au Trésor sur le financement des exportations[95]. L'arbitrage de Valéry Giscard d'Estaing laissa la gestion du crédit à l'exportation à la DREE et confia au Trésor la négociation des prêts gouvernementaux[96].

En ce qui concerne les relations avec les ministères techniques, Marc Hyafil donne l'exemple d'une bonne collaboration avec le directeur de la sidérurgie du ministère de l'Industrie Albert Denis, lorsque tous deux essayaient de définir une politique extérieure commune de la CECA, en défendant une certaine protection aux frontières des Six, contre un point de vue allemand beaucoup plus libéral[97]. Mais il ne dissimule pas que son quotidien a été fait de confrontations récurrentes, en particulier avec le Service de la coordination industrielle de ce même ministère qui entend définir sa propre politique commerciale et est beaucoup plus tourné que la DREE vers le marché intérieur. De manière plus générale, le ministère de l'Industrie apparaît aux responsables de la DREE comme

---

[91] *Ibidem*, entretien de F. Bizard du 14 décembre 1989, entretien 7, cassette 11, et du 14 décembre 1989, entretien 7, cassette 12.

[92] *Ibidem*, entretien d'A. Valls du 24 avril 1990, entretien 3, cassette 3.

[93] SAEF, 4 A 2477 (237-64), note de MM. François Paul Dubois-Taine et Bernard Ronze sur la DREE, 6 janvier 1965, p. 11.

[94] Entretien de M. Larrera de Morel avec l'auteur le 29 mars 2004.

[95] Dossier de M. Larrera de Morel.

[96] Entretien de M. Larrera de Morel avec l'auteur le 29 mars 2004.

[97] CHEFF/AO, entretien de M. Hyafil du 20 mai 1992, entretien 4, cassette 5.

le bras séculier des intérêts les plus catégoriels alors qu'eux-mêmes se targuent de faire prévaloir l'intérêt général.

Les relations avec les milieux patronaux s'inscrivent naturellement dans les activités de la DREE. Elles se développent dans les années 1950 sous l'impulsion de Bernard Clappier. Selon le *Bulletin du CNPF*, ses « délégations rendent visite chaque mois au directeur de la DREE[98] ». Mais Clappier fait état de rencontres hebdomadaires tout en précisant que ses rencontres avec les organisations sectorielles sont beaucoup plus rares[99]. Marine Moguen-Toursel mentionne une note émanant des archives du CNPF rappelant la filiation existant entre la DREE et l'ancienne direction des accords commerciaux de l'entre-deux-guerres et souhaitant que le rôle et l'autorité dévolus à cette dernière soit rendus à la DREE[100]. Dans les années 1960, François Bizard poursuit ce dialogue avec les industriels français et se flatte d'avoir rencontré, en une année, tous les patrons français[101].

III. La DREE et la construction européenne

Bernard Clappier, directeur à la longévité exceptionnelle, est reconnu par tous comme un fervent européen. Il s'est exprimé lui-même à plusieurs reprises sur le lien qui l'unissait à Robert Schuman dont il dirigeait le cabinet, comme sur les relations confiantes qu'il avait avec Jean Monnet[102]. Il devait d'ailleurs recevoir le Prix Jean Monnet 1985 en compagnie d'Étienne Hirsch.

Son engagement personnel reflète-t-il celui de sa direction ?

A. *Une vision qui se forge dans l'épreuve des négociations commerciales internationales*

Après la période fondatrice de la DREE (1945-1949), se déroule une période (1949-1963) durant laquelle émergent deux fonctions principales de la direction : la définition de la politique commerciale extérieure de la France et la promotion de son commerce extérieur, ce qui se traduit, on l'a vu, par la bipolarisation de son organigramme. Cela implique, pour notre problématique, que la vision « européenne » de la DREE se saisit, d'abord, dans la manière dont elle conçoit la libéralisa-

---

[98] Cité par Moguen-Toursel, M., *L'ouverture des frontières européennes dans les années 50. Fruit d'une concertation avec les industriels ?*, Bruxelles, P.I.E.-Peter Lang, 2002, p. 37.

[99] CHEFF/AO, entretien de B. Clappier du 23 février 1990, entretien 4, cassette 7.

[100] Moguen-Toursel, M., *op. cit.*, p. 45.

[101] CHEFF/AO, entretien de F. Bizard du 4 janvier 1990, entretien 8, cassette 13.

[102] Voir notamment les divers témoignages livrés dans les « livres rouges » de la Fondation Jean Monnet pour l'Europe, à Lausanne (*Une mémoire vivante*, 1986, pp. 53-60, *Témoignages à la mémoire de Jean Monnet*, 1989, pp. 109-111).

tion des échanges internationaux, puis la participation de la nouvelle CEE aux négociations commerciales internationales. On ne trouve pas de profession de foi spectaculaire de ses dirigeants, pas plus que des déclarations hostiles. Aussi notre approche s'est-elle faite structurelle (comment la DREE s'est-elle adaptée à la construction européenne ?) et fonctionnelle (comment ses missions l'ont-elles amenée à prendre position sur ce sujet ?).

La DREE n'a pas été parmi les organismes précurseurs en matière de construction européenne. Au moment du lancement du plan Marshall, elle demeure marginale face à d'autres directions comme la DAEF ou les Finances extérieures, très engagées dans l'élaboration de la répartition des fonds américains. Seuls le directeur de la DREE et un fonctionnaire spécialisé furent concernés par le suivi du plan, mais le responsable naturel qu'aurait été le chef du bureau Amérique du Nord n'eut pas à s'en occuper[103]. Avant même la construction européenne, il y a eu des tentatives de rapprochement entre les États européens comme le projet d'union douanière franco-italienne, promu par Hervé Alphand, devenu directeur au Quai d'Orsay. Il fait l'objet de la première réunion importante chez le ministre des Affaires étrangères Robert Schuman lorsque Jean Filippi devient directeur des relations économiques extérieures. Très méfiant vis-à-vis de l'Italie, Filippi se montre d'emblée défavorable au projet et revendique la paternité de son échec, dû, selon d'autres témoignages, à la pression de l'industrie textile[104].

La vision européenne de la DREE s'enracine en premier lieu dans la conviction que la France a tout à gagner d'une intégration dans le jeu économique international et d'une libéralisation de ses échanges. En cela, son point de vue est partagé par les Finances extérieures et la DAEF[105].

1. Au sein de l'OECE

Les témoignages d'anciens responsables comme les études des chercheurs mettent en lumière la position d'équilibriste de la DREE entre un cap à tenir (la libéralisation) et la prise en compte des difficultés internes de l'économie française, répercutées par le ministère de l'Industrie. Ainsi, lorsque sont mis en place des comités techniques d'importation en juillet 1949, chargés de répartir les licences d'importation entre différentes firmes d'une même branche, le directeur-adjoint des relations

---

[103] CHEFF/AO, entretien de C. Lherm du 28 novembre 1990, entretien 3, cassette 3.

[104] *Ibidem*, entretien de J. Filippi du 10 mai 1989, entretien 9, cassette 9 ; Franck, L., *697 ministres. Souvenirs d'un directeur général des prix, 1947-1962*, Paris, CHEFF, 1990, pp. 45 et 54.

[105] Voir l'extrait de l'entretien de G. Guindey avec G. Bossuat en 1986, cité par M. Moguen-Toursel, *op. cit.*, p. 41, et son témoignage sur des administrations partageant « les mêmes objectifs de libéralisation des changes et du commerce extérieur ».

économiques extérieures Georges Drillien exprime-t-il ses réticences face à l'extension de leurs prérogatives[106]. Ces comités sont en effet composés de représentants patronaux et de fonctionnaires du ministère de l'Industrie qui les transforment, selon certains, en « citadelles du protectionnisme ». Alors que Roger Nathan, ancien directeur de la DREE, en est devenu le président de la commission de libération des échanges en mars 1950, le CNPF, cédant aux pressions protectionnistes, demande en avril 1951 le rétablissement des droits de douane pour tous les produits libérés des restrictions quantitatives.

En revanche, la DREE résiste aux pressions de la Chambre syndicale des constructeurs d'automobile, soutenue par la direction des industries mécaniques et électriques du ministère de l'Industrie, qui réclamait un maintien du tarif douanier automobile. Elle parvient à obtenir une réduction de son taux de 35 % à 25 %, mue par la volonté d'inciter ce secteur à exporter[107]. Il n'en demeure pas moins que jusqu'à la fin des années 1950, la DREE participa à l'élaboration et l'application de mesures qui faussaient le jeu du retour à la libre concurrence (taxe spéciale temporaire à l'importation de biens de consommation ; remboursement des charges sociales et fiscales aux entreprises exportatrices).

2. *Au sein du GATT*

La France participe aux conférences du GATT depuis la signature de l'accord le 30 octobre 1947 et les dirigeants de la DREE font partie de la délégation française aux conférences qui en rythment l'existence[108]. À la suite de l'entrée en vigueur du traité de Rome, la DREE représente la France lors des réunions du comité 111, créé en mai 1959 pour seconder la Commission dans la préparation des négociations tarifaires. La création de la CEE conduit à se demander si la position de la DREE lors de ces négociations évolue de la défense de l'intérêt national à celle de l'intérêt communautaire[109].

Lors de la négociation Dillon (mai 1961-juillet 1962), qui vise à obtenir des parties contractantes, dont la CEE, des réductions tarifaires sur une base de réciprocité, le but du représentant français, le directeur du Service de la politique commerciale de la DREE, Jean Wahl, est de

---

[106] Moguen-Toursel, M., *op. cit.*, p. 46.

[107] *Ibidem*, p. 76.

[108] Hazoumé, B., « La Communauté économique européenne et l'accord général sur les tarifs douaniers et le commerce : la direction des relations économiques extérieures et l'article 111 du traité de Rome », in R. Girault et R. Poidevin (dir.), *Le rôle des ministères des Finances et de l'Économie dans la construction européenne (1957-1978)*, tome I, Paris, CHEFF, 2002, p. 412.

[109] Cette réflexion est conduite grâce à l'étude réalisée par Costa, L., « Les négociations multilatérales du GATT : Dillon Round et Kennedy Round (1960-1967) », mémoire de maîtrise, Université de Provence, sous la direction de Philippe Mioche, 1998.

maintenir une méthode de calcul du tarif extérieur commun, le TEC, fondé sur une moyenne arithmétique qui avantage un État protectionniste comme la France – la France utilise les imprécisions de l'Accord général dont l'article XXIV-§5(a) n'a jamais imposé de méthode de calcul définie[110]. Mais, ce faisant, la DREE ne peut être accusée de défendre uniquement l'intérêt national. Elle défend également un enjeu communautaire : en tant qu'union douanière, la CEE doit avoir un TEC important sinon elle risque la dilution au sein d'une vaste zone de libre-échange[111]. Autre manifestation de la solidarité communautaire que souhaite préserver la DREE, le souci exprimé par Jean Wahl de permettre le maintien du dialogue avec la nouvelle AELE dans un cadre multilatéral. Il convient d'obtenir une reconnaissance de la consolidation du TEC, avant d'engager la négociation Dillon proprement dite. Cette phase préliminaire, menée au titre du chapitre 6 de l'article XXIV du GATT de septembre 1960 à mai 1961, est fondamentale pour éviter un amalgame avec les négociations générales menées dans le cadre du Dillon Round. Il convient d'éviter « une conversation intra-européenne peu souhaitable dans les relations d'ensemble entre les Six et les Sept » en évitant un face-à-face entre la CEE et l'AELE, comme la relance de disputes intra-communautaires entre partisans d'un désarmement renforcé (Allemagne, Benelux) et défenseurs du *statu quo* (France, Italie)[112].

Si dans le cadre de la négociation Dillon, la CEE a pu bénéficier de l'appui des États-Unis, au moins en ce qui concerne les négociations sur les produits industriels, il n'en est plus de même lorsque s'ouvre la négociation Kennedy en mai 1964. Pour les Américains, il s'agit d'enrayer un déclin commercial dont la CEE est rendue responsable. « De mineur protégé, le Marché commun s'était transformé en rival dangereux, un partenaire commercial deux fois plus difficile qu'on ne l'avait prévu[113] ». Le *Trade Expansion Act* présenté au Congrès en janvier 1962 et adopté en octobre, est l'arme qui doit soutenir la nouvelle politique américaine. Par la voix de Bernard Clappier, la France exprime, au nom de l'intérêt national, ses vives réticences sur le programme des négociations : « Une diminution de 50 % supprimerait en pratique la protection moyenne dont bénéficie l'industrie française par rapport aux productions américaines[114] ». Toutefois, la DREE est consciente que la France ne peut s'opposer à leur ouverture, effective en mai 1964. Successeur de Clappier, François Bizard réaffirme la double finalité de la diplomatie française : « Le souci de maintenir au TEC un

---

[110] Costa, L., *op. cit.*, p. 8.

[111] *Ibidem*, p. 12.

[112] SAEF, B 54 936, note de J. Wahl sur les négociations entreprises au GATT au titre de l'article XXIV-6, vers décembre 1960, citée par L. Costa, *op. cit.*, p. 13, note 2.

[113] Costa, L., *op. cit.*, p. 58.

[114] *Ibidem*, p. 64, note 1.

niveau qui lui permette d'assurer une protection raisonnable des industries des États-membres du traité de Rome et de favoriser l'intégration progressive des six pays[115] ».

Les négociations Dillon et Kennedy ont indéniablement accéléré le processus d'intégration communautaire en obligeant les Six à unifier leur position dans différents domaines. On peut par conséquent estimer qu'en participant à ces négociations, et tout en y défendant la position française, la DREE a de manière concrète renforcé une culture européenne qui, initialement, n'allait pas de soi.

B. Grande ou petite Europe ?

Prenant position dans le débat déjà ancien sur la taille du marché européen et le degré d'intégration à atteindre[116], la DREE privilégie dès l'origine un modèle de grande Europe – l'Europe des Seize de l'OECE – et témoigne de plus de circonspection face aux projets d'Europe intégrée.

Selon Louis Franck, alors directeur des Prix, Maurice Petsche, le ministre, et Robert Buron, le secrétaire d'État aux affaires économiques, apprirent avec surprise la proposition Schuman : « Non, [Robert Buron] ne savait pas [de quoi il s'agissait]. Jean Filippi, présent à ses côtés, ne le savait pas davantage[117] ». Mais Marc Hyafil livre un témoignage précieux dans la mesure où il dit avoir représenté la direction, en tant que chef du Service des produits à la DREE, lors de la préparation du projet par Jean Monnet au sein du Commissariat général au plan, puis à Luxembourg quand fut mise en place la Communauté européenne du charbon et de l'acier, au sein de la cellule Relations extérieures. Il témoigne du caractère favorable d'une partie de la DREE à la création de la CECA. Mais d'autres fonctionnaires sont de fait beaucoup plus réticents. On connaît l'hostilité manifestée par Alexandre Kojève au projet de CECA demandant à Jean Filippi « sinon d'écarter, du moins de surveiller les agissements de M. Monnet[118] ». Dès janvier 1950, Kojève, dans l'ignorance du plan Monnet, concevait, dans le cadre de l'OECE, un projet alternatif de suppression des obstacles quantitatifs aux échanges[119].

---

[115] *Ibidem*, p. 65, note 3.

[116] Cf. les synthèses sur cette question établies par Éric Bussière in R. Girault (dir.), *Identité et conscience européenne au XXᵉ siècle*, Paris, Hachette, 1994 et R. Frank (dir.), *Les identités européennes au XXᵉ siècle*, Paris, Publications de la Sorbonne, 2004.

[117] Franck, L., *op. cit.*, p. 53.

[118] AN, F 60 ter 474, note d'A. Kojève du 20 mai 1950 : « Note sur le projet de pool européen du charbon et de l'acier », rappelée par G. Bossuat, « Les hauts fonctionnaires du ministère des Finances français et la construction européenne, 1948-1974 », in R. Girault et R. Poidevin (dir.), *op. cit.*, p. 168.

[119] Bossuat, G., article cité, p. 167.

La généralisation du Marché commun à l'ensemble des produits industriels et agricoles suscita de nouvelles réticences, beaucoup estimant que le relèvement inachevé de l'économie ne permettait pas à la France de s'engager dans cette voie[120]. Le directeur de la DREE a été personnellement associé à la première relance comme membre de la délégation française auprès du comité des délégués gouvernementaux institué à la suite de la conférence de Messine de juin 1955, puis comme membre de la délégation française à la conférence intergouvernementale (section Marché commun) à partir d'octobre 1956. Dans son témoignage, Clappier se présente comme le seul partisan de la création du Marché commun au sein du comité d'experts français (le comité Verret) mis en place par le gouvernement Mollet, face aux représentants des ministères de l'Industrie et de l'Agriculture. Pour lui, le traité de Rome apportait un assouplissement majeur à l'économie française[121]. Toutefois, l'examen des archives montre que lors de la Relance il a œuvré pour l'adoption de clauses de sauvegarde qui préservent l'intérêt français[122]. Au moment de la première libération des échanges au 1er janvier 1959, il se montre encore très réservé.

Pourtant, sous son impulsion, la DREE s'est adaptée à la construction européenne. Le Service de la politique commerciale fut plus particulièrement chargé de suivre le dossier. Dans ces années 1954-1962, les grandes lignes sont tracées par le directeur en personne et par celui de la politique commerciale ; « ce qui primait, c'était le Marché commun », estime Christian Lherm qui, à son poste de sous-directeur aux Produits, occupait une position marginale[123]. L'Europe lui semble alors être « la bonne voie » pour résoudre les problèmes de l'industrie française et constituer des groupes capables d'affronter la concurrence internationale. D'autres fonctionnaires de la DREE ont été hostiles à la construction européenne et ne s'en cachent pas des années plus tard. Tel Marc Hyafil qui s'avoue « assez peu partisan de ces histoires de Marché commun » en raison de l'insuffisant redressement français et du manque d'une autorité politique réelle en France[124]. Mais sur le fond, la logique fonctionnelle l'emporte et la DREE accompagne la construction européenne sans émettre de notes hostiles à l'intégration. André Valls avoue qu'il a été peu engagé dans la politique de construction européenne, une « affaire essentiellement politique » du ressort du Quai d'Orsay et du SGCI. Il participe à des réunions périodiques du comité 104 entre

---

[120] Cf. le témoignage de M. Hyafil sur sa vision et celle de Filippi alors que les deux hommes ont quitté la DREE.

[121] CHEFF/AO, entretien de B. Clappier du 23 février 1990, entretien 4, cassette 7, et du 5 mars 1990, entretien 5, cassette 9.

[122] Bossuat, G., article cité, p. 171.

[123] CHEFF/AO, entretien de C. Lherm du 28 novembre 1990, entretien 3, cassette 3.

[124] *Ibidem*, entretien de M. Hyafil du 20 mai 1992, entretien 4, cassette 5.

directeurs des relations économiques extérieures des Six pour faire le point sur la construction européenne[125]. Sur la crise de la chaise vide comme sur les « prétentions » de la commission européenne, il ne semble pas avoir eu une position différente de celle du Quai d'Orsay[126].

La question de l'élargissement de la CEE permet à la DREE de préciser sa position. Lors de la première candidature britannique de 1961, Bernard Clappier et son chef du Service de la politique commerciale Jean Wahl ont aligné leurs vues sur celles du Quai d'Orsay, hostile à l'élargissement, et les ont confortées par des arguments d'ordre économique[127]. J. Wahl représente la DREE aux réunions du SCGI et son service élabore des notes essentiellement techniques à la demande de ce comité interministériel, à l'instar des notes que peut établir le service juridique du Quai d'Orsay[128]. Clappier a pu exprimer un certain optimisme dans des notes antérieures, mais son propos vise principalement à maintenir l'unité de vues des Six[129]. Toutefois, dès le début des années 1960, la DREE est bien placée pour prendre connaissance de la réorientation croissante des échanges du Royaume-Uni vers la CEE aux dépens de ses marchés traditionnels et pour saisir l'attrait nouveau des industriels britanniques pour le marché européen. Dans la seconde partie de la décennie, elle apparaît dorénavant plus favorable à l'élargissement que le Quai d'Orsay[130]. En l'absence du témoignage du directeur alors en poste Jean Chapelle, décédé prématurément, il faut se fonder sur ceux de Jean Wahl, alors chef du poste d'expansion économique de l'ambassade de France à Londres, et de Bertrand Larrera de Morel, directeur-adjoint depuis 1968, pour lequel la question, foncièrement politique, fut traitée par le Quai d'Orsay. La DREE continua néanmoins à alimenter de notes nombreuses les réflexions du SGCI. Par ailleurs, Jean Chapelle adresse le 12 octobre 1967 une note à son ministre accompagnée d'un épais dossier mettant à jour la première synthèse élaborée par sa direction en mai 1967 sur les conséquences économiques et commerciales de l'adhésion britannique. Il présente des vues équilibrées qui soulignent à la fois les avantages de l'adhésion pour la CEE (l'apport de la contribution

---

[125] *Ibidem*, entretien d'A. Valls du 30 mai 1990, entretien 5, cassette 5.

[126] *Ibidem*, entretien d'A. Valls du 24 avril 1990, entretien 3, cassette 3.

[127] Badel, L., « Le rôle tenu par le poste d'expansion économique de Londres dans le processus d'adhésion du Royaume-Uni au Marché commun (1966-1971) », in R. Girault et R. Poidevin (dir.), *op. cit.*, p. 245.

[128] Centre des archives contemporaines de Fontainebleau (CAC), SGCI, 900639/95. Voir par exemple la note de la DREE, SPC, du 29 mars 1963, établie à la suite de l'interruption des négociations et qui dresse un bilan équilibré des problèmes suscités par l'économie britannique.

[129] CAC, SGCI, 900639/94, lettre-circulaire du directeur de la DREE aux conseillers commerciaux, du 9 août 1962.

[130] Badel, L., « Le rôle tenu par le poste d'expansion économique... », article cité, pp. 229-265.

technique et du marché britanniques, la réduction du poids budgétaire de la PAC pour les Six) et la question monétaire « qui est le centre de tout » et paralyse les travaux en cours à Bruxelles. À cette date, la DREE estime l'adhésion « encore prématurée » de fait[131]. Les archives du SGCI montrent que de nombreux arguments de la DREE ont été repris par ce Comité interministériel. Là où le Quai d'Orsay se fige à la même époque dans un refus de principe de l'élargissement, partant de l'intégration britannique – que ce soit par l'association, ou par l'adhésion –, la DREE, relayée par le SGCI, présente une analyse plus modérée qui, sans recommander l'intégration immédiate de la Grande-Bretagne, enfonce un coin dans l'argumentaire français officiel. L'intégration de l'économie agricole britannique au Marché commun peut hâter la modernisation de l'agriculture française comme l'adhésion peut favoriser la modernisation industrielle de la France et, à moyen terme, la création d'un pôle industriel européen[132].

Cela n'implique pas que la DREE ait mésestimé les conséquences de l'intégration britannique. Dans la lignée des analyses de Jean Wahl, elle se montre consciente que cette intégration entraîne la reconnaissance du principe de l'élargissement et le risque d'une dilution du Marché commun dans un libre-échange mondial. Mais il semble qu'à la fin des années 1960, la DREE se montre prête à jouer le jeu sous réserve d'une conversion européenne réelle de la Grande-Bretagne.

Les Trente Glorieuses ont ainsi été une période d'influence privilégiée de la DREE sur l'ensemble de l'appareil administratif français, en raison des restrictions longtemps apportées à l'exercice du commerce extérieur comme du rôle tenu par l'État dans le soutien et la promotion des exportations. Dans le domaine qui nous importe, elle tint un rôle plus modeste au moment de la création de l'Europe des Six, et ce, en dépit de l'engagement antérieur de Bernard Clappier auprès de Robert Schuman. Lors du premier élargissement de la Communauté, son intervention fut essentiellement technique. Héritière pour partie d'une culture multilatéraliste qui, dès les années 1920, avait ouvert le ministère du Commerce sur le monde, maintenant après 1945, dans la confrontation avec les industriels français, un cap libéral modéré, la DREE a ainsi été conduite, fonctionnellement, à suivre la construction européenne dans la mesure où celle-ci s'élabora en premier lieu dans le domaine économique et commercial. Elle contribua à l'affirmation d'une identité commerciale de la CEE tout en veillant à sauvegarder les positions françaises dans ce domaine.

---

[131]　CAC, SGCI, 900639/73, dossier d'octobre 1973 : « Note sur l'adhésion de la Grande-Bretagne au Marché commun ».

[132]　Badel, L., « Le rôle tenu par le poste d'expansion économique... », article cité, pp. 245-247.

Un « *Foreign Office* miniature dédié à l'Europe » ?
Le rôle du *Department of Economic Affairs* lors de la seconde candidature britannique (1964-1967)

Helen PARR

Keele University

Après le veto prononcé par le président français, le général de Gaulle, à l'entrée de la Grande-Bretagne dans la Communauté européenne en 1963, des fonctionnaires britanniques réexaminèrent la position de Londres. Leur rapport conclut que, finalement, la Grande-Bretagne n'avait pas d'autre choix que de devenir membre de cette Communauté pour des raisons politiques. Exclue, elle verrait son influence se faner, condamnée à la neutralité d'une « Grande Suède »[1]. Pour le gouvernement conservateur, le veto du général de Gaulle était une catastrophe : « Toutes nos politiques à la maison et à l'étranger sont en ruines[2] ». Pour l'opposition travailliste, c'était une opportunité. Le *Labour* pouvait critiquer les conservateurs, tout en proposant une alternative fondée sur la croissance économique, une renaissance technologique et une réforme administrative[3].

La création du ministère des Affaires économiques (*Department of Economic Affairs* – DEA) faisait partie de cette réforme. Le DEA avait autorité pour promouvoir une croissance économique par la planification et pour modifier fondamentalement la répartition du pouvoir au sein du gouvernement. La « tension créatrice » entre le DEA et le ministère des

---

[1] Public Record Office (PRO), T312/1011, rapport Pitblado, 11 septembre 1964 ; la référence à une « Grande Suède » se trouve dans PRO, T312/1011, dépêche n° 6, O'Neill, 23 juillet 1964.

[2] Horne, A., *Macmillan 1957-1986*, London, Macmillan, 1996, p. 447.

[3] Par exemple, Labour Party Archives (LPA), Research Department Paper, RD377, décembre 1962 ; LPA, « Common Market Alternatives Group. The Alternative to the Common Market », T. Balogh, 5 novembre 1962 ; LPA, EEC Memoranda, 1961, commentaires de Balogh et Kaldor, juin 1961.

Finances (*Treasury*) a déjà été amplement étudiée[4]. Ce qui est moins connu, en revanche, c'est l'objectif déclaré du DEA de créer, selon l'un de ses sous-secrétaires, « un ministère des Affaires étrangères en miniature se concentrant sur l'Europe[5] » (*a miniature Foreign Office concentrating on Europe*). Fatigué par le « défaitisme » des fonctionnaires du *Foreign Office* envers l'attitude du général de Gaulle, le DEA avait une idée différente de l'Europe. Une accession britannique à la CEE, selon la méthode du DEA, allierait la croissance économique britannique aux économies d'échelle au sein d'une vaste économie européenne, lierait la Grande-Bretagne à la France pour une recherche commune dans le domaine des industries technologiques de pointe et rassemblerait les deux géants européens – la Grande-Bretagne et la France – dans une union contre toute incursion supranationale.

Cet article examine la contribution du DEA à l'élaboration de la politique communautaire d'Harold Wilson. La politique même de Wilson est restée une énigme. Apparemment opposé à une adhésion à la Communauté en 1964, Wilson annonça en octobre 1966 son intention de sonder les Six pour voir si les conditions d'une adhésion étaient réunies. Après ce sondage, Wilson fit acte de candidature pour rejoindre la CEE[6]. Il mena l'initiative malgré un certain scepticisme sur les chances de la Grande-Bretagne d'entrer dans la Communauté tant que de Gaulle était au pouvoir. Cet article pose les questions suivantes : y avait-il une opportunité d'entrer dans la CEE par la création d'une « Europe européenne » ? Cette occasion fut-elle manquée ? Que nous apprend l'histoire du DEA sur l'adaptation de la Grande-Bretagne en vue d'une éventuelle adhésion à la Communauté ?

---

[4]   Voir par exemple, Hennessy, P., *Whitehall*, London, Harper Collins, 1990, pp. 170-184.

[5]   « Entretien de Sir Derek Mitchell avec l'auteur, 26 août 1997 ». Mitchell était à la tête de la *External Relations Division* du DEA depuis mars 1966.

[6]   Pour un récit de la politique du gouvernement Wilson envers la CEE, Parr, H., « Harold Wilson, Whitehall and British Policy towards the European Community, 1964-1967 », University of London, thèse de doctorat, 2002 ; Young, J., Britain and European Unity, 1945-1992, London, Macmillan, 1993, pp. 86-106 ; Young, J., *The Labour Governments, 1964-1970*, tome II : *International Policy*, Manchester, Manchester University Press, 2004, pp. 142-165.

I. La réforme administrative des travaillistes : la création du DEA

L'histoire du *Department of Economic Affairs* est celle d'un échec bien documenté[7]. Créé en octobre 1964 à la suite de l'arrivée des travaillistes au pouvoir, le ministère avait pour objectif d'organiser l'économie grâce à la création d'un plan national pour le développement économique. Le plan devait fixer les objectifs de croissance, alimentant un sentiment national de direction effective qui aurait encouragé les investissements et permis de rompre avec un cycle de croissance en *stop-and-go*[8]. En août 1967, Wilson prit personnellement le contrôle de cette expérience déjà moribonde en nommant son allié Peter Shore à la tête du DEA. En 1969, le DEA fut démantelé.

Entre 1964 et août 1966, George Brown fut à la tête du ministère. Brown représentait la droite du parti travailliste, mais il avait perdu les élections internes de 1963 face au candidat de gauche Harold Wilson, en partie parce que ses supporters avaient peur que son tempérament impulsif et orageux ne fût pas bien adapté pour diriger le parti[9]. Sa position à la tête du DEA, avec le titre de premier secrétaire d'État et secrétaire d'État pour les Affaires économiques (*First Secretary of State and Secretary of State for Economic Affairs*) était, en l'absence d'un rang formel de Premier ministre adjoint (*Deputy Prime minister*), une reconnaissance par Wilson du statut de Brown au sein du parti.

La courte histoire du DEA a été interprétée à travers le prisme de son échec. Les auteurs se sont surtout concentrés sur la relation orageuse entre le DEA et le *Treasury* : « Une escarmouche au sein de *Whitehall*

---

[7]   En particulier, Brown, G., *In My Way : The Political Memoirs of Lord George-Brown*, London, Victor Gollancz, 1971, pp. 113-121 ; Callaghan, J., *Time and Chance*, London, Collins, 1987, pp. 149-154, 163-166 ; Dell, E., *The Chancellors : A History of the Chancellors of the Exchequer 1945-1990*, London, Harper Collins, 1997, pp. 330-346 ; Clifford, C., « The Rise and Fall of the Department of Economic Affairs 1964-1969 : British Government and Indicative Planning », *Contemporary British History*, vol. 11, 1997/2, pp. 94-116 ; Pollitt, C., *Manipulating the Machine : Changing the Pattern of Ministerial Departments, 1960-1983*, London, George Allen and Unwin, 1984, pp. 51-62 ; Tomlinson, J., *The Labour Governments, 1964-1970*, tome III : *Economic Policy*, Manchester, Manchester University Press, 2004, pp. 68-89 ; O'Hara, G., « Economic Planning, 1955-1970 », University of Oxford, thèse de doctorat, 2002, pp. 89-160 ; et plus récemment, Davis, J., « Reform of British Central Government, 1962-1974 », University of London, thèse de doctorat, prochainement soutenue. Je remercie très sincèrement Jon Davis, Cabinet Office Burke Trend Research Scholar, Queen Mary College, University of London, pour m'avoir fourni son chapitre sur le DEA, intitulé : « Hardware ».

[8]   Brittan, S., *Steering the Economy : The Role of the Treasury*, London, Secker and Warburg, 1969, p. 277.

[9]   Pimlott, B., *Harold Wilson*, London, Harper Collins, 1992, pp. 255-259.

gagnée par le *Treasury*[10] ». L'historiographie récente soutient l'idée que
le DEA a été étouffé dès son origine. Brown voulait créer un ministère
pour contrôler la production économique, pour assurer la direction des
investissements et des dépenses dans l'économie, laissant le *Treasury*
avec les seuls pouvoirs budgétaires. La vision du *Treasury* était très
différente : « [Le DEA] n'aura pas de fonctions exécutives dans le sens
normal du terme. Son organisation sera donc plus celle d'un important
secrétariat, avec un personnel relativement limité[11] ». Brown fut obligé
d'accepter le « concordat » proposé par le *Treasury*, cette convention
définissant le partage des responsabilités entre les deux ministères.
Selon cet accord, le *Treasury* gardait les pouvoirs sur le budget, les
dépenses publiques, la balance des paiements, le contrôle des échanges
et les relations financières avec l'étranger ; tandis que le DEA était
responsable des ressources, de la politique des revenus, de la croissance
économique, de la politique régionale et industrielle. En d'autres termes,
le contrôle du *Treasury* sur la gestion journalière de l'économie (à
l'exception de la politique des revenus et de la politique régionale) était
complet ; les responsabilités du DEA étaient limitées à la « planification
de long terme[12] ».

La vision classique est que le *Treasury* continua par la suite à étran-
gler toute velléité d'action du DEA. Déterminé à protéger la parité de la
livre sterling, le *Treasury*, soutenu par Wilson, empêcha notamment une
dévaluation en 1964 (une décision également approuvée par Brown) et
imposa une mini-déflation en juillet 1965 ainsi qu'une déflation rigoureuse en juillet 1966. Quand le plan national fut publié en septembre
1965, son objectif de croissance annuelle de 4 % était déjà improbable,
et les restrictions de 1966 le rendirent peu plausible[13]. Cette vision est
sans aucun doute une explication importante pour comprendre l'échec
du DEA. Cependant, elle fait écho à une interprétation particulière qui a
cours dans une partie de l'historiographie britannique. Les travaillistes,
pour emprunter une expression de David Reynolds, « sacrifièrent les
besoins de l'économie intérieure sur l'autel de la politique étrangère[14] ».
Désireux de maintenir le rôle mondial de la Grande-Bretagne, Wilson
conclut un accord avec les Américains pour garantir la parité de la livre
sterling en échange d'une aide pour assurer la présence militaire de la
Grande-Bretagne en Extrême-Orient. Les hésitations britanniques à

---

10   Paterson, P., *Tired and Emotional : The Life of Lord George Brown*, London, Chatto
     and Windus, 1993, p. 286 ; Clifford, C., article cité, p. 94.

11   PRO, T325/98, A.J. Collier and J. Anson, « Her Majesty's Treasury, Treasury
     Organisation Committee », DEA, note by the Secretaries, 30 septembre 1964, citée in
     Davis, J., *op. cit.*

12   Davis, J., *op. cit.* ; Callaghan, J., *op. cit.*, p. 166.

13   Par exemple, Morgan, A., *Harold Wilson*, London, Pluto, 1992, p. 264.

14   Reynolds, D., *Britannia Overruled : British Policy and World Power in the Twen-
     tieth Century*, London, Longman, 2000, p. 213.

propos de la dévaluation découlaient, selon cette interprétation, du trop grand et souvent aveugle attachement du gouvernement à la *special relationship* et à la mission mondiale de la Grande-Bretagne[15].

Une interprétation différente est en train d'émerger, qui met en cause d'autres responsables dans l'échec du DEA, en soulignant les erreurs des planificateurs eux-mêmes et le processus de création simultanée du ministère et du plan[16]. De plus, l'argument qui présente le DEA comme un organisme mort-né sous-estime la volonté de réformes radicales du gouvernement travailliste.

La principale fonction du DEA était bien d'affaiblir le pouvoir du *Treasury*. Cependant, pour l'incontrôlable Brown, dont le but ultime était de devenir ministre des Affaires étrangères (*Foreign Secretary*), le DEA était aussi une manière de prendre le pouvoir aux dépens du *Foreign Office*[17]. Le DEA possédait une division pour les relations extérieures (*External Relations Division*), dirigée par William Nield. Malheureusement, la plupart des documents de ce service furent détruits après la fermeture du DEA. Les documents encore existants soulignent néanmoins clairement que son rôle principal était de se concentrer sur l'étude des implications économiques de la relation entre la Grande-Bretagne et la CEE. L'ambition de Brown pour le DEA était d'arracher au *Foreign Office* le contrôle de la direction de la politique britannique vis-à-vis de la CEE. Il pensait que les fonctionnaires du *Foreign Office* étaient trop pessimistes en évoquant la possibilité d'un nouveau veto du général de Gaulle. Quand Brown devint ministre des Affaires étrangères en août 1966, il rédigea une réponse acerbe à un papier du *Foreign Office* qui prétendait que la Grande-Bretagne ne devrait pas essayer d'approcher la CEE avant le départ du général de Gaulle. « Le temps et les circonstances », suggéraient les fonctionnaires, « seraient les meilleurs agents de tout changement ». « Quelle absurdité », répondit Brown, « pourquoi sommes-nous ici alors[18] ? » De la même manière, il réfuta l'opinion du *Foreign Office* selon laquelle la Grande-Bretagne serait incapable de négocier des termes satisfaisants pour le règlement des « conditions » d'entrée de la Grande-Bretagne dans le Marché commun : « Il pense que nous pouvons obtenir de meilleurs termes[19] ».

Bien que cet article se penche sur le DEA et non sur la création simultanée du ministère de la Technologie (*Mintech*), l'histoire de ce dernier permet d'ajouter un facteur d'explication essentiel. Son exis-

---

15   Ponting, C., *Breach of Promise : Labour in Power, 1964-1970*, London, Hamish Hamilton, 1989, pp. 48-84.

16   O'Hara, G., *op. cit.*, pp. 89-160 ; Tomlinson, J., *op. cit.*, pp. 75-79 ; Davis, J., *op. cit.*

17   Davis, J., *op. cit.*

18   PRO, FO371/188347/M10810/458 : « How to Get into the Common Market », commentaires de Brown, 18 août 1966.

19   PRO, FO371/188346/M10810/458, Fenn à Gore-Booth, 18 août 1966.

tence illustre la nature radicale du programme des travaillistes. L'insistance de Wilson sur « la chaleur blanche de la révolution technologique » faisait partie d'un projet spécifique de la « nouvelle gauche »
(*New Left*), une tentative cohérente pour forger une puissante économie
industrielle au Royaume-Uni[20]. Le *Mintech* était initialement en charge
de l'Autorité pour l'énergie nucléaire (*Atomic Energy Authority*), du
National Research Development Corporation (NDRC), et du développement de quatre industries technologiques de pointe : les ordinateurs,
l'électronique, les télécommunications et les machines-outils[21]. L'objectif était de susciter dans l'opinion une ambition nationale pour la recherche et le développement de la technologie britannique et de transférer
les ressources des projets militaires vers les projets technologiques
civils[22]. Le *Mintech* s'étendit, prenant le contrôle des constructions
mécaniques et électromécaniques en 1965, de la construction navale en
1966, de l'aviation en 1967 et de l'électricité, du gaz, de l'acier et du
pétrole en 1969[23]. Il se transforma en un vaste ministère de l'Industrie,
absorbant dès le début les fonctions du *Board of Trade*, du DEA quand
ce dernier fut dissous, et absorbant entièrement les ministères de l'Aviation et de l'Énergie. Le DEA et le *Mintech* devaient ainsi transformer la
Grande-Bretagne en « chambre à outils du monde » (*tool-room of the
world*)[24].

II. Une Europe européenne ? Les arguments
en faveur de l'intégration européenne

La politique du DEA envers l'intégration européenne fut un mélange
d'idées plutôt qu'un programme cohérent, centré autour de la forte
personnalité du *First Secretary of State*, George Brown. Trois principes
sous-tendaient le raisonnement du DEA : les économies d'échelle,
l'expansion technologique et la volonté de partenariat avec les Français.
Considérées ensemble, ces idées représentaient une autre tentative de
promotion d'une « Europe européenne », en créant une industrie euro-

---

[20] Edgerton, D., « The "White Heat" Revisited : The British Government and Techno-
logy in the 1960s », *Twentieth Century British History*, vol. 7, n° 1, 1996, pp. 56-82 ;
Coopey, R., « The White Heat of Scientific Revolution », *Contemporary Record*,
vol. 5, n° 1, 1991, pp. 115-127 ; Favretto, I., « "Wilsonism" Reconsidered : Labour
Party Revisionism 1952-1964 », *Contemporary British History*, vol. 14, n° 4, 2002,
pp. 54-80 ; Young, J., « Technological Co-operation in Wilson's Strategy for EEC
Entry », in O. Daddow (ed.), *Harold Wilson and European Integration : Britain's
Second Application to Join the EEC*, London, Frank Cass, 2003, pp. 95-114.
[21] Edgerton, D., article cité, p. 65 ; Coopey, R., article cité, p. 122.
[22] Edgerton, D., article cité, p. 69.
[23] Coopey, R., article cité, p. 122.
[24] *Ibidem*, p. 116.

péenne et une force politique européenne susceptible de rivaliser avec celles des superpuissances.

Selon son biographe Peter Paterson, Brown possédait deux traits de caractère distinctifs : « Une dépendance vis-à-vis de l'alcool, et... un complexe d'infériorité provoqué par un ressentiment grincheux contre le système des classes[25] ». Issu d'un milieu ouvrier, Brown avait quitté l'école à l'âge de quinze ans et travaillé comme employé de bureau dans la *City*, puis au rayon des fourrures du magasin *John Lewis*, entrant dans le monde politique par la porte du syndicalisme. Individu brillant, mais parfois conflictuel, Brown était reconnu pour sa vision et son courage, mais il pâtissait d'une certaine instabilité psychologique.

Il était favorable à l'adhésion britannique à la CEE, rappelant qu'il était devenu un « pro-européen » convaincu, lorsqu'il avait servi comme porte-parole des travaillistes pour la défense durant les années 1950[26]. Son principal objectif était politique. Il croyait en l'unité de l'Europe pour régler le problème de la division de l'Allemagne et pour raviver les tendances démocratiques des pays de l'Europe de l'Est. Ses sentiments pro-européens avaient deux particularités. Premièrement, bien qu'il défendît la relation transatlantique, il pensait que l'Europe, avec la Grande-Bretagne à sa tête, devait avoir le même poids que les États-Unis dans l'OTAN, et être capable « de discuter simplement et sèchement avec les Américains[27] ». Deuxièmement, il considérait que l'adhésion britannique à la CEE pouvait permettre à la Grande-Bretagne de se désengager de son rôle militaire mondial : « L'adhésion [...] pourrait nous offrir une opportunité pour réduire le coût de nos dépenses militaires[28] ».

Il fut secondé par le secrétaire général du DEA (*Permanent Under-Secretary*) qui, entre 1964 et 1966, fut Eric (plus tard Lord) Roll. Né sous l'Empire des Habsbourg, Roll s'était retrouvé en Roumanie après sa dissolution, et était arrivé en Angleterre en 1925. C'était un défenseur de l'Alliance européenne et atlantique, ayant travaillé à Washington durant la guerre, servi au sein de la délégation en charge de l'application de l'aide Marshall, et plus tard comme chef-adjoint de la délégation britannique à l'OTAN. Roll avait acquis de l'expérience pour traiter avec la Communauté en tant que chef-adjoint de la délégation officielle britannique durant les négociations de Bruxelles. Il continuait à penser que la Grande-Bretagne devait et pouvait prendre la tête de l'Europe comme une réponse naturelle au déclin de son Empire. Il pensait que

---

[25] Paterson, P., *op. cit.*, p. 7.

[26] Brown, G., *op. cit.*, p. 207.

[27] *Ibidem*, pp. 205-214.

[28] PRO, CAB134/1773, EEP(65)28 : « Future Relations with Europe », DEA, 14 mai 1965.

l'attitude britannique face à l'essor de la CEE était passéiste : « Le bilan de nos forces et faiblesses n'était pas assez réaliste[29] ».

À la tête de la division des relations extérieures du DEA, William Nield était lui aussi en faveur de l'adhésion britannique à la CEE. Nield était plutôt à gauche et avait travaillé pour le département de la recherche et de la politique du parti travailliste en 1937-1939. Issu d'un milieu aisé et éduqué dans une *grammar school*, Nield était entré dans la fonction publique après la guerre, travaillant pour le ministère en charge du rationnement, le *Treasury* et le ministère de l'Agriculture. Nield avait développé un réseau au sein de l'administration française, entretenant une relation étroite avec Jean Wahl, le conseiller commercial français à Londres[30]. Wilson prit Nield sous sa coupe, le faisant rentrer au gouvernement après l'élection de 1966.

Le raisonnement économique du DEA en faveur d'une participation britannique à une Europe élargie était fondé sur les économies d'échelle. L'argument des économies d'échelle ne concernait pas seulement la suppression des barrières tarifaires entre la Grande-Bretagne et la CEE, bien que le DEA ait été conscient de l'augmentation du commerce entre la Grande-Bretagne et le continent européen tandis que le commerce avec le *Commonwealth* baissait. La baisse des tarifs n'était d'ailleurs pas interprétée comme la principale cause de l'augmentation des échanges avec la CEE. Comme les tarifs de la Grande-Bretagne étaient généralement plus élevés que ceux de la CEE, toute réduction tarifaire pouvait aussi exposer la Grande-Bretagne à une compétition continentale désagréable[31]. Non, en fait, le principal bénéfice de l'adhésion serait l'accès à un marché élargi, susceptible d'encourager l'industrie britannique à rationaliser et à spécialiser sa production. Les fonctionnaires prétendaient que :

> Le redressement économique complet du Royaume-Uni serait grandement facilité si, de plus en plus, il agissait comme faisant parti d'un groupe de nations avancées, constituant ensemble un Marché commun comparable en taille à celui des États-Unis et de l'URSS. Cela susciterait non seulement des opportunités pour des avancées technologiques et pour une spécialisation des marchés, mais aussi une plus grande émulation pour la compétition

---

[29]   Roll, E., *Crowded Hours : An Autobiography*, London, Faber and Faber, 1985, p. 99.

[30]   Badel, L., « Le rôle tenu par le poste d'expansion économique de Londres dans le processus d'adhésion du Royaume-Uni au Marché commun (1966-1971) », in R. Girault et R. Poidevin (dir.), *Le rôle des ministères des Finances et de l'Économie dans la construction européenne (1957-1978)*, Paris, CHEFF, pp. 237-243 ; Badel, L., « Le Quai d'Orsay, la Grande-Bretagne et l'élargissement de la Communauté, 1963-1969 », in M. Catala (dir.), *Histoire de la construction européenne : cinquante ans après la déclaration Schuman*, Nantes, Ouest Éditions, 2001, pp. 236-241.

[31]   PRO, EW24/53 : « Future Relations with Europe », 30 mars 1966.

et l'échange d'idées économiques et sociales, nécessaires à la modernisation rapide et profonde de l'économie du Royaume-Uni[32].

Cette obsession des économies d'échelles est révélatrice d'une tournure d'esprit selon laquelle le plus grand est le mieux (*bigger was better*). Dans cette perspective, le marché élargi permettrait la création de gigantesques conglomérats industriels qui maximiseraient les profits et donneraient à la Grande-Bretagne et à l'Europe l'occasion de rivaliser avec les deux superpuissances. Cette préoccupation reflétait en partie une logique issue de la guerre froide. Une certaine jalousie se mêlait à l'inquiétude que l'Union soviétique puisse éventuellement dépasser les pays occidentaux en matière de développement technologique[33]. Cela reflétait aussi une préoccupation générale liée au déclin relatif de la Grande-Bretagne : le marché britannique n'était pas suffisamment large pour engendrer le type de développement industriel sophistiqué nécessaire pour maintenir le pays à la tête des nations industrialisées.

Ce souci du déclin – politique et économique – nous mène au deuxième principe régissant la définition de la politique communautaire de la Grande-Bretagne : favoriser l'essor des nouvelles industries technologiques. La Grande-Bretagne et l'Europe étaient à la traîne derrière l'Amérique dans le domaine des industries les plus développées comme les ordinateurs, les avions, l'énergie, le spatial, les télécommunications et l'électronique. Il y avait un risque de drainage des cerveaux vers les États-Unis ainsi que la possibilité, bien que faible cependant, que, si la Grande-Bretagne ne développait pas ses propres industries, les États-Unis puissent lui refuser l'accès à leurs dernières découvertes.

Une population de 55 millions d'habitants, 75 millions à la fin du siècle, ne pouvait offrir ni une base suffisante pour la recherche et le développement dans le domaine des industries technologiques avancées, qui offrent les meilleures perspectives pour une croissance future, ni un marché intérieur assez large pour les produits et autres que ces industries créeraient[34].

---

[32]   PRO, CAB134/1773, EEP(65)28 : « Future Relations with Europe », DEA, 14 mai 1965 :

« The complete economic recovery of the UK would be greatly facilitated if operating increasingly as one of a group of advanced nations, together forming a common market of comparable size to that of the USA and the USSR. This would not only provide opportunity for technological advance and for the specialisation of markets, greater stimulus of competition and a cross fertilisation of economic and social ideas, which as it is argued are necessary for a modernisation of the UK economy satisfactory in both pace and depth ».

[33]   Pour un exemple de cette pensée, voir Shanks, M., *Stagnant Society : A Warning*, London, Penguin, 1961, pp. 13-17 ; Tomlinson, J., *op. cit.*, p. 71.

[34]   PRO, CAB134/1773, EEP(65)28 : « Future Relations with Europe », DEA, 14 mai 1965 ; voir aussi Young, J., article cité, p. 96.

Comme pour les économies d'échelle, l'idée que *bigger would be better* jouait en faveur d'une intégration européenne de la politique technologique britannique. Ce n'était pas seulement un déficit en matière de connaissances technologiques qui maintenait la Grande-Bretagne au second rang derrière les États-Unis, mais le fait que les États-Unis avaient un marché intérieur beaucoup plus large. En Amérique, les conditions optimales de la distribution des produits sur un vaste marché intérieur offraient une meilleure base pour l'investissement dans la recherche. L'élargissement du marché grâce à l'adhésion britannique fournirait de meilleurs retours à l'industrie britannique et permettrait un partage des coûts avec les autres pays européens, une rationalisation des efforts de recherche ainsi qu'un partage des idées[35].

Une partie du raisonnement du DEA était fondée sur l'idée que la collaboration technologique et économique de la Grande-Bretagne avec les autres pays européens pouvait débuter par un rapprochement avec les Français. La planification indicative britannique était en partie fondée sur l'expérience française. En septembre-octobre 1961, par exemple, des fonctionnaires du *Treasury* avaient visité le commissariat au plan à la suite d'une conférence sur le plan français organisée par l'Institut de recherches économiques et sociales (IRES)[36]. Les contacts informels prospérèrent sous les travaillistes. De la même manière que Nield entretenait des liens avec Wahl, Thomas Balogh était un confident d'Olivier Wormser, qui était à la tête de la direction des affaires économiques et financières (DAEF) du Quai d'Orsay. Hongrois d'origine, Balogh était un universitaire d'Oxford, à l'avant-garde de la réforme de la fonction publique, et l'instigateur de la politique de planification des travaillistes[37]. Wilson fit de Balogh, qui n'était pas un « régulier » de l'administration, son conseiller économique. Un autre jeune économiste, Stuart Holland, qui travailla pour Balogh entre janvier 1966 et octobre 1967, était un ami proche de Pierre Joxe, le fils du garde des Sceaux, Louis Joxe.

Grâce à ces contacts, les conseillers suivirent une route franco-anglaise vers le Marché commun. Balogh alla jusqu'à suggérer la suppression de l'engagement militaire au sein de l'Alliance atlantique : « Nous devons décider si nous voulons rester un membre loyal de l'OTAN ou si nous voulons rejoindre le Marché commun[38] ». Les efforts

---

[35] PRO, EW24/53, Nield brief for visits to France, 24 mars 1965.

[36] PEP, « Economic Planning in France », *Planning*, 27, 454, août 1961, pp. 208-237 ; Leruez, J., « Britain, France and Economic Planning in the 1960s : The Commissariat au Plan, Role Model or Counter-model ? », in P. Chassaigne et M. Dockrill (eds.), *Anglo-French Relations, 1898-1998 : From Fashoda to Jospin*, London, Palgrave, 2002, pp. 174-188.

[37] Hennessy, P., *op. cit.*, pp. 170-175.

[38] PRO, PREM13/905, Balogh à Wilson, 5 mai 1966.

britanniques se concentraient essentiellement sur l'affermissement des liens économiques avec la Communauté. Non seulement Nield recommandait que la Grande-Bretagne et la France puissent collaborer dans des secteurs technologiques tels que l'aviation et les ordinateurs, mais il encourageait aussi le NRDC, créé pour fournir de l'argent à la recherche et au développement, à associer ses efforts avec d'autres institutions similaires en Europe. Les Français avaient déjà eu des discussions avec cet organisme pour voir s'ils pouvaient créer une institution équivalente[39].

Une antipathie partagée pour l'idée supranationale cimentait aussi ce dialogue franco-anglais, comme le révèle l'étonnant témoignage de Stuart Holland. En 1966, Holland rédigea un papier recommandant une fusion complète des organismes de planification britannique et français. En avril 1967, Wilson invita Holland dans son appartement au-dessus de *Downing Street*, un privilège inhabituel pour un jeune économiste. Il se déclara d'accord pour que Holland se rendît à Paris, à ses propres frais, et utilisât ses contacts pour organiser une réunion avec Louis Joxe, juste avant la visite de Wilson à de Gaulle en juin 1967. Holland expliqua à Joxe l'engagement britannique pour créer un condominium franco-anglais à la tête d'une Europe indépendante[40].

Ce qui intéressait Wilson, c'est que cette proposition était susceptible de faire changer d'avis de Gaulle. Son principal argument lors des discussions avec le président français, en janvier et juin 1967, fut que l'adhésion britannique fortifierait la Communauté. L'entrée de la Grande-Bretagne permettrait à l'Europe de développer une puissante industrie technologique et une force politique corollaire. Renforcée et élargie, l'Europe pourrait jouer un rôle indépendant entre les superpuissances[41]. Wilson endossa de manière constante le concept gaulliste d'une « Europe européenne » comme un appât, dans le but déclaré de faire progresser les relations franco-britanniques, et, de façon plus insidieuse, pour pousser de Gaulle à accepter l'entrée de la Grande-Bretagne dans la Communauté.

III. Le DEA et l'AELE, octobre 1964-mai 1965

Malgré toutes ses idées, le DEA n'avait pas les moyens en 1964 de mettre en place une politique d'intégration européenne. En fait, rien n'indique que Brown ait préparé une quelconque approche de la CEE ou de l'Association européenne de libre-échange (AELE) avant les élections. Quand il prit place dans le gouvernement, sa priorité était l'écono-

---

[39]   PRO, EW24/53, Nield à Burgh, 24 mars 1965.
[40]   Blick, A., *People Who Live in the Dark*, London, Politicos, 2004, pp. 104-106.
[41]   PRO, PREM13/1731, Wilson – de Gaulle, 19 juin 1967 ; PRO, PREM13/1476, Wilson – de Gaulle, 24 janvier 1967.

mie. Brown soutint Wilson et le ministre des Finances, James Callaghan, lorsqu'ils refusèrent une dévaluation de la livre sterling. Les trois hommes estimaient qu'une telle décision serait politiquement inacceptable : elle stigmatiserait le *Labour* comme le « parti de la dévaluation », briserait la confiance des porteurs de la livre sterling dans le *Commonwealth* et soulèverait des questions quant à la confiance que les États-Unis pouvaient avoir dans les travaillistes. Brown, Callaghan et Wilson rejetèrent aussi l'idée d'une politique de déflation qui aurait accompagné la dévaluation, car elle aurait fait baisser le niveau de vie du travailleur moyen[42].

Au lieu d'une dévaluation, Wilson, Callaghan et Brown retinrent la suggestion du *Treasury* visant à une augmentation du taux d'intérêt de la Banque d'Angleterre et à l'imposition d'une surcharge sur les importations. Ils préféraient une surcharge à l'alternative d'une restriction quantitative sur les importations. Les restrictions quantitatives étaient tolérées par le *General Agreement on Tariffs and Trade* (GATT) et le traité de Stockholm qui avait créé l'AELE. Cependant les trois hommes pensaient de manière unanime que les restrictions risquaient de frapper plus fortement les exportations des principaux créditeurs de la Grande-Bretagne dans la CEE et aux États-Unis[43]. Par contraste, la surcharge sur les importations était certes illégale selon le traité de Stockholm, mais dans la mesure où elle pourrait être levée par la suite, les ministres pensaient qu'il serait plus facile de la présenter comme une meilleure mesure temporaire. Le cœur du programme économique des travaillistes – dynamisme et modernisation – ne serait donc pas affecté par cette restriction[44]. De cette manière, les trois ministres donnèrent la priorité à la planification plutôt qu'à la défense du rôle économique extérieur de la Grande-Bretagne.

Le *Board of Trade* était, pour sa part, opposé à la surcharge. Des contrôles interventionnistes sur les importations risqueraient de réduire à néant son approche plus libérale des échanges commerciaux. Engagé dans une politique de multilatéralisation au sein du GATT et la promotion d'un libre-échange élargi en Europe à travers l'AELE, le *Board of*

---

[42] Sur la décision de ne pas dévaluer, Callaghan, J., *op. cit.*, p. 160 ; Wilson, H., *The Labour Governments 1964-1970 : A Personal Record*, London, Penguin, 1971, pp. 27-28 ; Bale, T., « Dynamics of a Non-Decision : the "Failure" to Devalue the Pound, 1964-1967 », *Twentieth Century British History*, vol. 10, n° 2, 1999, pp. 192-203 ; Roy, R., « The Battle of the Pound : The Political Economy of Anglo-American Relations, 1964-1968 », London University, thèse de doctorat, 2001, pp. 62-65 ; Woodward, N., « Labour's Economic Performance, 1964-1970 », in R. Coopey, S. Fieldings et N. Tiratsoo (eds.), *The Wilson Governments, 1964-1970*, London, Pinter, 1995, p. 75 ; Tomlinson, J., *op. cit.*, p. 49.

[43] PRO, CAB130/202, MISC1, 17 octobre 1964.

[44] PRO, CAB128/39, C(64)2nd, 22 octobre 1964.

Trade pensait qu'une restriction unilatérale ne ferait qu'affaiblir la Grande-Bretagne dans les négociations internationales.

Le président du *Board of Trade*, Douglas Jay, avertit Wilson, Brown et Callaghan que le fait de ne pas consulter préalablement l'AELE aurait un impact négatif sur l'Association et encouragerait le sentiment des autres pays-membres que la Grande-Bretagne ne la prenait pas au sérieux[45]. Jay avait raison d'évoquer une réaction négative de l'AELE. Que Brown, Callaghan et Wilson l'aient ignorée, révèle leur surestimation de la capacité britannique à agir de manière indépendante dans l'économie internationale. Comme Callaghan le résuma : « Ce manque de consultation fut notre perte[46] ». L'AELE réagit à la surcharge par la menace de représailles tarifaires selon l'article 31 de la convention de Stockholm et les Britanniques furent obligés de promettre immédiatement qu'ils réduiraient rapidement le niveau de la charge[47].

Non seulement elle mit en péril les mesures britanniques pour redresser l'économie, mais la surcharge eut pour effet de rendre la politique de la Grande-Bretagne envers l'AELE et la CEE très offensive. En janvier 1965, Brown initia une réflexion sur la politique britannique vis-à-vis de l'Europe au sein du comité pour la politique économique extérieure (*External Economic Policy (Official) Committee*) dirigé par le DEA. Il lança des études sur « toute la gamme de nos relations économiques avec l'Europe », dans le but de considérer « toute la période jusqu'en 1970 » et d'intégrer ces études dans le cadre général de la politique économique britannique, en les reliant en particulier « aux besoins du plan national[48] ».

Le besoin urgent d'apaiser l'AELE et de faire un geste vers la CEE eut pour conséquence que les études lancées par Brown furent prises de vitesse par une initiative du *Foreign Office*. Michael Stewart, qui devint ministre des Affaires étrangères en janvier 1965, avait été rapidement convaincu par les arguments du *Foreign Office* qui redoutait que l'influence politique de la Grande-Bretagne ne pâtît de son maintien hors de la Communauté[49]. Stewart écrivit directement à Wilson en février et mars 1965, l'encourageant à « examiner de manière plus attentive » les politiques britanniques envers la CEE et l'AELE. Les Britanniques étaient menacés par un « isolement croissant et dangereux en Europe », tandis que la CEE devenait une « entité cohérente, dominante et assurée ». Il ne suggéra pas l'adhésion, mais défendit l'idée que le gouver-

---

[45]   PRO, PREM13/1240, Jay à Wilson, 22 octobre 1964 ; voir aussi Jay, D., *Change and Fortune : A Political Record*, London, Hutchinson, 1980, pp. 297-304.

[46]   Callaghan, J., *op. cit.*, p. 171.

[47]   PRO, CAB128/39, CC(64)10th, 24 novembre 1964.

[48]   PRO, CAB134/1771, EEP(65)3rd, 29 janvier 1965.

[49]   Stewart, M., *Life and Labour*, London, Sidgwick and Jackson, 1980, p. 142.

nement devrait présenter ses diverses politiques européennes comme formant un « tout cohérent »[50].

Les incitations de Stewart s'associèrent à la pression continue pour corriger les dégâts de la surcharge sur les importations. Le secrétaire général de l'Association, Frank Figgures, voulait l'adoption de mesures propres à fortifier l'AELE, comme l'harmonisation dans les baisses de tarif, les politiques agricoles, ou des liens institutionnels rapprochés. Du fait que les Autrichiens recherchaient une association avec la CEE, que les Danois essayaient de négocier des arrangements agricoles et que les Suisses manifestaient leur vif mécontentement de la surcharge, l'AELE était soumise à un jeu de forces contraires menaçant de la réduire en miettes[51]. Or, les ministères de *Whitehall* voulaient empêcher un renforcement unilatéral de l'AELE. Celle-ci, par sa taille, ne pouvait rivaliser avec la puissance de la CEE. Mais fortifier l'AELE ne ferait qu'augmenter la division en Europe. L'initiative de Wilson pour créer des liens entre l'AELE et la CEE, proposée durant une réunion des Premiers ministres de l'AELE à Vienne en mai 1965, chercha donc à renforcer l'AELE « par défaut », en insistant sur la foi continue de la Grande-Bretagne dans l'Association et en marquant l'intérêt britannique pour une unité européenne élargie[52].

De fait, la priorité donnée par le DEA comme par le gouvernement à la planification économique conduisit le DEA à un conflit avec le *Board of Trade*, et rendit plus improbable la possibilité d'une initiative du DEA envers la CEE au début de 1965.

IV. Le débat sur la supranationalité : le DEA, le *Foreign Office* et la crise de la chaise vide

Quand, à la fin de juin 1965, les Français cessèrent de siéger au Conseil des ministres et persistèrent dans leur absence pendant plus de six mois, le DEA y vit une opportunité pour la Grande-Bretagne. La dispute entre la France et la Communauté concernait le système du financement de l'agriculture communautaire ; mais le débat public était centré sur le thème de la supranationalité[53]. Dans son discours du 9 sep-

---

[50]   PRO, PREM13/306, PM/65/26, 12 février 1965 ; et PM/65/38, 3 mars 1965.

[51]   PRO, CAB134/1772, EEP(65)5 : « The Development of EFTA », Board of Trade, 2 février 1965.

[52]   PRO, PREM13/307, Trend à Wilson, 11 mai 1965 ; voir aussi Kaiser, W., « Challenge to the Community : The Creation, Crisis and Consolidation of the European Free Trade Association, 1958-1972 », *Journal of European Integration History*, 1997, vol. 3, n° 1, pp. 20-21.

[53]   Sur la crise, voir Camps, M., *European Unification in the 1960s : From the Veto to the Crisis*, London, Oxford University Press, 1967, pp. 58-80 ; Ludlow, N.P., « Challenging French Leadership in the Community ; Germany, Italy, the Netherlands and the Outbreak of the Empty Chair Crisis », *Contemporary European History*, vol. 8,

tembre, de Gaulle attaqua le concept de supranationalité et défendit la suprématie de l'État-Nation[54].

Eric Roll écrivit en octobre à Paul Gore-Booth, le secrétaire général du *Foreign Office*, que les Français allaient « gagner » la crise. La Grande-Bretagne devait attendre la fin de celle-ci et proposer ensuite de faire équipe avec les Français dans une nouvelle Communauté fondée sur l'érosion du principe supranational. Roll fit valoir que cette démarche priverait l'élite politique britannique de l'une de ses objections majeures à l'adhésion. Après la victoire de la France, il serait plus facile de faire entrer la Grande-Bretagne en Europe[55].

C'était là l'occasion, attendue par Wilson et le DEA, de créer un axe franco-anglais, dirigeant l'Europe. Cependant, l'occasion, s'il y en avait une, fut manquée. Anthony Adamthwaite se demande : « Pourquoi Londres et Paris, considérant leurs intérêts communs au contrôle de l'Allemagne et leur opposition à une Europe fédérale supranationale, ont-ils négligé une entente ? » Fut-ce une conséquence, comme il le suggère, de la pure et simple stérilité (*sheer sterility*) de la politique étrangère britannique[56] ?

Selon Miriam Camps, l'une des raisons expliquant cette occasion manquée résulte de la division de l'administration britannique entre ceux qui voulaient que la Grande-Bretagne s'associât avec les Français, à l'instar du DEA, et ceux qui voulaient qu'elle s'associât avec les Cinq, comme le *Foreign Office*[57]. Con O'Neill, à la tête de la direction des organisations économiques européennes (*European Economic Organisations Department*) du *Foreign Office*, voyait dans la crise l'occasion de se venger du veto de 1963, en expulsant effectivement les Français de la CEE et en prenant leur place :

> Pour ma part, si je pouvais expulser la France de la Communauté, ce serait une responsabilité que j'accepterais volontiers. Si, en faisant une déclaration d'intention européenne, nous renforçons l'hostilité des Cinq et les aidons à résister aux revendications françaises jusqu'à l'échec de celles-ci, et donc encourageons les Cinq à se tourner vers nous, on pourra difficilement dire que nous étions responsables de l'avoir poussée vers la sortie. Si, comme il est peu probable, la France se retrouve dans un an en dehors de la Commu-

---

n° 2, pp. 236-243 ; Lambert, J., « The Constitutional Crisis, 1965-1966 », *Journal of Common Market Studies*, vol. 4, 1996, pp. 195-228.

[54]   Lambert, J., article cité, pp. 214-216.

[55]   PRO, T312/1015, Roll à Gore-Booth, 20 octobre 1965.

[56]   Adamthwaite, A., « John Bull versus Marianne, Round Two : Anglo-French Relations and Britain's Second EEC Membership Bid », in O. Daddow (ed.), *op. cit.*, pp. 168-169.

[57]   Camps, M., *op. cit.*, pp. 178-179.

nauté, ce ne sera sûrement ni nous, ni les Cinq qui l'y auront poussée, mais sa propre politique[58].

Mais « la France ou les Cinq » n'était qu'une partie de l'alternative. L'opinion majoritaire du *Foreign Office* était que la crise ne constituait pas une opportunité, mais un véritable défi pour le système européen et atlantique. Pousser la France en dehors de la CEE aurait de graves répercussions pour la politique britannique dans l'OTAN. John Barnes de la direction occidentale (*Western Department*) du *Foreign Office* argumentait en ce sens :

> Je me demande si ce serait une bonne chose pour nous que nous soyons responsables de l'expulsion de la France de la Communauté, même si, de par ce fait, notre entrée serait facilitée. Non seulement ce ne serait pas compatible avec notre soutien officiel à la Communauté et notre désir de ne pas tirer profit de ses problèmes, mais ce ne serait pas non plus compatible avec notre politique envers l'OTAN dans le cadre de laquelle nous essayons d'empêcher une crise avec la France et, encore plus, d'empêcher le retrait de la France de l'OTAN[59].

Selon le *Foreign Office*, la Grande-Bretagne devait soutenir les Cinq afin de renforcer la résistance des Cinq face aux menaces françaises et, paradoxalement, pour empêcher l'écroulement de la Communauté supranationale. La destruction de la Communauté risquait de faire exploser l'élément de stabilité qui maintenait les pays de l'Europe de l'Ouest soudés les uns aux autres. En particulier, le nationalisme français pouvait se révéler contagieux en Allemagne. Après le départ ou la mort du général de Gaulle, les Allemands seraient sûrs de dominer une Communauté privée de ses éléments supranationaux. D'autre part, une victoire française au sein de la CEE encouragerait aussi une victoire française au sein de l'OTAN, dans la mesure où les petits États européens pourraient suivre la France hors de l'OTAN par peur d'être laissés seuls face une Allemagne revigorée. Stewart encouragea Wilson en ces termes : « C'est

---

58   PRO, FO371/182378/M10810/102, O'Neill à Barnes, 14 octobre 1965 :
> « For my part if I were able to push France out of the Community it is a responsibility I would willingly accept. If by making a European declaration of intent we stiffen the Five and help them to resist French terms to the point where France might fail to get her way and so encourage the Five to turn to us, we could hardly be said to have been responsible for pushing her out. If as is unlikely, France finds herself a year hence outside the Community it will surely be not we or the Five who have driven her out, but her own policy ».

59   *Ibidem*, Barnes à O'Neill, 14 octobre 1965 :
> « I wonder if it would be a good thing for us to be responsible for pushing France out of the Community, even if we were thereby helped to enter it. Not only would this be inconsistent with our declared support for the Community and desire not to make capital out of its troubles, it would also be inconsistent with our policy towards NATO where we are trying to avoid precipitating a crisis with France and even more to avoid driving France out of NATO ».

un moment décisif. Nous devons faire ce que nous pouvons pour rendre une victoire française moins probable[60] ».

La politique du *Foreign Office* était donc claire. La Grande-Bretagne ne devait pas promouvoir une Europe des patries à la française, mais devait soutenir le modèle de Communauté supranationale préférée par les Cinq. Cet aval donné au principe supranational reflétait aussi un changement de perception de la puissance internationale de la Grande-Bretagne. Loin de voir l'entrée dans une Europe supranationale comme une dépréciation de la souveraineté nationale britannique, beaucoup de fonctionnaires défendirent l'idée que la souveraineté de la Grande-Bretagne était plus limitée si elle demeurait en dehors de la Communauté. O'Neill, par exemple, acceptait la perte de souveraineté liée à l'adhésion, et comprenait que l'exercice futur du pouvoir dépendait de cette acceptation :

> En général, nous, en Grande-Bretagne, sous-estimons encore le degré d'intérêt que les Communautés européennes ont et ont toujours eu pour la politique et le pouvoir [...]. Elles essaient, à travers une union, de restaurer leur influence et leur puissance, et pas seulement la prospérité de leurs pays et leurs habitants [...]. Mao Tse Toung déclarait que le pouvoir vient du canon. Le professeur Hallstein agit dans un environnement plus sophistiqué ; mais il a toujours déclaré qu'il faisait de la politique, pas du *business*, et il pense sûrement que le pouvoir vient du prix réglementaire du *Tilsit* (fromage) ou du prix du grain dont la poule a besoin pour pondre un œuf. Je crois qu'il a raison[61].

Pour la direction occidentale du *Foreign Office*, la supranationalité était le moyen d'arrimer l'Allemagne à l'Europe. Son effondrement pourrait annoncer la fin du système d'intégration européenne au sein de la coquille atlantique. Les objectifs de la Grande-Bretagne n'avaient donc pas changé depuis la création de la CEE. Le *Foreign Office* voulait maintenir une Europe tournée vers l'Atlantique et des États-Unis engagés dans la défense de l'Europe et de la Grande-Bretagne. Cependant, les fonctionnaires se rendaient compte que, si, durant les années 1950, la Grande-Bretagne pouvait atteindre cet objectif en restant en dehors de la

---

[60] PRO, PREM13/904, Stewart à Wilson, 10 décembre 1965 ; FO371/182400/M10836/ 37G, SC(65)27 : « Britain's Policy Towards Developments in the Community », 20 septembre 1965.

[61] PRO T312/1011, dépêche n° 6, O'Neill au *Foreign Secretary*, 23 juillet 1964 : « We in Britain still, in general, underestimate the extent to which the European Communities are and always have been concerned with politics and power [...] they aim, through union, to revive their influence and power, not merely the prosperity of their countries and their peoples [...]. Mao Tse Tung declared that power grows out of the barrel of a gun. Professor Hallstein operates in a more sophisticated environment ; but he has always declared he is in politics not business, and he may well believe that power grows out of the regulation price of Tilsit cheese or the price of a grain a hen needs to lay one egg. I think it does ».

Communauté, à la fin des années 1960, elle n'exerçait plus une influence indépendante suffisante[62]. Manifester le désir de la Grande-Bretagne d'entrer dans la Communauté et soutenir les Cinq étaient les seuls moyens pour continuer à porter la double casquette du monde européen et atlantique[63].

Cette approche reflétait de fait le pouvoir affaibli de la Grande-Bretagne ; elle reflétait aussi une prise de conscience de l'influence croissante des Allemands. À un moment où il semblait possible de démêler l'enchevêtrement issu de la guerre froide, en accentuant la détente avec l'Union soviétique, avec à terme une éventuelle réunification allemande, la participation britannique à une Communauté supranationale apparaissait comme un contrepoids essentiel à une Allemagne revigorée. Le secrétaire particulier (*Private Secretary*) du Premier ministre, Oliver Wright, soutint que la Grande-Bretagne devait rechercher une « Europe des Patries, fondée sur un partenariat avec la France et sur la détente » et « qu'il [lui semblait] complètement fou de fonder une politique européenne sur une attitude obséquieuse envers les Allemands en sapant la puissance des Français[64] ». Mais pour le *Foreign Office*, un partenariat avec la France dans une Europe des patries ne pourrait pas nécessairement contenir la puissance d'une Allemagne réunifiée. L'idée d'une Europe élargie et fortifiée serait par conséquent plus à même de contrer l'attrait de l'idée gaulliste d'une « Europe européenne » apte à faire face aux défis de la détente européenne[65].

Initialement, Wilson souhaitait adopter les vues du DEA. Il était opposé à la supranationalité, et maintenait qu'une participation britannique dans la Communauté supranationale encouragerait une dérive vers une organisation autonome de défense en Europe, poussant les « deux piliers » de l'Alliance à s'éloigner l'un de l'autre.

> Il y a beaucoup de choses ici que je trouve difficile à avaler. Pourquoi devrions-nous considérer comme « dangereux » l'acceptation des conditions françaises puisqu'ils rejettent la supranationalité, minimisent la Commission et s'opposent au vote à la majorité ? Ces conditions devraient nous aider et

---

[62] Sur la politique britannique envers la CEE et l'OTAN durant les années 1950, voir Ellison, J., *Threatening Europe : Britain and the Creation of the European Community, 1955-1958*, London, Macmillan, 2000, pp. 15-18.

[63] Voir aussi Ellison, J., « Dealing with de Gaulle : Anglo-American Relations, NATO and the Second Application », in O. Daddow (ed.), *op. cit.*, pp. 172-187 sur les liens entre la politique envers l'OTAN et envers la CEE.

[64] PRO, PREM13/905, Wright à Wilson, 1ᵉʳ février 1966.

[65] Sur cet attrait, Bozo, F., « Détente versus Alliance : France, the United States and the Politics of the Harmel Report, 1964-1968 », *Contemporary European History*, vol. 7, n° 3, 1998, pp. 345-348.

aussi minimiser les dangers d'une politique étrangère exclusivement européenne et éventuellement d'une force de dissuasion européenne[66].

Néanmoins, Wilson prit en compte les conseils du *Foreign Office*. Lorsqu'il dut répondre à l'interrogation de Balogh se demandant s'il serait préférable pour le pays de sauvegarder l'OTAN ou bien d'entrer dans le Marché commun, Wilson opta pour la préservation de l'OTAN. Il résista à la suggestion de Stewart en faveur d'une déclaration d'intention immédiate de la Grande-Bretagne, suggérant à la place une visite moins controversée dans les six pays membres d'une « personnalité éminente » pour déterminer les possibilités d'adhésion[67]. Le gouvernement fit donc savoir en Europe que la Grande-Bretagne était en train de reconsidérer son attitude envers l'adhésion à la Communauté[68]. Les signes de cet intérêt britannique contribuèrent à renforcer le front des Cinq contre les Français ; une formule de compromis fut adoptée à Luxembourg pour permettre à la Communauté de reprendre son activité normale.

Loin d'être une politique étrangère « stérile », la politique britannique lors la crise de la chaise vide fut subtile. Le *Foreign Office* voulait maintenir actif le principe de l'intégration européenne au sein de la structure atlantique, témoignant ainsi sa compréhension de la perte d'influence d'une Grande-Bretagne indépendante et de l'importance de la supranationalité. Une Europe supranationale permettrait le maintien du lien entre l'Allemagne et l'Occident et offrirait un cadre pour une éventuelle réunification allemande et une détente intereuropéenne. Une Europe des patries franco-anglaise apparaissait *a contrario* comme une option passéiste, fondée sur l'indépendance nationale, la surestimation du pouvoir britannique et une subordination aux Allemands à plus ou moins brève échéance. Le changement de rhétorique de Wilson était très révélateur. Non seulement il ne faisait plus ouvertement de déclaration sur l'hostilité de la Grande-Bretagne à la supranationalité[69], mais il se concentrait sur l'idée d'une Communauté technologique et d'un élargissement qui donnerait à l'Europe une voix indépendante entre les superpuissances.

---

[66]   PRO, PREM13/904 : « Wilson comments on Stewart to Wilson », 10 décembre 1965.

[67]   PRO, PREM13/905, PM/66/3, Stewart à Wilson, 21 janvier 1966, rapportant la réunion avec Wilson du 19 janvier 1966.

[68]   PRO, CAB164/10, Rogers à Trend, 4 janvier 1966.

[69]   Comme il l'avait fait durant ses discussions avec de Gaulle, PRO, PREM13/317, Wilson – de Gaulle, 29 janvier 1965 ; voir aussi Ludlow, N.P., « Le paradoxe anglais : Britain and Political Union », *Revue d'Allemagne*, vol. 29, n° 2, avril-juin 1997, pp. 259-272 sur les efforts dans le passé pour promouvoir un axe franco-anglais.

V. La bataille autour de la livre sterling : mars-juillet 1966

La période qui va de l'élection de mars 1966 à la crise de la livre sterling de juillet 1966 marque l'apogée de l'influence du DEA dans la définition de la politique britannique envers la CEE. Convaincu du défaitisme et de l'attitude anti-gaulliste du *Foreign Office*, Brown exerça un constant *lobbying* en faveur d'une initiative permettant de rejoindre la Communauté à court terme. Ce vœu fut réalisé, bien que pas dans la forme souhaitée, quand, en octobre 1966, Wilson accepta de sonder les Six afin de savoir si les conditions pour une adhésion existaient. Dans cette affaire, Brown arriva à ses fins au prix de la politique défendue par son propre ministère. Alors que Brown voulait rentrer dans la CEE et dévaluer la livre, Wilson empêcha toute dévaluation en imposant une déflation rigoureuse qui ôta toute possibilité de croissance conforme aux objectifs du plan national.

Brown et Stewart s'unirent dans leur désir commun de promouvoir une initiative en faveur de l'adhésion après l'élection de mars 1966. Cependant, Stewart semblait suivre les conseils des fonctionnaires du *Foreign Office* pour lesquels il était impossible de contourner le veto du général de Gaulle. Les fonctionnaires défendirent l'idée que la Grande-Bretagne devait manifester sa volonté d'une adhésion rapide en déclarant qu'elle acceptait les termes du traité de Rome[70]. Apparaître prête pour l'ultime accession était aussi la tactique préconisée par les Américains : « Le président aimerait entendre que nous avons pris discrètement position pour une éventuelle entrée[71] ». Une telle approche se fondait sur des pressions amicales exercées sur les Cinq, afin de les inciter à exercer une pareille pression sur de Gaulle. Bien que Brown soutînt le désir de Stewart en faveur d'une déclaration d'intention, il pensait que la Grande-Bretagne n'avait pas d'autre choix que la confrontation avec de Gaulle et il proposa diverses méthodes pour y parvenir. On pouvait faire appel à l'opinion publique en créant une communauté européenne de défense entre la Grande-Bretagne et les Cinq, avec le soutien des États-Unis. L'attrait de cette nouvelle communauté serait si irrésistible pour les Continentaux que de Gaulle serait obligé de céder[72]. Comme Wilson refusa cette idée, Brown suggéra une tentative visant à obtenir une invitation des Français pour l'ouverture de discussions multilatérales lors de la visite du Premier ministre et du ministre français des Affaires étrangères en juillet[73].

---

[70] PRO, FO371/188347/M10810/458 : « How to Get into the Common Market », 18 août 1966.

[71] PRO, PREM13/1262, Washington au *Foreign Office*, tel. 2173, 27 juillet 1966.

[72] PRO, PREM13/906, Brown à Wilson, 23 juin 1966.

[73] PRO, PREM13/907, Brown à Wilson et la réponse de Wilson, 29 juin 1966.

L'initiative réclamée par Brown fut contestée par le *Treasury*, par Balogh, par le conseiller économique Nicholas Kaldor, qui travaillait pour le *Treasury*, et par le pro-européen Robert Neild, conseiller du ministre des Finances. Le *Treasury* pensait qu'une initiative trop précoce, alors que l'économie était faible, pouvait précipiter une dévaluation. Comme la dévaluation était exclue (en théorie), comme instrument politique entre les Six, les spéculateurs supposeraient que la Grande-Bretagne serait incapable de dévaluer une fois devenue membre de la Communauté. S'il y avait l'ombre d'un doute sur le maintien de la parité, les spéculateurs vendraient leurs sterlings par anticipation de l'adhésion britannique. De plus, les Français pourraient utiliser les faiblesses économiques de la Grande-Bretagne pour obtenir l'affaiblissement de la zone sterling avant l'entrée dans le Marché commun[74]. Les préoccupations de Balogh et Kaldor étaient légèrement différentes. Fervent partisan des contrôles économiques, Balogh redoutait que la Grande-Bretagne ne perdît sa capacité à imposer des restrictions sur les importations, une fois membre de la Communauté. D'autre part, le libre mouvement des capitaux dans la zone dynamique des Six pourrait causer une fuite des capitaux et de la main-d'œuvre hors de la Grande-Bretagne, réduisant le pays à un état de « taudis industriel » (*an industrial slum*)[75]. Le *Treasury* et les conseillers économiques s'unirent donc pour conseiller que la Grande-Bretagne évitât de prendre une quelconque initiative pendant au moins cinq ans[76].

Derek Mitchell, à la tête de la division des relations extérieures du DEA depuis 1966, déclara qu'il « en avait assez de cette bande d'idiots[77] ». Il prétendit que la faiblesse économique de la Grande-Bretagne ne devait pas empêcher les Britanniques de faire acte de candidature. Après tout, l'économie britannique pouvait être redressée durant les négociations avec la Communauté, puisque l'espérance de l'adhésion aiderait à restaurer la confiance dans l'économie[78]. Mitchell fut soutenu par le *Foreign Office*. Malgré leurs différences au sujet des tactiques à suivre par la Grande-Bretagne, le *Foreign Office* ne voulait pas mettre en péril la possibilité d'une conversion réelle de Wilson. O'Neill fit remarquer que le problème n'était peut-être pas la politique

---

[74] PRO, EW5/18, livre sterling et CEE, 29 juillet 1966 ; le secrétaire général du ministère des Finances, William Armstrong, développa ses arguments durant la réunion où Wilson proposa d'effectuer une visite auprès des Six, PRO, CAB130/298, MISC129(66)1st, 22 octobre 1966.

[75] PRO, PREM13/909, Balogh à Wilson, 20 octobre 1966.

[76] PRO, CAB134/2757, E(O)(E)(66)3, rapport de MacDougall, Balogh, Cairncross, Neild et Kaldor, 2 juin 1966.

[77] Interview de Sir Derek Mitchell, 26 août 1997 (« fed up to the back teeth with the whole sodding lot of them »).

[78] PRO, CAB134/2757, E(O)(E)(66)6 : « Interim Report on the Economic Implications », Minority Report, 26 juillet 1966.

britannique envers la CEE, mais l'échec des politiques économiques de
la Grande-Bretagne[79].

C'était bien le point crucial. Pour Brown, un mouvement vers la
Communauté devait s'accompagner d'une dévaluation. Il écrivit à
Wilson en juin 1966 pour affirmer qu'un virage vers la CEE pouvait être
une façon de rendre acceptable une modification de la parité du sterling :

> Une politique vigoureuse et accélérée vers l'Europe pourrait offrir les
> moyens de sortir de ce dilemme [...]. Cela ouvrirait une voie qui, non seu-
> lement nous permettrait de jouer notre rôle en Europe et dans le monde,
> mais aussi de transformer en une stratégie positive ce qui, sinon, doit res-
> sembler à une succession de politiques négatives[80].

De plus, Brown pensait que cette politique pouvait se faire en partenariat avec les Français : « C'est ce que Pompidou nous a dit. Dévaluez
comme nous l'avons fait et vous êtes les bienvenus[81] ! » Les Français
pourraient offrir un prêt à taux faible pour payer les détenteurs de livres
sterling. Ce prêt libèrerait la Grande-Bretagne de ses obligations, lui
offrant un moyen de mettre fin au rôle de réserve du sterling[82].

Wilson résista fermement à toute dévaluation. Une dévaluation, selon
le secrétaire du gouvernement (*Cabinet Secretary*) Burke Trend, c'était
comme « se couper la tête pour guérir une migraine[83] ». Cela ne résoudrait pas, selon Trend, les problèmes sous-jacents de confiance de l'économie britannique. En revanche, elle détruirait la confiance des détenteurs de sterling du *Commonwealth* dans l'économie britannique et
affaiblirait les liens entre la Grande-Bretagne et les États-Unis. En outre,
Trend déclara que la dévaluation ferait le jeu des Français. Au sein du
Fonds monétaire international (FMI), les Français résistaient en effet aux
tentatives anglo-américaines pour créer un avoir de réserves alternatif
visant à soulager la pression sur la livre sterling et le dollar. La France
préférait à l'évidence une solution qui réduirait le rôle de réserve du
sterling[84].

---

[79]   PRO, CAB134/2757, E(O)(66)2nd, 3 juin 1966.

[80]   PRO, PREM13/853, Brown à Wilson, 24 juin 1966 :
       « A vigorous and speeded up policy towards Europe could provide the means by
       which we might work our way out of this box [...]. It would open a route which
       would not only enable us to play our part in Europe and the world and turn what must
       otherwise look like a series of negative policies into a positive strategy ».

[81]   Castle, B., *The Castle Diaries, 1964-1976*, London, Macmillan, 1990, p. 75.

[82]   PRO, EW5/18, Reilly à O'Neill, 8 juin 1966 ; PRO, EW5/18, *Foreign Office* au
       directeur britannique du FMI, 25 septembre 1966.

[83]   PRO, PREM13/854, Trend à Wilson, 19 juillet 1966.

[84]   Pour les détails, voir Schenk, C., « Sterling, International Monetary Reform and
       Britain's Applications to Join the EEC in the 1960s », *Contemporary European His-
       tory*, vol. 11, n° 3, 2002, pp. 362-3 ; O'Hara, G., « The Limits of US Power : Transat-
       lantic Financial Diplomacy under the Johnson and Wilson Administrations, October

Or, ni le *Treasury*, ni Wilson ne voulaient mettre fin à leur rôle international à la demande des Français[85].

La fin du plan national poussa Wilson à transférer Brown au *Foreign Office* au début du mois d'août, donnant un domaine ministériel acceptable à un bouillant second encore puissant. Michael Stewart, le précédent ministre des Affaires étrangères, fut envoyé au DEA. Cet échange et l'impact de la déflation qui eut lieu en définitive, mirent fin, de fait, aux ambitions du DEA.

Le déclin du DEA fut l'un des facteurs qui poussèrent Wilson à adopter une nouvelle initiative européenne durant l'automne 1966. Comme Trend l'avait relevé lors des discussions sur la déflation, les Britanniques avaient besoin d'une méthode pour restaurer la confiance dans l'avenir de l'économie britannique. Résistant aux tergiversations du *Treasury*, Wilson se rallia aux arguments de Mitchell selon lequel un mouvement vers la CEE encouragerait le redressement économique. La perspective d'une adhésion stimulerait les investissements privés et montrerait à l'industrie et à l'opinion publique que le gouvernement travailliste comptait renouer avec la croissance[86]. D'une certaine manière, ce qui était le but fondamental du plan national fut attribué à la future participation britannique à la CEE.

Le gouvernement se retrouvait donc coincé. Wilson n'avait pas d'autre choix que d'affirmer sa confiance dans le futur redressement de l'économie et de défendre l'idée que l'adhésion à l'Europe aiderait à restaurer cette confiance. En privé, le ministre des Finances continuait à douter que la Grande-Bretagne puisse entrer dans la CEE sans dévaluation. Au sein d'un comité secret (*secret official committee 'Forever Unmentionable'*), les fonctionnaires du *Treasury* redoublèrent leurs pressions en faveur d'une dévaluation[87]. Les inquiétudes du *Treasury* se matérialisèrent quand de Gaulle utilisa la dévaluation britannique comme prétexte pour son veto final en novembre 1967.

L'impact du DEA sur la politique européenne de la Grande-Bretagne, entre mars et octobre 1966, se révèle donc contradictoire. Brown n'est pas le seul responsable du virage de Wilson vers l'Europe. Le *Foreign Office* tenait à ce que le Premier ministre montrât son intérêt pour la CEE. Michael Palliser, l'influent secrétaire particulier du Premier ministre, était tout aussi décidé à affirmer la détermination de Wilson, en déclarant que la Grande-Bretagne devait approcher la Com-

---

1964 – November 1968 », *Contemporary European History*, vol. 12, n° 3, 2003, pp. 268-273.

[85]   PRO, PREM13/854, Trend à Wilson, 19 juillet 1966.

[86]   PRO, CAB134/2705, E(66)3rd, 22 octobre 1966.

[87]   Bank of England Archive (BOE), OV44/136, FU(67)1, Contingency Planning : Entry into Europe, juin 1967 ; aussi Brittan, S., *op. cit.*, p. 226.

munauté, avec l'intention de « rendre la vie extrêmement difficile au Général ». La Grande-Bretagne devrait « expliquer à tout le monde à quel point nous sommes désireux de rentrer, et donc de forcer de Gaulle à trouver des raisons beaucoup plus sérieuses pour nous garder en dehors[88] ».

Néanmoins, le fait qu'un ministre influent recommandât constamment et bruyamment une initiative immédiate, ne fut pas sans effet. Ironiquement, Brown obtint l'initiative qu'il désirait tant, mais au prix du ministère qu'il avait dirigé. Une solution « européenne » – un accord franco-anglais pour réduire le rôle de réserve de la livre sterling –, accompagné d'une dévaluation, ne fut pas sérieusement débattue. Wilson n'aurait pas pu obtenir un consensus au sein de son gouvernement pour un tel accord. Des cinq ministres qui soutenaient Brown pour une dévaluation, deux (Castle et Crossman) étaient résolument contre la CEE, et deux (Benn et Crosland) hésitaient. Seul Jenkins était un clair partisan de la dévaluation et du mouvement vers la Communauté[89]. Le choix tactique de Wilson : une visite destinée à déterminer si les conditions étaient réunies pour une adhésion et qui ne l'engageait en rien, était le seul moyen de sauvegarder la cohésion d'un gouvernement divisé à la suite d'une crise.

VI. Le projet de communauté technologique, 1964-1967

Le DEA n'avait pas compétence pour définir la politique technologique de la Grande-Bretagne. Néanmoins, l'idée d'économies d'échelle et de collaboration technologique était au centre de son projet d'« Europe européenne ». En outre, la possibilité de mettre en commun le matériel militaire soulevait la question fondamentale du rôle de la Grande-Bretagne dans la guerre froide.

Comme John Young l'a bien montré, les idées de Wilson relatives à une « communauté technologique européenne » étaient beaucoup plus qu'un gadget[90]. Elles furent exploitées durant le premier mandat de Wilson. Quand Wilson rencontra de Gaulle en janvier et avril 1965, il lui proposa une collaboration dans le domaine des ordinateurs et des avions militaires, afin de renforcer les relations franco-britanniques et de négocier la possibilité d'une entrée britannique dans la Communauté. Son gouvernement venait d'annuler la commande de l'avion militaire britannique, le TSR-2. Les ministres étaient divisés sur la question de

---

[88]   PRO, PREM13/897, Palliser à Wright, 21 octobre 1966.

[89]   Castle, B., *op. cit.*, p. 75 ; Crossman, R., *Diaries of a Cabinet Minister, Volume 1, Minister for Housing, 1964-1966*, London, Hamish Hamilton, 1976, p. 574 ; Benn, T., *Out of the Wilderness : Diaries, 1963-1967*, London, Hutchinson, 1987, p. 160 ; Jenkins, R., *A Life at the Centre*, London, Macmillan, 1991, pp. 191-193.

[90]   Young, J., article cité, pp. 95-96.

savoir s'il fallait ou non le remplacer avec le TFX (F1-11) américain. Denis Healey, le ministre de la Défense, fit valoir que, sans TFX, le gouvernement limiterait sévèrement l'indépendance britannique et sa capacité à faire face à des conflits régionaux en Extrême et au Moyen-Orient. Le ministre de l'Aviation, Roy Jenkins, répliqua que l'achat du TFX rendrait la Grande-Bretagne dépendante des Américains. Sans un réexamen poussé des engagements militaires de la Grande-Bretagne, comment les Britanniques pouvaient-ils savoir si oui ou non ils avaient besoin de matériel ? Après deux longues et acrimonieuses réunions, le gouvernement avait accepté l'annulation du TSR-2 afin de faire des économies budgétaires et de garantir une option pour acheter le TFX, mais sans s'engager sur leur nombre[91].

En déclarant à de Gaulle que l'annulation du TSR-2 montrait bien que la Grande-Bretagne ne pouvait construire seule son arsenal militaire, Wilson était sincère. Il proposa, si cela intéressait de Gaulle, que l'Angleterre et la France construisent ensemble un avion militaire. En l'espace de dix ans, les projets franco-anglais pourraient devenir le noyau des politiques militaires britanniques. Wilson avoua que le gouvernement avait maintenu l'option d'acheter le TFX – afin d'éviter ce qu'il appela « une situation à la Nassau-Rambouillet ». Cependant sa proposition de collaboration allait clairement au-delà du mandat fixé par son gouvernement. C'était en partie parce qu'il ne savait pas comment de Gaulle réagirait[92]. Mais cela révélait aussi l'ambivalence de son administration. Non seulement les ministres étaient divisés quant à la position à adopter envers les États-Unis, mais ils étaient aussi dubitatifs quant à la valeur des projets exclusivement fondés sur un noyau franco-anglais. Pour le ministère de l'Aviation et le ministère de la Défense, un partenariat avec les Français apparaissait comme une solution pratique[93]. Mais le *Foreign Office* pensait que les politiques françaises envers l'Alliance atlantique ne permettaient pas une union trop proche avec la France : « Aux yeux du *Foreign Office*, la France est l'adversaire le plus constant de nos principaux objectifs[94] ».

Après l'annonce de la candidature, la communauté technologique devint surtout un moyen de convaincre le Général de laisser rentrer la Grande-Bretagne. En juin 1967, Wilson alla jusqu'à faire une suggestion voilée de collaboration dans le domaine thermonucléaire afin d'aider les

---

[91]   PRO, CAB128/39, CC(65)20th and 21st, 1er avril 1965.

[92]   PRO, PREM13/324, Wilson – de Gaulle, 2 et 3 avril 1965.

[93]   PRO, CAB1342134, JRD(65)2 : « Work of the Committee », ministère de l'Aviation, 28 mai 1965.

[94]   PRO, FO371/184288/W6/12, Barnes à Nicholls, 11 février 1965 ; PRO, FO371/182488/W6/5, les commentaires de Barnes sur Thomson à Barnes, 30 décembre 1964 ; PRO, FO371/182489/W6/28, mémorandum de Barnes, 21 mai 1965.

Français dans l'utilisation de la force de frappe[95]. En faisant cela, il outrepassait ses fonctions. Durant une réunion privée, avant la rencontre officielle, Wilson développa son idée de proposer à de Gaulle une coopération britannique dans le domaine du nucléaire civil – les réacteurs nucléaires U235, la technologie du graphite, les réacteurs avancés à gaz refroidi, les usines à surrégénérateurs rapides – mais seulement à la condition que la France laissât la Grande-Bretagne rentrer dans la CEE[96].

Ce fut George Brown qui versa de l'eau froide sur les suggestions du Premier ministre. Une des objections de Brown était que le partenariat franco-anglais dans le nucléaire civil irait à l'encontre des restrictions imposées par le traité conclu avec les États-Unis, et donc, contre l'orientation atlantique de la Grande-Bretagne. Surtout, un accord avec les Français laisserait de côté les Cinq. Or, pour lui, l'appui des Cinq constituait la meilleure chance pour obtenir l'entrée de la Grande-Bretagne dans la Communauté. Ils soutenaient l'adhésion britannique et pouvaient contraindre de Gaulle à céder. Brown suggéra aussi que des arrangements nucléaires avec la France ne résoudraient pas le problème allemand, mais ne feraient que nourrir les ambitions nucléaires autonomes de l'Allemagne et affaiblir son économie[97].

La division entre ceux qui voulaient que la Grande-Bretagne fasse équipe avec les Cinq et ceux qui voulaient qu'elle fasse équipe avec la France saborda les efforts britanniques pour promouvoir une communauté technologique. Après sa visite à de Gaulle en juin 1967, Wilson accepta l'idée que de Gaulle ne laisserait pas la Grande-Bretagne rentrer : « Désormais nous ne pouvons plus prévoir ses actions sur la base d'un jugement rationnel[98] ». Wilson changea de cap pour soutenir la politique prônée par Brown, favorable à une accession sur le long terme, fondée sur le soutien des Cinq. Un volet de cette politique impliquait une « collaboration technologique revendiquée avec chacun des Cinq ou une coopération bilatérale », qui exclurait et isolerait les Français[99]. Cette politique eut comme conséquence de couronner de succès les efforts britanniques pour créer des échanges technologiques civils comme le projet de développer une centrifugeuse à gaz pour l'enrichis-

[95] PRO, PREM13/1479, Reilly à Mulley, 20 avril 1967 ; PRO, FCO33/44, Thomson à Hood, 21 juillet 1967 ; PRO, PREM13/1482, Ramsbotham à Campbell, 14 avril 1967 : tous contiennent des références à cette possibilité ; British Library of Political and Economic Science (BLPES), Papiers privés d'Alistair Hetherington (éditeur de *The Guardian*), 13/9, réunion avec Wilson, 12 juin 1967, qui révèle les intentions de Wilson ; interview de Sir Michael Palliser, 5 novembre 2001.

[96] PRO, CAB130/325, Misc153(67)1st, 15 juin 1967.

[97] *Ibidem.*

[98] PRO, PREM13/1484, les commentaires de Wilson sur Chalfont à Wilson, 19 juillet 1967.

[99] *Ibidem*, les commentaires de Wilson sur Palliser à Wilson, 15 juillet 1967.

sement d'uranium entre les Néerlandais, les Allemands de l'Ouest et la Grande-Bretagne[100].

Dans l'ensemble, la politique technologique de Wilson eut un certain succès. Sa volonté de développement des industries technologiques civiles de la Grande-Bretagne comme de partage de la recherche avec les pays de la CEE était sincère. Plusieurs projets couronnés de succès furent développés comme l'avion franco-anglais à géométrie variable, l'avion de combat aux multi-rôles allemand-anglo-italien, et la centrifugeuse à gaz. Le projet de Concorde ne fut pas annulé. Bien que la Grande-Bretagne réduisît sa participation au Conseil européen pour la mise au point et la construction de lanceurs de satellites (CECLES), elle continua néanmoins à participer au Centre européen de recherches spatiales (CERS) et au Centre européen pour la recherche nucléaire (CERN). La collaboration technologique dans le domaine thermonucléaire entre la France et la Grande-Bretagne ne se substitua pas à la collaboration anglo-américaine, mais la politique d'échanges dans ce domaine entre la France et la Grande-Bretagne fut poursuivie par le gouvernement d'Edward Heath[101]. Par ailleurs, l'idée de communauté technologique impliquait un effort sérieux pour harmoniser l'économie britannique avec les économies continentales. La standardisation des brevets, la normalisation des mesures concernant la sécurité alimentaire, des règlements pour les monopoles et les pratiques restrictives furent une constante de la politique wilsonienne envers la CEE à partir de 1965. Les Britanniques désiraient en particulier encourager l'adoption de législations pour permettre la création de compagnies européennes, chose que la CEE avait du mal à faire. La discrète transition vers la décimalisation des poids et mesures, indice précurseur de la conversion au système métrique de la monnaie britannique, confirmait ce mouvement régulier vers l'Europe[102].

VII. Octobre 1966-décembre 1967 : la centralisation de la politique européenne au sein du Cabinet

Une fois décidée la candidature britannique en octobre 1966, Wilson fit en sorte que le contrôle de cette politique demeurât au gouvernement. Il créa une section européenne (*European Unit*) au sein du gouverne-

---

[100] Voir Schrafstetter, S. et Twigge, S., « Spinning into Europe : Britain, West Germany and the Netherlands – Uranium Enrichment and the Development of the Gas Centrifuge, 1964-1970 », *Contemporary European History*, vol. 11, n° 2, mai 2002, pp. 253-272.

[101] Par exemple, PRO, CAB130/506, GEN25, 5 mars 1971.

[102] La conversion au système métrique fut introduite durant l'initiative du *Bridge building* en 1965, PRO, PREM13/308, dix-huitième réunion à Vienne, 24 et 25 mai 1965 ; PRO, CAB130/227, MISC48/2nd, 10 mai 1965 ; discours de Wilson à Guildhall, 13 novembre 1967, cité dans Kitzinger, U., *The Second Try : Labour and the EEC*, London, Pergamon Press, 1968, pp. 308-310.

ment placée sous l'égide de William Nield. Celui-ci présida le Comité EURO, qui élabora les briefings avant chaque sondage des capitales européennes et les études préalables à toute négociation[103]. En plus du Comité EURO, Wilson créa deux comités d'organisation (*steering committees*) MISC143 et EURS, avant et après la demande de candidature, pour s'occuper des questions politiques majeures. Le secrétaire du Cabinet, Burke Trend, présida ces deux comités. Le premier contrôla la distribution d'informations aux ministres et s'occupa du problème de la balance des paiements. EURS, et son équivalent ministériel, EURM, présidé par Brown, surveilla les préparations pour l'élaboration de la position de Brown à l'UEO en juillet[104].

La centralisation du processus de décision eut pour conséquence l'absence de débat véritable sur les conditions économiques de l'adhésion. Le *Foreign Office* eut la haute main sur l'agenda des comités gouvernementaux. Après l'échec de la première candidature, le *Foreign Office* avait accumulé des études sur la manière dont la Grande-Bretagne devait s'organiser en vue d'une deuxième tentative. Leur logique était de rendre l'initiative britannique aussi « ordonnée » que possible, en limitant les demandes de sauvegardes et d'exceptions[105]. L'existence de ces études, affûtées par John Robinson, un vétéran des négociations de Bruxelles, donnait au *Foreign Office* une longueur d'avance dans l'élaboration de la position britannique[106]. Les comités EURO et EURS tempérèrent toutefois son enthousiasme vis-à-vis de l'adhésion à la CEE – Wilson n'était toujours pas disposé à suivre l'approche du *Foreign Office*[107] – et leur existence limita la discussion aux conditions économiques de l'entrée. Afin d'amener la France à négocier, Brown argumenta que la Grande-Bretagne devait lancer une tentative qui ne se heurterait pas aux conditions d'entrée. Sur cette base, les ministres tombèrent d'accord sur la position de négociation que Brown présenta devant l'UEO en juillet 1967[108]. À l'exception de la disposition sur les produits laitiers de la Nouvelle-Zélande et les producteurs de sucre du

---

[103]   PRO, CAB134/2811, EURO(66)1st, 14 novembre 1966 ; Wallace, H., « The Domestic Policy Making Implications of the Labour Government's Policy towards the European Community, 1964-1970 », Manchester University, thèse de Doctorat, 1975, pp. 124-128 et 162.

[104]   PRO CAB130/316, MISC(67)1st, 22 mars 1967 ; PRO CAB134/2833, EURS(67)1st, 24 mai 1967 ; PRO CAB134/2803, EURM(67)1st, 24 mai 1967.

[105]   PRO, FO371/177370/M1093/25, SC(64)24, comité d'organisation du *Foreign Office*, *The UK and Europe*, 6 avril 1964.

[106]   PRO, PREM13/1479 : « Negotiating Objectives », Robinson, 20 mars 1967.

[107]   PRO, PREM13/1479 : « Wilson comments on Negotiating Objectives », 20 mars 1967.

[108]   PRO, CAB128/42, CC(67)44, 2 juillet 1967.

Commonwealth, Brown ne demanda pas d'autres changements avant l'adhésion britannique[109].

Le lancement de la candidature progressa parallèlement avec le déclin du *Department of Economic Affairs*. Après la déflation de juillet 1966, l'influence du DEA fut sévèrement réduite. Cela était en partie dû au départ de George Brown au *Foreign Office* qui laissa le DEA sans son héraut, mais surtout au fait que, quelque soit le ministre, la raison d'être du DEA avait été profondément minée par la déflation. Le DEA, malgré toutes ses envies de devenir « un *Foreign Office* miniature » eut peu ou pas d'impact sur la candidature britannique, mais George Brown, désormais au *Foreign Office*, exerça une réelle influence. En août 1967, Wilson décida de prendre personnellement en charge le DEA, en plaçant Peter Shore, un homme-lige, à sa tête. La division des relations extérieures fut officiellement fermée. Le DEA disparut en octobre 1969[110].

L'expérience avortée du DEA soulève une question plus large, une question qui, elle aussi, a laissé ses historiens perplexes : son histoire est-elle celle d'une occasion manquée ? Y avait-il une route alternative pour permettre l'adhésion britannique aux Communautés européennes et la création d'une vraie « Europe européenne » ? Une Europe européenne qui se tiendrait, indépendante, entre les superpuissances, forte de son économie, de ses industries et de sa technologie, cette Europe-là était-elle suffisamment attirante pour permettre l'adhésion de la Grande-Bretagne à la CEE ?

La brève réponse à cette question est non. La crise de la chaise vide a confirmé la nature passéiste d'un accord franco-britannique fondé sur l'intergouvernementalité. Un tel accord aurait risqué de détruire la CEE ; de plus, un accord avec de Gaulle alors que les Français menaçaient de quitter l'OTAN, aurait fait courir un grand risque au système de sécurité occidental. Un accord avec de Gaulle sur la dévaluation aurait été également difficile. Les Britanniques ne voulaient accepter aucune injonction française pour réduire le rôle de réserve de la livre sterling ; même s'ils l'avaient fait, Wilson n'aurait pas pu obtenir un consensus politique pour mener une dévaluation et pour rejoindre l'Europe.

L'espoir d'un accord franco-britannique reposait donc sur la création d'une communauté technologique. Mais la position britannique était ambiguë. Le gouvernement et les ministères étaient divisés : fallait-il s'associer avec les Français, avec les Cinq ou maintenir le partenariat traditionnel avec les États-Unis ? De plus, la candidature britannique faussait la donne. Avant la candidature, l'idée de Wilson d'une communauté technologique suscitait un certain intérêt chez les Français ; après

[109] Discours de Brown à l'UEO, 4 juillet 1967, in Kitzinger, U., *op. cit.*, pp. 189-200.
[110] Davis, J., *op. cit.* ; Clifford, C., article cité, p. 104.

la candidature, ils dénonçaient la proposition comme un appât pour rentrer dans la Communauté. Mais la faute n'incombait pas aux seuls Britanniques. L'enthousiasme des Européens en faveur de projets communs avec la Grande-Bretagne n'était pas évident : les États-Unis offraient plus de richesse et de choix. Les Britanniques demeuraient dans l'incertitude vis-à-vis des intentions françaises, et n'avaient aucune garantie que le projet de communauté technologique leur ouvrirait les portes de la Communauté. Après la prise de conscience de Wilson de la constance de l'opposition gaulliste, la politique technologique britannique prit un autre tour en faisant appel aux Cinq et en isolant la France. La difficulté pour les Britanniques était moins de choisir entre l'Europe et les États-Unis, que de choisir entre une association avec les Français, ou une association avec les Cinq. Cette tension ne fut résolue de manière satisfaisante qu'après le veto du général de Gaulle.

Quoiqu'il en soit, cette histoire témoigne qu'il était vital pour les Britanniques d'obtenir une place dans la CEE. Le DEA reflétait ce processus d'européanisation. De fait la logique sous-tendant sa création avait été d'instituer un ministère susceptible de surmonter le pouvoir établi de l'administration. On peut le rattacher à un modèle européen, en partie inspiré par les cabinets politiques français (qui avaient été étudiés par le *Fabian Group* des travaillistes sur la réforme de l'administration[111]), et en partie reproduisant la tradition française d'avoir un service au sein d'un ministère pour traiter les Affaires européennes.

Et c'est là que se trouve le plus grand échec du DEA en terme de politique européenne. Le DEA nourrissait l'ambition de devenir un « super-ministère », mais il n'avait ni les capacités ni la constance pour imposer sa volonté. Dans la mesure où sa finalité originelle était de se concentrer sur la planification économique et de détruire le pouvoir du *Treasury*, il n'avait pas, initialement, de responsabilités en matière européenne. Il se consacra à la question européenne sous l'impulsion de George Brown. La division des relations extérieures avait compétence pour se consacrer à la CEE, mais elle ne possédait ni un personnel suffisant, ni l'expertise nécessaire, pour être un adversaire respectable en face du *Foreign Office*. Le fait que le DEA ait permis le lancement de la candidature britannique est surtout un hommage indirect à l'incroyable énergie de Brown ; son transfert au *Foreign Office* afin de mettre en œuvre sa politique signe l'échec cuisant du ministère des Affaires économiques.

Mais cet échec révèle aussi les errements de l'État britannique dans son cheminement vers l'Europe. Une fois que Wilson initia la candidature, il se retrouva face à deux problèmes. Le premier était d'amener de Gaulle à négocier, le second était d'élaborer une position acceptable par l'opinion continentale comme par l'opinion britannique. Wilson

---

[111] Hennessy, P., *op. cit.*, pp. 174-175.

laissa Brown prendre le contrôle de l'élaboration de la position britannique. Or, Brown se consacra exclusivement au premier objectif, au détriment du second. Un ministère qui avait la responsabilité d'étudier les conséquences économiques de l'adhésion à la CEE, ce qui avait été le cas du DEA, aurait pu agir comme un contrepoids face au *Foreign Office* et à ses ambitions de succès diplomatique. Mais il n'y eut pas de contrôle pour vérifier que l'opinion publique soutenait la position britannique et Brown imposa au gouvernement le principe d'une candidature britannique libérée de toutes conditions gênantes. Cette candidature fut donc le fruit d'une stratégie extrêmement centralisée et centrée sur la haute diplomatie. L'échec du DEA eut pour conséquence de ne pas avoir permis un examen approfondi des répercussions de l'adhésion sur la situation intérieure du pays, pas plus qu'une véritable campagne d'explication auprès des Britanniques.

Le ministère ouest-allemand des Affaires étrangères et l'intégration européenne, des origines à 1974

Claudia HIEPEL

Université de Duisburg-Essen

La création du ministère des Affaires étrangères de la République fédérale allemande s'est faite dans le cadre d'un État constitutionnel démocratique, à la naissance duquel avaient contribué les puissances occidentales d'occupation, et qui était intégré dans le système d'alliances occidental. L'intégration à l'ouest n'était pas seulement la condition du recouvrement de la souveraineté mais également l'une des raisons de la re-création de l'*Auswärtiges Amt*. Dans un premier temps, l'accord de Petersberg de novembre 1949 autorisait l'établissement de relations consulaires, mais dotait aussi l'État allemand de moyens structurels et institutionnels rendant possible la coopération dans les organisations internationales. La participation aux négociations du Plan Schuman nécessitait la création d'un ministre des Affaires étrangères dont la première « petite » révision du statut d'occupation, en mars 1951, posait les bases. La collaboration dans les organisations internationales et supranationales n'était pas sans influencer l'orientation de la politique étrangère de la jeune République fédérale, de même que la construction organique de l'*Auswärtiges Amt* dans lequel ces mécanismes de coopération devaient être fixés. L'intégration européenne, initiée par le statut de la Ruhr et la Communauté européenne du charbon et de l'acier (CECA), constituait l'un des éléments d'une politique étrangère moderne qui allait imprimer sa marque sur le nouveau ministère des Affaires étrangères. Dès le départ, l'*Auswärtiges Amt* se trouvait en concurrence avec le ministère de l'Économie (*Bundesministerium für Wirtschaft*) qui cherchait également à faire siennes un certain nombre de compétences en matière de politique européenne. Parallèlement, les deux ministères étaient, *volens nolens*, contraints de coopérer dans les questions européennes.

Dans cet article, je me propose d'examiner le rôle de l'*Auswärtiges Amt* dans la formulation et la définition de la politique allemande dans le cadre de la construction européenne. J'esquisserai dans un premier temps, les étapes de la fondation de l'*Auswärtiges Amt* tout en la resituant dans le contexte international, puis dans un deuxième et un troisième temps, j'examinerai les organigrammes et leur évolution jusqu'en 1974, date à laquelle Willy Brandt quitte la Chancellerie. Une analyse de la fonction de coordination du ministère des Affaires étrangères dans la politique européenne de la République fédérale en constitue le point central. Le comité des secrétaires d'État pour les questions européennes (*Staatssekretärausschuss für Europafragen*), créé en 1963, sera plus particulièrement examiné, car les recherches sur son histoire et sa signification sont encore à l'état embryonnaire[1]. Cette partie se fonde avant tout sur des archives inédites de l'*Auswärtiges Amt* et du ministère de l'Économie.

I. La recréation par étapes de l'*Auswärtiges Amt*

L'*Auswärtiges Amt* est recréé le 15 mars 1951 par un décret administratif du chancelier fédéral, Konrad Adenauer[2]. La fin du Troisième Reich et la capitulation sans conditions avaient interrompu les relations diplomatiques, consulaires, économiques et toutes les autres relations de l'État allemand avec les autres pays. L'*Auswärtiges Amt* avait été dissous et les diplomates en poste dans les représentations diplomatiques allemandes rappelés en Allemagne. À sa fondation en 1949, la République fédérale ne disposait d'aucune souveraineté en matière de politique étrangère. Les trois Alliés occidentaux exerçaient les compétences étatiques essentielles, notamment les Affaires étrangères, y compris pour la conclusion d'accords conformes au droit international conclus soit par l'Allemagne, soit engageant sa responsabilité. Dans le premier cabinet d'après-guerre, il n'y avait par conséquent pas de ministre des Affaires étrangères, ce qui ne signifiait nullement que la RFA n'avait aucune politique étrangère. Au contraire, un nombre important de décisions concernait directement ou indirectement la politique étrangère. Ainsi que le chancelier Adenauer le soulignait dans sa première déclaration gouvernementale devant le Bundestag, le 20 septembre 1949, cela valait autant pour les questions relatives au statut d'occupation que pour celles concernant par exemple le plan Marshall ou le statut de la Ruhr[3]. Pourtant, il ne s'agissait pas ici d'une politique étrangère au sens classi-

---

[1] Sur les débuts du comité des secrétaires d'État pour les questions européennes, voir l'article récemment paru de Germond, C. et Türk, H., « Der Staatssekretärausschuss für Europafragen und die Gestaltung der deutschen Europapolitik 1963-1969 », *Zeitschrift für Staats- und Europawissenschaften* II, 2004, H.2, pp. 56-81.

[2] Selon Schöllgen, G., *Die Außenpolitik der Bundesrepublik Deutschland*, München, Beck, 1999, p. 9.

[3] Voir Röding, H., « Die Entstehungsgeschichte des Auswärtigen Amtes », *Informationen für die Truppe* 4, 1990, pp. 49-63.

que du terme, c'est-à-dire établie de façon institutionnelle dans un ministère.

Dans un premier temps, c'est le chancelier Adenauer qui, dans les limites permises par le statut d'occupation, avait la main haute sur la politique étrangère. Préférant que l'ensemble des activités relatives à celle-ci fût du ressort exclusif de la Chancellerie, il rejetait tous les projets prévoyant la création d'un ministère fédéral des Affaires étrangères[4]. À la Chancellerie, la mission de liaison auprès de la Haute Commission alliée (*Verbindungsstelle zur Alliierten Hohen Kommission*) jouait donc un rôle central, car elle avait pour fonction de coordonner l'ensemble des relations avec les Alliés. Après l'accord de Petersberg du 22 novembre 1949 autorisant la République fédérale à rétablir des relations consulaires et commerciales[5], un bureau d'organisation pour les représentations consulaires et commerciales à l'étranger (*Organisationsbüro für die konsularisch-wirtschaftlichen Vertretungen im Ausland*) fut créé pour préparer l'établissement de ces représentations et recruter le personnel qualifié. Le Service du conseiller pour le plan Marshall (*Dienststelle des Beraters für den Marshallplan*), auparavant intégré à l'administration de la bizone et, plus tard, au ministère responsable du plan Marshall, y fut incorporé par la suite. Ce bureau devait coordonner l'établissement des premières représentations ouest-allemandes auprès des organisations internationales et supranationales, par exemple auprès de l'OECE à Paris, ou de l'*Economic Cooperation Administration* (ECA) à Washington. Conformément aux vœux émis par Adenauer, le ministère de l'Économie devait assister le bureau dans toutes ses tâches et lui transmettre tous les documents importants[6].

L'embryon d'un futur ministère des Affaires étrangères voyait finalement le jour, le 7 juin 1950, grâce à la constitution, au sein de la Chancellerie fédérale, d'un Service pour les Affaires étrangères (*Dienststelle für Auswärtige Angelegenheit*) dont la structure ressemblait à celle d'un ministère des Affaires étrangères autonome. Adenauer confiait le poste de secrétaire d'État à Walter Hallstein, un professeur de droit public n'ayant aucune expérience en politique, mais non compromis avec le régime national-socialiste. Dans cette fonction, Hallstein devait

---

4   À l'exemple de la recommandation Schlangenbader, d'après le nom du lieu où se tinrent les négociations, « Schlangenbad bei Wiesbaden », dans laquelle un comité institutionnel issu de la conférence des ministres-présidents faisait des recommandations en faveur de la création d'un organe fédéral. Mentionné dans Müller, C., « Organisation and Administration of the West German Foreign Office during Its First Decade (1951-1960) », Diss. Cambridge, 1993, p. 30, et pour les autres plans, p. 32. Voir également Haas, W., *Beitrag zur Geschichte der Entstehung des Auswärtigen Amtes der Bundesrepublik Deutschland*, Bremen, 1969.

5   Steininger, R., *Deutsche Geschichte seit 1945, Bd. 1948-1955*, Frankfurt am Main, Fischer, pp. 123-125.

6   Müller, C., *op. cit.*, pp. 29 et 38.

négocier le plan Schuman dès le 20 juin 1950, ainsi que le plan Pleven. Lorsque la première « petite » révision du statut d'occupation du 6 mars 1951 autorisa finalement le gouvernement fédéral à fonder un ministère des Affaires étrangères et à établir des relations diplomatiques directes[7], le Service pour les Affaires étrangères de la Chancellerie fédérale en avait déjà posé les jalons structurels, matériels et personnels. Konrad Adenauer, qui n'était personnellement pas favorable à la création d'un ministère des Affaires étrangères indépendant, finit cependant par se rendre aux arguments d'Hallstein selon lesquels les négociations du plan Schuman la rendait indispensable. Adenauer voulut cependant conserver la mainmise sur la conduite de la politique étrangère et cumula les deux fonctions de chancelier et de ministre des Affaires étrangères jusqu'à l'abrogation du statut d'occupation et au rétablissement de la pleine souveraineté de la République fédérale, le 5 mai 1955. Il nomma alors Heinrich von Brentano pour lui succéder ; Walter Hallstein devenait secrétaire d'État aux Affaires étrangères, poste qu'il occupa jusqu'à sa nomination comme premier président de la Commission de la Communauté économique européenne (CEE) en 1958. Comme on le voit, l'histoire de la renaissance de l'*Auswärtiges Amt* est intimement liée à celle de l'intégration européenne qui en fut à la fois le catalyseur et la force motrice. Au-delà, la relation ambivalente du nouveau ministère des Affaires étrangères avec le ministère de l'Économie, entre coopération et concurrence, s'esquisse déjà.

II. La difficile adaptation interne de l'*Auswärtiges Amt* à la construction européenne

Dans l'ensemble, la reconstitution de l'*Auswärtiges Amt* se fit selon l'organigramme traditionnel du ministère[8]. Tandis que la plupart des États européens avaient réformé, au début du XXe siècle, leur ministère des Affaires étrangères selon le principe d'une division structurelle régionale regroupant divers domaines dans des unités géographiques, l'*Auswärtiges Amt* avait largement résisté à cette tendance[9]. Seule la réforme des années 1920 levait la séparation entre service diplomatique et service consulaire et supprimait ainsi la « société à deux classes » qui existait au sein du ministère, en mettant fin à la distinction entre un service diplomatique prestigieux, mais classique, et un service consulaire « moderne », en charge des questions économiques et commerciales. Cette réforme ne devait pas être abrogée en 1936.

---

[7]   Steininger, R., *op. cit.*, p. 150.

[8]   Voir également la contribution de Sylvain Schirmann dans le présent volume.

[9]   Ces réformes avaient été introduites au Quai d'Orsay dès 1907 (Doss, K., « The History of the German Foreign Office », in Z. Steiner (ed.), *The Times Survey of Foreign Ministries of the World*, London, Times Books, 1982, pp. 225-258).

Lors de sa création, l'*Auswärtiges Amt* comprenait six divisions, plus celle du protocole. La politique européenne, notamment les questions concernant le Conseil de l'Europe, le plan Marshall, la Haute Autorité de la Ruhr, etc., était du ressort de la direction politique (*Politische Abteilung*, Abt.II), elle-même issue en majeure partie de la mission de liaison auprès de la Haute Commission alliée. La direction politique II devint rapidement le lieu où s'élabora cette politique étrangère multilatérale et « moderne ». La direction géographique (*Länderabteilung*, Abt.III) s'inscrivait dans la tradition de la diplomatie « classique ». La direction des affaires commerciales (*Handelspolitische Abteilung*, Abt.IV) était responsable des grandes questions de politique commerciale et des relations commerciales avec l'étranger[10]. Pour l'essentiel, ce système devait perdurer jusque dans les années 1960. En 1953, les services responsables du commerce extérieur au sein du ministère de l'Économie furent incorporés à la direction des affaires commerciales, ce qui représentait une perte de compétences non négligeable, que le ministère de l'Économie n'accepta qu'à contre-cœur[11]. En 1957, Adenauer décida cependant de lui restituer la responsabilité des questions relatives à l'intégration économique européenne[12].

Sous le successeur de Brentano, Gerhard Schröder, la structure de l'*Auswärtiges Amt* connut plusieurs modifications notables. Cette restructuration avait été rendue nécessaire par l'accroissement des tâches et l'adaptation aux nouveaux défis d'une politique étrangère multilatérale. La direction politique était divisée en deux directions. La direction politique I était compétente pour les questions relatives aux systèmes d'alliances occidentales, tandis que la sous-direction I.A traitait de celles relatives à l'Europe. La CEE, la CECA et l'Euratom étaient du ressort d'un service autonome (I.A.2) ; l'intégration politique européenne, le Conseil de l'Europe et les organisations européennes non gouvernementales ainsi que les questions non militaires relatives à l'Union de l'Europe occidentale relevaient du service I.A.1. L'innovation la plus remarquable consistait en la dissolution de la direction géographique (*Länderabteilung*). Le service I.A.3, intégré à la sous-direction I.A, traitait désormais les questions relatives à la France, au Benelux et à l'Italie[13]. Cette réorganisation structurelle modifiait l'ancien principe

---

[10] Organigramme dans Schwarz, H.-P. (ed.), *Akten zur Auswärtigen Politik der Bundesrepublik Deutschland* (AAPD) 1951, München, Oldenburg.

[11] Müller, C., *op. cit.*, p. 28.

[12] Lefèvre, S., « Les ministères de l'Économie et des Finances allemand et français face à la mise en place de la CEE : politiques et compétences », in R. Girault et R. Poidevin (dir.), *Le rôle des ministères des Finances et de l'Économie dans la construction européenne (1957-1978)*, tome I, Paris, CHEFF, pp. 74-84.

[13] À celui-ci s'ajoutait le service I.A.4 pour le Portugal, l'Espagne, la Grèce, la Turquie, Chypre, les pays scandinaves, l'Autriche et la Suisse ; le service I.A.5 pour la Grande-Bretagne, les pays du Commonwealth, l'Australie, la Nouvelle-Zélande,

structurel de l'*Auswärtiges Amt* sans toutefois l'abolir complètement. Avec ses treize services, la direction des affaires commerciales s'était étoffée de façon conséquente et était dorénavant compétente pour les relations économiques et le commerce extérieur, y compris l'aide au développement, mais non la CEE[14]. Afin d'aider le secrétaire d'État de l'*Auswärtiges Amt* (*Staatssekretär des Auswärtigen Amtes*), le poste d'un secrétaire d'État à l'*Auswärtiges Amt* (*Staatssekretär im Auswärtigen Amt*) était créé. Tandis que le premier secrétaire d'État était responsable des questions politiques et européennes, le second était chargé des domaines économiques et culturels[15]. La structure des services compétents pour les questions européennes restait inchangée à l'exception de quelques modifications bénignes. En 1966, les compétences du service III.A.2, qui, jusqu'alors, était responsable de la coopération économique internationale, étaient étendues aux politiques agricole et commerciale européennes[16].

Sous l'effet de ces modifications organisationnelles, la structure de l'*Auswärtiges Amt* était devenue beaucoup plus complexe. Surtout, la politique européenne restait, comme auparavant, fragmentée. Au fur et à mesure, une superstructure fonctionnelle s'était peu à peu superposée à une sous-structure géographique. Ce schéma d'organisation menait inévitablement à des chevauchements de compétences, ainsi qu'à un dédoublement du travail, et était principalement responsable des problèmes de communication entre l'administration centrale à Bonn et les ambassades ou les représentations permanentes. Parallèlement, la question de savoir si la formation des attachés d'ambassade était adaptée à l'époque était de plus en plus fréquemment posée. Cette formation visait traditionnellement à former des « généralistes » compétents dans tous les domaines et ne laissait, par conséquent, que peu de possibilités pour une spécialisation quelconque[17]. En vue de remédier à ces divers problèmes, Willy Brandt décida d'instituer, à l'automne 1967, un groupe de travail chargé de formuler des propositions pour une réforme de l'*Auswärtiges Amt*. En 1968, cela aboutit à la création d'une commission spéciale sur le modèle de la commission britannique présidée par Lord Plowden. Le secrétaire d'État Hans von Herwarth fut nommé à la tête de cette commission à laquelle participaient des représentants des

---

l'Irlande. L'Amérique et l'Afrique possédaient leur propre service intégré à la sous-direction I.B.

[14]   Organigramme dans AAPD 1964, tome 2, 1995.

[15]   Doss., K., article cité, p. 254.

[16]   Organigramme dans AAPD 1966, tome 2, 1997.

[17]   Voir Paschke, K.-Th., *Reform der Attaché-Ausbildung. Eine Darstellung des neugestalteten Vorbereitungsdienstes für den höheren Dienst der Bundesrepublik Deutschland*, Baden-Baden, Nomos, 1975.

ministères et des syndicats ainsi que divers scientifiques[18]. Avant même que la commission Herwarth ait eu le temps de livrer son rapport, une innovation décisive fut introduite en 1970 sous le ministre des Affaires étrangères alors en exercice, Walter Scheel. Les services responsables des questions relatives à l'intégration économique européenne, qui relevaient jusqu'alors de la direction politique et de la direction des affaires commerciales, furent fusionnés ensemble. Ce nouveau « groupe III E », placé sous la direction de l'ambassadeur plénipotentiaire Gisbert Poensgen, se composait des anciens services I.A.2 (Communautés européennes) et de certaines parties du service III.A.2 (politique agricole et commerciale européenne) et était établi hors de la structure institutionnelle d'origine[19]. En mars 1971, la commission instituée par Brandt devait finalement remettre son rapport : ses recommandations allaient dans le sens de réformes radicales. Le principe sectoriel devait être complètement aboli au profit d'une unité de travail qui serait compétente pour toutes les questions relatives à une région géographique particulière. La prise de décision politique devait par conséquent se faire selon un principe géographique.

Ces réformes ne furent cependant que partiellement réalisées. De son côté, le ministre des Affaires étrangères, Walter Scheel, chargeait trois hauts fonctionnaires de l'*Auswärtiges Amt*, d'élaborer un plan détaillant les étapes nécessaires à la réalisation d'une telle réorganisation. Le principe sectoriel demeurait à la base de l'organisation du ministère. Curieusement, le « groupe E », tout juste institué, était dissous et ses domaines de compétences étaient partiellement restitués à la direction politique (Abt.2) ainsi qu'à la direction du commerce extérieur, comme le furent l'aide au développement et l'intégration économique européenne (Abt.4). Le service 200, qui appartenait à la direction politique, se vit confier les tâches de l'ancien service I.A.1, tandis que les compétences centrales pour les questions relatives aux Communautés européennes[20] revenaient aux services 410 et 411 (Abt.4), tout nouvellement restructurés. Enfin, un nouveau service 412 était créé pour traiter de l'union économique et monétaire[21].

Cette unique réforme administrative de l'*Auswärtiges Amt* n'a cependant pas abouti à la restructuration qu'elle ambitionnait et, du point de vue de la politique européenne, n'est pas parvenue à créer une structure beaucoup plus efficiente. Les compétences en matière européenne

---

[18] Von Herwarth, H., *Von Adenauer zu Brandt. Erinnerungen*, Berlin/Frankfurt, Propyläen, 1990, p. 372 s.

[19] Organigramme dans AAPD 1970, tome 3, 2001.

[20] À savoir les questions fondamentales, les institutions, l'association, la construction interne, les relations avec les pays de l'AELE, ainsi que les politiques agricole et commerciale de la Communauté.

[21] Organigramme, état au 1er octobre 1972, dans AAPD 1972, tome 3, 2003.

restèrent largement disséminées entre divers services tandis que les aspects politiques et économiques de l'intégration européenne étaient toujours traités à des échelons différents. Par ailleurs, les services géographiques, qui apportaient derechef leur contribution au débat politique européen, perdurèrent. Une telle fragmentation ne pouvait être surmontée qu'à l'aide de divers mécanismes de coordination. Traditionnellement, les réunions quotidiennes des directeurs politiques y contribuaient pour beaucoup. Le bureau du secrétaire d'État et celui du ministre assuraient la canalisation de l'information. Mais une meilleure coopération n'était pas seulement indispensable au niveau intra-ministériel. Une amélioration de la coopération interministérielle requérait également des mécanismes spécifiques qui seront analysés dans la partie suivante.

III. Conflits interministériels et difficile coordination de la politique européenne

Depuis le début du XXe siècle, la politique étrangère a subi des modifications consécutives à l'interdépendance croissante entre les États. Les échanges transnationaux se sont intensifiés aussi bien au niveau culturel qu'économique. Après 1945, ce processus a connu une accélération considérable. Les fondements de la politique étrangère de la République fédérale ont été modifiés du fait de son intégration dans le système d'alliances occidental et l'établissement de structures de décision supranationales. La politique étrangère ne relève plus seulement de la « haute politique », mais doit traiter de questions politiques plus « terre-à-terre » à l'instar de l'économie, du commerce, de la culture ou des questions sociales. En lieu et place de la diplomatie secrète classique (*Geheimdiplomatie*), un échange bilatéral et multilatéral entre acteurs étatiques s'est institué. De même, la progression de l'intégration économique européenne a remis en question la distinction entre politique étrangère et politique intérieure.

Théoriquement, on peut imaginer deux types de réactions à un tel changement fonctionnel. Le premier consisterait dans le maintien des structures et modèles d'action traditionnels selon lesquels le ministre des Affaires étrangères est le seul à diriger la politique extérieure. Dans le second cas, qui est également la position inverse, la disparition de l'*Auswärtiges Amt* serait envisageable afin de laisser aux ministères techniques respectifs le traitement des questions spécifiques qui se posent lors des négociations bilatérales et multilatérales. Aucun des deux termes de l'alternative n'a été réalisable. Un droit exclusif de l'*Auswärtiges Amt* sur la politique extérieure relevait du domaine de l'utopie et ne correspondait pas aux évolutions réelles. *De facto*, le ministère des Affaires étrangères ne possédait pas le monopole de la politique extérieure (si tel fut jamais le cas). Il avait bien au contraire toutes les difficultés à défendre ses compétences, en particulier dans le domaine de la politique européenne, vis-à-vis des autres ministères. Quant au second terme de l'alternative, il impliquait la suppression pure et simple du ministère des Affaires étrangères. Il n'en fut par conséquent jamais vraiment question dans la mesure où il s'agissait d'un ministère prestigieux jouissant d'une considération non négligeable à l'étranger[22].

La science politique distingue deux modèles d'action politique dans un contexte multilatéral, qu'on peut invoquer pour caractériser l'alternative s'offrant à l'*Auswärtiges Amt*. Selon le modèle fonctionnaliste, la construction européenne aurait pu entraîner une différenciation sectorielle plus forte de l'*Auswärtiges Amt*. Selon le modèle dit de coordination, il aurait dû se voir confier la tâche de coordonner les travaux de l'ensemble des ministères intéressés à la politique étrangère[23]. En fait, les deux modèles furent appliqués, mais ils montrèrent rapidement leurs limites.

Comme on pouvait s'y attendre, le ministère fédéral des Affaires étrangères chercha dans un premier temps à conforter sa position. Il s'efforça d'adapter ses compétences aux défis croissants posés par une politique extérieure moderne, et de se spécialiser. En cela, il suivit donc le modèle fonctionnaliste. Dans les années 1960-1970, le développement de divers services compétents pour les questions « techniques » de la politique européenne et de la politique économique et commerciale, évoqué précédemment, alla dans cette direction. Ces efforts menaçaient cependant d'aboutir à une « segmentation dysfonctionnelle[24] » qui mettait en évidence les limites personnelles et techniques du ministère. Chevauchement de compétences, surcharge de travail et improductivité en furent les conséquences. Ce système se heurtait également aux exigences du personnel du ministère. Les candidats à la carrière diplomatique étaient avant tout des juristes, des universitaires issus des sciences humaines et sociales. Rares étaient les économistes qui se présentaient au concours[25]. La formation elle-même était orientée selon un idéal généraliste, c'est-à-dire que l'attaché type était formé de manière à pouvoir travailler dans n'importe quel service administratif, ou n'importe quelle ambassade. Rares étaient les spécialistes n'ayant pas un

---

[22] Seul le futur ministre des Affaires étrangères, Walter Scheel, devait l'évoquer dans les débats de la commission Herwarth (Herwarth, H., *op. cit.*, p. 374).

[23] Voir Eberwein, W.-D. et Neuhold, H., *The Adaptation of Foreign Ministries to structural Changes in the International System. A Comparative Study*, Wien, Braumüller, 1981, p. 18.

[24] *Ibidem.*

[25] Eberwein, W.-D., « Auswärtiges Amt und Strukturwandel der Außenpolitik », Diss. Bielefeld, 1975 ; Eberwein, W.-D., « Personelle und institutionelle Anpassung des Auswärtigen Amtes an den Strukturwandel in der Außenpolitik », *Politische Vierteljahresschrift*, n° 19, 1978, p. 455 s.

parcours professionnel classique susceptibles d'être recrutés, car l'on redoutait de miner le « moral » des diplomates de carrière[26].

Un modèle de coordination vit donc le jour, dans lequel l'*Auswärtiges Amt*, qui ambitionnait ce rôle de coordinateur, n'arrivait qu'avec peine à le défendre contre les convoitises des ministères techniques. Depuis la seconde moitié des années 1960 et le début des années 1970, l'approfondissement de la construction européenne exigeait des compétences techniques que les ministères techniques étaient en mesure d'offrir. Si le ministère des Affaires étrangères avait en principe un monopole sur les questions bilatérales du fait de son emprise sur les représentations diplomatiques et consulaires qui assuraient les contacts bilatéraux, cela n'était déjà plus le cas pour les missions ou représentations permanentes auprès des organisations internationales telles que l'ONU ou bien la CEE. La politique européenne était aussi l'affaire du ministère de l'Économie, du ministère de l'Agriculture, sans oublier la Chancellerie fédérale, qui, du fait de la compétence du chancelier pour fixer les « lignes directrices » (*Richtlinienkompetenz*), jouait un rôle essentiel. En fonction de l'« européanisation » des travaux et des compétences des ministères techniques, se révélait la nécessité de coordonner et d'harmoniser les décisions respectives.

Pour les questions de politique étrangère, Adenauer s'en remettait plus volontiers à son « cabinet de cuisine » (*Küchenkabinett*) au sein de la Chancellerie fédérale, plutôt qu'au personnel de l'*Auswärtiges Amt*. Du fait de sa double fonction, le ministère des Affaires étrangères resta jusqu'en 1955 une sorte de « service auxiliaire » de la Chancellerie. En outre, le successeur d'Adenauer à la tête du ministère, Heinrich von Brentano, n'avait pas son charisme. Les deux administrations n'étaient d'ailleurs pas très éloignées l'une de l'autre sur les questions de politique européenne[27]. En revanche, les différences étaient bien plus nettes entre l'*Auswärtiges Amt* et le ministère de l'Économie, en raison de leur « concurrence naturelle » en matière de politique européenne. Les positions différentes des deux ministères en matière de construction européenne accentuaient cet écart.

À l'*Auswärtiges Amt*, un certain nombre de diplomates, regroupés autour de Walter Hallstein et du directeur de la direction d'Europe, Carl Friedrich Ophüls, approuvaient le principe de l'intégration institutionnelle, autrement dit une union institutionnelle des Six, ayant pour but une union politique de l'Europe. Ils pouvaient compter sur le soutien

[26]   Curtius, K. et von Haeften, G., *Die Nachwuchsausbildung für den Höheren Auswärtigen Dienst der Bundesrepublik Deutschland und der Vereinigten Staaten von Amerika*, Frankfurt, Metzner, 1974.

[27]   Bach, F.-J., « Adenauer und die auswärtige Politik », in K. Gotto (dir.), *Der Staatssekretär Adenauers. Persönlichkeit und politisches Wirken Hans Globckes*, Stuttgart, Klett-Cotta, 1980, p. 165.

d'Adenauer. *A contrario*, le ministère de l'Économie défendait le principe d'une intégration économique fonctionnelle qui devait aller au-delà de l'association des Six. Le ministre de l'Économie Ludwig Erhard et le directeur de la direction générale, Alfred Müller-Armack, en étaient les champions. La sous-direction pour le plan Schuman dirigée par le futur commissaire européen Hans von der Groeben avait, à l'intérieur même du ministère de l'Économie, une position décalée. La réaction à l'initiative prise par Spaak en avril 1954 révéla au grand jour les divergences d'opinions entre l'*Auswärtiges Amt* et la Chancellerie fédérale d'une part, et le ministère de l'Économie d'autre part. Ces divergences ne purent être aplanies qu'à la suite d'une réunion à huis clos dans la demeure privée de Müller-Armack située dans l'Eifel. Le compromis qui y vit le jour servit de préparation à la conférence des ministres des Affaires étrangères qui se tint le 1er juin 1955 à Messine, et à laquelle assistèrent Hallstein, en tant que représentant d'Adenauer, et Müller-Armack pour le ministère de l'Économie. Au cours des intenses négociations des deux années suivantes, c'est à ce dernier qu'incomba le rôle difficile « de représenter les aspects de l'intégration fonctionnaliste avec le moins d'éléments supranationaux » – ainsi que le souhaitait Erhard – sans toutefois pouvoir ignorer les lignes directrices données par le chancelier pour la conduite des négociations[28]. Cependant, de nombreux accords, finalement entérinés par les traités de Rome, portèrent nettement la signature du ministère fédéral de l'Économie, à l'instar de la limitation des compétences de la Commission et de la création d'un Conseil des ministres comme organe décisionnel prépondérant. La position d'Erhard s'imposa également en ce qui concernait la politique de la concurrence.

C'est seulement au cours de l'été 1958 que le conflit latent sur les compétences européennes fut tranché de telle manière que l'*Auswärtiges Amt* était dorénavant reconnu compétent pour les questions diplomatiques et politiques relatives à l'intégration européenne, tandis que le ministère de l'Économie obtenait la responsabilité pour les questions économiques. À cette occasion, la direction E « Coopération économique européenne interétatique » était recréée. Elle était chargée des relations entre le gouvernement allemand et le représentant permanent comme de la préparation des rencontres interministérielles destinées à l'information de ce dernier. Autrement dit, elle jouait un rôle important dans la politique européenne du gouvernement fédéral. L'*Auswärtiges Amt* conservait cependant une position dominante puisqu'il représentait la République fédérale au Conseil des ministres. De plus, il était chargé de présenter une vision d'ensemble de la politique européenne de l'Allemagne et restait en charge des questions politiques et institution-

---

[28] Voir Küsters, H.-J., *Die Gründung der Europäischen Wirtschaftsgemeinschaft*, Baden-Baden, Nomos Verlag, 1982, p. 122.

nelles. En vertu d'un accord entre Brentano et Erhard, le représentant permanent à Bruxelles devait être issu des rangs de l'*Auswärtiges Amt*, tandis que son adjoint était un fonctionnaire du ministère de l'Économie[29].

IV. Un instrument interministériel inédit : le comité des secrétaires d'État pour les questions européennes (1963-1974)

Cet accord fragile auquel les deux ministères étaient parvenus ne résolvait cependant pas la question d'une meilleure coordination des travaux, de façon à incorporer d'autres ministères concernés par la construction européenne. Adenauer décida de réagir en proposant, lors de la séance du cabinet fédéral du 6 février 1963, la création d'un groupe de travail composé des représentants de l'*Auswärtiges Amt*, du ministère de l'Économie et du ministère de l'Agriculture : il aurait pour tâche de mieux coordonner la politique européenne de l'Allemagne. Il devrait traiter de tous les faits importants survenant dans le cadre des Communautés européennes et en tenir le cabinet fédéral informé. Les raisons de cette initiative relevaient autant de la politique intérieure que de la politique européenne. D'une part, les différends entre Adenauer et Erhard au sujet de l'intégration avaient atteint des sommets en 1963. Adenauer souhaitait réduire l'influence du ministre de l'Économie – et son probable successeur – sur la politique européenne. Sur le plan européen d'autre part, une coopération plus efficace entre les divers ministères était rendue nécessaire par l'entrée dans la deuxième étape du Marché commun qui prévoyait la réalisation d'une politique agricole commune[30].

La première réunion de ce groupe de travail eut lieu le 5 mars 1963 en présence des secrétaires d'État des ministères précédemment cités. Le ministère des Finances rejoignit rapidement ce petit groupe. De temps à autre, le principe juridique de l'existence du comité était remis en cause par les autres administrations. Une solution fut cependant trouvée selon laquelle les différents ministères seraient invités à participer aux réunions du comité dès lors qu'on traiterait de questions relevant de leurs compétences. Le représentant permanent de la République fédérale auprès des Communautés européennes et un ministre-conseiller (*Ministerialdirektor*) de la Chancellerie prendraient également part aux discussions. Dans les années suivantes, le comité se réunit en moyenne une à

[29] Voir Küsters, H.-J., « Der Streit um Kompetenzen und Konzeptionen deutscher Europapolitik 1949-1958 », in L. Herbst, W. Bührer et H. Sowade (dir.), *Vom Marshall-Plan zur EWG. Die Eingliederung der Bundesrepublik Deutschland in die westliche Welt*, München, Oldenburg, 1990, pp. 335-370.
[30] Germond, C. et Türk, H., article cité, pp. 59-60.

deux fois par mois, plus fréquemment en cas de besoin. Le lieu et la présidence alternaient selon les participants. En revanche, le ministère de l'Économie conservait la haute main sur la direction, y compris sur la préparation des séances et la rédaction du compte rendu des réunions[31]. Le comité devint rapidement un organe indispensable. Il se distinguait par la surprenante continuité de ses membres, car sa composition ne devait pas connaître de profonds remaniements, même après la formation de la grande coalition CDU/CSU et SPD en 1966. Les secrétaires d'État du comité développèrent un véritable esprit de corps : ils se surnommaient eux-mêmes volontiers les « quatre mousquetaires » ! Le comité vint à bout de nombreux problèmes techniques tout en transmettant au cabinet fédéral les questions de nature politique. Des problèmes plus particuliers furent résolus par la constitution de comités *ad hoc*. De cette façon, le comité des secrétaires d'État prit une part prépondérante à la préparation du compromis de Luxembourg de janvier 1966, lequel mettait fin à la crise de la chaise vide, et formula des propositions décisives pour résoudre la question du financement agricole peu avant la conférence de La Haye de décembre 1969[32].

Après son élection à la Chancellerie fédérale en septembre 1969, Willy Brandt confirma le comité des secrétaires d'État dans sa fonction, mais il introduisit une innovation décisive. La Chancellerie fédérale qui, jusqu'alors, n'avait été généralement représentée que par un ministre-conseiller ne possédant pas le rang de membre à part entière du comité, et n'ayant qu'un vague rôle d'observation, était désormais représentée par la secrétaire d'État, Katharina Focke, que Brandt venait tout juste de nommer, et elle obtenait le statut de membre de plein droit[33]. Cette décision montre l'importance que Brandt accordait à la politique européenne et au comité, sur lequel le chancelier entendait affirmer son autorité.

La question d'une meilleure coordination interne de la politique européenne était de fait débattue, d'une manière ou d'une autre, dans chacun des pays membres de la CEE. Sur le plan européen, cela se traduisit, au début des années 1970, par une série d'initiatives visant à améliorer la coordination entre le niveau national et le niveau européen. Ces discussions avaient des répercussions sur les débats de politique intérieure, en particulier sur ceux relatifs à la limitation des compétences. Lorsque Georges Pompidou proposa au début de 1971 que chaque

---

[31] Bundesarchiv Koblenz (BAK), Bundesministerium für Wirtschaft (B 102), 61705, note pour le secrétaire d'État von Dohnanyi, 5 mars 1968 ; et Politisches Archiv des Auswärtigen Amtes (PAAA), B2, 182, note au sujet du comité des secrétaires d'État pour les questions européennes, 31 octobre 1969.

[32] Germond, C. et Türk, H., article cité.

[33] BAK, B 102, 120346, secrétariat du comité des secrétaires d'État, Bonn, remarques au sujet de la confirmation du comité des secrétaires d'État par le cabinet fédéral, 11 décembre 1969.

État membre nommât un ministre des Affaires européennes, l'*Auswär-tiges Amt* – comme d'ailleurs le Quai d'Orsay – ne cacha pas son scepti-cisme. Il craignait naturellement de devoir renoncer à ses compétences en matière de politique européenne[34]. Sans en discuter préalablement avec les autres ministères, le ministre des Affaires étrangères Walter Scheel (FDP) proposa dans une conférence de presse en janvier 1972 que le ministre des Affaires européennes dépendît de l'*Auswärtiges Amt*. La réaction du ministère de l'Économie fut tout, sauf enthousiaste. Lors des discussions de ces initiatives au sein du comité des secrétaires d'État, c'est le problème de fond concernant la délimitation entre poli-tique intérieure, politique étrangère et politique européenne qui fut mis en évidence[35]. Se prononçant contre un ministre des Affaires euro-péennes placé sous la responsabilité du ministère des Affaires étrangè-res, le représentant du ministère de l'Économie argua que les progrès de l'intégration faisaient que la politique européenne appartenait de moins en moins à la politique étrangère, mais devenait de plus en plus une politique intérieure européenne. De plus, en plaçant le ministre des Affaires européennes sous la responsabilité de l'*Auswärtiges Amt*, on courrait le risque de voir les aspects politiques prendre le pas sur les aspects techniques. Si toutefois celui-ci devait dépendre d'un ministère, le rapport entre la politique communautaire et les domaines-clés de la politique économique plaidait plutôt pour celui de l'Économie et des Finances[36], lequel possédait en premier lieu les compétences techniques nécessaires. À l'unisson, les représentants des ministères techniques se déclarèrent également contre le rattachement de ce ministère à la Chan-cellerie. On en vint donc à la conclusion qu'au cas où, pour des raisons aussi bien de politique intérieure que de politique étrangère, l'Alle-magne aurait à accepter la création d'un ministère des Affaires euro-péennes, celui-ci devait être un ministère autonome[37].

Par chance – si l'on se place du point de vue des ministres alle-mands –, l'idée de créer un ministère des Affaires européennes ne sou-leva guère plus d'enthousiasme dans la plupart des autres États mem-bres. À la place, les Allemands s'orientèrent vers l'idée de nommer un secrétaire d'État pour les Affaires européennes, principalement afin d'améliorer le travail du Conseil[38]. Mais, lors de la réunion des ministres des Affaires étrangères à Rome, le 12 septembre 1972, destinée à prépa-

---

[34]   PAAA, B 21, 743, note du 2 avril 1971.

[35]   BAK, B 102, 120353, vol. 3, procès-verbal de la séance du comité des secrétaires d'État pour les questions européennes, 24 janvier 1972.

[36]   De 1971 jusqu'à sa démission en 1972, les deux ministères ne faisaient plus qu'un, sous la direction du ministre Karl Schiller.

[37]   BAK, B 102, 120355, série W/E, note sur la question de la création d'un ministre des Affaires européennes, 26 janvier 1972.

[38]   BAK, B 102, 120355, note sur les fonctions et sur la place d'un secrétaire d'État pour les Affaires européennes 20 septembre 1972.

rer la conférence au sommet de Paris, la proposition allemande ne fut acceptée par aucune des autres délégations et Scheel se rallia finalement à la proposition belge d'octroyer des compétences plus importantes aux représentants permanents (*Ständige Vertreter*)[39]. Cela correspondait parfaitement à la ligne du ministre des Affaires étrangères qui avait déjà proposé, en mars 1971, d'élever les représentants permanents au rang de membres du gouvernement, tout en les maintenant sous la responsabilité de l'*Auswärtiges Amt*[40]. Comme Brandt s'était déjà fortement engagé vis-à-vis de Pompidou et du Premier ministre britannique Heath en faveur de la nomination d'un secrétaire d'État aux Affaires européennes, et, dans la mesure où il existait un certain nombre de réserves juridiques et institutionnelles à l'encontre de la proposition belge, un accord fut trouvé lors d'un petit déjeuner de travail à la Chancellerie qui prévoyait que la proposition de Willy Brandt serait désormais la ligne officielle allemande[41]. Le ministère de l'Économie, dont le représentant n'avait pas pu participer à l'entretien, soupçonna cependant qu'un accord tacite sur l'établissement de possibles secrétaires d'État aux Affaires européennes à l'*Auswärtiges Amt* avait été conclu et maintint fermement l'idée que lui seul avait traditionnellement compétence pour la CEE. De façon lapidaire, l'*Auswärtiges Amt* lui répondit que de nombreux ministères étaient désormais concernés par les questions européennes et que, par conséquent, seule la coordination restait de son ressort, comme c'était d'ailleurs le cas dans la plupart des pays de la CEE[42].

Au cœur des conflits entre les différents ministères se trouvait la plupart du temps le problème de la garantie de leurs compétences et de leurs acquis. Derrière ces querelles, il y avait naturellement des questions techniques, des positions et des concepts européens différents qui reflétaient, soit de façon explicite, soit de façon implicite, les intérêts particuliers de chaque administration. À l'opposé de ministères traditionnellement plus orientés vers la défense des intérêts nationaux ou de groupes d'intérêts (tels les Finances et l'Agriculture) se trouvaient la Chancellerie fédérale et l'*Auswärtiges Amt*, tout deux favorables à l'intégration, notamment politique. En vertu de la défense d'un concept politique central, fondé sur l'idée de fédération européenne, ils avaient tendance à placer les intérêts nationaux (et économiques) au second plan. Cela se manifestait, par exemple, sur la question de la politique agricole allemande par des divergences entre les Affaires étrangères et la

---

[39] BAK, B 102, 120353, note du 21 septembre 1972.

[40] PAAA, B 21, 743, note du 2 mars 1971.

[41] BAK, B 102, 120353, brouillon d'une conversation entre les représentants pour les questions européennes, à la Chancellerie, le 22 septembre 1972.

[42] PAAA, B 2, 194, note du secrétaire d'État von Braun sur une conversation avec Rohwedder, représentant du ministère de l'Économie et des Finances, 2 octobre 1972.

Chancellerie d'un côté, et le ministère de l'Agriculture de l'autre. Le ministre de l'Agriculture, Ertl, reprochait au chancelier d'adopter une attitude trop conciliante dans ses entretiens bilatéraux avec Pompidou, tandis qu'il devait, lui, mener bataille à Bruxelles contre les intérêts français et les idées réformatrices allemandes. Conséquence néfaste : la République fédérale avait une politique agricole inconsistante[43]. La question de l'union économique et monétaire, dont l'introduction avait été décidée lors de la conférence de La Haye, devint une pomme de discorde entre le chancelier Brandt et son très décidé ministre de l'Économie, Karl Schiller. Ce dernier se posait en gestionnaire intransigeant de la stabilité économique et financière, ce qui provoqua des tensions dans les relations franco-allemandes. Lors de la préparation de la conférence de La Haye, Brandt avait repris l'idée de Jean Monnet de créer un fonds de réserve destiné à devenir un instrument de solidarité monétaire. Mais, plutôt que de solliciter le ministère de l'Économie, il chargea Katharina Focke et son proche collaborateur Egon Bahr d'étudier cette idée et d'élaborer la proposition allemande en vue de cette conférence[44]. Les turbulences monétaires européennes, occasionnées par la crise continuelle du dollar, accentuaient les dissonances. Brandt chargea de nouveau Katharina Focke de trouver avec le français Jean-René Bernard, conseiller technique pour l'économie et l'Europe à la présidence de la République, au cours d'entretiens confidentiels, les moyens de résoudre en commun la crise. Étant donné « l'hostilité de Schiller à un système de changes fixes » tel que la France le désirait, le ministre fédéral de l'Économie devait être « mis sur la touche » si l'on voulait parvenir à une solution européenne pour laquelle l'Allemagne devait forcément aller au-devant des propositions françaises[45]. Confronté aux résistances contre sa « politique monétaire d'économie de marché », Schiller devait finalement jeter rageusement l'éponge[46].

Sur les questions de détails, les ministères techniques avaient toujours autant de mal à définir un consensus[47]. Le comité des secrétaires

---

[43] PAAA, B 1, 581/1973.

[44] Voir Hiepel, C., « In Search of the Greatest Common Denominator. Germany and the Hague Summit Conference 1969 », *Journal of European Integration History*, vol. 9, 2003, n° 2, pp. 63-81.

[45] Voir Wilkens, A., « Relance et Réalités. Willy Brandt, la politique européenne et les institutions communautaires », in M.-T. Bitsch (dir.), *Le couple France-Allemagne et les institutions européennes. Une postérité pour le plan Schuman ?*, Bruxelles, Bruylant, 2001, pp. 377-418 (en particulier p. 394 s.).

[46] Archiv der sozialen Demokratie, Willy-Brandt-Archiv, Bestand Bundeskanzler, vol. 67, lettre du ministre de l'Économie et des Finances au chancelier Willy Brandt, Bonn, 2 juillet 1972.

[47] Par exemple sur la question de la création d'un fonds régional européen, de la politique sociale en tant que tâche communautaire, etc. (voir les réunions du comité des secrétaires d'État, BAK, B 102).

d'État jouait à cet égard un rôle croissant qui consistait à s'efforcer d'harmoniser les positions divergentes jusqu'à ce qu'une position commune puisse être définie. Cela ralentissait le processus de prise de décision en matière européenne de façon significative et n'était pas sans provoquer des sentiments de frustration dans les ministères[48]. Ce type de modèle de coordination montrait de plus en plus ses limites et débouchait sur une « coopération négative », selon laquelle la politique européenne se définissait comme la recherche laborieuse du plus petit dénominateur commun[49]. Par là même, la politique européenne se limitait de plus en plus à n'être qu'une suite de décisions techniques et politiques à court ou moyen terme, au détriment de concepts, sinon de visions politiques générales. Le chancelier se plaignait déjà au début de 1970 de ce déficit programmatique de la politique européenne allemande.

Brandt était particulièrement fier de « l'esprit de La Haye » et de la « relance » politique opérée lors de la conférence. Il souhaitait voir préserver cette bonne « conjoncture » ; le gouvernement fédéral devait savoir en tirer parti. Il réclamait donc un « programme d'action » ressuscitant une ambition pour l'Europe, capable de faire mentir le reproche de « laxisme européen » que l'opposition adressait au gouvernement fédéral en dénonçant son *Ostpolitik* trop unilatérale[50]. Un « groupe de travail Europe » fut donc créé au sein de la Chancellerie fédérale. Celui-ci se réunissait pour la première fois, sous l'appellation de « groupe de coordination Europe » (*Koordinierungsgruppe Europa*), le 14 juillet 1970. Il avait pour tâche d'élaborer des propositions visant à améliorer la coordination de la politique européenne du gouvernement fédéral et de les présenter au cabinet fédéral ainsi qu'au comité des secrétaires d'État pour les questions européennes. Le service de presse (*Bundespresseamt*) devait présenter cette décision à l'opinion publique comme preuve de l'ancrage à l'ouest de l'*Ostpolitik*[51].

C'est donc la Chancellerie fédérale qui était à la pointe du débat sur la question des réformes. D'après ses conceptions, favorables à une coordination plus efficace de la politique européenne, le comité des secrétaires d'État pour les questions européennes devait être élevé au rang de « poste de commande » et garantir un « échange d'informations plus régulier » entre les ministères. Toutes les décisions européennes devaient y être harmonisées entre elles, et « le concept général de la politique européenne du gouvernement fédéral y être constamment

---

[48] Voir à ce sujet l'étude d'Eberwein sur l'*Auswärtiges Amt*, faite à partir de sondages (Eberwein, W.-D., *op. cit.*, p. 63).

[49] Eberwein, W.-D. et Neuhold, H., *op. cit.*, p. 18.

[50] BAK, B 102, 120347, vol. 1, Katharina Focke au secrétaire d'État Rohwedder, 30 avril 1970.

[51] BAK, B 136, 6418, remarques sur les séances du groupe de coordination, 17 juillet et 20 août 1970.

développé[52] ». Le procédé, tel qu'il était avancé, n'était toutefois pas de nature à simplifier le processus de prise de décision. En effet, la composition du comité des secrétaires d'État était appelée à varier en fonction des thèmes auquel renvoyait l'ordre du jour, sa présidence tournante devait être remplacée par une double présidence fixe du ministère de l'Économie, lorsque des questions de politique économique européenne étaient évoquées, et de l'*Auswärtiges Amt*, lorsqu'il s'agissait de questions relevant de la politique européenne générale. Enfin, la création d'un groupe de travail interministériel, chargé de la préparation technique et de l'organisation des séances, était envisagée. Chaque ministère devait en outre nommer un délégué responsable de la coordination à l'intérieur de son ministère de tutelle. Le but poursuivi était de mieux coordonner la position allemande à Bruxelles, afin d'éviter que, lors des négociations communautaires, soient défendues des positions qui ne tiennent pas suffisamment compte des intérêts particuliers des autres ministères.

Il devint également nécessaire de chercher à harmoniser la politique européenne avec la Coopération politique européenne (CPE)[53]. Avec la CPE, projet à l'initiative de Brandt, discuté lors de la conférence de La Haye et évoqué dans le communiqué final, c'était un nouveau domaine d'intégration communautaire qui se développait. Elle prévoyait des consultations politiques régulières entre les ministres des Affaires étrangères en vue d'harmoniser la politique étrangère, mais, du fait des réserves françaises, ne faisait pas partie des institutions communautaires. Le gouvernement fédéral s'efforçait donc d'ancrer plus fermement la CPE dans la Communauté. Par ailleurs, il espérait que la coopération dans le cadre de la CPE lui permettrait d'augmenter sa marge de manœuvre politique. Sur le conflit au Proche-Orient, l'Allemagne profitait ainsi de l'attitude résolument pro-arabe de la France, qui s'imposait dans les prises de positions formulées dans le cadre de la CPE, sans toutefois duper nécessairement Israël. Lors des négociations de la CSCE, les Européens parvinrent à élaborer une position commune dans laquelle on retrouvait un certain nombre des positions allemandes[54]. Dans le cadre des querelles de compétences et de répartition des tâches, la CPE se révélait être un « don divin[55] » pour les ministres des Affaires étrangères

---

[52]   BAK, B 102, 120350, Katharina Focke à Rohwedder, 17 mars 1971.

[53]   *Ibidem.*

[54]   Voir à ce sujet Küsters, H.-J., « Die Entstehung und Entwicklung der Europäischen Politischen Zusammenarbeit aus deutscher Perspektive », in F. Knipping et M. Schönwald (dir.), *Aufbruch zum Europa der zweiten Generation. Die Europäische Einigung 1969-1984*, Trier, Wissenschaftlicher Verlag, 2004, pp. 131-149.

[55]   Harryvan, A.G. et van der Harst, J., « Learning Interdependance the Hard Way. The Netherlands, European Political Cooperation and the Oil Crisis 1967-1977 », in F. Knipping et M. Schönwald, *op. cit.*, pp. 150-164, citation p. 161.

des pays membres de la CEE, car elle revalorisait énormément leur position vis-à-vis des autres administrations.

Le comité des secrétaires d'État interprétait cependant les projets de réformes de la Chancellerie fédérale comme une critique de son travail antérieur, et, par conséquent, les rejetaient en arguant que, jusqu'à présent, le Comité avait fourni un travail de valeur et devait simplement « intensifier [...] ses efforts[56] ». La proposition de supprimer la présidence tournante était rejetée par tous les ministères et le ministère de l'Économie faisait savoir qu'il s'opposerait violemment à toute initiative visant à lui ôter la responsabilité du secrétariat du comité. Afin de tenir compte des propositions du chancelier, on évoqua la possibilité de convier tous les secrétaires d'État à une « rencontre géante » qui permettrait de s'informer de manière circonstanciée sur les questions européennes intéressant l'ensemble des ministères[57]. Une telle rencontre ne pouvait avoir toutefois qu'un caractère exceptionnel, car, à long terme, elle n'était pas de nature à renforcer l'efficacité de la bureaucratie.

Sous la Chancellerie de Brandt se matérialisait donc une « méthode originale du gouvernement fédéral pour coordonner le processus de prise de décision[58] ». Dans celui-ci, c'est le ministre des Affaires étrangères qui était généralement compétent pour la coordination de la politique européenne. La préparation des réunions du Conseil était sous la responsabilité du ministère de l'Économie, avec la participation de l'*Auswärtiges Amt*. Les questions litigieuses étaient transmises au comité des secrétaires d'État. Un simple accord entre deux ministères ne suffisait pas. Dans les années 1970, les Affaires étrangères sortaient donc largement gagnantes du conflit latent relatif à la coordination de la politique européenne. En 1972, un secrétaire d'État aux Affaires européennes était enfin nommé. Il héritait de la coordination et de la présidence du comité des secrétaires d'État, tandis que son adjoint était un secrétaire d'État du ministère de l'Économie. Jusqu'en 1998, le ministère de l'Économie conservait le secrétariat du comité.

L'exemple de la politique européenne montre l'adaptation institutionnelle de l'*Auswärtiges Amt* aux changements structurels de la politique étrangère. Le défi posé par l'intégration européenne consistait en premier lieu en un accroissement des tâches, que les Affaires étrangères espéraient maîtriser en renforçant massivement la bureaucratie ministérielle. Il était de plus en plus difficile de tracer une limite précise entre la « haute politique » et la « politique commune », de sorte que l'*Auswärtiges Amt* devait trouver une structure adaptée aux nouveaux conflits de compétence liés à l'interpénétration croissante des politiques intérieure,

---

[56] BAK, B 102, 120350, position du ministère de l'Économie, 27 avril 1971.

[57] PAAA, B 2, 194, 114, note de von Braun, 14 juin 1971.

[58] PAAA, B 1, 581, Scheel au ministre de l'Intérieur Genscher, 13 septembre 1973.

européenne et étrangère. Parallèlement, il devait défendre, à l'intérieur de l'administration nationale, sa position vis-à-vis des autres ministères. Il était « menacé » sur deux fronts. Le ministère de l'Économie représentait la première menace, car ce dernier avait traditionnellement, sur les questions européennes, une position forte qu'il défendait bec et ongles. Des modèles d'intégration concurrents accentuaient encore plus les querelles de compétences. Par ailleurs, la Chancellerie, qui, en vertu de la *Richtlinienkompetenz* du chancelier, disposait d'une position prééminente dans l'administration de la République fédérale, décidait d'investir le terrain de la politique européenne.

La marge de manœuvre dont disposait l'*Auswärtiges Amt* dépendait néanmoins de chaque chancelier. Sous Adenauer, le ministère des Affaires étrangères avait plus ou moins pour fonction de soutenir la politique européenne de la Chancellerie et de la défendre contre les attaques du ministre de l'Économie, Ludwig Erhard. L'institution du comité des secrétaires d'État pour les questions européennes était en partie motivée par la volonté d'endiguer l'influence d'Erhard. Sous les chancelleries d'Erhard et de son successeur, Kurt Georg Kiesinger, le comité des secrétaires d'État devenait rapidement un organe indispensable à la coordination de la politique européenne de la RFA. Willy Brandt, à l'instar d'Adenauer, chercha de nouveau à regagner de l'influence sur la définition de la politique européenne et étrangère. Il renforça la position de la Chancellerie au sein du comité. Sur les questions européennes litigieuses, il n'hésita pas à contourner le comité et les autres ministres techniques. En parallèle à sa « nouvelle *Ostpolitik* », Brandt imprima un élan européen, qu'incarnait l'européenne convaincue qu'était Katharina Focke, et qui exigeait souvent beaucoup, sinon trop, des ministères techniques. Alors que la Chancellerie attendait des visions et des grands desseins européens, ces administrations techniques n'étaient guère qu'en mesure de répondre par des « présentations détaillées dépourvues de toute ambition politique », ainsi que le raillait Katharina Focke[59]. Par ailleurs, la revalorisation de la position de l'*Auswärtiges Amt* au sein du gouvernement fédéral doit beaucoup à la CPE. Sa compétence pour les aspects institutionnels et politiques de l'intégration fut incontestée. L'idée de créer un ministère des Affaires européennes, qui aurait retiré des compétences aux Affaires étrangères, ne réussit pas non plus à s'imposer aux gouvernements fédéraux ultérieurs. À sa place, le comité des secrétaires d'État joua, en tant qu'organe collégial, une fonction essentielle dans l'harmonisation des intérêts particuliers des différents ministères.

---

[59]   BAK, B 102, 120350, Katharina Focke à Rohwedder, 17 mars 1971.

L'administration italienne pendant les dix premières années de la Communauté économique européenne

Prédominance de la diplomatie et conflits de compétence

Elena CALANDRI

Université de Florence

En 1984, un expert reconnu de droit administratif italien écrivait qu'en Italie les trois quarts des ministères s'occupaient des affaires européennes ; chacun travaillait selon ses propres méthodes d'organisation avec des attributions définies sur la base de critères très variés. En 1967, 1968, 1977, 1978 et 1979, des plans successifs avaient été adoptés pour assurer la coordination de la politique européenne ; à peu près tous les organismes mis alors en place existaient encore, mais cela ne signifiait pas que la coordination était devenue effective[1].

Le tableau que Sabino Cassese esquissait il y a maintenant un quart de siècle s'ajoute à de multiples jugements sévères émis au fil des ans par les historiens, politologues, et autres observateurs, à propos de la participation italienne à la CEE : à côté des gouvernements, inefficaces et de courte durée, du Parlement et de la Justice, attachés au principe juridique de la primauté de la loi nationale, le manque de coordination entre les ministères et les compétences techniques généralement insuffisantes de l'administration ont également contribué à confiner l'Italie dans une position de faiblesse face aux institutions de la CEE et aux pays partenaires[2]. Il ne s'agit pas simplement de manifestations

---

[1] Cassese, S., « Divided Powers : European Administration and National Administration », in S. Cassese (ed.), *The European Administration*, Florence, IISA, 1984, pp. 9-20 ; devenu ministre de la fonction publique, Cassese participa en 1993-1994 à la mise en œuvre d'une réforme de l'administration publique ; voir aussi son ouvrage *Lo stato introvabile. Modernità e arretratezza delle istituzioni italiane*, Rome, Donzelli, 1998.

[2] Juristes et politologues ont porté beaucoup d'attention à la transposition de la législation communautaire : voir par exemple Giuliani, M. et Piattoni, S., « Italy. Both

d'autodénigrement national ; la Commission elle-même relevait en 1970 « le divorce [...] entre la réceptivité de l'Italie à l'idée de construction d'une Europe unie, tant sur le plan politique que sur le plan économique, et ses difficultés à suivre le mouvement institutionnel dans ses aspects quotidiens et mineurs ». Dans une étude riche en exemples tragi-comiques, la Commission tirait des conclusions percutantes, observant que « la vraie difficulté réside dans le peu de sensibilité de l'admi-nistration italienne aux choses communautaires et les obstacles énormes que l'*establishment* bureaucratique oppose au changement des règles administratives, même lorsque cette attitude joue contre ses intérêts ». Elle relevait aussi l'existence d'un cercle vicieux qui avait des inciden-ces fâcheuses pour l'ensemble de la Communauté : les experts italiens contribuant peu aux examens initiaux des propositions, les projets répondaient donc souvent plutôt aux contributions et aux schémas de délégations plus actives ; par conséquent, la position italienne, qui se manifestait une fois la proposition de la Commission faite et l'examen au sein du Conseil engagé, était souvent une position de blocage, voire de rejet[3]. Il y a donc bien eu un « problème italien », qu'une étude sérieuse devrait permettre d'analyser et de sortir des stéréotypes.

On ne dispose malheureusement pas aujourd'hui de sources suffi-santes, ni pour établir le schéma d'ensemble de la structure responsable de l'élaboration de la politique communautaire italienne, ni pour analy-ser l'organisation des bureaux responsables dans les ministères tech-niques[4]. Aux archives du ministère des Affaires étrangères, le principal responsable de cette politique, seules quelques séries sont communi-cables et, en dépit de l'adhésion de l'Italie à la règle des trente ans, elles ne sont plus accessibles après la première moitié des années 1950. Les autres ministères confient en théorie leurs papiers à l'*Archivio Centrale dello Stato*, et la loi permet la communicabilité des dossiers après cin-quante ans. En fait, les séries accessibles pour la période d'après 1945 sont rares et incomplètes[5]. La documentation des bureaux responsables

---

leader and laggard », in E. Zeff et E.B. Pirro (eds.), *The European Union and the Member States. Cooperation, Coordination and Compromise*, Londres, Lynne Rien-ner Pbs, 2001, pp. 115-142.

3   Archives historiques des communautés européennes, Fiesole (AHCE), Fonds Émile Noël, vol. 1512, Problemi istituzionali, sans date (novembre 1970).

4   On trouve quelques informations de synthèse dans Salmon, J., « Les représentations et missions permanentes auprès de la CEE et de l'Euratom », in M. Virally, P. Gerbet et J. Salmon (dir.), *Les missions permanentes auprès des organisations inter-nationales*, Bruxelles, Bruyant, 1971, tome I, pp. 561-827.

5   C'est le cas par exemple des documents de l'*Ispettorato generale per i rapporti finanziari con l'estero* (IRFE), du ministère du Trésor, ou de ceux du *Comitato In-terministeriale per la Ricostruzione* (CIR). Des papiers personnels sont devenus, ou sont en train de devenir accessibles, comme ceux d'Ugo La Malfa, Aldo Moro, Pietro Nenni, Amintore Fanfani et Mariano Rumor, mais ils ont peu d'utilité en ce qui concerne l'administration.

n'est pas communicable[6]. Il n'est donc pas possible d'étudier en détail les structures, les personnes impliquées, les attitudes, les habitudes, le style, les règles formelles et informelles de l'administration italienne dans le processus d'intégration.

Cette contribution ne prétend donc présenter ni une analyse complète, ni des conclusions fermes. Elle s'inspire en partie de l'étude fort intéressante de la Commission citée ci-dessus, mais en prenant garde à ne pas appliquer systématiquement ces réflexions de 1970 à toute la période antérieure. Elle s'appuie à peu près entièrement sur les papiers du cabinet du *Ministero del Bilancio e della programmazione economica* (ministère du *Bilancio*). Ce département particulier n'avait pas, au début, de compétence propre dans la définition des politiques communautaires, ni de la politique étrangère ; c'était surtout un département d'étude. Mais son cabinet assurait le secrétariat du *Comitato Interministeriale per la Ricostruzione* (CIR), et à ce titre, recevait régulièrement des renseignements en provenance du ministère des Affaires étrangères, moins fréquemment des autres ministères. D'autre part, dès la fin des années 1950, il revendiquait un plus grand rôle dans la définition des choix économiques des gouvernements, et à partir du milieu des années 1960, il réussit à obtenir, sinon le rôle qu'il réclamait, du moins à se faire entendre et à bénéficier d'un droit de regard. Il constitue donc un observatoire utile pour mettre en place, à l'aide de la littérature existante et d'autres sources, quelques éléments d'un puzzle dont l'image complète demeure hors d'atteinte.

Le présent article présente un tableau de la structure mise en place et du rôle des diplomates qui prirent en charge la politique communautaire de 1958 à la fin des années 1960, des questions qui se sont posées et de l'organisation de la coordination interministérielle. Il met en valeur un organisme, le *Comitato ristretto dei direttori generali*, qui représenta la première tentative, non officielle, de coordination systématique du travail interdépartemental. Le domaine particulier des décisions communautaires en matière agricole de 1959 à 1965 sera ensuite étudié comme un test de fonctionnement de l'appareil de décision. Dans la dernière partie, nous examinerons de manière synthétique les conclusions les mieux établies des analyses sur l'histoire de l'administration italienne : de manière assez surprenante pour nous, elles mentionnent à

---

[6] On peut principalement citer : au ministère des Finances, l'*Ufficio Mercato Comune* ; au Trésor, l'*Ispettorato generale per i rapporti finanziari con l'Estero* de la direction générale et l'*Ispettorato generale per gli affari economici* de la *Ragioneria Centrale dello Stato* ; au ministère du Commerce extérieur, la *Direzione Generale Accordi* et la *Direzione Generale Valute* ; au ministère de l'Industrie et du Commerce, l'*Ispettorato integrazione Europea*, et après 1959, la *Direzione Generale Produzione Industriale* ; au ministère de l'Agriculture, l'*Ufficio Relazioni Internazionali* et la *Direzione generale Tutela dei Prodotti Agricoli* ; et au ministère des *Partecipazioni statali*, la *Direzione Generale Partecipazioni statali*.

peine la CEE comme un facteur susceptible de peser sur l'histoire de cette administration, et ceci est sans doute à mettre en relation avec certains aspects négatifs de la réponse de l'Italie à l'intégration.

I. L'emprise du ministère des Affaires étrangères, le défi du *Bilancio* et le problème de la coordination interministérielle[7]

Comme l'un des protagonistes l'écrivait quelques années plus tard, les négociations sur les traités de Rome furent en Italie « *affare di pochi* » : elles concernaient peu de gens[8]. Après la conférence de Messine de juin 1955, le gouvernement hésita quelque temps pour décider si la délégation auprès du comité Spaak aurait une direction technique ou politique. Le secrétaire général des Affaires étrangères, Alberto Rossi Longhi, avait recommandé à ses homologues européens de confier la direction des délégations à des hauts fonctionnaires, et certains pays, notamment la Belgique et le Luxembourg, se tinrent à cette idée. L'Italie choisit au contraire un homme politique, Ludovico Benvenuti, jadis sous-secrétaire aux Affaires étrangères. La composition de la délégation fut pourtant, dans l'ensemble, plutôt technique. Dans la délégation, on comptait le sous-directeur pour les affaires économiques du ministère des Affaires étrangères, Roberto Ducci[9], et l'ambassadeur à Bruxelles, Franz Cavalletti. Maurizio Bucci, Franco Bobba, Nicola Catalano et Achille Albonetti étaient au nombre des experts. Ce sont à peu près les mêmes qui participèrent, après la conférence de Venise, aux négocia-

---

7   Il n'existe pas d'étude sur le ministère des Affaires étrangères après 1957. Pour la période précédente, voir Pellegrini, V., *L'amministrazione centrale dall'Unità alla Repubblica. Le strutture e i dirigenti*, tome I : *Il Ministero degli Affari Esteri*, Bologna, Il Mulino, 1992, qui s'arrête en 1943 ; du même auteur, *Amministrazione centrale e diplomazia italiana (1919-1943) : fonti e problemi*, actes du colloque organisé par *l'Archivio storico-diplomatico del Ministero degli Affari Esteri*, Rome, Istituto poligrafico e zecca dello Stato, 1998 ; Ferraris, L.V., *L'amministrazione centrale del Ministero degli Affari Esteri nel suo sviluppo storico (1848-1954)*, Firenze-Empoli, Il Poligrafico Toscano, 1955 ; pour la période fasciste, voir aussi Pastorelli, P., « Le carte di Gabinetto del Ministero degli Affari Esteri, 1923-1943 », *Storia delle relazioni internazionali*, 1989/2, pp. 313-348.

8   Bobba, F., « L'Italia e i trattati di Roma », *Affari Esteri*, n° 75, 1987, p. 331, cité par Neri Gualdesi, M., « L'Italia e l'integrazione europea », in R. Rainero (ed.), *Storia dell'integrazione europea*, Milano, Marzorati, 1997, tome II, pp. 286-338.

9   Sur Ducci, voir Melchionni, M.G., « L'identità europea secondo Roberto Ducci », *Rivista di studi politici internazionali*, n° 3, juillet 2001, pp. 8-15 ; Ducci était le plus remarquable des Italiens engagés dans la construction européenne. Entré au ministère en 1937, en Croatie après le 8 septembre 1943, où il s'employa à sauver la communauté juive de la déportation, il suivit ensuite le gouvernement à Brindisi et à Salerne, dirigea Radio Bari, fonda la revue *Politica Estera* et fut secrétaire de la délégation italienne à la Conférence de la Paix de Paris en 1946. De 1950 à 1955, il fut délégué auprès de l'OECE et de l'OTAN ; parmi ses nombreuses œuvres, *I capintesta*, Milano, Rusconi, 1982.

tions intergouvernementales, si ce n'est la présidence qui, entre-temps, passa à Vittorio Badini Confalonieri. Ducci présida le comité de rédaction du traité pour le Marché commun ; Felice Ippolito apporta sa compétence scientifique aux négociations pour l'Euratom[10]. Tous font partie de ces « technocrates » que les premiers historiens de l'intégration européenne ont célébré comme les vrais fondateurs de l'Europe unie[11], des diplomates de niveau moyen dans la hiérarchie, qui s'étaient affirmés pendant la période De Gasperi, à cheval entre les années 1940 et 1950, « avec un goût manifeste pour la technique des négociations multilatérales[12] », que la plupart d'entre eux avait acquise dans les nouvelles enceintes occidentales, à l'OECE et à l'OTAN. L'historiographie la plus récente conteste cette image valorisant le rôle de technocrates éclairés opposés à une majorité aveugle et met en avant la force d'inertie de l'économie. Guido Carli, alors ministre du Commerce extérieur, puis président de la Banque d'Italie, remarque néanmoins dans ses mémoires que « les gens avaient du mal à comprendre que la naissance de la CEE n'était pas du tout un de ces nombreux accords commerciaux qui ne concernent que les exportations et le ministère du Commerce extérieur[13] ». C'est là un aveu révélateur venant pourtant d'un des membres les plus stables et les plus influents de l'*establishment* politico-économique italien[14].

Pendant la phase cruciale des négociations, ce petit groupe de diplomates et d'experts bénéficia d'une remarquable liberté d'action, en raison d'événements politiques intérieurs qui monopolisèrent l'attention des milieux politiques et de l'opinion publique pendant plusieurs semaines. La délégation était par ailleurs étroitement surveillée par la *Confindustria*, le syndicat de la grande industrie : son vice-président, Enrico Mattei, chef tout-puissant de l'*Ente Nazionale Idrocarburi* (ENI) exprimait le soutien de l'industrie d'État au Marché commun. Les milieux privés, opposés à la libéralisation sans sauvegardes, avaient pour champion l'homme fort de Fiat, Vittorio Valletta, dont les coups de fil impérieux à Val Duchesse sont restés dans la mythologie[15]. Syndicats

---

[10]   Voir Curli, B., *Il progetto nucleare italiano (1952-1964). Conversazione con Felice Ippolito*, Soveria Mannelli, Rubbettino, 2000.

[11]   Voir par exemple Küsters, H.-G., « The origins of the EEC Treaty », in E. Serra (ed.), *Il rilancio europeo e i trattati di Roma*, Milano, Giuffré, 1989, pp. 211-238 ; Serra, E., « Il rilancio di Messina ed il ruolo dell'Italia nell'integrazione europea », in R. Rainero, *Storia dell'integrazione europea*, tome I, Milano, Marzorati, 1997, pp. 205-246.

[12]   Olivi, B., *Da un'Europa all'altra*, Milano, Etas Kompass, 1973, p. 266.

[13]   Carli, G., *Cinquant'anni di vita italiana*, Bari, Laterza, 1993, p. 165.

[14]   Entre autres, il représenta l'Italie aux travaux du comité Maudling en 1957-1958 : voir Carli, G., *op. cit.*, p. 169.

[15]   Voir Fauri, F., *L'Italia e l'integrazione economica europea*, Bologna, Il Mulino, 2001, et Carli, G., *op. cit.*, p. 164 ; sur l'attitude du patronat envers l'intégration euro-

ouvriers et agricoles n'eurent pas la même attention pour les négociations en cours. La liberté de circulation pour la main-d'œuvre, l'assistance économique, l'aide pour la mise en œuvre du « Plan Vanoni »
étaient les objectifs principaux de la délégation italienne, pour laquelle
le Marché commun s'inscrivait dans la logique des choix économiques
et politiques faits à partir de 1947[16]. On était donc dans la ligne des
requêtes traditionnelles de l'Italie auprès de ses partenaires et alliés ;
mais un élément nouveau était l'acceptation de la libéralisation des
marchés et, en particulier, le fait qu'on demandait pour le pays une
période de transition plus longue pour parvenir à l'élimination des
protections tarifaires et contingentaires, au lieu de réclamer des exceptions, comme le faisait par exemple la France et comme le voulaient les
industriels. La délégation tint compte de préoccupations traditionnelles
tout en acceptant le défi de l'ouverture des marchés qui devait accélérer
la modernisation et bousculait le protectionnisme enraciné depuis la fin
du XIXe siècle en soulevant de multiples inquiétudes. Ce ne fut pas la
délégation, mais le ministre des Affaires étrangères, Gaetano Martino,
qui prit une position rigide sur l'agriculture à la conférence de Bruxelles
de la fin janvier 1957[17].

Négociée par des diplomates, la CEE devint un domaine jalousement
surveillé par les Affaires étrangères. En février 1959, après la visite d'un
fonctionnaire de la Commission à divers ministères et industries publiques et privées en Italie, on demanda au représentant permanent, Cattani, de rappeler à la fois à la CEE et à l'Euratom « que les visites de leurs
représentants aux administrations techniques devaient être annoncées et
organisées par l'intermédiaire de la délégation italienne et du ministère
des Affaires étrangères[18] ». En janvier, Amintore Fanfani, président du

péenne, voir Petrini, F., « Gli industriali italiani e l'Europa : tra interdipendenza e
integrazione (1950-1957) », *Passato e Presente*, n° 59, 2003, pp. 62-73 ; « Les milieux industriels italiens et la création du Marché commun », *Journal of European
Integration History*, 2003, n° 1, pp. 77-86 ; Fauri, F., « La costruzione del MEC negli
anni '50 : atteggiamento e posizioni della Confindustria », *Rivista di Politica Economica*, n° 2, 1996, pp. 35-48 ; Ranieri, R., « Italian industry and the EEC », in
A. Deighton et A. Milward (eds.), *Widening, Deepening and Acceleration : the European Economic Community 1957-1963*, Bruxelles, Nomos Verlag, 1999, pp. 179-
202.

[16] Villani, C., « La "carta Mezzogiorno". Il Sud e gli aiuti internazionali all'Italia negli
anni della difficile transizione del centrismo (1953-60) », thèse de doctorat, Bari, et
« La "tirannia dei deboli". Gli aiuti americani all'Italia dopo il Piano Marshall », en
cours de publication in *Mezzogiorno e Risorgimento*.

[17] Neri Gualdesi, M., *op. cit.*, p. 194 ; sur Martino et son rôle aux Affaires étrangères,
voir Incisa di Camerana, L., « Dal nazionalismo all'Europa : Gaetano Martino e la
diplomazia italiana », in M. Saija (ed.), *Gaetano Martino scrittore, rettore, statista
1900-1967*, Messina, Trisform, 2002, pp. 267-280.

[18] Archivio Centrale dello Stato (ACS), Roma, Série Ministero del Bilancio e della
Programmazione Economica, Gabinetto (MBPE), vol. 100/603, DGAE-Uff.IV au

Conseil et ministre des Affaires étrangères, avait recommandé à tous les ministères de respecter le rôle d'intermédiaire des Affaires étrangères : il leur fallait passer par elles pour communiquer tant avec les organisations internationales qu'avec leurs propres représentants à l'étranger[19]. À la délégation permanente, les attachés techniques étaient également des diplomates.

La liste des ministères qui recevaient les informations sur les affaires communautaires comprenait le *Bilancio*, le Commerce extérieur, l'Agriculture, l'Industrie et Commerce, les Finances et le Trésor. À la fin de 1959, le ministère des *Partecipazioni Statali* s'y ajouta. Seul le ministère des Finances avait créé un *Ufficio Mercato Comune* spécialisé. Au ministère de l'Industrie et du Commerce, l'*Ispettorato integrazione Europea* eut la vie courte : en décembre 1959, il n'existait déjà plus et ses attributions passèrent à la *Direzione Generale Produzione Industriale* (DGPI). Au Trésor, le plus important des ministères qui se partageaient les responsabilités économiques, deux services s'occupaient de la CEE : l'*Ispettorato generale per i Rapporti finanziari con l'Estero* (IRFE) au sein de la direction générale ; et l'*Ispettorato generale per gli Affari economici*, dans la *Regioneria Centrale dello Stato*, le véritable gardien du budget. Au ministère du Commerce extérieur, les compétences concernant le Marché commun étaient dévolues à la *Direzione Generale Accordi* et, par la suite, partagées avec la *Direzione Generale Valute* ; au ministère de l'Agriculture, elles passèrent de l'*Ufficio Relazioni Internazionali* à la direction générale *Tutela dei Prodotti Agricoli*. Au ministère des *Partecipazioni Statali*, elles revenaient à la *Direzione Generale Partecipazioni statali*. En général donc, les fonctionnaires qui, avant 1958, s'occupaient des questions commerciales internationales furent chargés des questions communautaires : on ne créa pas de bureaux spécialisés.

Le premier organisme de coordination, d'information et de consultation fut le *Comitato Interministeriale di Coordinamento per la CEE*, vaste institution qui regroupait tous les ministères et les syndicats professionnels, ouvriers, agricoles, les plus importants. En 1959, ce comité était présidé par Emilio Colombo, ministre de l'Industrie, qui tint en fait le rôle d'une sorte de délégué permanent de tous les gouvernements qui se succédèrent dans les principales négociations communautaires, de la PAC à l'adhésion de la Grande-Bretagne. Le secrétaire du comité était Cesidio Guazzaroni, dont nous reparlerons. Mais, en 1960, Vincenzo Soro en prit la présidence : le comité passa alors pleinement sous la coupe des Affaires étrangères.

---

représentant permanent auprès des Communautés européennes, n. 44/3652/C, 27 février 1959.

[19]   ACS/MBPE, vol. 100/603, présidence du Conseil, cabinet à tous les ministres, 12 janvier 1959, nn.653/15.1.

On assista en effet à une tentative manquée de réduire le pouvoir de la diplomatie. Au début de l'année, Giuseppe Pella, ministre des Affaires étrangères dans le gouvernement Segni, proposa d'établir un *Comitato di Coordinamento per le Relazioni economiche con l'Estero*, qui s'occuperait aussi des affaires de la CEE. Le ministre du *Bilancio* Ferdinando Tambroni réagit et proposa un *Comitato di Coordinamento economico*, qui placerait sous le contrôle de son ministère l'ensemble de la politique économique, intérieure et extérieure. Pour Tambroni, l'adaptation de l'Italie au Marché commun rendait encore plus nécessaire une coordination des choix économiques extérieurs et intérieurs. Ce comité serait secondé de deux comités techniques composés de directeurs généraux et de spécialistes : l'un s'occuperait de l'économie en général et serait présidé par le sous-secrétaire au *Bilancio* ; l'autre gèrerait les relations économiques avec l'étranger et serait présidé par le sous-secrétaire aux Affaires étrangères[20]. Cette proposition avait l'appui de certains secteurs politiques et parlementaires ; mais c'est le ministère des Affaires étrangères qui l'emporta. En octobre 1960, Fanfani, à nouveau président du Conseil, installa le *Comitato dei Ministri per il Coordinamento dell'Azione Internazionale in Materia di Politica Economica*. Il était placé sous l'autorité de la présidence du Conseil, mais le ministre des Affaires étrangères en assurait la direction des travaux. Il devait « coordonner l'action internationale pour la politique économique et rechercher les moyens appropriés pour mettre en œuvre les programmes de coopération économique internationale ». À ce comité participaient les ministres du Trésor, des Affaires étrangères, des Finances, de l'Agriculture, de l'Industrie et du Commerce, du Commerce extérieur, et le sous-secrétaire d'État aux Affaires étrangères. Dans une certaine mesure, le comité se chargeait des responsabilités pour la coopération économique qui, dans les années 1950, avaient été celles du *Comitato Interministeriale per la Ricostruzione* (CIR), l'organisme qui avait dirigé la politique économique après 1945. Mais le CIR, qui dépendait aussi de la présidence du Conseil, avait eu, lui, son secrétariat auprès du cabinet du ministère du *Bilancio*. Le nouveau comité ne s'occupait que des questions internationales et confirmait le rôle majeur des Affaires étrangères. Il examinait toutes les questions économiques internationales, la politique d'assistance à l'étranger aussi bien que les affaires générales de l'OECE/OCDE : le regroupement des divers aspects de la politique économique internationale était donc maintenu, tout comme dans les ministères techniques ; il ne fut pas créé d'organisme spécifiquement chargé des questions de la CEE.

La diplomatie jouissait toujours en Italie d'un grand prestige et était considérée, avec le Trésor, comme l'élite de l'administration italienne. Elle conservait pour la politique communautaire un rôle prédominant,

---

[20] ACS/MBPE, vol. 101, F. Tambroni à A. Segni, n.4101999, 4 février 1960.

que, dans les autres pays, on ne retrouvait qu'en France. Cependant, on estimait aussi que le ministère des Affaires étrangères avait besoin de réformes. Fanfani essaya de les imposer à sa manière en 1958-1959, mais sa tentative fut de courte durée et, quand il revint au pouvoir, en 1960, il ne reprit ni la direction des Affaires étrangères, ni sa tentative de modernisation. Lentement mûrie, une réforme fut adoptée en 1967[21]. Elle rajeunit certaines règles et traditions, mais aux yeux de beaucoup, ne résolvait ni l'absence de vision et de grands desseins, ni la perte de contrôle sur l'action internationale du pays[22]. Toutefois elle confirma que ce ministère était l'instance de coordination des activités des administrations et organismes publics « susceptibles d'avoir des répercussions internationales » (article 1, paragraphe 2)[23]. C'était un nouveau succès face aux tentatives répétées du *Bilancio*.

Vers le milieu des années 1960, le *Ministero del Bilancio* avait en effet émis de nouvelles prétentions à participer aux activités de la CEE. Créé en 1947 pour permettre à Luigi Einaudi, gouverneur de la *Banca d'Italia* et grand maître de la politique économique de la reconstruction, de coordonner la politique économique et financière, le *Bilancio* était resté un organisme atypique, habituellement dirigé par intérim par le ministre du Trésor ou par le président du Conseil, avec un petit corps de fonctionnaires « détachés » d'autres ministères. Le premier gouvernement de centre-gauche, conduit par Fanfani depuis février 1962, lui donna un rôle plus précis, sous la direction d'Ugo La Malfa[24], homme politique du parti républicain, grand avocat de la modernisation, de la « question méridionale », de l'ancrage de l'Italie à l'Occident. Après le départ de La Malfa en 1964, le *Bilancio* passa de façon plus ou moins permanente sous la coupe du parti socialiste et resta le quartier général des milieux politiques et techniques qui soutenaient la planification nationale et le rôle directeur de l'État dans l'économie. Au moment de son essor, grâce à l'adoption du plan quinquennal 1966-1970 lancé en dépit des résistances des milieux économiques modérés et de la *Confindustria*, le ministère prit des initiatives musclées pour s'assurer que la politique de la CEE n'interfèrerait pas avec ses objectifs.

Un conflit potentiel existait en effet entre la planification et l'engagement de la CEE dans des programmes économiques à moyen terme, et

---

[21] DPR18 du 5 janvier 1967 ; voir aussi Serra, E., *La diplomazia in Italia*, Milano, Franco Angeli, 1984, p. 51 ; cette réforme unifia les carrières et admit les femmes.

[22] Voir *Servitori dello Stato. Intervista sulla pubblica amministrazione a Sabino Cassese*, Bologna, Zanichelli, 1980, p. 81 ; Vigo, P., *Il dibattito sulla riforma del ministero degli Esteri dal 1967 al 1997*, Roma, Istituto Diplomatico, 1998 ; selon les critiques, la question non résolue était le maintien d'une organisation par fonction et non par domaine géographique ; cette dernière fut adoptée dans les années 1990.

[23] Salmon, J., article cité p. 625.

[24] Sur La Malfa, voir Mechi, L., *L'Europa di Ugo La Malfa, la via italiana alla modernizzazione, 1942-1979*, Milano, Franco Angeli, 2003.

le ministère tenait à défendre les attributions qu'il venait d'acquérir. Assez naturellement, il obtint d'envoyer la plupart des représentants au comité pour la politique de moyen terme de la CEE[25]. Mais il voulait plus. Giorgio Ruffolo, à la tête de ce qui se nommait alors _Ufficio del Programma_, et qui devint en 1967 le _Comitato per il Piano_, souleva le premier, en 1965, le problème de l'implication de ses services dans l'élaboration des règlements de la CEE à propos des produits chimiques. Le chef de cabinet du ministère, Landriscina, s'empressa d'élargir la question : son ministère devait être informé des décisions de la CEE et participer à l'établissement des positions italiennes dans la mesure où elles pouvaient avoir une influence sur le Plan :

> Il s'agit de s'assurer que la définition de la position italienne sur différents problèmes [...] soit précédée d'une consultation auprès des administrations intéressées. Ce genre de consultation [...] a lieu en général auprès du ministère des Affaires étrangères [...]. Mais il s'agit de voir s'il est opportun que ces actions ne se déroulent que dans ces réunions interministérielles au ministère des Affaires étrangères, qui n'ont pas toujours lieu, ou s'il est préférable qu'elles se déroulent au préalable dans des « groupes de travail interministériels » [...]. À mon avis, je crois plus opportun de procéder de cette seconde manière, en particulier pour mieux mettre en ordre et institutionnaliser toutes les activités de coordination avec les administrations publiques dans le cadre de la programmation[26].

On retrouvait donc dans la péroraison du chef de cabinet, à la fois une critique du monopole de gestion exercé par les Affaires étrangères, et une affirmation des exigences de la politique nationale. En avril 1966, le ministre Giovanni Pieraccini alla plus loin, en demandant au président Aldo Moro « d'examiner attentivement s'il était bon d'autoriser la participation de son ministère [...] à toutes les réunions politiques du Conseil des ministres de la CEE quand elles débattent de questions susceptibles d'influencer la politique économique et la planification[27] ».

Dans les mêmes années, le ministère confirma son rôle d'avocat de l'indépendance nationale, en menant campagne seul contre le principe

---

[25] On trouve dans ce Comité le chef de cabinet Landriscina, Petriccioni et Melito ; pour le Trésor seulement A. Herzel.

[26] ACS/MBPE, vol. 98/596, G. Ruffolo, _Appunto per l'On. Ministro_, n.38, et A. Landriscina, _Appunto per l'On Sig. Ministro_, 28 avril 1965.

[27] Moro demanda l'avis du ministère des Affaires étrangères : ACS/MBPE, vol. 83, Pieraccini à Moro, n.14527, 7 avril 1966, et Moro à Pieraccini, n.36074/66836, 30 mai 1966 ; en février 1967, le secrétariat des Affaires étrangères assura que « toutes les communications de notre délégation à Bruxelles au sujet de l'élaboration du projet "Programme de la CEE de politique à moyen terme" ont toujours été transmises à votre Cabinet, soit directement soit par nos services [...]. Notre souci constant est de garder votre ministère informé de toutes les activités communautaires liées directement ou indirectement à notre planification économique ». Le combat continuait : ACS/MBPE, vol. 84/452, MAE, secrétariat général, lettre au ministre du Bilancio, Pieraccini, 7 février 1967, n.29554.

de déléguer au gouvernement le pouvoir de mettre en application les règlements de la CEE pendant la troisième étape. Alors que les autres ministères considéraient, bien que de mauvaise grâce, qu'il était nécessaire de donner au gouvernement une délégation générale pour la mise en œuvre des règlements de la CEE – sans quoi les procédures du Parlement, mangeuses de temps, risquaient de tout compromettre –, le *Bilancio* résistait. Bien que considérant la délégation possible pour la deuxième étape, il faisait remarquer que les domaines d'intervention de la CEE pour la troisième étape étaient si difficiles à prévoir, et si ambitieux dans leur contenu économique et politique, que le Parlement ne pouvait pas renoncer à ses droits une fois pour toutes et à l'avance. Un compromis fut trouvé en octobre 1966, après que le ministère des Affaires étrangères eut assuré qu'aucune politique économique de la CEE ne verrait le jour pendant les trois prochaines années, que la règle de l'unanimité, qui avait toujours cours au Conseil de la CEE, permettrait, de fait, de bloquer toute décision qui aurait affecté la planification nationale, et qu'enfin le Parlement garderait le droit d'intervenir[28]. En effet, le compromis du Luxembourg qui, en janvier 1966, avait assuré la survie du droit de veto, se révéla pour l'Italie, qui, en principe, défendait pourtant le passage au vote à la majorité, une ressource qu'elle exploita assez souvent, quoique de façon indirecte[29].

En février 1967, un mois après la réforme de la *Farnesina*, le Parlement rebaptisa le *Bilancio, Ministero del Bilancio e della Programmazione Economica*, régla la collaboration avec le Trésor pour les questions budgétaires et établit ses compétences en matière de programmation économique, ainsi que la participation du ministre aux comités ministériels ayant compétence économique et au *Consiglio supremo di Difesa*[30]. Mais sa participation aux institutions communautaires restait épisodique et mal réglée. Il faut préciser d'autre part que la politique de planification, lancée en 1965, avait produit un résultat mitigé, qui restait bien au-dessous des espoirs et des craintes qu'elle avait engendrés.

En 1966, un projet de loi relatif à la création d'un corps administratif spécialisé dans les affaires communautaires était parvenu à la table du Conseil des ministres. Il fut aussi approuvé en 1967. Mais son application, si elle a eu lieu, n'a pas laissé de traces apparentes. Diverses études sur les politiques de la CEE et leur mise en œuvre circulaient alors dans

---

[28] Sur cette question, MBPE, 98/594, plusieurs documents, en particulier celui qui mentionne l'accord du cabinet du Bilancio : *Appunto per l'onorevole signor ministro*, n.41/CEE, 10 octobre 1966.

[29] Voir à ce propos le document de la Commission cité à la note 3.

[30] Par la loi du 27 février 1967, n.48 : la même loi établissait le comité interministériel pour la programmation économique (CIPE) et l'institut d'études pour la programmation économique (ISPE) ; elle éliminait le CIR ; une nouvelle réorganisation du ministère eut lieu en 1972.

les bureaux ministériels qui avaient souligné, par leurs propres conflits, les limites de l'administration nationale.

II. Le profil des diplomates italiens en charge du dossier communautaire

Au ministère des Affaires étrangères, les bureaux en charge des questions communautaires comme les hauts fonctionnaires furent assez stables pendant la première décennie de la Communauté. Les changements les plus nombreux se produisirent dans les premières années.

La tradition assigne à Ducci et à Bobba un rôle-clé dans la décision de convertir l'Italie à la libéralisation des marchés et à l'intégration économique avec des partenaires plus riches et plus avancés. En 1958, tous deux quittèrent Rome. Ducci fut nommé ambassadeur à Helsinki, victime, semble-t-il, de « l'épuration » lancée par Fanfani pour soutenir sa réforme de l'appareil diplomatique et de la politique extérieure italienne[31]. Bobba rejoignit la Commission de la CEE en tant que directeur pour les affaires économiques et financières. En février 1958, Attilio Cattani quitta lui aussi la *Direzione Generale per gli Affari Economici* (DGAE), mais n'abandonna pas pour autant les affaires communautaires puisqu'il devint représentant permanent à Bruxelles.

La DGAE demeura compétente pour la CEE, et récupéra ainsi prestige et importance face à la *Direzione Generale degli Affari Politici*. Après le départ de Cattani, la DGAE changea de mains trois fois en trois ans, de Renzo Carrobio di Carrobio à Giovanni de Astis, puis à Casto Caruso. Les affaires de la CEE furent confiées au sous-directeur Vincenzo Soro, ce qui permit d'assurer une certaine stabilité en dépit des bouleversements de la direction. Au niveau inférieur, la CEE relevait du IVe bureau : quand Bobba quitta Rome pour Bruxelles, Cesidio Guazzaroni prit sa place.

En 1961, le ministère établit pour traiter les questions européennes une organisation qui se révéla durable. En mai, Cattani revint à Rome comme directeur général pour les affaires politiques, et, un peu plus tard, fut nommé secrétaire général du ministère, le plus haut poste de cette administration. En juin, Egidio Ortona fut chargé de la DGAE. Guazzaroni devint chef du *Servizio Cooperazione Economica Internazionale*, qui englobait les affaires de la CEE. Une certaine instabilité

---

[31] En 1958-1959, Fanfani bouscula le ministère : il déplaça certains diplomates de premier plan, renforça le cabinet aux dépens du secrétariat général et mit en avant un groupe de jeunes qui lui étaient personnellement liés ; le mouvement ne toucha pas beaucoup les diplomates en charge des affaires de la CEE ; voir Grassi Orsini, F., « La 'Svolta diplomatica' del secondo governo Fanfani », in P. Craveri et G. Quagliariello (eds.), *Atlantismo e europeismo*, Soveria Mannelli, Rubbettino, 2003, pp. 331-362, avec référence aux mémoires de Ducci, *La Bella Gioventù* ; la « restauration » se fit dès la fin de 1959 avec le gouvernement Segni-Pella.

caractérisa encore, pendant quelques années, le niveau inférieur : Mario Ungaro, puis, en 1962, Carlo Albertario, dirigèrent le IVe bureau. En 1963, une restructuration partagea les compétences entre le VIe bureau, dirigé alors par le conseiller de légation Mario Francisci di Baschi et responsable des questions internes au Marché commun, et le VIIe bureau, chargé des adhésions et associations à la CEE, avec Francesco La Francesca. Francisci et La Francesca restèrent tous deux en place jusqu'à la fin des années 1960. En 1965, Vincenzo Soro, entre-temps ambassadeur au Mexique, revint comme directeur général des affaires économiques jusqu'en 1971, et Ortona fut nommé secrétaire général à la place de Cattani. Quant à Guazzaroni, il fut vice-secrétaire pour les questions économiques en 1967, puis vice-directeur général des affaires économiques en 1968.

Bien que la plupart de ces noms soient inconnus, ce tableau peut être utilement comparé avec les structures des autres pays membres et permet quelques remarques complémentaires.

La direction générale responsable de la CEE bénéficia de la présence à sa tête de Soro et d'Ortona pendant plus de dix ans. D'autre part, le couple Ortona-Guazzaroni domina la politique communautaire de l'Italie dans la première moitié des années 1960, quand furent posées les bases du Marché commun[32]. Ortona apporta à la DGAE l'expérience qu'il avait acquise en tant que chargé des affaires économiques à l'ambassade de Washington, puis comme ambassadeur auprès des Nations Unies. Après son passage à la DGAE, il fut ambassadeur aux États-Unis de 1967 à 1975. Son profil est donc très marqué par son expérience américaine, sur laquelle d'ailleurs il a laissé trois volumes de mémoires. Guazzaroni au contraire eut une carrière presque entièrement « européenne ». Après avoir été secrétaire de la délégation italienne à Val Duchesse, il allait suivre au ministère les questions européennes de manière continue pendant plus d'une décennie. Il fut ensuite commissaire à Bruxelles pendant les années 1970 et conseiller du président de la République Sandro Pertini pour les affaires européennes[33].

Le troisième homme de ce triangle décisionnel était le représentant permanent à la CEE. Cattani occupa le poste jusqu'en mai 1961 ; il conserva ensuite jusqu'en 1965, en tant que directeur général des affaires politiques et secrétaire général de la *Farnesina*, une grande influence sur les affaires de la CEE. Pendant la seconde phase du plan Fouchet, il prodigua ses services dans cette activité de médiation que la diplomatie

---

[32] Les mémoires d'Ortona, *Gli anni della Farnesina*, Milano, SPAI, 1998 ne sont malheureusement pas très utiles pour comprendre l'activité quotidienne du ministère.

[33] Il est actuellement le président du « Groupe des Dix », qui soutient activement la constitution européenne.

italienne affectionnait alors[34]. Pendant les négotiations avec la Grande-Bretagne en 1962, on considérait que Colombo, Cattani et Ducci étaient les véritables décideurs de la politique italienne et les « gardiens » du traité de Rome, par opposition à Fanfani, Moro, Saragat, Tramelloni et La Malfa, plus enclins à accepter des compromis pour faire entrer Londres dans la Communauté[35]. En 1963 on parlait à Bruxelles d'une aile Cattani-Colombo, déterminée à résister à de Gaulle et à poursuivre la marche vers l'intégration[36]. Antonio Venturini, qui lui succéda, avait été en 1949 directeur général adjoint aux affaires économiques, puis membre de la délégation italienne pour la constitution de la CECA, ambassadeur à Lisbonne et à Luxembourg. Il fut représentant permanent jusqu'en avril 1967 ; il travailla ensuite chez Fiat. Son successeur, Giorgio Bombassei Frascani de Vettor, avait été secrétaire général de la délégation italienne pour l'OECE, puis directeur général-adjoint de la coopération internationale, conseiller auprès de la délégation italienne à l'OTAN et président de la délégation auprès du comité intérimaire pour la CED en 1953-1955, directeur général-adjoint aux affaires politiques en 1955-1956, représentant permanent auprès du Conseil de l'Europe en 1956-1961, ambassadeur à Luxembourg et membre permanent de la délégation au Conseil spécial des ministres de la CECA en 1961-1965, puis pour deux ans ambassadeur aux Pays-Bas. Des diplomates de haut niveau, donc, mais purement diplomates, à la différence d'autres délégations où les compétences économiques étaient davantage reconnues.

Parmi les autres membres de la délégation permanente, le vice-représentant permanent, premier conseiller, était Maurizio Bucci, ancien chef du cabinet du vice-président italien de la Commission en 1961-1962. Enrico Macchia représentait l'Italie dans les groupes et comités chargés des relations extérieures à partir d'octobre 1961. Angelo Macchia gérait les questions commerciales internes à partir de mars 1964. Fulvio Rizetto, entré au ministère comme conseiller pour l'Orient, s'occupa, une fois à Bruxelles, des groupes et comités chargés des rapports avec les pays africains et en voie de développement.

Bien que nous ne disposions pas de beaucoup de renseignements sur la formation de ce groupe de diplomates[37], on apprend par l'*Annuario*

---

[34] Sur Cattani, voir *Attilio Cattani*, Roma, Ministero degli Affari Esteri – Servizio Storico e Documentazione – Ufficio Studi, 1987.

[35] National Security Files, Countries, Italy, John F. Kennedy Presidential Papers, John F. Kennedy Library, Boston, F. Reinhardt (Rome) à secrétaire d'État, n.1137, 7 décembre 1962.

[36] National Archives at College Park, College Park, série 68D436, Bureau of European Affairs, Country Director for Italy, Austria and Switzerland (EUR/AIS), Records relating to Italy 1943-1968, RG 59 : conversation entre Pierre Duchateau (Euratom) et Russell Fessenden (USEC), 9 juillet 1963.

[37] Les dossiers personnels ne sont communicables qu'après soixante-dix ans ; la seule source est donc l'*Annuario diplomatico*.

diplomatico que Soro, Francisci di Baschi, La Francesca, Guazzaroni et Caruso avaient tous fait des études de droit. Guazzaroni y ajoutait une formation en sciences politiques et Caruso en sciences économiques. Seuls Ungaro, Enrico Macchia et Angelo Macchia était diplômés en sciences économiques et commerciales[38]. Comme on le verra dans la dernière partie, la formation juridique était la plus fréquente chez les fonctionnaires italiens, et les diplomates ne faisaient pas exception. Dans la carrière diplomatique comme dans les autres administrations, l'apprentissage sur le tas était la méthode unique de formation après recrutement.

Au-delà, l'administration italienne s'est réorganisée pour s'adapter à la création de la CEE et a donc institué un instrument de coordination interministérielle : le *Comitato ristretto dei direttori generali* (comité restreint des directeurs généraux). Cet organisme, le plus intéressant de ceux qui se consacrèrent au suivi de la politique communautaire pendant la première décennie, fut créé à la fin de 1961. Son origine est liée à la candidature britannique. Quelques mois après la demande britannique de discuter les conditions d'une possible adhésion à la Communauté, une note du Service de coopération internationale affirmait que les problèmes posés par cette adhésion semblaient si complexes et qu'ils affectaient tellement les intérêts fondamentaux de l'Italie et la structure de la Communauté qu'il fallait créer une structure spéciale pour préparer les négociations. On proposait une structure à quatre niveaux : une délégation, un comité consultatif, un comité restreint des directeurs généraux, plus un bureau de liaison entre la délégation et les ministères techniques, installé au ministère des Affaires étrangères. La délégation, que présiderait soit le ministre des Affaires étrangères, soit Colombo, comprendrait comme membres permanents Ortona, Ducci, et des hauts fonctionnaires de l'Agriculture, du Commerce extérieur, des Finances, de l'Industrie et des *Partecipazioni Statali*, plus un juriste. D'autres ministères pourraient y participer, quand ils seraient concernés. Le comité consultatif serait une institution plénière, qui n'était pas destinée à avoir grande influence. Il devait comprendre des représentants de tous les ministères, du *Consiglio Nazionale dell'economia e del lavoro*, de l'*Istituto del Commercio per l'Estero*, et des syndicats de travailleurs, d'industriels, d'agriculteurs et de commerçants qui participaient d'ordinaire aux activités de la CEE[39] : Cisl, Uil, Confindustria, Confagricultura, Coldiretti, Confcommercio. Enfin, le comité restreint des directeurs généraux était défini comme « l'organisme supérieur d'impulsion et de coordination ». Ortona devait présider ce groupe des directeurs généraux des ministères des Finances, de l'Agriculture, de l'Industrie, du Commerce extérieur, et des *Partecipazioni Statali*, plus, à l'occasion, les

---

[38] *Annuario diplomatico 1969*, Roma, Ministero degli Affari Esteri, 1969.
[39] Ceux qui avaient une orientation communiste en étaient donc exclus.

directeurs généraux des autres ministères[40]. On proposait donc de créer un petit organisme, plus efficace et plus centralisé, que le *Comitato per la CEE* qui existait déjà.

La proposition fut retenue : Ducci fut rappelé d'Helsinki, nommé secrétaire-adjoint aux affaires politiques et reçut la présidence de la délégation[41], la direction politique étant assurée par Colombo[42]. Ortona fut nommé à la tête du comité restreint et créa de cette manière, et sous sa ferme autorité, la structure qui, jusqu'en 1968, assura la liaison interministérielle. C'est ainsi que la candidature britannique poussa à la création de l'organisme qui, à partir de ce moment, assura le suivi de la préparation technique des positions de l'Italie, en vue des décisions politiques du *Comitato di Ministri*.

La catégorie des « directeurs généraux » occupe une position particulière dans l'administration italienne ; on y reviendra dans le dernier paragraphe. On peut déjà dire que les plus en vue de ce groupe de hauts fonctionnaires, qui comptait souvent une dizaine de personnes, paraissent avoir été Paolo Albertario, du ministère de l'Agriculture, Gaetano Stammati des *Partecipazioni Statali*, qui ensuite fut nommé au Trésor, et Giuseppe Ferlesch. Albertario était un technicien issu des milieux agricoles lombards ; il avait acquis pendant les années 1930, la guerre et l'après-guerre une longue expérience des services ainsi qu'une grande autorité technique. Stammati, lui, était plutôt l'exemple du fonctionnaire de formation juridique, entré dans l'administration financière et devenu grand commis à travers une carrière plus tardive, interne à la fonction publique, qui culminera avec son élection au Sénat et sa participation aux gouvernements de la deuxième moitié des années 1970. Ferlesch représentait le Commerce extérieur, un ministère qui avait eu un rôle essentiel dans les négociations économiques internationales des années 1950 et qui était le plus compétent pour les affaires communautaires de tous les départements économiques : en effet, ni le Trésor, ni le *Bilancio* n'étaient membres permanents du Comité. Il s'agissait donc de techniciens d'envergure, et le comité avait tous les atouts pour devenir un élément dynamique. Mais, on le verra, le ministère des Affaires étrangères voulut aussi en faire un instrument pour contrôler les ministères techniques, à une époque où la construction du Marché commun semblait envahir la politique intérieure.

---

[40] ACS/MBPE, vol. 94, DGAE-CEI à divers, n.44/21683, 27 octobre 1961.
[41] Après l'échec des négociations, il fut nommé ambassadeur à Belgrade.
[42] Sur le rôle de l'Italie dans les négociations, voir Varsori, A., « The Art of Mediation : Italy and the Britain's attempt to join the Common Market 1960-1963 », in A. Deighton et A. Milward (eds.), *op. cit.*, pp. 234-247.

III. L'insuffisante influence du Comité des directeurs généraux sur le lancement de la PAC

La mise en œuvre de la PAC relevait de la compétence de plusieurs départements et occupa les services pendant des années. De plus, dans les années 1950 et 1960, l'agriculture n'était pas encore le secteur économique en déclin qu'elle deviendra rapidement par la suite. On n'y voyait pas non plus un problème exclusivement politique et social.

De Cattaneo à Cavour, les fondateurs de l'État italien considéraient la réforme du monde agricole comme une étape cruciale de la modernisation, à l'égal de l'industrialisation. Pour les techniciens et les fonctionnaires issus de la culture administrative du tournant des XIXe-XXe siècles, fortement influencés par la pensée et l'expérience de Francesco Saverio Nitti et par sa conception de la « productivité », la réforme du monde agricole était un des grands défis. L'assèchement des marais avait été un des grands succès de l'État unitaire[43], la colonisation des terrains assainis et l'établissement des coopératives avaient fourni au sous-développement et à la misère des campagnes des réponses au fort impact politique et social. L'intervention dans le domaine agraire avait ainsi marqué l'affirmation du rôle de l'État, ce qui explique en partie l'adhésion des techniciens agraires au régime fasciste, qui avait réorganisé et centralisé les institutions agricoles, créé des institutions techniques et poursuivi les travaux d'assainissement. La politique agricole communautaire, en enlevant tout contrôle aux institutions nationales, mettait en cause un patrimoine de culture administrative ; ses objectifs allaient au-delà de la technique.

En recherchant les raisons qui ont amené les gouvernements italiens à devenir de « piètres négociateurs [dont] la force et la crédibilité étaient affaiblies par l'absence d'une stratégie claire », Marinella Neri Gualdesi explique que les intérêts atlantiques et méditerranéens dominants, ainsi que les conditions de politique intérieure, ont détourné les gouvernements de centre-gauche de l'élaboration d'un engagement ferme dans la politique européenne, dominée dans les années 1960 par la politique gaullienne[44]. Antonio Varsori, au contraire, repousse l'idée de la passivité du *leadership* politique et des négociateurs italiens : à son avis, les particularités des conditions économiques et sociales italiennes parmi les Six plaçaient le pays dans un isolement qui interdisait tout succès[45]. Les deux auteurs se retrouvent pour porter un jugement sévère sur la politique agricole : les intérêts agricoles auraient été sacrifiés par des

---

[43] Voir Bevilacqua, P. et Rossi-Doria, M., *Le bonifiche in Italia dal 700 ad oggi*, Roma/ Bari, Laterza, 1984.

[44] Neri Gualdesi, M., *op. cit.*, pp. 288 et 293.

[45] Varsori, A., *L'Italia nelle relazioni internazionali dal 1943 al 1992*, Roma/Bari, Laterza, 1998.

diplomates et des hommes politiques qui cherchaient à jouer les média-
teurs entre la France et l'Allemagne, tenaient à se montrer les champions
de l'esprit communautaire, et étaient convaincus que le vrai moteur de la
croissance économique résidait dans la libéralisation des marchés des
biens industriels. Sans vouloir prendre parti entre ces deux interpréta-
tions, nous pouvons ici présenter quelques données nouvelles sur le rôle
de l'administration, en analysant les travaux du comité des directeurs
généraux.

On retrouve à la fin de 1963 les premiers symptômes d'un éloignement entre les dirigeants italiens et la PAC[46], éloignement qui prit deux
formes, la première exclusivement administrative, la seconde politique.
La question administrative dérivait des demandes de la Commission de
réunir les données et les statistiques sur les importations, les exportations et les productions nécessaires au fonctionnement de la politique
agricole commune. La question politique touchait le cœur de la PAC, un
an après l'entrée en fonction des premiers règlements, alors que se
préparaient des décisions définitives sur les prix des céréales et sur la
méthode de financement.

La première question fut portée à l'attention de l'Italie par de nombreux rappels de la Commission et mit au jour à la fois l'insuffisance de
l'administration, et des conflits de compétence irrésolus. La Commission se plaignait du retard et des lacunes dans la fourniture de données
relatives à la production et au commerce des denrées agricoles. Les
Finances devaient en effet verser les « restitutions », l'*Agricoltura* était
chargée des interventions sur le marché intérieur. Mais surtout l'Institut
central de statistique, l'ISTAT, ne parvenait pas à réunir les renseignements nécessaires. Si l'on ajoute le ministère du Commerce extérieur,
quatre organismes suivaient la mise en œuvre de la PAC, mais chacun
appliquait à son secteur des critères différents, si bien qu'il était pratiquement impossible de fournir à la Commission, dans les délais impar-
tis, des données cohérentes et complètes. Finalement, les exportateurs
italiens devaient attendre des mois avant de recevoir les « restitutions ».
Le problème administratif était si difficile à traiter qu'il pesait sur la
position du pays dans les négociations, l'Italie étant conduite à préférer
la formule des remboursements, plus simple à appliquer, à celle des
« restitutions ». En février 1964, le directeur général Albertario proposa
aux ministères des Finances et du Commerce extérieur ainsi qu'à
l'ISTAT la création d'un service *ad hoc*, formé de fonctionnaires de

---

[46] Sur l'Italie et la PAC, voir Galli, R. et Torcasio, S., *La partecipazione italiana alla
politica agricola comunitaria*, Roma/Bologna, Il Mulino, 1976 ; de Filippis, F. et
Salvatici, L., « L'Italia e la politica agricola del mercato comune europeo », in
P. Bevilacqua (ed.), *Storia dell'agricoltura italiana in età contemporanea*, Venezia,
Marsilio, 1997, pp. 543-592.

divers départements, et installé au ministère de l'Agriculture[47]. Mais le Commerce extérieur demanda que le nouveau service lui soit affecté. Un an plus tard, après un avis de la Cour constitutionnelle, la question était toujours ouverte, chaque directeur défendant sa suprématie avec des arguments juridiques et pratiques : ni Albertario, ni Ferlesch n'étaient prêts à céder. La tentative de médiation de la *Farnesina*, qui proposait de créer des bureaux communs, ne résolvait pas la question de la primauté.

Ensuite, la Commission prit en charge la situation des opérateurs italiens et cita l'Italie devant la Cour de Justice, qui la déclara coupable. En 1970 les « restitutions » avaient fini par être payées avec un délai de trois à six mois (le jour même aux Pays-Bas, après trente à soixante jours en France). Pour le FEOGA, la Commission accepta de recevoir des informations simplifiées pour verser des avances ; mais les données complètes restaient nécessaires pour les versements définitifs. Selon la Commission, ces longs délais résultaient d'une accumulation de facteurs. Les procédures de paiement étaient normalement très longues ; la primauté de la loi nationale imposait d'adapter tous les règlements communautaires, une procédure que le rythme des travaux parlementaires éternisait ; de plus, la transmission des données se faisait avec une lenteur et un formalisme excessifs[48]. Le comité des directeurs ne paraît pas avoir facilité la recherche d'une solution, se limitant à constater les sollicitations des diplomates et les résistances des directeurs sur la question des compétences. Venturini s'exprimait d'ailleurs sans ménagement à ce sujet, en écrivant dans un moment décisif des négociations bruxelloises :

> Nous devons faire ce qui est nécessaire pour renforcer les services qui vont s'occuper de cette question compliquée (pour le secteur des seuls produits laitiers, les Hollandais ont environ trois cents fonctionnaires spécialisés et une organisation du marché parfaite, alors que nous ne sommes même pas capables de mettre en application les règlements entrés en vigueur le 1er novembre dernier). Nous savons tous combien ce sera difficile, avec le matériel humain [sic] de la plupart de nos administrations, mais pour mettre en œuvre une politique agricole encadrée par les buts et les méthodes du Marché commun, une structure administrative adaptée est une nécessité[49].

---

[47]   ACS/MBPE, vol. 93, ministero dell'agricoltura e delle foreste, direzione generale della tutela economica dei prodotti agricoli, divisione XIV, n.142601, 28 février 1964.

[48]   D'autres exemples donnés par la Commission concernaient les aides à la Sicile après le tremblement de terre de 1968, les crédits pour la restructuration des mines de soufre : *Problemi istituzionali.*

[49]   ACS/MBPE, vol. 93/534, DGAE-CEE-Uff.VI à divers, n.46/25311/CC, 30 décembre 1964.

Le projet de loi de 1966 sur la formation d'une administration spécialisée fut une réponse à ces propos véhéments. Pourtant, en 1970, la Commission ne faisait toujours pas état d'améliorations sensibles.

La seconde dimension du problème agricole est encore plus importante pour évaluer la capacité de réaction de l'administration italienne : elle concerne le contenu même de la PAC. On a déjà indiqué les raisons pour lesquelles certains choix tenaient moins compte des intérêts agricoles nationaux : l'intérêt politique pour l'avancement de l'intégration, qui, en dernière instance, poussait au compromis ; l'attention prioritaire accordée à l'industrie. Certains auteurs ont aussi remarqué que personne n'avait imaginé qu'une transformation soudaine des habitudes alimentaires gonflerait les importations de certaines denrées ; mais d'autres ont dénoncé le fait que les milieux agricoles ne comprenaient pas que le centre de décision s'était déplacé à Bruxelles. Nous présentons ici quelques éléments qui semblent disculper l'administration de l'accusation de ne pas avoir compris les problèmes.

On savait déjà qu'à partir de l'été 1959, l'Italie avait manifesté ouvertement son opposition aux propositions que le commissaire à l'Agriculture Sicco Mansholt était en train d'élaborer[50]. En effet, les critiques formulées au *Comitato interministeriale di Coordinamento* étaient radicales et unanimes. Albertario avait estimé « préoccupantes » les propositions très rigides pour l'organisation des marchés proposées par Mansholt. Il avait critiqué les « critères autarciques et dirigistes » qui inspiraient la recherche de l'équilibre du marché, le caractère de *dumping* des interventions en faveur de l'écoulement des surplus sur le marché international. Le fait que les propositions Mansholt oubliaient les produits typiquement italiens avait, paraît-il, un rôle secondaire, alors qu'on se préoccupait beaucoup des conséquences négatives qu'auraient les variations des prix des céréales. Albertario proposait de « rejeter nettement les parties du rapport Mansholt relatives à l'organisation des marchés », de recommander plutôt de démanteler ou d'harmoniser les politiques nationales d'aide, et d'arriver à l'organisation rigide des marchés seulement lorsqu'on aurait constaté l'échec de toutes les autres mesures. On faisait donc confiance à la concurrence, tout en comprenant que « le monde agricole italien, qui est à bout de souffle et qui craint l'avenir, pourrait être séduit par les propositions Mansholt, qui pourraient en définitive s'avérer funestes pour la stimulation productiviste et concurrentielle ». Ferlesch se préoccupait surtout de l'impact sur le commerce avec les pays tiers, et relevait le contraste entre « l'esprit Mansholt » et celui qui inspirait le comité Rey, chargé de trouver un

---

[50]   Galli, R. et Torcasio, S., *op. cit.*, *passim.*

modus vivendi avec le reste du monde[51]. Le ministre de l'Agriculture Mariano Rumor et l'ambassadeur Cattani avaient montré qu'ils partageaient ces points de vues, avec un fatalisme plus accentué quant à l'issue des négociations.

De fait, l'opposition italienne ne servit à rien, et la PAC fut établie sur des bases unanimement considérées comme regrettables. On choisit alors de retarder l'application des règles du Marché commun aux produits typiquement italiens, quitte à se rendre compte ensuite qu'on accumulait les inconvénients. Cependant, lors des marathons de décembre 1961, Colombo et Rumor, après une opposition initiale, cédèrent soudainement le 21 décembre sur une question cruciale pour la contribution italienne, celle des restitutions aux exportations : Colombo avança des arguments du plus pur « esprit communautaire[52] » et Rumor se contenta de l'insertion dans le texte en cours d'adoption de la prévision de dérogations[53]. On peut voir dans ce revirement une confirmation de la coexistence de divers éléments – la résignation à la faiblesse du pays, la confiance dans les dérogations et dans la nature provisoire des accords, le souci de préserver le dynamisme du système ainsi qu'un certain isolement – plutôt qu'un manque de lucidité sur les questions en jeu et ce qu'elles signifiaient pour les intérêts nationaux.

En novembre 1963, le nouveau plan Mansholt plaçait l'Italie face aux mêmes problèmes, aggravés par l'atmosphère désabusée issue de la faillite des négociations avec l'Angleterre. Pendant un an, pourtant, personne ne critiqua la méthode sur le fond. La seule réaction était venue du *Bilancio*, qui avait défendu l'idée d'une révision du système financier avant toute autre décision, mais nous ne savons pas si la demande était sortie des bureaux du ministère. Une nouvelle fois toute l'administration s'éleva contre les propositions Mansholt, qui ignoraient les requêtes italiennes, confirmaient la forme de financement qui pénalisait l'Italie et proposaient des prix céréaliers qui portaient préjudice aux producteurs et aux consommateurs italiens. Le gouvernement envoya à ses cinq partenaires une note présentant des requêtes ponctuelles : insérer dans les règlements l'huile d'olive et le riz, montrer de la bonne volonté sur la viande, rendre effectives les aides structurelles du FEOGA. « L'esprit communautaire » avec lequel, au VIe bureau des Affaires étrangères, Francisci avait commenté le plan, se retrouvait aussi

---

[51]   ACS, présidence du Conseil, *Comitato Interministeriale per la Ricostruzione* (CIR), vol. 220, *Comitato interministeriale di Coordinamento per la Comunità economica europea*, secrétariat, réunion du 30 octobre, COCOR/S/6, réservé.

[52]   Selon Colombo : « Au stade actuel des négociations, il importait avant tout d'élaborer une conception commune du Conseil sur [la question des restitutions aux exportations] » et les objections italiennes seraient examinées au moment de la concrétisations des mesures.

[53]   ACS/CIR, vol. 222, R/78 f/62 (MC/PV/R 1), extr. 7, 2e partie, 21 juin 1962.

dans la note : elle reconnaissait dans la volonté de relancer l'intégration et de liquider la question du prix des céréales, qui paralysait tout progrès et bloquait la voie au *Kennedy Round* du GATT, des mérites qui, à eux seuls, justifiaient de porter un jugement global positif sur un plan, par ailleurs absolument contraire aux intérêts italiens[54]. La coopération interministérielle paraissait donc tant bien que mal produire des compromis viables. Enfin, en juin 1964, après une réunion du Conseil des ministres de la CEE dominée par les désaccords franco-allemands, et où le délégué italien ne s'était quasiment pas exprimé, le président Moro envoya à la Commission de nouvelles requêtes sur certains produits, et une demande de révision des procédures de financement[55]. La question de fond était ainsi posée, mais on ne présentait pas de propositions alternatives.

On sait que la période comprise entre le milieu de 1964 et janvier 1966 – où les désaccords sur les règles définitives de la PAC, sur les rapports économiques avec le reste du monde et sur les questions institutionnelles culminèrent avec la crise de la chaise vide et aboutirent au compromis de Luxembourg – fut l'une des plus difficiles de l'histoire communautaire[56]. Il est clair que la tension bruxelloise se répercuta durement à l'intérieur de l'administration italienne, qui affronta cette période avec nervosité et improvisation, toujours pénalisée par l'absence d'une coordination interministérielle systématique. On le constate clairement lors de la réunion « d'urgence » des directeurs généraux, convoquée au lendemain du Conseil des ministres de l'Agriculture de la CEE les 16 et 17 novembre 1964, où le nouveau ministre Mario Ferrari Aggradi avait menacé de remettre en question tout le système financier de la PAC[57]. La réunion commença par un sévère réquisitoire contre cette initiative, sur laquelle il n'y avait pas eu d'accord préalable. Les Affaires étrangères réussirent ensuite à ramener les critiques « dans le cadre du système, et non contre le système » en discussion à Bruxelles. Elles firent adopter le point de vue – celui du représentant permanent Venturini et du ministère du *Bilancio* – selon lequel la position nationale devait être définie à partir des règlements financiers, et non, comme le voulait Albertario, à partir du prix des céréales. Le 24 novembre, le *Comitato dei Ministri*, approuva un mémorandum aux cinq gouverne-

---

[54] ACS/MBPE, vol. 93, DGAE-CEE-Uff.VI à cabinet du ministère du Bilancio, n.46/22523, 12 novembre 1963.

[55] ACS/MBPE, vol. 93, Aldo Moro à Walter Hallstein, 6 juin 1964, dans DGAE-CEE-Uff. VI à cabinet du ministère du Bilancio, n.46/11690/C, 12 juin 1964.

[56] Ludlow, N.P., « Challenging French Leadership in Europe : Germany, Italy, the Netherlands and the Outbreak of the Empty Chair Crisis of 1965-66 », *Contemporary European History* 8, 1999/2, pp. 231-248.

[57] ACS/MBPE, DGAE-Uff.VI, n.46/22962/C, 27 novembre 1964 ; les Affaires étrangères étaient représentées par presque tous les diplomates concernés par les affaires de la CEE : Ortona, Guazzaroni, Venturini, Francisci et Sessa du VIe bureau. Cattani se joignit également à la réunion.

ments partenaires, qui avançait des requêtes précises, tout en réaffirmant la volonté de réussir la négociation. Mais il faut aussi souligner que d'autres propositions – sur les relations avec les pays tiers méditerranéens, sur la politique sociale – ne réussirent pas à s'intégrer dans une initiative cohérente et susceptible de retenir l'attention des partenaires.

Les accords agricoles de décembre 1964 donnèrent temporairement satisfaction à certaines revendications italiennes. Mais ils laissèrent en suspens les décisions définitives. Venturini rappelait sans cesse que ce succès était temporaire, que rien n'était réglé, que l'Italie devait préciser ce qu'elle demandait et se préparer pour les négociations qui devaient avoir lieu l'année suivante : le règlement financier était « la clef de voûte de la politique agricole commune » et on devait prendre des positions claires sur les propositions de la Commission[58]. On ne peut que spéculer sur les résultats de ces avertissements et sur l'action de l'administration et du comité des directeurs au printemps 1965. Nous ne parvenons pas à nous faire une idée claire du rôle des services techniques et de la coopération interministérielle dans la préparation des positions italiennes pour les réunions du Conseil de la fin du printemps 1965 qui ouvrirent la crise de la chaise vide. Le retour de Fanfani aux Affaires étrangères laisse d'ailleurs supposer que son style « monocratique » et sa méfiance envers l'administration ont limité leur rôle. Une note de février 1966, au moment où les négociations redémarraient après le compromis du Luxembourg, laisse une impression pénible[59] : les six mois de délai accordés par la crise n'ont visiblement pas suffi aux administrations techniques pour mettre au point un projet de négociation qui contienne des propositions et non seulement des critiques. D'autre part, après 1965, les Affaires étrangères retrouvèrent leur place, et Venturini joua un rôle essentiel dans l'assouplissement des revendications agricoles de l'Italie, ce qui permit aux Cinq de trouver une position commune à présenter à la France[60].

On a mentionné plus haut les observations de la Commission relatives aux conséquences fâcheuses du retard avec lequel les délégations italiennes faisaient connaître leurs points de vue, aux silences des experts par ailleurs trop nombreux, au manque de coordination et à l'absence de directives de l'administration centrale. À notre avis, il faut nuancer ces critiques en signalant un aspect plus positif de l'attitude

---

58 ACS/MBPE, vol. 93/534, DGAE-CEE-Uff. VI, n.46/144888/C, 22 janvier 1965.

59 ACS/MBPE, vol. 844, Appunto, 17 février 1966.

60 National Archives at College Park, College Park, série 67D33, Bureau of European Affairs : OECD, EC and Atlantic Political-Economic Affairs (EUR/RPE), Records relating to European Integration 1962-1966, RG 59 : conversation entre Paul Renardel de Lavalette et Charles Higginson (USEC), 27 octobre 1965 ; d'autre part, une manœuvre était mise en œuvre pour permettre à Colombo de représenter l'Italie à la réunion du Conseil plutôt que Fanfani ou Moro.

italienne : une adhésion sincère à « l'esprit communautaire ». Elle était fondée sur deux convictions : l'action de la Commission garantirait l'Italie contre une hégémonie franco-allemande et l'équilibre des intérêts, tel qu'il avait été formulé à Val Duchesse, permettrait un jeu équitable entre les Six. On peut considérer qu'il y avait là un jugement réaliste sur les capacités de l'Italie ainsi qu'une approche constructive de la Communauté. Mais l'évolution devint de plus en plus difficile à maîtriser. Sur le plan technique, parce que, comme les politiques de la CEE s'imposèrent en force, l'adoption de règles et de comportements communs devinrent, ainsi que Guido Carli l'avait prédit, une nécessité, et l'administration se trouva face à de nouvelles obligations ; et sur le plan politique, à cause de l'affaiblissement du rôle de la Commission et des tensions franco-allemandes. Au lendemain de la crise de la chaise vide, le risque de réduction du rôle de la Commission fut l'occasion de redécouvrir les racines de l'européisme italien : les derniers mois avaient montré les résultats limités de l'initiative nationale directe auprès des partenaires. Le commissaire Colonna di Paliano admettait alors que, du fait de sa position de faiblesse à cause des nombreuses concessions et dérogations que l'Italie devait demander, il lui était essentiel d'avoir des institutions centrales fortes, capables de faire des propositions équilibrées : « Ce serait un moyen plus sûr de protéger les intérêts italiens que de procéder par une suite de négociations et d'accords sur des points particuliers afin de résoudre les difficultés propres de l'Italie[61] ».

IV.   La faible incidence de la création de la CEE sur l'administration italienne : enjeux et débats

Dans les nombreuses études portant sur l'histoire de l'administration italienne depuis l'établissement de la République, la CEE ne figure que de façon tout à fait marginale[62]. Les deux explications possibles – que la CEE n'ait eu aucune incidence sur l'administration, ou que les auteurs n'aient pas trouvé la question digne d'intérêt – conduisent au même diagnostic de repli, sinon d'isolement. Certaines de ces études peuvent cependant contribuer à ouvrir des pistes pour notre sujet.

En ce qui concerne l'administration dans son ensemble, les experts font état du fait que depuis la fin du XIXᵉ siècle, les fonctionnaires italiens ont un profil sociologique stable : ils sont issus de la classe moyenne inférieure, souvent des régions méridionales, et ont une formation littéraire et juridique. Devenir fonctionnaire était pour eux le seul moyen d'échapper au chômage. On a pu soutenir que les élites poli-

---

[61]   *Ibidem*, conversation entre Guido Colonna di Paliano et l'ambassadeur John Tuthill, 18 septembre 1965.

[62]   Voir l'œuvre de reférence de G. Melis, *Storia dell'amministrazione italiana*, Bologna, Il Mulino, 1996.

tiques nationales voyaient là une sorte de politique sociale permettant d'obtenir l'adhésion des populations du sud à l'État et aux partis au pouvoir. Il en résultait que l'administration était peu considérée et que son rôle se limitait à des tâches subalternes ; les compétences techniques, très appréciées vers le milieu du XIXe siècle, se dévalorisèrent ensuite, avec la crise du Génie et du *Reale Corpo delle miniere* et la victoire des fonctionnaires de l'administration sur les ingénieurs civils de l'État[63] ; les quelques tentatives faites pour rehausser son statut et accroître son autorité eurent des conséquences contradictoires, comme le montre l'exemple des vingt années de régime fasciste : l'administration gagna en prestige et « paradoxalement, pour la première fois, la classe administrative était une classe dirigeante[64] ». Le fascisme a revalorisé et promu le rôle de l'État et de l'administration dans la société. Mais, en même temps, il a limité le contrôle démocratique ainsi que l'indépendance de l'administration par rapport au pouvoir politique.

L'héritage laissé par le fascisme et la Libération à l'administration de la République est rempli de contradictions. D'un côté, on prit après 1945, peu de mesures pour remplacer le personnel lié au régime, la *defascistizzazione* étant très rapidement abandonnée. Il s'ensuivit que pendant les vingt années suivantes, jusqu'à la fin des années 1960, la majorité des fonctionnaires avait été formée à l'époque fasciste. De plus, avant les élections générales d'avril 1948, environ 200.000 *avventizi* (intérimaires) furent engagés *de jure*, c'est-à-dire sans passer les concours réglementaires, ce qui remplit les bureaux d'un personnel à la formation pour le moins précaire. D'autre part, pendant les premières années de la République, retrouver la neutralité et l'impartialité préfascistes de l'administration signifiait reconstituer un solide réseau de garanties juridiques, à l'opposé des habitudes d'arbitraire qui s'étaient installées pendant la dictature. Ainsi l'attitude « juridique » de la plus grande partie des fonctionnaires s'inscrivit encore plus dans les mentalités. Les tâches de l'administration se réduisaient de plus en plus à de simples contrôles formels, et son rôle se limitait à celui d'exécutant entre le pouvoir politique et la société civile ; les compétences techniques n'étaient plus guère nécessaires, et elles s'atrophièrent.

Alors que la fonction publique, écrit Romanelli, a pour but de mettre en œuvre les objectifs politiques et sociaux, et de le faire vite en utilisant des compétences variées, la fonction publique italienne est encore organisée en vue des tâches de contrôle typiques de l'administration du XIXe siècle [...].

---

[63]   Melis, G., *Due modelli di amministrazione fra liberalismo e fascismo*, Roma, Ministero per i beni culturali e ambientali-Ufficio centrale per i beni archivistici, 1988.

[64]   Romanelli, R., « Apparati statali, ceti burocratici e modo di governo », in AA.VV., *L'Italia contemporanea 1945-1975*, Torino, Einaudi, 1976, pp. 145-190.

Toute action d'intervention lui étant étrangère, la fonction publique italienne manque d'initiative et de flexibilité et elle est lente à innover[65].

La haute administration a fait l'objet d'autres études ; on retiendra comme particulièrement représentative l'analyse du rôle et des personnalités des directeurs généraux[66]. Pour les niveaux les plus élevés de la fonction publique, la question centrale a toujours été celle de son rapport avec le pouvoir politique, soit le ministre, soit le cabinet, et de son indépendance, de ses responsabilités. À partir du décret Ricasoli de 1866, qui modéra la subordination hiérarchique absolue des dirigeants au pouvoir politique établie par Cavour en 1853, la haute administration a connu jusqu'aux années 1920 une lente évolution vers plus d'indépendance et d'autorité, et vers une organisation moins uniforme. En général cependant, elle rechignait à prendre des responsabilités, et avait une propension à la défense corporative, comme elle le montra en s'opposant à la nomination de personnalités extérieures au poste de directeur général. L'entre-deux-guerres, marqué par les « réformes De Stefani » de 1923-1924, qui imposèrent à nouveau aux administrations une uniformité et une centralisation mortifiantes, comme par la modernisation des années 1930, prépara la loi de 1957. Cette loi confirmait l'uniformité d'organisation, admettait une « co-gestion » des affaires administratives par les personnels politiques, les hauts fonctionnaires, les fonctionnaires et leurs associations. Les directeurs généraux étaient encore nommés par le Conseil des ministres, disposaient d'un droit de proposition, et de certaines délégations de fonctions. Mais la loi ne rompait pas avec la subordination hiérarchique héritée de Cavour et continuait à considérer la fonction publique dirigeante comme un bureau interne de soutien aux activités des ministres[67]. Elle créa l'école supérieure de l'administration publique, en reconnaissant la nécessité d'une formation autre que la formation « sur le tas » ; mais elle n'ouvrit ses cours qu'avec des années de retard, et presque exclusivement aux seuls fonctionnaires de la présidence du Conseil. Elle ne réussit donc pas à imiter les institutions étrangères qui avaient inspiré sa fondation.

L'administration qui affronta la première décennie de la CEE se heurtait donc à des limites culturelles et institutionnelles qu'il est facile de mettre en relation, outre une certaine passivité, avec les difficultés d'adaptation aux règles bruxelloises. Cela n'empêchait pas des fonctionnaires tout à fait capables d'occuper les postes-clés. À titre d'exemple, on peut reprendre les biographies des deux directeurs généraux déjà mentionnés, Paolo Albertario et Gaetano Stammati. Le cas

---

[65] *Ibidem.*

[66] D'Alberti, M., « L'alta burocrazia in Italia », in M. D'Alberti (ed.), *L'alta buro-crazia. Studi su Gran Bretagna, Stati Uniti d'America, Spagna, Francia, Italia*, Bologna, Il Mulino, 1994, pp. 131-171.

[67] *Ibidem*, p. 149.

d'Albertario (1901-1988) est le plus intéressant : né près de Pavie dans une famille d'agriculteurs proche de la *Federconsorzi*, dont son père avait été un des fondateurs, il étudie les sciences agricoles, puis la médecine vétérinaire à Milan. En 1926, il est en Tchécoslovaquie pour étudier l'organisation de l'institut agricole de comptabilité et d'économie rurale et la réforme foncière ; en 1928, il est nommé directeur de l'*Osservatorio Regionale di Economia Rurale della Lombardia*, puis professeur d'université. En 1931, il s'inscrit au parti national fasciste et est appelé à l'ISTAT, pour diriger le service économique de la *Confederazione Fascista dei Lavoratori Agricoli* et suivre la création du nouveau cadastre rural. Pendant la guerre, il entre comme directeur général au ministère de l'Agriculture. Après le 8 septembre 1943, il adhère à la République de Salò et tente d'assurer l'alimentation des Italiens, en s'opposant aux réquisitions allemandes. Le *Comitato di Liberazione Nazionale Alta Italia*, puis le gouvernement allié le placent ensuite à la tête de l'administration pour l'alimentation, qui s'occupait, entre autres, de la distribution des aides alimentaires américaines ; il participe enfin à la mise en œuvre du plan Marshall[68]. De son côté, Gaetano Stammati (1908-2002) entre dans l'administration financière après des études de droit. Nommé à la Cour des comptes (*Corte dei Conti*), il entreprend une carrière de grand commis : il entre au conseil d'administration de l'Institut pour la reconstruction industrielle (IRI), l'organisme créé par Mussolini pour sauver les industries ruinées par la crise en les plaçant sous le contrôle de l'État et devenu, après la guerre, le cœur des *Partecipazioni statali*. En 1962, il devient directeur général au ministère du Trésor. De 1967 à 1972, il occupe la plus haute fonction de l'administration financière, *Ragioniere generale dello Stato*, puis devient président de la *Banca Commerciale Italiana*, après le départ de Raffaele Mattioli. En 1976, il est élu sénateur de la Démocratie chrétienne et de 1976 à 1981, occupe successivement les portefeuilles des Finances, du Trésor, des Travaux publics et du Commerce extérieur avec Aldo Moro, Giulio Andreotti et Francesco Cossiga. Ce sont là deux profils et deux parcours personnels bien différents, mais représentatifs de cette administration italienne qui géra l'intégration européenne, et sur laquelle d'autres approfondissements s'imposent.

---

[68] Albertario a laissé des papiers (à la Fondazione Ugo Spirito de Rome) qui concernent surtout la période d'avant 1945 ; voir Misiani, S., *La via dei « tecnici »*. *Dalla Rsi alla ricostruzione*. *Il caso di Paolo Albertario*, Milano, Franco Angeli, 1998 ; du même auteur, « Il caso Albertario », *La questione agraria*, n° 75, 1999, pp. 81-93 ; « La resistenza di Stato. Paolo Albertario alla guida del Clnai nel Ministero dell'Agricoltura », *Incontri meridionali*, n° 3, 1995, pp. 12-24 ; en général sur les techniciens du secteur agricole, voir D'Antone, L., « La modernizzazione dell'agricoltura italiana negli anni '30 », *Studi storici*, n° 3, 1981, pp. 74-103 et Amadei, G., « I tecnici dell'agricoltura nel XX secolo », *La questione agraria*, n° 75, 1999, pp. 73-79.

Le pari des Italiens – diplomates, experts, hommes politiques, entrepreneurs – qui ont misé sur les traités de Rome a été largement gagnant : l'intégration a été bénéfique pour l'industrie italienne et avec le temps, l'agriculture a trouvé aussi sa place dans la politique agricole commune. Les organisations agricoles ont été séduites par le protectionnisme de la Commission, comme Albertario et Cattani l'avaient prédit ; le « *vincolo esterno* », ce lien avec l'Europe la plus avancée qui devait forcer l'Italie à la modernisation et aux vertus civiles en la guérissant de ses vices anciens et qui serait, selon certains, le véritable bienfait de l'intégration, n'a pas eu, pour l'agriculture, ce rôle bénéfique. Si on regarde l'administration, le « *vincolo esterno* » semble, d'autre part, avoir eu beaucoup de difficultés à s'imposer : l'inertie fut très longtemps plus forte que n'importe quel intérêt ou modèle. C'est seulement dans les années 1990 qu'un véritable renouveau semble s'amorcer.

Si l'on regarde les années 1960, une période où l'économie semble prendre le pas sur la politique, les rapports entre l'Italie et la CEE ont été largement dirigés par le ministère des Affaires étrangères, plus orientés vers la diplomatie et le jeu politique international que vers la gestion des intérêts. Les conflits de compétence entre les ministères et l'absence d'un système efficace de coordination interministérielle ont handicapé les délégations qui travaillaient aux côtés de partenaires mieux équipés. Ces défauts ne sont d'ailleurs que le reflet de la structure institutionnelle des gouvernements italiens qui, en réaction à l'expérience fasciste et pré-fasciste de centralisation du pouvoir, définit un système collégial, où le président du Conseil est un *primus inter pares*, et où manque une instance ultime d'arbitrage des conflits. Les rapports de force entre les partis qui se partagent le pouvoir ont pesé sur le processus décisionnel.

Cette étude a mis en perspective quelques aspects de la politique européenne de l'Italie ; elle a ses limites. Il faut tenir compte de la rareté des sources : la politique extérieure contemporaine de l'Italie est un terrain de spéculation presque autant que d'étude. On a pu comparer ses spécialistes aux soviétologues d'autrefois. Les sources directes, rares et morcelées, imposent la prudence. La lecture des maigres documents que les archives laissent filtrer, réserve d'ailleurs beaucoup de surprises. Elle ne permet pas de dresser un bilan de l'action communautaire de l'Italie, mais elle incite à pousser plus avant la recherche.

La direction des carburants du ministère de l'Industrie français et les projets de politique pétrolière communautaire (1957-1974)

Armelle DEMAGNY-VAN EYSEREN

Université de Paris-Sorbonne (Paris-IV)

Dans une optique de définition des centres d'impulsion et de frein de la construction européenne, notre propos est de mesurer l'impact des conceptions d'une direction ministérielle spécifique sur la stratégie sectorielle d'un État dans sa dimension communautaire. L'exemple étudié est celui du rôle de la direction des carburants (DICA) et de ses hauts fonctionnaires dans la définition de la position pétrolière française à Bruxelles. Nous serons amenée dans un premier temps à retracer l'évolution de cette direction et à nous interroger sur l'importance à donner à la formation de ses membres. Le traité de Rome et l'engagement de la France dans l'intégration économique européenne supposaient une mise en conformité de la législation pétrolière française avec le Marché commun ; cette délicate adaptation, menée par la DICA, fera l'objet de notre seconde partie. Enfin, nous tenterons d'exposer la philosophie européenne des fonctionnaires de la DICA et les propositions qu'ils ont pu élaborer en faveur d'une politique pétrolière commune, en montrant que le choc pétrolier constitue, en la matière, un point de rupture majeur.

I. Évolution des fonctions et de la formation des hauts fonctionnaires de la direction des carburants

A. L'évolution du ministère de l'Industrie pendant les Trente Glorieuses

Durant la Seconde Guerre mondiale, le ministère de la Production industrielle avait un poids ministériel fort, étant en charge de la gestion des pénuries et, d'une manière générale, devant mettre en œuvre l'économie de guerre. Au sortir de la guerre, ce ministère se trouva encore renforcé par les nationalisations, qui grâce à l'extension du secteur public, lui permirent de participer à la prise en charge par l'État de la reconstruction. S'ouvrit alors une période de dirigisme industriel et de planification, au cours de laquelle le ministère participa largement à « l'ardente obligation » de modernisation et de reconstruction. Par la suite, la IVᵉ République initia des programmes industriels, repris et amplifiés par le général de Gaulle, dans sa politique de grandeur et d'indépendance, dans lesquels le ministère de l'Industrie s'investit massivement. Toutefois, une fois la reconstruction accomplie et la relance de l'économie effectuée, le ministère vit progressivement diminuer son champ d'influence comme l'illustre la perte de la gestion du secteur du commerce après le ministère Jeanneney (ministre de l'Industrie et du Commerce en 1959, puis uniquement de l'Industrie de 1959 à 1962) et comme semble aussi l'attester cette remarque de Christian Stoffaës : « À mesure que se libéralise l'économie et au cours des années 1950 et 1960, la fonction du ministère s'effrite, sauf dans le domaine de l'énergie[1] ».

Nous nous proposons de vérifier cette assertion en nous concentrant sur l'évolution des prérogatives de la direction des carburants (DICA) du ministère de l'Industrie[2]. Instituée en mars 1939, cette direction est tout d'abord rattachée au ministère des Travaux publics avant d'être intégrée, en septembre 1940, au sein du ministère de la Production industrielle sur l'initiative de son détenteur, le ministre d'État Jean Bichelonne[3] ; la DICA est l'héritière de l'Office national des combustibles liquides (ONCL), créé en 1925[4], à la suite de la prise de conscience, par les pouvoirs publics, de l'importance stratégique des produits pétroliers en temps de guerre. La DICA définit et met en œuvre la politique générale de ravitaillement de la France et des territoires d'outre-mer en produits pétroliers. Ses attributions couvrent la production, l'achat, l'importation, l'exportation, le transport, la fabrication, le stockage, la distribution et l'utilisation des hydrocarbures. Cette direction est donc responsable de la politique d'approvisionnement de la France en pro-

---

[1]   Stoffaës, C., « Stratégie et structure de l'État », in R. Lenoir et J. Lesourne (dir.), *Où va l'État : la souveraineté économique et politique en question*, Paris, Le Monde Éditions, 1992, p. 337.

[2]   Le ministère compte trois directions énergétiques : la direction des mines, la direction du gaz et de l'électricité et la direction des carburants. En 1970, tenant compte de l'évolution industrielle sectorielle, le Service des mines est rattaché à la DIGEC (direction du gaz, de l'électricité et du charbon).

[3]   Kocher-Marbœuf, E., *Le Patricien et le Général. Jean-Marcel Jeanneney et Charles de Gaulle*, 2 tomes, Paris, CHEFF, 2003, p. 243.

[4]   L'ONCL était lui-même l'aboutissement d'une suite de réformes cherchant à rassembler, sous la même bannière, l'ensemble des services de contrôle des essences, huiles et combustibles, prolongeant le Commissariat général aux essences et combustibles. L'ONCL avait vu son importance croître grâce à l'action de son fondateur Louis Pineau et au soutien du sénateur Bérenger.

duits pétroliers[5] et en gaz naturel[6], ainsi que du développement de l'industrie pétrolière. En outre, la DICA assure la tutelle de l'Institut français du pétrole (IFP), créé en 1945[7], et des établissements et organismes publics du secteur pétrolier. Rappelons à ce sujet que, depuis 1931, l'État détient une participation dans la Compagnie française des pétroles (CFP)[8]. Le gouvernement nomme, en Conseil des ministres, le président-directeur général de la CFP, ainsi que deux commissaires du gouvernement, dont l'un est le directeur des carburants. Ils y exercent plus qu'un droit de tutelle, puisqu'ils peuvent provoquer de nouvelles délibérations au sein du conseil d'administration et en appeler à l'arbitrage de l'État. Dans les assemblées générales, leurs pouvoirs s'apparentent à un droit de veto. L'autre commissaire est un représentant du ministère de l'Économie et des Finances (autre ministère de tutelle de l'industrie pétrolière), le plus souvent un représentant du Trésor qui gère le Fonds de soutien aux hydrocarbures (FSH)[9]. Les autres organismes publics, gérés par la DICA, sont ceux créés soit sous le régime de Vichy, la Régie autonome des pétroles (RAP)[10] et la Société nationale des pétroles d'Aquitaine (SNPA)[11], soit immédiatement après-guerre, le Bureau de recherches de pétrole (BRP)[12] et la Société nationale de

---

[5] Les permis de recherche et d'exploitation d'hydrocarbures sont plus particulièrement gérés par le bureau de législation minière de la DICA.

[6] Notons à ce propos que les problèmes d'approvisionnement et de production de gaz n'étaient pas de la compétence du service du gaz, mais de la DICA.

[7] Les recherches scientifiques et techniques de l'Institut français du pétrole, dont le premier président fut Henri Navarre, avaient pour objectif de développer une industrie française de l'ingénierie pétrolière. En 1954, lui fut rattachée l'École nationale supérieure du pétrole et des moteurs qui regroupait les deux écoles spécialisées de Paris et Strasbourg (créées en 1924). La Technip, créée en 1958, fut sa plus importante filiale, chargée de fabriquer ses innovations technologiques.

[8] Initialement fixée à 35 % des actions et, par le biais des actions à vote plural, 45 % des votes, cette participation évolua, notamment sous la présidence de Georges Pompidou, sans toutefois descendre en dessous de 25 % des actions.

[9] La direction des douanes et droits indirects du ministère de l'Économie et des Finances, quant à elle, assurait la gestion des contingents et la surveillance des stocks de réserve.

[10] Dans le Sud-Ouest, les efforts de prospection et d'exploitation dataient de 1937, lorsque le Front populaire en la personne de Paul Ramadier, alors sous-secrétaire d'État aux Mines et aux Combustibles liquides, avait créé, sur les conseils des ingénieurs de Pechelbronn et des anciens de Roumanie, le Centre de recherche des pétroles du Midi (CRPM) pour débuter des forages dans cette région. En 1939, ce centre fut à l'origine de la création de la Régie autonome des pétroles (RAP), établissement public créé pour exploiter le gaz naturel découvert, en juillet 1939.

[11] Le capital de la Société nationale des pétroles d'Aquitaine (SNPA), créée en 1941 à la suite des découvertes pétrolières dans le Sud-Ouest de la France, est détenu à 55 % par l'État, 16 % par la CFP et le reste par des industriels et des actionnaires privés.

[12] Institué par une ordonnance de 1945, le BRP est chargé d'établir un programme national de recherches de pétrole et de gaz naturel et d'assurer la mise en œuvre de ce programme.

recherche et d'exploitation du pétrole en Algérie (SN REPAL). Par la suite, l'Union générale des pétroles (UGP), autre organisme public créé en 1960 à la suite des découvertes algériennes et dont nous reparlerons, fusionna, en 1966, avec la RAP et le BRP pour devenir le groupe Elf-Erap.

La création de cet ensemble d'entreprises pétrolières publiques provoqua une demande en terme d'encadrement et d'expertise technique. Les membres du corps des Mines furent donc tout naturellement sollicités puisque leur formation d'ingénieur et les qualités requises pour intégrer le corps les mettaient en position de choix pour faire face aux défis imposés par la prospection et l'exploitation pétrolière. Ce que nous voudrions montrer ici en détaillant le maillage très serré des responsables de la politique pétrolière française, c'est combien il a rendu possible une homogénéité des orientations et des décisions, du fait d'une formation commune et d'un réel dévouement au service de l'État en vue de doter la France de ressources énergétiques nationales. Nous souhaitons également rappeler que ces bataillons d'ingénieurs servant la cause énergétique nationale ne purent le faire dans de bonnes conditions que dans la mesure où les impulsions et les soutiens politiques furent toujours présents et actifs en ce sens.

B. La DICA et la direction des compagnies pétrolières françaises : bastions d'un grand corps d'État

Selon Jérôme Lecanu[13], la DICA passe sous le contrôle du corps des Mines au moment de la Seconde Guerre mondiale. Le directeur des carburants, Jean de Coutard, inspecteur général des Mines, nommé en mars 1942, en remplacement de Louis Pineau, invite Jean Blancard (X-1933) à devenir son assistant. Coutard est déporté en Autriche, le 10 août 1943, avec d'autres ingénieurs dont Jules Mény, président de la CFP. L'intérim sera assuré par le chef des Mines Roger Durand, toujours assisté de Jean Blancard. Pierre Guillaumat (X-1929) prendra la direction en novembre 1944 et « depuis lors la direction des carburants ne quittera plus le giron du corps des Mines[14] ». De 1944 à 1974, l'exclusivité de la présence des ingénieurs du corps des Mines à cette fonction[15] fut sans aucun doute facilitée par la pratique de la nomination du successeur[16]. Or, le directeur des carburants occupe une fonction-clé

---

[13]   Lecanu, J., « Entre innovation et tradition, la conversion des ingénieurs du corps des Mines au pétrole », in G.-H. Soutou et A. Beltran (dir.), *Pierre Guillaumat : la passion des grands projets industriels*, Paris, IDHI, Rive droite, 1995, pp. 175-189.

[14]   *Ibidem*, p. 181.

[15]   Pierre Guillaumat, 1944-1951 ; Jean Blancard, 1951-1959 ; Maurice Leblond 1959-1964 ; André Giraud, 1964-1969 ; Michel Vaillaud, 1969-1974.

[16]   Cette pratique prit fin sous la présidence de Valéry Giscard d'Estaing avec la nomination, au ministère de l'Industrie, de Michel d'Ornano.

dans la définition de la politique pétrolière notamment par le biais des attributions, en accord avec les ministres des Affaires étrangères et des Colonies, des droits miniers de tous les territoires de l'Union française.

L'implication du corps des Mines dans le secteur pétrolier se fit principalement sous l'influence de Pierre Guillaumat. Directeur des carburants à partir de 1944, il occupa une place particulière au sein du corps des Mines et forgea une nouvelle élite, celle des pétroliers, restés marginaux jusqu'aux découvertes de Saint-Marcet, Lacq et Parentis en métropole, et surtout des découvertes au Sahara à partir de 1956. Il fut ainsi à l'origine d'une véritable conversion du corps des Mines vers le pétrole[17]. Les premiers ingénieurs de ce corps ayant fait le pari du pétrole furent appelés les « Bouddhas ». Il s'agissait de Pierre Guillaumat, Paul Moch (président de la RAP, puis de l'UGP), Jean Blancard (directeur-adjoint, puis directeur des carburants et président du BRP), André Bouillot (directeur général, puis vice-président-directeur général de la SNPA et vice-président d'Elf-Erap). Ils furent ensuite secondés par une nouvelle génération d'après-guerre : Maurice Leblond et André Giraud (tous deux successivement directeurs des carburants entre 1959 et 1969), Raymond Lévy, Jean Méo, Gilbert Rutman, qui feront carrière à Elf-Erap, ainsi qu'Henri Navarre, directeur de l'Institut français du pétrole.

Jean Blancard rédigea lui-même le projet d'ordonnance qui fit du directeur des carburants le président du BRP[18], ce qui permit par la suite un glissement des équipes de la DICA vers le futur groupe Elf-ERAP. Par ailleurs, ce glissement resta orchestré par Pierre Guillaumat même après qu'il eut quitté ses fonctions à la direction des carburants pour le ministère des Armées, puis le CEA ; ainsi, c'est dans son bureau du ministère des Armées, rue Saint Dominique, que fut prise la décision de créer l'Union générale des pétroles pour assurer la commercialisation du pétrole saharien[19]. Il en fut le président dès sa création et assura le lien organique entre l'ERAP et la SNPA jusqu'à la fusion des deux entités et la création d'Elf-Aquitaine en 1976. Rappelons que Jean Blancard et Paul Moch en furent les vice-présidents. Les dirigeants de la DICA et de l'Erap étaient si liés que, dans le rapport Schvartz on peut lire :

> Les liens qui unissent les responsables administratifs ou para-administratifs de la politique pétrolière française sont presque des liens féodaux de suzerain à vassal. On peut se demander où est l'État ? Est-il à la direction des carburants (du ministère de l'Industrie et de la Recherche) ou à la délégation

---

[17] Voir Lecanu, J., *op. cit.*, p. 181.

[18] Kocher-Marbœuf, E., *op. cit.*, p. 245.

[19] Desprairies, P., « La construction de l'industrie pétrolière français », in G.-H. Soutou et A. Beltran (dir.), *op. cit.*, p. 81.

générale de l'Énergie (rattachée au même ministère), ou est-il à la tête d'Elf-Erap[20] ?

Cette féodalité supposée n'est autre, selon nous, que l'expression d'un esprit de corps développé par les années de formation à l'École polytechnique. Cet esprit de corps fonctionna d'autant mieux, au sein des pétroliers français, que les ingénieurs du corps des Mines se trouvaient également à la tête de la CFP et dans la plupart des filiales françaises des sociétés françaises. Depuis les origines de la CFP avec Ernest Mercier, les dirigeants de la première compagnie pétrolière française, furent des polytechniciens ingénieurs au corps des Mines : Jules Mény, Pierre Angot, Victor de Metz ou René Granier de Lilliac. Les « corpsards » étaient également présents à la tête des filiales françaises des compagnies pétrolières internationales ; ainsi les contacts entre compagnies nationales et étrangères étaient assurés au plus haut niveau. Joseph Huré, président de la British Petroleum en est un exemple mais on retrouve d'autres « corpsards » dans les directions de la Shell française et Esso Standard. Les exceptions venant atténuer cette prépondérance des « corpsards » sont rares. Citons Pierre Desprairies, inspecteur des Finances et directeur à Elf-Erap et Léon Kaplan, directeur général adjoint de la Shell française de 1953 à 1963, qui, sans être membre du corps des Mines, bénéficia de la même formation initiale que les membres de ce corps à l'École polytechnique. Léon Kaplan fut par ailleurs très lié à Pierre Guillaumat et Jean Blancard[21].

Ainsi se pose, pour le pétrole comme pour d'autres secteurs, la question du rôle des grands corps d'État dans la définition de la politique européenne française, d'autant que cette technocratie du pétrole accompagna la montée en puissance des interventions de l'État à partir de 1945. À la suite de Marie-Christine Kessler, il faut s'interroger sur la capacité d'influence d'un grand corps d'État, omniprésent dans un domaine particulier, et sur sa maîtrise d'une politique sectorielle[22]. Autrement dit, les ingénieurs du corps des Mines et en particulier le premier d'entre eux, le directeur des carburants, eurent-ils un poids décisif dans la définition et la maîtrise de la position française face à l'intégration pétrolière européenne ? Nous sommes tentée de dire, à l'instar de Marie-Christine Kessler, que ce n'est pas le corps qui pèse sur l'individu, mais bien plutôt l'individu qui pèse sur le corps[23]. Ainsi Pierre Guillaumat,

---

20 Rapport de la commission d'enquête parlementaire sur les sociétés pétrolières opérant en France présenté par J. Schvartz, Paris, Union Générale d'Éditions, coll. 10/18, 1974.

21 Archives nationales (AN), archives orales de l'Association Georges Pompidou (AGP/AO), 1AV 586 et 587, entretien de J. Blancard avec A. Demagny, le 26 mai 2000.

22 Kessler, M.-C., *Les grands corps de l'État*, Paris, Presses de la PFNSP, 1986.

23 *Ibidem*, p. 304.

qui présida aux grandes orientations de la politique pétrolière française, fut considéré comme le « pape » de la « chapelle du corps des Mines » et fit figure de modèle pour ses successeurs. Lorsqu'en 1945, de Gaulle inscrivit l'indépendance énergétique de la France dans ses priorités, Pierre Guillaumat était déjà acquis à ces nécessités. Fort du soutien du Général[24], il fut à l'origine de la législation encourageant la prospection en métropole et outre-mer, et mit en place les sociétés publiques de recherche pétrolière précédemment citées. Mais Pierre Guillaumat, tout convaincu qu'il fût de la nécessité de constituer une industrie pétrolière française, n'aurait néanmoins pas été en mesure de réaliser son objectif sans le soutien du ministre de l'Industrie. Or, comme le souligne Marie-Christine Kessler : « L'équipe des corpsards, animée par Pierre Guillaumat a, en 1959-1960, été grandement aidée dans son effort de constitution d'une infrastructure pétrolière nationale par la présence au ministère de l'Industrie de Jean-Marcel Jeanneney, ministre technicien aux tendances dirigistes et nationalistes[25] ». Lorsqu'il évoque la création de l'UGP, Jean-Marcel Jeanneney se rappelle[26] avoir suivi, en 1960, les conseils de la DICA contre l'avis de Wilfrid Baumgartner[27]. Ceci nous permet de rappeler que le rôle du ministère des Finances dans la gestion des questions pétrolières fut fondamental et mériterait une étude à part entière. Les divergences ne manquèrent sans doute pas entre ce ministère et la DICA, mais nous citerons Pierre Desprairies pour nous convaincre que l'orientation générale de la politique pétrolière française faisait l'objet d'un consensus :

> La fidélité du ministère des Finances et du Budget, essentielle pour l'aventure pétrolière, a été d'abord l'œuvre de Pierre Guillaumat ainsi que l'appui des dirigeants politiques de continuer : Marcel Paul, Guy Mollet, Antoine Pinay, Michel Debré, Georges Pompidou, Jean-Marcel Jeanneney et bien sûr le général de Gaulle[28].

On voit donc que les projets pétroliers de la DICA n'auraient pu se concrétiser sans un appui politique déterminant. Dans les années 1950 et

---

[24] La convergence de vues entre les deux hommes était renforcée par une légitimité héritée du père de Pierre Guillaumat (Adolphe Guillaumat fut ministre de la Guerre) et une légitimité personnelle acquise par ses hauts faits de résistance. Des contacts personnels avaient par ailleurs pu se nouer du fait que le frère de Pierre Guillaumat, qui était ophtalmologiste, avait opéré le Général de la cataracte ; entretien de J. Blancard avec A. Demagny.

[25] Kessler, M.-C., *op. cit.*, p. 311.

[26] AGP/AO, 1AV 592-593, entretien de J.-M. Jeanneney avec A. Demagny et A. Leboucher-Sebbab.

[27] W. Baumgartner, ministre des Finances et des Affaires économiques de 1960 à 1962 était le gendre d'Ernest Mercier et le frère de Richard Baumgartner, vice-président (1968-1972), puis administrateur de la compagnie Total-Compagnie française de distribution.

[28] Desprairies, P., *op. cit.*, p. 80.

1960, ses conceptions firent l'objet d'un consensus à tous les échelons de la haute administration et du pouvoir, et ce dans une optique largement nationale. Il nous faut maintenant nous intéresser, dans un second mouvement, aux inflexions imposées par l'émergence du Marché commun à cette politique pétrolière, définie depuis 1928.

II. Les implications du traité de Rome dans la définition de la politique pétrolière française

A. Les contradictions juridiques entre le traité et la loi française de 1928 organisant le secteur pétrolier

Pour comprendre l'importance des bouleversements qu'impliquaient, pour la législation pétrolière française, les dispositions du traité de Rome, il nous faut détailler rapidement le cadre juridique du secteur pétrolier français, presque entièrement défini par la loi du 30 mars 1928. Cette loi fixait les bases d'une politique d'importation, de recherche, de raffinage, de stockage, de commercialisation et de fiscalisation et formait un appareil juridique complexe et redoutable. Nous ne détaillerons ici que les deux aspects directement concernés par les articles 37[29] et 90[30] du traité de Rome. Depuis la loi pétrolière de mars 1928, l'importation de produits pétroliers était devenue un monopole de l'État qui en déléguait l'exercice à la CFP et à des sociétés étrangères privées. Celles-ci devaient, en contrepartie, se soumettre au contrôle étroit de l'État et remplir un certain nombre d'obligations[31]. Ces sociétés privées étaient

---

[29] Notamment les alinéas 1 et 2 :

  1. Les États membres aménagent progressivement les monopoles nationaux présentant un caractère commercial, de telle façon qu'à l'expiration de la période de transition soit assurée, dans les conditions d'approvisionnement et de débouchés, l'exclusion de toute discrimination entre les ressortissants des États membres.

  2. Les dispositions du présent article s'appliquent à tout organisme par lequel un État membre, *de jure* ou *de facto*, contrôle, dirige ou influence sensiblement, directement ou indirectement, les importations ou les exportations entre les États membres. Ces dispositions s'appliquent également aux monopoles d'État délégués.

[30] Notamment son alinéa 1 : « Les États membres, en ce qui concerne les entreprises publiques et les entreprises auxquelles ils accordent des droits spéciaux ou exclusifs, n'édictent ni ne maintiennent aucune mesure contraire aux règles du présent traité ».

[31] Ces obligations étaient : la gestion de l'entreprise par des personnes de nationalité française ; le contrôle par les pouvoirs publics des modifications susceptibles d'intervenir dans la structure financière de l'entreprise ; l'entretien de stocks de sécurité ; la réalisation des importations par navires français ou navires agréés ; la souscription de contrats d'intérêt national en vertu desquels on pouvait notamment imposer aux raffineurs de s'approvisionner en pétrole brut d'origine nationale. Par ailleurs, en vertu d'une convention signée le 4 mars 1931 entre la Compagnie française de raffinage (CFR) et l'État, ce dernier réservait en fait à cette société chargée de raffiner le pétrole du Moyen-Orient, le raffinage d'une quantité de pétrole brut correspondant à 25 % des quantités de produits finis livrés annuellement à la consommation sur le

titulaires d'autorisations spéciales soit de raffinage (autorisant leurs titulaires à importer le pétrole brut, à le traiter dans leurs raffineries et à livrer à la consommation les produits finis ainsi obtenus), soit de distribution (permettant à leurs titulaires de livrer à la consommation intérieure des produits raffinés à l'étranger ou des produits raffinés en France à partir de pétrole brut importé). Par ailleurs, la politique de commercialisation visait nettement à corriger la libre concurrence pour éviter l'accaparement du marché français par un petit nombre de sociétés étrangères. En 1931, les pouvoirs publics fixèrent à 40 % la part de marché des sociétés étrangères. Cette recherche de l'équilibre au sein du marché pétrolier entre les sociétés nationales et les sociétés étrangères permettait d'assurer l'indépendance pétrolière du pays tout en permettant de faire face à l'augmentation rapide de la consommation de produits pétroliers grâce à la présence des sociétés pétrolières internationales sur le marché français. Les articles 37 et 90 du traité de Rome, stipulant l'élimination des monopoles par diminution progressive des restrictions quantitatives entre les États membres, obligèrent pourtant la DICA à mettre la législation pétrolière française en conformité avec le traité.

B. La DICA et la mise en conformité de la loi de 1928 selon les termes du traité de Rome

Il est important de rappeler que les hydrocarbures (pétrole et gaz), éléments essentiels de la croissance des Trente Glorieuses, ont été les seules énergies à n'avoir fait l'objet d'aucun traité européen spécifique comme ce fut le cas pour le charbon dans le cadre de la CECA et le cas du nucléaire dans le cadre de l'Euratom. Ils dépendaient des réglementations fiscales et douanières applicables à tous les produits circulant dans le Marché commun créé par le traité de Rome. Ils devaient donc circuler librement à l'intérieur de celui-ci, sans entrave d'aucune nature, tous les obstacles tarifaires et contingentaires devant, à terme, disparaître au sein du Marché commun. Les monopoles nationaux devaient être aménagés pour leur enlever tout caractère discriminatoire vis-à-vis des autres pays du Marché commun et l'instauration d'un Tarif extérieur commun (TEC) impliquait que pour les marchandises venant de pays tiers, il serait payé les mêmes droits, quel que soit leur point d'entrée. Enfin, l'unité en matière politique signifiait, à terme, l'unification progressive des politiques commerciales, c'est-à-dire des politiques d'importation ; il ne devait plus y avoir d'accords commerciaux particuliers entre les différents pays du Marché commun et un pays tiers quelconque, comme par exemple la Russie, mais un seul accord conclu avec la Russie par la

marché français. Cette situation contraignait les sociétés étrangères ayant des contingents de raffinage inférieurs à leur part de marché à racheter à la CFR une partie des produits qui leur étaient nécessaires.

Commission du Marché commun au nom et sur les instructions des Six. L'harmonisation des législations nationales relatives aux taxes sur le chiffre d'affaires et autres impôts indirects devenait indispensable ; d'une manière générale, la coordination des politiques économiques était prévue à terme.

Les contradictions de la loi de 1928 avec les règles générales du traité, que nous venons de rappeler et qui prévoyaient, à terme, la liberté d'établissement, la libre circulation des produits entre les États membres et la libre concurrence entre les entreprises installées dans le Marché commun, avaient été prises en compte par les autorités françaises dès les discussions intergouvernementales menées à Val Duchesse, comme l'atteste une note de 1959 :

> Cette contradiction a été aperçue au moment de la négociation du traité, et nos représentants ont obtenu que notre régime pétrolier soit couvert par la notion de « monopole délégué » cité par l'article 37 du traité, qui prévoit une procédure d'aménagement éliminant toute discrimination entre les ressortissants d'États membres[32].

Si le gouvernement français insista pour que s'applique l'article 37 (aménagement progressif des monopoles nationaux) et non l'article 30 (suppression des limitations quantitatives à l'importation), c'est que dans le premier cas, la Commission de Bruxelles se bornait à faire des recommandations alors que, dans le second cas, elle disposait d'un pouvoir contraignant qui obligeait les États à suivre ses directives. Dans les faits, les recommandations se succédèrent à partir de 1962. Elles furent en grande partie prises en compte même si les administrations françaises jouèrent souvent la temporisation. Ainsi, les autorisations d'importations de pétrole brut des partenaires augmentèrent sensiblement[33]. L'assimilation du pétrole d'origine communautaire au pétrole d'origine nationale fut progressivement possible sous certaines conditions[34]. L'obligation qui était faite à certains importateurs de reprendre 90 % des produits dont ils avaient besoin dans les raffineries françaises fut ramenée à 50 %. Enfin fut progressivement envisagée, pour les ressortissants du Marché commun, l'élimination des dispositions de la loi de 1928 concernant l'obligation de réserver à des Français les postes

---

[32] Centre des archives contemporaines de Fontainebleau (CAC), 790516/2, note de la DICA, 21 septembre 1959.

[33] Les produits importés devaient être obtenus à partir de pétroles bruts d'origine diversifiée correspondant à celles retenues dans le plan d'approvisionnement français.

[34] Être assortie de garanties contractuelles de fournitures, de la définition précise des produits, de l'harmonisation progressive des systèmes de soutien à la production et de la non-discrimination dans l'octroi de permis de recherche.

de direction des sociétés pétrolières ainsi que l'obligation d'utiliser exclusivement du matériel français[35].

On se rend ainsi compte que la mise en conformité de la législation française dans le cadre communautaire fut relativement aisée. En revanche, il en fut tout autrement pour la définition de ce que devait être, aux yeux des partenaires européens et des instances communautaires, une politique pétrolière commune dont la manifestation la plus simple aurait été une politique concertée des approvisionnements. Nous aborderons, dans notre troisième partie, les propositions françaises en faveur d'une intégration pétrolière européenne, en particulier celle présentée par le ministre de l'Industrie Jean-Marcel Jeanneney, en 1959-1960. Nous montrerons enfin comment les hauts fonctionnaires, tout au long des années 1960, tentèrent de rallier leurs partenaires aux conceptions françaises. Ces tentatives se heurtèrent tantôt aux attitudes nationalistes, tantôt aux oppositions doctrinales qui furent d'abord relativement feutrées, avant d'être clairement affirmées lors du choc pétrolier de 1974.

III. La DICA et l'Europe ou comment tenter de rallier les partenaires aux conceptions françaises

A. La proposition Jeanneney : un essai manqué de conciliation entre intérêt national et intégration européenne[36]

C'est en 1959 que le gouvernement français proposa aux pays du Marché commun l'adoption de mesures particulières visant à favoriser l'écoulement du brut d'origine communautaire. Par « brut communautaire », les Français entendaient bien sûr le pétrole du Sahara français, mais on pouvait aussi imaginer que les Néerlandais utiliseraient cette appellation pour le pétrole des Antilles néerlandaises. Certes, cette proposition était une tentative du ministère de l'Industrie pour répondre à la difficulté que rencontraient les producteurs sahariens à écouler leur production[37] ; ces mesures avaient néanmoins le mérite de répondre aux inquiétudes, manifestées à plusieurs reprises par la Commission européenne, face à la dépendance croissante de l'Europe envers les pétroles

---

[35] Ministère de l'Économie et des Finances, Fonds Trésor, B59773, note de la direction générale des douanes et droits indirects, 20 décembre 1963.

[36] Voir A. Demagny, « La politique pétrolière française et le projet de politique énergétique commune dans la première moitié des années 1960 : une convergence manquée », intervention dans le cadre du séminaire *Milieux économiques et intégration européenne au XXᵉ siècle*, organisé par le Comité pour l'histoire économique et financière de la France (CHEFF), le 30 octobre 2002 et diffusé par le CHEFF depuis septembre 2003, pp. 25-36.

[37] Cette production qui atteignait 14 millions de tonnes à l'été 1960, soit 45 % de la consommation française, était issue essentiellement des sociétés para-étatiques françaises, BRP, SNREPAL, RAP, et donc dépourvue de débouchés commerciaux.

du Moyen-Orient. La proposition que fit la France à ses partenaires se basait sur une préférence communautaire des produits raffinés dans la Communauté à partir de pétrole brut originaire de celle-ci. En d'autres termes, seraient taxés les produits raffinés importés en l'état des pays tiers ou sortant des raffineries européennes, alors que les bruts raffinés dans la Communauté, à partir de pétroles bruts originaires de celle-ci, se verraient exonérés de tous droits.

L'opposition allemande se dévoila très vite. Pour le gouvernement fédéral, il était hors de question de s'engager à absorber des quantités fixées à l'avance de pétrole saharien. Le principal débouché de ce pétrole restait avant tout le marché français. La France devait ensuite utiliser les deux autres voies traditionnelles : celle des grandes sociétés internationales et celle des sociétés indépendantes et, dans les deux cas, l'efficacité serait déterminée par la question des prix[38]. La réaction des États-Unis ne se fit pas non plus attendre et transita par l'ambassade de France à Washington qui reçut de « très énergiques représentations au sujet du système de taxation préférentielle des produits pétroliers raffinés destinée à assurer l'écoulement prioritaire du pétrole saharien[39] ». Le département d'État sauta évidemment sur l'occasion pour condamner un système « contraire aux règles du GATT et incompatible avec la politique libérale que les Six et notamment la France ont déclaré vouloir suivre[40] ». S'ensuivit une négociation extrêmement révélatrice du poids de l'administration américaine dans les affaires pétrolières mondiales. En effet, le secrétaire d'État adjoint, Douglas Dillon, après avoir pris personnellement contact avec les dirigeants des grandes sociétés américaines ainsi qu'avec le gouvernement britannique, proposa au gouvernement français d'abandonner ce projet en échange de l'assurance de la coopération des grandes sociétés pétrolières anglo-saxonnes pour l'écoulement du pétrole saharien, « dans des conditions satisfaisantes pour la France[41] ». La France abandonna le projet et le problème fut en partie résolu par la signature de contrats d'achat de pétrole saharien par les sociétés étrangères, comme l'avait suggéré l'administration américaine, et dans sa globalité, par la création d'une seconde compagnie pétrolière française, qui à l'inverse de la CFP, était intégralement contrôlée par les pouvoirs publics.

Ainsi, après une tentative avortée en faveur d'une coopération pétrolière européenne, la DICA se tourna vers une solution purement nationale pour écouler le brut saharien, en créant l'Union générale des pétro-

---

[38] MAE, DE-CE, vol. 85, télégramme de l'ambassade de France à Bonn, le 16 décembre 1959.

[39] *Ibidem*, télégramme de l'ambassade de France de Washington, le 2 décembre 1959. Pour plus de détails, voir A. Demagny, article cité, pp. 30-31.

[40] *Ibidem*.

[41] *Ibidem*, note d'Olivier Wormser au ministre de l'Industrie, le 12 décembre 1959.

les. Les décrets de février 1963 firent une place à cette nouvelle venue en réduisant purement et simplement la part de marchés des autres opérateurs[42]. Georges Dominjon, alors adjoint au directeur des carburants, aurait plaidé, en vain, auprès d'Olivier Wormser, directeur des affaires économiques et financières au Quai d'Orsay, un traitement préférentiel en faveur des deux sociétés européennes (la Royal Dutch Shell et BP) au détriment des sociétés américaines, ce qui aurait été, selon ses termes « marquer notre respect pour la CEE et, de façon un peu maligne, une façon de neutraliser la Commission de Bruxelles[43] ».

B. Une direction ministérielle, fer de lance d'un projet de politique pétrolière commune définie à partir des impératifs pétroliers français

La tentative de Georges Dominjon que nous venons de rappeler illustre assez bien la position de la DICA tout au long des années 1960 : respecter l'engagement communautaire tout en sauvegardant les intérêts pétroliers fondamentaux de la nation. Ces objectifs définis depuis 1945 et confirmés par les conseils restreints de novembre 1964 et juillet 1971 devaient assurer l'approvisionnement de la France au coût le plus favorable possible pour l'économie française, mais compatible avec une sécurité et une indépendance convenables. Les sociétés nationales étaient les garantes de cette indépendance et il convenait de les protéger de la concurrence sauvage exercée par les grandes compagnies pétrolières internationales. Or, quel était, aux yeux des fonctionnaires français, l'intérêt de la Communauté dans le secteur pétrolier, sinon l'application des mêmes objectifs ? C'est en ce sens qu'il faut comprendre la conclusion de Pierre Guillaumat dans une étude sur le pétrole dans la défense et l'économie française, en 1968 :

> Au moment où la Communauté est à la recherche de sa politique énergétique, il semble que la politique pétrolière des Six puisse utilement s'inspirer de celle de la France. Il faudra certes qu'avec l'aide et sous le contrôle de leurs organismes communs, les six pays, soucieux de la sécurité et de la rentabilité de leurs approvisionnements, définissent une même approche vis-à-vis des produits pétroliers, mais surtout, les entreprises européennes pas plus que les françaises, ne sauraient subsister face aux grandes sociétés internationales, sans l'appui financier et législatif des États. La façon dont la France a résolu ce problème depuis cinquante ans est peut-être un exemple et une chance pour l'Europe pétrolière de demain[44].

---

[42] Les quotas d'Antar et de la CFP passaient de 9,525 à 9 % et de 40,15 à 37,81 % ; ceux de la Shell de 16,05 à 13,605 % ; de BP de 10,575 à 8,955 % ; d'ESSO de 13,575 à 11,497 %, de Mobil de 5,475 à 4,628 %.

[43] AGP/AO, 1AV 815, entretien de G. Dominjon avec A. Demagny, le 1er juin 2001.

[44] *Revue de défense nationale*, janvier 1968.

Une note du directeur des carburants, André Giraud, au ministre de l'Industrie, en 1967, précise ce que devait être, aux yeux de la DICA, une politique pétrolière communautaire :

> Les dangers du traité de Rome découlent du formalisme libéral du traité. Compte tenu de la stratégie mondiale des groupes anglo-saxons [...], ce libéralisme à sens unique conduit inéluctablement à la disparition de l'industrie pétrolière européenne [...]. Il est douteux – et il n'est sans doute pas souhaitable – que la politique pétrolière européenne puisse se bâtir à l'abri d'un protectionnisme aveugle, même si des arrangements peuvent être trouvés avec le traité. L'hypothèse à retenir est sans doute celle d'une concurrence raisonnable protégée contre l'écrasement des grandes compagnies anglo-saxonnes [...]. Les points d'appui d'une politique européenne devront permettre la poursuite des objectifs fondamentaux de la politique pétrolière française [...]. Il apparaît d'ailleurs que le bien-fondé de ces objectifs demeure si on les transpose au plan européen. Nos partenaires semblent en prendre conscience progressivement[45].

Pour orienter la politique commune vers les objectifs français, la stratégie conseillée par la DICA était d'accélérer l'application de la notion de société communautaire aux compagnies pétrolières européennes, de faire adopter la législation portant sur des stocks de réserve de 90 jours de consommation de produits pétroliers et de tenter de faire accepter l'idée de « pouvoir imposer l'écoulement en Europe de certaines productions jugées d'intérêt européen avec la notion de production d'intérêt communautaire[46] ».

L'application de ce programme d'action, finalement très gaullien, n'était encore qu'à ces linéaments au moment où éclata le choc pétrolier.

C. La DICA face au choc pétrolier de 1974

En France, après quelques mois de gestion de l'incertitude pétrolière, le conseil restreint du 5 mars 1974, sous la présidence de Georges Pompidou, mit en place les grandes orientations énergétiques de la fin du siècle en France : des mesures de réduction de la consommation, qui frappèrent les esprits, mais qui furent finalement, pour la majorité d'entre elles, limitées dans le temps ; une intensification de la prospection pétrolière dans les zones dites « sûres[47] » ; le lancement du programme électronucléaire civil, appelé plan Messmer. En outre, lors de ce conseil restreint, le président affirma sa volonté de renforcer la coopération énergétique européenne et en particulier d'établir un dialogue euro-arabe où les partenaires parleraient d'une seule voix. La DICA fut directement impliquée dans les deux premiers volets de cette nou-

---

45 AN, 5AG1/59, note d'André Giraud au ministre de l'Industrie, le 27 juillet 1967, transmise au secrétariat général de la présidence.

46 *Ibidem.*

47 Europe, Amérique du Nord, Océanie.

velle politique énergétique française. Si elle fut concernée par la recherche d'une position pétrolière européenne commune, force est de constater que le poids ministériel de la DICA fut bien mince face à la prise en main de ce dossier par les hautes instances de l'État, en l'occurrence la présidence de la République et le ministère des Affaires étrangères.

Pour préparer les décisions prises lors du conseil restreint du 5 mars 1974, le secrétariat général de l'Énergie, créé en 1963 et regroupant les directions des mines, des carburants et celle du gaz et de l'électricité, fut remplacé, en décembre 1973, par une délégation générale à l'Énergie[48]. Cette délégation gardait les anciennes missions du secrétariat (élaborer et mettre en œuvre toutes les mesures nécessaires à l'approvisionnement de la France en énergie et orienter les directions énergétiques du ministère), tout en étant désormais responsable de la promotion des mesures propres à favoriser les économies d'énergie[49]. Georges Pompidou nomma Jean Blancard à la tête de la délégation nouvellement créée. Les deux hommes s'étaient rencontrés dans les années 1950, lorsque Georges Pompidou s'intéressait aux investissements pétroliers privés au Sahara pour le compte de la banque Rothschild et, par la suite, Jean Blancard avait tenu régulièrement informé le directeur de cabinet du général de Gaulle de l'évolution de l'exploitation pétrolière en Algérie, pendant l'année 1958[50]. Ainsi, Jean Blancard, ancien président du BRP et de la DICA, délégué ministériel pour l'Armement depuis 1968, prépara, de décembre 1973 à mars 1974, selon les méthodes de travail acquises auprès de Pierre Guillaumat[51] toute la panoplie des économies d'énergie, le redéploiement géographique des efforts de prospection pétrolière afin de réduire la dépendance vis-à-vis du Moyen-Orient, ainsi que la forte progression des dépenses d'exploration[52].

Jean Blancard fut également chargé, en tant que délégué général à l'Énergie, d'accompagner le ministre des Affaires étrangères, Michel Jobert, à la conférence de Washington en février 1974. Cette conférence avait été organisée sur l'initiative des Américains, en particulier Henry

---

[48] La délégation générale à l'Énergie fut remplacée, en 1978, par la Direction générale de l'énergie et des matières premières (DGEMP) qui hérita des services chargés des matières premières et se vit dotée, à partir de 1982, du Service des énergies renouvelables.

[49] La délégation aux Énergies nouvelles, créée en 1975, vint soutenir l'action de la délégation générale à l'Énergie en étant chargée de promouvoir la géothermie, l'énergie solaire, l'énergie éolienne et les gaz de fermentation.

[50] Entretien de J. Blancard avec A. Demagny.

[51] Les deux hommes s'étaient rencontrés en 1944, lorsque Pierre Guillaumat fut nommé directeur des carburants. Jean Blancard fut son adjoint jusqu'à son départ pour le ministère des Armées tout en restant en contact étroit avec lui pour la gestion des entreprises pétrolières nationales.

[52] AN, 5AG2/204, liste des mesures proposées en vue du conseil restreint du 5 mars 1974.

Kissinger, qui espéraient ainsi court-circuiter la volonté française de dialogue euro-arabe pour lui substituer un dialogue entre pays industrialisés et pays producteurs, dont Georges Pompidou ne voulait à aucun prix[53]. Dans l'avion qui le menait à Washington, en compagnie de Michel Jobert, Jean Blancard se souvient d'un ministre peu réceptif à ses conseils de prudence[54]. Le délégué général à l'Énergie tenta en effet de sensibiliser le ministre des Affaires étrangères à la fragilité des approvisionnements pétroliers français, essentiellement dépendants du Moyen-Orient, mal remis de la perte des pétroles d'Algérie et encore mal diversifiés en mer du Nord et en Afrique. Jean Blancard estimait que la consommation nationale ne pourrait pas être satisfaite, dans les années à venir, sans le recours aux grandes compagnies pétrolières américaines. C'est donc avec stupéfaction et amertume qu'il fut le témoin du refus de Michel Jobert, au nom de la France et en premier lieu du président de la République, de participer à l'Agence internationale de l'Énergie. Michel Jobert raconte dans ses *Mémoires*[55], la lente conversion des partenaires européens aux vues américaines, lors de la conférence de Washington en février 1974, alors même qu'à l'issue du sommet de Copenhague, en décembre 1973, les Six avaient, sur l'initiative de Georges Pompidou, pris l'engagement d'instaurer un dialogue entre la Communauté et les producteurs de pétrole. Or, à Washington, en février 1974, en acceptant la création d'un groupe permanent de coordination d'où naîtra, en novembre de la même année, l'Agence internationale de l'Énergie (AIE), les partenaires de la France allèrent bien au-delà de ce que stipulait le mandat commun. La France prit donc la décision de ne pas participer à l'AIE.

Les conditions de cette prise de décision sont mal éclaircies, aucune note ni télégramme n'est explicite sur cette décision qui dut être signifiée à Michel Jobert par téléphone, au cours de la conférence. Les acteurs de l'époque, qui, par ailleurs, témoignent d'une attention continue du président sur tous les dossiers malgré sa maladie, sont aussi nombreux à souligner que Georges Pompidou était fin 1973, début 1974, très protégé par son entourage et moins accessible qu'auparavant. François-Xavier Ortoli, interrogé sur la conférence de Washington, estime quant à lui que Georges Pompidou « ne souhaitait pas que l'on se lie les mains dans des choses dans lesquelles les États se trouvaient dessaisis de leur pouvoir d'intervenir ». Il n'eut en tout cas aucun contact avec la présidence française durant la conférence de Washing-

---

[53] À la question du *Foreign Office*, transmise par l'ambassadeur de France à Londres, sur les intentions françaises concernant les suites à donner à la conférence de Washington, l'annotation de Georges Pompidou est claire : « C'est très simple, pas de suite ! », AN, 5AG2/1037, télégramme de Londres du 6 février 1974.

[54] Entretien de J. Blancard avec A. Demagny.

[55] Jobert, M., *Mémoires d'avenir*, Paris, Grasset, 1975, p. 280 s.

ton. Soulignons par ailleurs qu'évoquant la conférence de Copenhague, l'ancien président de la Commission avoue ne pas avoir cru au dialogue euro-arabe car : « Quand il n'y a ni Europe, ni Arabes, où est le dialogue[56] ? » Georges Brondel, dans ses mémoires, écrit au sujet de la conférence de Washington :

> Lorsque le texte a été soumis à la ratification, la France a été le seul pays à maintenir son opposition estimant qu'une véritable concertation avec les pays producteurs aurait dû être proposée et le troisième chapitre lui paraissait insuffisant à cet égard. Le président Pompidou était alors très malade. Il semble même qu'il n'ait pas été consulté, car Édouard Balladur, qui était alors son chef de cabinet, a indiqué, au cours d'une interview récente, qu'il avait lui-même décidé de ce refus[57].

En recoupant les témoignages sur la question[58], cela nous semble tout à fait improbable ; Édouard Balladur, qui était alors secrétaire général du gouvernement, a sans doute transmis l'information à Michel Jobert au téléphone, la décision ayant été prise par le Président. Mais en l'absence d'archives écrites, il n'y a pas de certitudes possibles.

Toujours est-il que la position française, comme le souligne Georges Brondel, mit la Communauté dans une position difficile, car :

> Il s'agissait d'un problème qui touchait à la politique commerciale et il était par conséquent de compétence communautaire. Le texte de l'accord aurait dû être ratifié par la Communauté dans son ensemble [...]. Finalement, un compromis peu satisfaisant sur le plan juridique a été trouvé. La France ne s'opposerait pas à la signature du traité par les autres pays, mais une disposition interne préciserait qu'en cas de répartition du pétrole disponible, une clause de sauvegarde lui permettrait d'isoler le marché français de ses voisins[59].

Ce n'est qu'en en 1992, que la France intégrera l'AIE, considérant qu'elle n'était plus un organisme de confrontation avec les pays de l'OPEP, mais une véritable instance de concertation entre pays consommateurs.

Les « corpsards » de la DICA ont-ils élaboré une stratégie spécifique dans leur recherche d'une intégration pétrolière européenne ? Nous avons tenté de montrer que la concentration des ingénieurs du corps des

---

[56] AGP/AO, 1AV 836, entretien de François-Xavier Ortoli avec Armelle Demagny et Véronique Pradier, le 10 octobre 2001.

[57] Brondel, G., *L'Europe a 50 ans. Chronique d'une histoire vécue. Politique énergétique. Perspectives pour demain*, Bourg-en-Bresse, M&G Éditions, 2003, p. 62.

[58] Voir en particulier ceux de Jean Blancard, Georges Dominjon, Bernard Ésambert, Michel Jobert, François-Xavier Ortoli, réalisés en partie par l'auteur dans le cadre du programme d'archives orales de l'Association Georges Pompidou et conservés aux Archives nationales sous la cote 1AV.

[59] Brondel, G., *op. cit.*

Mines dans le secteur pétrolier aboutissait à la formation d'une sorte de technostructure. Cette technostructure pétrolière est spécifique à la France, mais ses conceptions ne purent être traduites en action que parce qu'elles furent relayées par des hommes politiques partageant leurs convictions. À travers la proposition du ministre Jean-Marcel Jeanneney en 1959, nous avons un exemple de cette interpénétration constante des objectifs des techniciens et des politiques. La philosophie de la loi de 1928, partagée par l'ensemble des dirigeants français, fut sans doute le facteur le plus déterminant dans la définition de la position pétrolière française à Bruxelles. De la présidence de la République à la DICA, en passant par le ministère de l'Économie et des Finances et celui des Affaires étrangères, hauts fonctionnaires et dirigeants aspiraient à une politique pétrolière commune qui transposerait les objectifs fondamentaux de la loi française de 1928 à l'échelle communautaire. Le bienfondé de cette logique résidait dans le constat d'une concordance d'intérêts bien réelle. Certes, la stratégie française rencontra des phénomènes de convergence avec ses partenaires européens sur des dossiers spécifiques, l'exemple le plus frappant étant, en 1968 et 1972, l'adoption par la Communauté européenne d'une décision imposant aux compagnies une obligation de stockage correspondant à deux, puis trois mois de consommation comme le stipulait la loi pétrolière française depuis mars 1928. Toutefois, la marque trop flagrante des impératifs d'indépendance, voire de préférence nationale, portée par les propositions françaises en faveur d'une intégration pétrolière européenne, ainsi que les oppositions constantes entre tenants d'une économie dirigée et adeptes du libre-marché qui jalonnèrent l'histoire de la construction européenne, rendirent illusoire toute démarche autonome et concertée de la Communauté européenne envers les pays producteurs lors du premier choc pétrolier.

TROISIÈME PARTIE

DE NOUVELLES MÉTHODES DE TRAVAIL

Le SGCI : une réponse administrative aux défis européens de l'après-guerre

Anne DE CASTELNAU

Comité pour l'histoire économique et financière de la France

Tout au long des années 1950, la création d'institutions totalement inédites telles que l'OECE, la CECA, puis la CEE amène l'administration française à se poser des questions nouvelles. Comment coordonner les différents ministères concernés par un dossier européen ? Les affaires de coopération européenne sont-elles des affaires étrangères ou des affaires intérieures ? La création en 1948 du Secrétariat général du Comité interministériel pour la coopération économique européenne, le SGCI, est une réponse aux questions posées par l'aide Marshall. Il accompagne ensuite chacune des grandes étapes de la construction européenne : la CECA, les négociations du traité de Rome et enfin la CEE.

Les très nombreuses archives du SGCI sont conservées aux Archives nationales dans les cartons du Premier ministre. Elles concernent les dossiers européens traités par le SGCI. En revanche, les témoignages sur le fonctionnement interne de l'institution sont beaucoup plus rares. Les archives orales du Comité pour l'histoire économique et financière de la France (CHEFF) ont permis d'apporter de nombreux éclairages sur l'organisation interne de l'institution et son évolution.

Pour comprendre les caractéristiques du SGCI, il faut s'intéresser aux diverses problématiques qui se posent à chaque étape du jeu européen. Il paraît donc intéressant d'étudier l'organisation de l'administration française face à « l'Europe d'avant l'Europe », afin de montrer la genèse du système mis en place en 1958. Les conditions de la création du SGCI pour gérer l'aide Marshall en 1948, puis en 1952 la prise en charge par le SGCI des relations avec la CECA, contiennent en germe les éléments du système de 1958 et permettent d'expliquer les spécificités du SGCI.

I. L'ajustement de l'appareil administratif aux relations avec l'OECE

Le plan Marshall est dans l'après-guerre une réponse aux difficultés économiques, notamment de paiements extérieurs, que rencontre la France. Dans le même temps, il a constitué un enjeu de pouvoir entre le ministère des Finances et le ministère des Affaires étrangères. Des questions nouvelles sont apparues, qui ont provoqué des ajustements au sein des structures administratives françaises.

A. La nécessité de coordonner l'action de plusieurs secteurs ministériels

1. L'aide Marshall concerne plusieurs secteurs ministériels

Au printemps 1947, le général Marshall prononce le discours d'Harvard dont les conséquences sont bien connues. La France, dont la situation économique est très difficile, fait immédiatement savoir qu'elle est très favorable à la proposition américaine. Ceci d'autant plus qu'elle craint les liens très étroits qui unissent les États-Unis et la Grande-Bretagne. Le ministre des Affaires étrangères Georges Bidault veut une réponse concertée de Londres et de Paris ; il note dans ses mémoires : « Sur-le-champ, Bevin et moi faisions savoir à Washington l'accord de chacun de nos deux pays, notre résolution de nous concerter et nos vues formulées à titre préliminaire concernant l'organisation de conférences et de comités comme centres moteurs[1] ». En réalité, une véritable compétition s'engage entre les deux pays pour obtenir le *leadership* des négociations[2].

Toute l'administration française est mobilisée pour faire aboutir ce projet qui concerne à la fois les Finances et les Affaires extérieures. Dès la fin mai 1947, Hervé Alphand, directeur des affaires économiques et financières au Quai d'Orsay a pour tâche de suivre le dossier et de préparer une étude. Au Conseil des ministres du 11 juin, il est chargé par Georges Bidault, ministre des Affaires étrangères soutenu par Robert Schuman, ministre des Finances, d'une mission officielle pour étudier les « territoires » susceptibles de répondre à la proposition américaine. La conférence des Seize s'ouvre à Paris en juillet 1947 ; il s'agit d'établir un rapport sur l'ensemble des ressources et des besoins de l'Europe. Hervé Alphand doit rédiger le rapport général adopté le

---

[1] Bidault, G., *D'une résistance à l'autre*, Paris, Les Presses du siècle, 1965, p. 131.

[2] Sur la réaction française aux propositions du plan Marshall, voir É. du Réau, « La préparation des conférences de Paris », in R. Girault et M. Lévy-Leboyer (dir.), *le plan Marshall et le relèvement économique de l'Europe*, Paris, CHEFF, 1993, pp. 45-58.

22 septembre 1947[3]. Guillaume Guindey, directeur des Finances extérieures au ministère des Finances participe, lui, aux travaux de rédaction du rapport sur le relèvement européen.

L'Organisation européenne de coopération économique (OECE) est composée d'un Conseil qui définit la politique générale. Tous les pays membres y sont représentés par leurs ministres des Affaires étrangères. Sous l'autorité de ce Conseil, se trouvent des comités techniques composés d'experts nationaux.

La création de l'OECE amène l'administration française à recomposer l'organisation des relations économiques extérieures. Plusieurs questions se posent : quel ministère doit préparer les dossiers concernant l'OECE – le dossier du relèvement européen, en effet, ne concerne pas un seul, mais plusieurs ministères, certains techniques comme l'Industrie ou l'Agriculture, d'autres plus généraux comme les Finances ou les Affaires étrangères ? Qui doit gérer les relations avec l'OECE et y représenter la France ? Qui va gérer l'affectation de la future aide Marshall et surtout la contrepartie en francs de l'aide américaine ?

2. Les débats entre le Quai d'Orsay et les Finances

Pierre-Paul Schweitzer, futur secrétaire général du SGCI témoigne[4] :

Quand le plan Marshall a été créé, il y a eu en France un grand débat pour savoir qui cela regardait. Les Affaires étrangères disaient : c'est une affaire internationale, cela nous regarde, et les Finances disaient avec autant de force, et plus de poids encore, que pas du tout, c'était une question financière et que cela regardait les Finances.

Plusieurs courriers de Georges Bidault, ministre des Affaires étrangères, et de René Mayer, ministre des Finances et des Affaires économiques, attestent les interrogations et les hésitations que soulève, pour une administration traditionnelle, la question de « l'organisation des services français qui vont être chargés de la préparation des dossiers et de la négociation au sein du nouvel organisme européen de coopération économique[5] ». La solution retenue doit permettre, selon le ministre des Affaires étrangères Georges Bidault, « d'associer étroitement les ministères techniques auxquels incombe le soin de préparer et d'exécuter les décisions [...] et d'autre part, le ministère qui doit diriger la négociation internationale, c'est-à-dire mon propre département[6] ». Un schéma est

3   Alphand, H., *L'étonnement d'être. Journal 1939-1973*, Paris, Fayard, 1977.
4   Archives orales du CHEFF (CHEFF/AO), interview de P.-P. Schweitzer par Agathe Georges-Picot, novembre 1989, cassette 6, entretien 5.
5   Archives du ministère des Affaires étrangères (MAE), DE-CE, vol. 341, note du ministre des Affaires étrangères, Georges Bidault, au ministre des Finances et des Affaires économiques, René Mayer, incluant une note au président du Conseil, 3 mai 1948.
6   *Ibidem.*

proposé : deux fonctions différentes sont définies, d'une part la préparation des dossiers, d'autre part la négociation à l'OECE[7].

B. La création d'une cellule administrative nouvelle le SGCI, chargée de la coordination des dossiers de l'OECE en juin 1948

Le décret de juin 1948[8] organise les relations entre la France et
l'OECE en deux pôles : d'un côté une fonction de coordination et de préparation interne des dossiers et de l'autre une fonction de représentation.

Pour la préparation des dossiers de l'aide Marshall, un comité interministériel est créé et avec lui une nouvelle cellule administrative, le
secrétariat général du Comité interministériel pour la coopération économique européenne.

Le Comité interministériel pour les questions de coopération économique européenne, est chargé de coordonner l'action des divers départements ministériels et organismes participant à la coopération économique. Sous l'autorité du président du Conseil et, en l'absence de ce
dernier, du ministre des Finances, il assure la cohérence de la gestion
intérieure avec la coopération européenne. Son rôle est de « préparer les
décisions du Conseil des ministres, d'élaborer les instructions nécessaires pour les négociations, puis de prescrire les mesures d'exécution
nécessaires ». Son secrétariat général, le SGCI, est assuré par un fonctionnaire des Finances : Pierre-Paul Schweitzer est nommé secrétaire
général[9].

La fonction de représentation de la France et de négociation au sein
de l'OECE est confiée à une délégation française menée par le ministre
des Affaires étrangères ou, à défaut, le directeur des affaires économiques du Quai d'Orsay. Celui-ci reçoit ses instructions du Comité
interministériel par l'intermédiaire du SGCI. Cette délégation est composée, selon les termes de Georges Bidault, « de fonctionnaires de
diverses administrations sans qu'aucun d'entre eux n'ait cette fonction
pour tâche unique et permanente. Ils resteront ainsi en contact avec les

---

[7]   Sur un autre débat qui est celui du problème de l'affectation de la contrevaleur et de
      la bataille entre le ministère des Finances et le Commissariat général au Plan, voir
      Margairaz, M., « Entre plan Marshall et plan Monnet : les Finances », in R. Girault et
      M. Lévy-Leboyer (dir.), *op. cit.*, pp. 145-175.

[8]   Décret n° 43-1029 du 25 juin 1948, portant organisation des services français en ce
      qui concerne la participation de la France au programme de relèvement européen (JO
      du 27 juin 1948).

[9]   Pierre-Paul Schweitzer : inspecteur des Finances, secrétaire général de 1948 à 1949,
      ancien directeur-adjoint au ministère des Finances ensuite de 1949 à 1952 attaché
      financier à Washington et de 1952 à 1959 directeur du Trésor, 1960-1963 sous-
      gouverneur de la Banque de France, directeur général du FMI.

problèmes journaliers [...], et posséderont une vue d'ensemble sur notre politique[10] ».

Ce schéma, mis en place par le décret du 25 juin 1948, qui partage en deux fonctions les relations avec l'OECE – la préparation des dossiers avec coordination des intervenants d'une part, la négociation d'autre part – inspirera l'organisation administrative des relations avec la CEE en 1957. Deux administrations travaillent en collaboration : le ministère des Finances pour la coordination, le ministère des Affaires étrangères pour la négociation.

C. Le SGCI : un profil nouveau et une fonction originale

1. Profil nouveau : une administration de mission

L'après-Seconde Guerre mondiale est une période de profondes mutations pour l'administration française. Les infrastructures s'adaptent avec une grande souplesse à un contexte nouveau, permettant l'apparition de structures innovantes, à caractère souvent provisoire ou clandestin, et qui se révéleront, finalement, durables telles que le commissariat général au Plan ou le Service des études économiques et financières (le SEEF)[11]. C'est dans ce contexte qu'il faut replacer la création du SGCI.

a. Une administration de mission

Jean-Louis Quermonne a défini le SGCI comme une des premières administrations de mission[12]. Il se réfère à la définition donnée par Edgard Pisani[13] en 1956 dans la *Revue française de sciences politiques* : « L'administration de mission est adaptée à un problème, un temps, un lieu ; elle est localisée, elle est spécialisée. Elle doit s'éteindre le jour où le problème posé se trouve résolu ».

Pierre Ledoux, inspecteur des Finances, chargé de mission au SGCI en 1948, utilise aussi ce concept pour souligner l'originalité de la struc-

---

10   MAE, DE-CE, vol. 341, note de Georges Bidault à René Mayer incluant une note au président du Conseil, 3 mai 1948.

11   Sur le Service des études économiques et financières, voir l'étude d'Aude Terray, *Des francs-tireurs aux experts. L'organisation de la prévision économique au ministère des Finances 1948-1968*, Paris, CHEFF, 2002.

12   Quermonne, J.-L., *Le Gouvernement de la France sous la Ve République*, Paris, Dalloz, 1986, p. 540.

13   Pisani, E., « Administration de gestion et administration de mission », *Revue française de sciences politiques*, avril-juin 1956, n° 2, pp. 324-325 :
« En outre elle exige des programmes développés sur de nombreuses années : l'unité de commandement et l'unité de budget. Elle est légère, elle a le goût de faire faire, elle est réaliste, mouvante, elle va vers l'événement ; elle n'attend pas l'initiative, elle la sollicite [...]. L'administration de mission a besoin d'entraîner l'adhésion [...], elle est acteur [...], elle est concrète [...], ses fonctions ont des aspects politiques évidents ».

ture : « Ça n'avait rien à voir avec une administration normale. C'était une administration de mission, à cette époque, une espèce de pont d'amortisseur qui était assez nouveau dans l'administration française. On n'avait jamais vu ça sinon rue de Martignac, le Plan avait un peu cet aspect[14] ». Sans être le prototype de l'administration de mission, le SGCI s'en rapproche. En effet, selon la définition généralement donnée, une administration de mission est directement dépendante du gouvernement, de qui lui viennent ses pouvoirs ; c'est bien la situation du SGCI, dont l'autorité vient du ministre des Finances, mais aussi de ses liens avec le président du Conseil. Il utilise exclusivement le papier à en-tête de la présidence du Conseil. Par ailleurs, une administration de mission est créée pour gérer un problème localisé, spécialisé, et doit disparaître une fois le problème réglé, ce qui aurait dû être le cas du SGCI, une fois l'aide américaine terminée.

La structure administrative légère, la faible moyenne d'âge, la hié-rarchie souple sont autant de caractéristiques des administrations de mission que l'on retrouve au SGCI. Les effectifs sont faibles, mais évoluent vite : cinq personnes en 1948, dix en 1950[15]. Une hiérarchie réduite et un mode de travail souple, proche de celui du cabinet ministé-riel, avec une très forte productivité et un partage des tâches peu diffé-rencié, telles sont ses caractéristiques.

Le recrutement se caractérise par une très forte densité de hauts fonc-tionnaires et l'appel à des chargés de missions contractuels venus du privé.

b. Un recrutement de haut niveau

Tous les hauts fonctionnaires du SGCI sont issus du ministère des Finances ou de celui de l'Économie nationale, aucun diplomate ne fait partie de l'équipe. Le passage au SGCI semble être pour les hauts fonc-tionnaires un tremplin pour leur carrière à venir, une sorte d'accélérateur de carrières[16].

Il est intéressant de se pencher sur le profil des secrétaires généraux qui se sont succédé pendant les années 1948-1952. En 1948, un inspec-teur des Finances est nommé à sa tête : c'est Pierre-Paul Schweitzer. Le décret de 1948 avait prévu l'appartenance du secrétaire général au ministère des Finances, mais il n'était pas spécifié qu'il devait apparte-nir à l'inspection… La tradition établira pourtant par la suite qu'il lui

---

[14]   CHEFF/AO, entretien de Pierre Ledoux avec Fabrice Demarigny, entretien 3, cassette 4, 1990.

[15]   Archives nationales (AN), F 60 bis 357, n° 55, lettre de B. Beau à Tomlinson : « Liste des membres du SGCI », 17 août 1948.

[16]   Matthiessen, M., « Le SGCI et la politique européenne de la France », mémoire de DEA sous la direction de M.-C. Smouts et A. Grosser, IEP de Paris, 1981, p. 35 : « Il semble que le passage au SGCI ait été bénéfique pour tous les titulaires du poste ».

faudra être inspecteur des Finances. On peut penser que ces inspecteurs ont donné au SGCI une part de sa légitimité et que ce dernier a bénéficié de leur aura et de leur autorité. Ce sont tous de fortes personnalités, qui ont déjà fait un parcours d'excellence au sein de l'inspection, et qui, après les années de tournée, traditionnelles dans la formation d'un jeune inspecteur, ont été envoyées à Washington, soit comme adjoint de l'attaché financier, soit au FMI.

Pierre-Paul Schweitzer est secrétaire général en 1948-1949. Il revient de Washington où il avait été chargé d'étudier le projet de plan Marshall. Il est ensuite remplacé par Bernard de Margerie, autre inspecteur des Finances, secrétaire général de 1949-1952, qui rentre lui aussi de Washington lorsqu'il est nommé secrétaire général[17]. Thierry de Clermont-Tonnerre, inspecteur des Finances et ancien attaché financier, puis administrateur suppléant au FMI, est nommé en 1952[18].

Tous les trois issus de la direction des Finances extérieures, ont été formés par Guillaume Guindey[19]. Ils sont représentatifs de ce que Michel Mangenot a appelé dans sa thèse le groupe « des financiers » (qu'il oppose à l'équipe de Claude Gruson). Ce sont, comme les définit Guindey lui-même, « une équipe de techniciens, connaissant l'étranger et les langues étrangères, familiarisés avec les méthodes de la coopération économique internationale du type du FMI[20] ». Mais la direction des Finances extérieures est surtout, comme le souligne Solenne Lepage dans sa monographie[21], une direction d'état-major qui rassemble une équipe d'élite. C'est dans ce vivier que seront puisés les dirigeants du SGCI, imprimant à la toute jeune équipe une marque d'excellence.

c. Des contractuels pour des postes spécifiques

Le SGCI recrute aussi, et c'est original, des chargés de mission extérieurs à l'administration, choisis, par exemple, pour leur profil de communiquant. C'est ainsi que M. Chouraqui, « spécialiste de la presse et de la propagande », est engagé pour la conception et la rédaction d'un

---

[17] Bernard de Margerie, né en 1912, inspecteur des Finances, directeur-adjoint des Finances extérieures en 1947, administrateur suppléant au FMI en 1948, secrétaire général du SGCI de 1948 à 1952, puis administrateur et directeur général de diverses banques dont la Banque de Paris et des Pays-Bas.

[18] Thierry de Clermont-Tonnerre, né en 1913, inspecteur des Finances, ancien attaché financier puis administrateur suppléant au FMI, secrétaire général du SGCI de 1952 à 1953, puis directeur et conseiller technique de divers cabinets ministériels, administrateur et gérant de diverses sociétés et PDG de la librairie Plon.

[19] Guillaume Guindey, directeur des Finances extérieures de 1946 à 1953.

[20] Mangenot, M., « Une Europe improbable. Les hauts fonctionnaires français dans la construction européenne, 1948-1992 », thèse de doctorat, Université Robert Schuman, Strasbourg, 2000, pp. 46-59.

[21] Lepage, S., « La direction des Finances extérieures de 1946 à 1953, les années fondatrices ou le magistère de Guillaume Guindey », thèse de l'École nationale des chartes, 1996, p. 191.

rapport sur la diffusion des résultats escomptés de l'aide Marshall[22]. De même, Simone Benet est engagée par le SGCI pour mettre en œuvre une communication sur l'aide Marshall ciblée sur les syndicats. Elle rédigera une revue sur les effets positifs de l'aide américaine. Cette brochure sera achetée par les syndicats (grâce à une subvention du SGCI) et distribuée par ces syndicats aux travailleurs français.

Autre point original : un pool de traductrices et de dactylos travaille à la fois pour le SGCI et l'ECA. Ce *joint committee*, recruté et coordonné par les Français, est financé exclusivement par les Américains. En effet, le SGCI ne se contente pas de préparer les délibérations du Comité interministériel, il coordonne aussi les relations avec l'ECA et assume une partie de la communication sur l'aide Marshall.

2. Un rôle original qui dépasse les textes

Le rôle du SGCI va largement dépasser les éléments qui avaient été définis par le décret de 1948. Il devait préparer les délibérations du Comité interministériel et coordonner l'administration sur les sujets de l'aide Marshall. Il s'impose vite, en fait, comme un interlocuteur des Américains et comme le responsable de la communication sur l'aide Marshall.

a. Le rôle défini par le décret de 1948

Le SGCI est l'organe administratif du Comité interministériel pour la coopération économique européenne[23]. Il est donc censé en préparer les délibérations et les décisions. Mais cette fonction n'aura que peu d'importance dans ses activités. Les réunions du Comité sont en effet irrégulières. Les cartons d'archives gardent la trace de plusieurs comités tout au long de la période avec un ordre du jour conséquent et une liste de fonctionnaires à convoquer et à qui envoyer le compte rendu. Toutefois les témoignages oraux tendent à moduler l'importance de ces comités.

Très vite, concrètement, la fonction du SGCI est surtout celle d'un coordinateur de l'administration française. Il s'agit, comme le définit l'article 3 du décret de 1948 de « réunir les représentants des ministères et des services intéressés ». Le travail consiste à organiser des réunions de fonctionnaires pour préparer les positions françaises à l'OECE. Le SGCI a un rôle à la fois d'informateur, d'expertise et de conseil auprès de l'administration française. Il est enfin chargé de signifier la position

---

[22]   AN, F60 bis 357, n° 382, courrier du SGCI à M. Lenoir, directeur administratif et financier à la présidence du Conseil, 27 novembre 1948 : « Embauche de Monsieur Chouraqui. Travaux demandés par l'ECA, le SGCI et le secrétariat à l'Information ».

[23]   Pour une étude de sciences politiques ou de droit plus poussée sur les comités interministériels, voir Delion, A., *Les conseils et comités interministériels*, AJDA, juin 1975, p. 270 ; Bodiguel, J.-L., « Conseils restreints, comités interministériels et réunions interministérielles », in F. de Baecque et J.-L. Quermonne (dir.), *Administration et politique sous la Ve République*, Paris, Presses de la FNSP, 1982, pp. 139-159.

retenue aux fonctionnaires de la délégation à l'OECE et à son ambassadeur Hervé Alphand.

Le SGCI installe ses locaux d'abord aux Champs-Élysées, puis rue de La Boétie où, précise-t-on, « on a trouvé des bureaux de taille exceptionnelle » nécessaires pour qu'il puisse jouer son rôle de « coordinateur et informateur de l'administration française[24] ». Une note pour le directeur de 1948 donne des précisions intéressantes :

> Il y aurait intérêt à ce que le secrétaire général, appelé par sa fonction à recevoir chaque jour de nombreux hauts fonctionnaires de l'administration américaine et à réunir fréquemment les fonctionnaires des directions intéressées au plan Marshall, puisse occuper un bureau de grandes dimensions. Le secrétaire général-adjoint, qui est le chef de la délégation française au comité des programmes et qui, de ce fait reçoit de nombreuses délégations étrangères, devrait également pouvoir disposer d'un bureau ayant des dimensions convenables.

Les bureaux doivent aussi être suffisamment prestigieux pour en imposer aux fonctionnaires américains de l'*Economic Cooperation Administration* (l'ECA)[25] avec lesquels le SGCI négocie. Car l'aide américaine ne se traite pas uniquement en multilatéral à l'OECE. Et dans le cadre des négociations bilatérales, le SGCI s'impose très vite comme l'interlocuteur français des Américains.

b. Le SGCI en charge des relations avec les Américains

Les fonctionnaires du SGCI sont les interlocuteurs de l'ECA. Ils aident les fonctionnaires américains dans leur vie quotidienne et répondent aussi à leurs exigences d'informations économiques. En février 1949, sur papier à en-tête de la présidence du Conseil, le secrétaire général du SGCI demande de faire parvenir une licence d'achat hors programme à l'ECA, il ajoute : « Je serais très heureux de donner rapidement satisfaction à la mission spéciale de l'ECA contribuant ainsi à maintenir les excellents rapports que les services de Monsieur Bruce entretiennent avec l'administration française ». Les relations d'hommes à hommes sont chaleureuses. Une véritable admiration intellectuelle ainsi qu'une estime mutuelle s'installent entre les deux équipes.

Toutefois, les relations ne sont pas idylliques. Les Américains sont très pointilleux, ils multiplient les contrôles tatillons. Le SGCI joue un

---

[24] AN, F60 bis 357, n° 303, note pour le directeur de cabinet du secrétaire d'État aux Finances et Affaires économiques, 4 novembre 1948 : « Objet : locaux nécessaires au secrétariat général du Comité interministériel pour les questions de coopération économique. Les locaux nécessaires au secrétariat général proprement dit – dans l'état actuel de nos effectifs – s'élèvent à une quinzaine de bureaux environ ».

[25] L'*Economic Cooperation Administration* (ECA) est l'administration américaine en charge de l'aide à l'Europe. En Europe elle est dirigée par Averell Harriman et par Paul Hoffman aux États-Unis ; c'est David Bruce qui est le *Chief of Special Mission to France* en 1948-1949.

rôle d'intermédiaire entre l'administration française et l'ECA et transmet les demandes de contrôle. Les Américains veulent aussi de nombreuses informations sur la situation économique que les Français ne veulent pas ou ne sont pas toujours en mesure de fournir. Pierre-Paul Schweitzer raconte[26] :

> Les Américains voulaient savoir quelque chose, ils s'adressaient à moi et c'est moi qui posais la question et demandais une réponse. Et il fallait remplir des formulaires sans fin... Alors il fallait d'abord faire attention que ça s'additionne. Heureusement il y avait le commissariat au Plan. Et puis il fallait que ça plaise aux Américains !

Le SGCI se fait parfois un peu réticent. Pierre Ledoux confie à Jean Guyot, sous-directeur au Trésor[27] : « Les Américains viennent de renouveler leur demande de renseignements bimensuels [...]. J'ai continué à m'opposer à ce genre de demande sous des prétextes les plus divers ». On trouve dans les archives de nombreuses plaintes des fonctionnaires du SGCI sur ce sujet. Il s'agit aussi pour le SGCI de se poser comme interlocuteur unique afin de maintenir une juste distance entre les Américains et le pouvoir politique et donc de sauvegarder l'autonomie de décisions de politique économique. Pierre-Paul Schweitzer témoigne : Il fallait « éviter que chaque ministre, individuellement, aille discuter le coup avec les Américains pour ceci ou pour cela [...], il fallait qu'ils passent par chez moi[28] ».

Le SGCI tempère et joue un rôle de tampon entre l'administration américaine et l'administration française. Ses fonctionnaires ont à cœur de développer des relations cordiales tout en maintenant la distance nécessaire.

c. La négociation de la dette

Le secrétaire général rencontre quotidiennement les Américains. En lien étroit avec le ministère des Finances, il négocie le versement des aides directes, le calendrier et leur montant[29]. Pierre-Paul Schweitzer témoigne :

> Une partie de ma mission consistait à négocier avec les Américains compte tenu des besoins généraux de la France : quand versez-vous ? À quelle date ? Quel montant ? Et ça, c'était un problème qui me mettait en rapport

---

[26] CHEFF/AO, entretien de Pierre-Paul Schweitzer avec Agathe Georges-Picot, novembre 1989, cassette 6, entretien 5.

[27] AN, F 60 bis 357 n° 856, lettre de Pierre Ledoux, chargé de mission, à M. Guyot, sous-directeur à la direction du trésor, 30 avril 1949.

[28] CHEFF/AO, entretien de Pierre-Paul Schweitzer avec Agathe Georges-Picot, novembre 1989, cassette 6, entretien 5.

[29] AN, F60 bis 357, n° 488, lettre de P.-P. Schweitzer à David Bruce, 15 janvier 1949 : « Suite à notre conversation je me permets de vous envoyer une note concernant les demandes d'aide de la France au titre de l'année 1949-1950 ».

étroit avec le ministre des Finances qui disait : « Nous sommes tel jour, j'ai besoin de cinquante millions de dollars dans les quinze jours ». Ce n'était pas absolument évident que vous les ayez. Oui, ils étaient promis, mais quand allaient-ils être versés[30] ?

Par ailleurs, le SGCI est aussi associé aux négociations des contreparties en francs de l'aide en dollars. Il s'agit de discussions très serrées, qui s'apparentent bien souvent à un marchandage[31].

L'aspect contrepartie de l'aide était très amusant mais donnait lieu à des discussions avec les Américains. Il y avait chez les Américains l'idée très nette de remettre l'Europe sur pied, surtout pour que l'Europe ne devienne pas communiste [...]. Lorsque j'arrivais à un arrangement, j'avais le sentiment d'être au centre de la politique économique française sans exagérer mon rôle[32].

Ainsi le SGCI, avec des effectifs extrêmement légers et un recrutement de très bon niveau, jouit d'une forte légitimité et s'impose très vite bien au-delà du rôle que les textes avaient prévu.

II. Le SGCI en charge des relations avec la CECA

En 1950, un projet d'union européenne est évoqué par le ministre Robert Schuman sur une idée de Jean Monnet. C'est celui d'un grand marché unique du charbon et de l'acier. La réalisation d'une Communauté européenne du charbon et de l'acier (CECA) constitue, dans l'esprit de ses pères, les prémices d'une construction européenne plus vaste. Le projet est d'intégrer deux marchés particuliers mais le texte de la déclaration du 9 mai 1950 au salon de l'Horloge ne cache pas que l'idée des dirigeants français est de rapprocher définitivement les économies afin que leurs intérêts soient étroitement imbriqués.

La réalisation de la CECA constitue une véritable révolution puisqu'elle prévoit une délégation de souveraineté. Chaque pays délègue une parcelle de son autorité dans un domaine limité et décisif au profit d'une Haute Autorité composée de personnalités indépendantes.

---

[30] CHEFF/AO, entretien de Bernard de Margerie avec Laure Quennouëlle, 12 avril 1990.

[31] AN, F 60 bis 357, n° 814, courrier de Pierre Ledoux à Dominique Lamy, attaché financier à Washington, 19 avril 1949 : « Je vous indique que nous discutons aujourd'hui avec la mission Bruce le programme des 238 milliards qui serait financé par la contrepartie ».

[32] CHEFF/AO, entretien de Bernard de Margerie avec Laure Quennouëlle, 12 avril 1990, entretien 3, cassettes 4.

A. *Les réactions au caractère novateur de la CECA*

1. *La méfiance des diplomates*

Ce projet, imaginé par Jean Monnet et son équipe du commissariat général au Plan, est loin de susciter l'enthousiasme de la haute administration.

L'administration du Quai d'Orsay n'est que très peu associée à la réflexion préalable. Hervé Alphand, directeur des affaires économiques et financières, note dans son journal à la date du 10 mai 1950 : « Hier, Robert Schuman a proposé une Communauté européenne du charbon et de l'acier ». Il souligne sans autre commentaire : « Jean Monnet premier inspirateur de cette politique, y a longuement travaillé au commissariat général au Plan avec ses collaborateurs directs et je n'ai été associé à la rédaction du papier que dans les derniers jours[33] ». Les diplomates avaient de nombreux motifs de réticences contre ce projet ainsi que le décrit François Valéry, chef du Service de coopération européenne à la direction des affaires économiques et financières (DAEF). En effet, à celle liée à l'absence des Anglais, s'ajoutait celle relative au transfert de souveraineté au bénéfice d'un organisme « technocratique[34] ».

En dépit de la méfiance de ses fonctionnaires, le ministre des Affaires étrangères et son cabinet font avancer le dossier en le confiant au commissariat au Plan. L'administration du Quai d'Orsay est fort peu associée aux négociations du traité de Paris comme le raconte Jean Monnet dans ses mémoires : « Nous étions bien résolus à mener toute l'opération en dehors des voies diplomatiques officielles et à nous passer des ambassadeurs[35] ». Les négociations, menées par Jean Monnet, ont lieu rue de Martignac. François Valéry, désigné pour assurer le secrétariat de la conférence qui devait mettre en œuvre la déclaration du 9 mai, témoigne : « Ma tâche fut plus théorique que réelle, l'infrastructure du commissariat au Plan où la négociation se déroulait étant, avec des moyens restreints, par elle-même tout à fait efficace ». Son rôle consistait, selon lui, à faire passer l'information dans les deux sens et à « informer les services du Département du déroulement des discussions en essayant de dissiper ou d'atténuer les vives réticences qui subsistaient[36] ». De la même façon, les fonctionnaires du SGCI ne semblent

---

[33] Alphand, H., *op. cit.*

[34] Valéry, F., *Témoignages à la mémoire de Jean Monnet*, Lausanne, Fondation Jean Monnet, 1989.

[35] Monnet, J., *Mémoires*, Paris, Fayard, 1988, p. 347.

[36] Valéry, F., *op. cit.*

pas avoir montré un enthousiasme débordant pour le projet de Jean Monnet[37].

En avril 1951 le traité de Paris est signé ; la France le ratifie un an plus tard en avril 1952 ; la Haute Autorité, présidée par Jean Monnet, voit le jour le 10 août 1952.

2. *Le retrait du Quai d'Orsay au profit du ministère de l'Industrie et du SGCI*

La CECA, communauté d'un genre totalement inédit, pose des questions nouvelles et implique un bouleversement des schémas traditionnels de l'administration. Jamais, la France n'a délégué une part de sa souveraineté à un organisme international.

Se pose d'abord la question de savoir comment coordonner les différents ministères concernés. Faut-il une coordination de nature politique ou de nature administrative ? Se pose ensuite la question de la forme de la représentation des intérêts de la France auprès de la CECA. Qui représente la France au Conseil des ministres de la CECA ? Le dossier CECA est-il un dossier technique qui concerne les affaires intérieures ou est-ce un dossier stratégique de construction européenne et donc de politique étrangère ?

Les hésitations sur le choix de l'organisme chargé de suivre le dossier CECA montrent bien les nouveautés que représente le traité de Paris.

a. Quelle administration doit se charger du dossier CECA à Paris ?

Les questions du charbon et de l'acier sont souvent très techniques, de nombreux départements ministériels sont impliqués par les décisions de la Haute Autorité, exécutoires sur le territoire national. Le ministère du Travail et de la Sécurité sociale, par exemple, est concerné par la législation sur la sécurité du travail dans les mines. Le ministère des Travaux publics, des Transports et du Tourisme est aussi touché par les décisions prises dans le cadre de la CECA. Comment faire travailler ensemble ces différents ministères ? Les rapports avec la CECA sont-ils de nature administrative ou sont-ils des dossiers aux enjeux politiques ?

Un projet de « Comité interministériel de la CECA » composé de fonctionnaires est évoqué en juillet 1952. Mais Jean Monnet ne l'entend pas de cette oreille. Alors que le décret est soumis au Conseil des ministres, il envoie un courrier très clair à Robert Schuman : « Je suis convaincu pour ma part qu'une telle décision constituerait une grave erreur de conception ». Dans ce courrier, il rappelle le rôle de la Haute Autorité et demande que ce soit, non un comité de *fonctionnaires*, mais un comi-

---

[37]   AN, F 60 bis, 474, note de Bernard de Margerie dans laquelle il exprime ses réticences pour le projet, 20 mai 1950.

té de *ministres*, qui assure l'unité des actions de la France au sein du Conseil de ministres de la CECA[38] : l'intégration sectorielle prévue par la CECA et la mise en place d'un Conseil de ministres à Luxembourg implique que les décisions concernant la CECA se prennent au niveau des ministres.

Ces remarques sont entendues, puisque le décret du 3 septembre 1952 confie au Comité interministériel pour les questions de coopération économique la charge d'étudier les questions relatives aux relations entre le gouvernement français et la CECA, c'est-à-dire la coordination des dossiers à Paris[39]. Pierre Alby, qui rejoindra le SGCI en mai 1953, décrit le choix du SGCI comme immédiat et évident. Pourtant, les archives écrites montrent, que les hésitations furent nombreuses et que diverses solutions furent retenues avant que la structure du SGCI ne soit choisie pour coordonner le dossier.

b. Qui doit représenter les intérêts de la France à Luxembourg ?

Par le traité de Paris, chaque État membre a consenti une large délégation de compétence, à une Haute Autorité dont les décisions s'imposent à eux et sont exécutoires sur le territoire national. Le décret du 3 septembre 1952 qui « fixe la représentation du gouvernement français au Conseil des ministres de la CECA » désigne le ministre de l'Industrie et du Commerce comme représentant le gouvernement français. Une note pour le Président probablement de 1952, non datée et non signée, mais rédigée par un membre de la direction des affaires économiques et financières du Quai d'Orsay, explique les conséquences de l'intégration :

> La nouvelle réalité [de la CECA] pénètre profondément les réalités nationales. Il en résulte que les administrations techniques se trouvent, en vertu des nécessités même de l'application du traité, mises en contact direct avec la Communauté et ses services. Cet état de choses, justifiable jusqu'à un certain point de vue, et même inévitable, n'est pas sans danger. Il semble avoir été implicitement reconnu dans le décret précité du 3 septembre 1952 qui a confié la responsabilité principale des relations avec la Communauté, *non au ministère des Affaires étrangères, normalement compétent* pour assurer

---

[38] MAE, DE-CE, vol. 513 pp. 10-11, courrier de Jean Monnet à Robert Schuman, 23 juillet 1952 :

« Monsieur le Président, J'apprends qu'au Conseil des ministres de ce matin est soumis un décret instituant, sous la présidence de Monsieur le ministre de l'Industrie et du Commerce, un Comité interministériel de fonctionnaires pour l'application du plan Schuman et chargé en particulier de préparer la participation des représentants français au Conseil des ministres de la Communauté et l'application en France des mesures prises par la Communauté. Je suis convaincu pour ma part qu'une telle décision constituerait une grave erreur de conception ».

[39] Décret n° 52-1016 du 3 septembre 1952, publié au JO du 4 septembre 1952.

les relations internationales de la France mais *à un ministère technique, le ministère de l'Industrie et du Commerce*[40].

L'intégration sectorielle et la délégation de compétences dans un domaine « limité mais décisif » transforment les dossiers de politique extérieure en dossier de politique interne. À Luxembourg, un comité de coordination, le COCOR, est institué pour préparer les travaux du Conseil des ministres et le SGCI est chargé d'y représenter la France.

Ainsi sur le dossier CECA, le ministère des Affaires étrangères est véritablement en retrait, bien plus encore que sur le dossier OECE où quelques années auparavant, il avait conservé son rôle de négociateur et de représentant. La note de 1952 de la direction des affaires économiques et financières au président du Conseil souligne le risque de « dessaisir [le ministère des Affaires étrangères] d'attributions qui sont normalement les siennes sur la gestion de la politique extérieure ».

B. Le SGCI est chargé de coordonner l'administration française et de représenter la France à Luxembourg

1. Préparer les délibérations du Comité interministériel et coordonner l'administration

Le décret de 1952 a chargé le secrétariat général « de préparer les délibérations du Comité interministériel et de veiller à leur exécution » (article 6). C'est-à-dire de préparer les réunions de quelques ministres (sorte de conseil des ministres restreint) sur un sujet précis. Le nombre de comités interministériels n'est pas toujours facile à connaître. D'autant plus que parfois, en préparation à une session du Conseil de ministres de la CECA, il y a des réunions à l'échelon des ministres français sans que la convocation n'évoque le terme de « comité interministériel » !

Mais, sur le dossier CECA, peu à peu, le SGCI va s'imposer, surtout comme coordinateur des positions françaises en liaison avec les administrations intéressées. Les fonctionnaires du SGCI convoquent les réunions, les animent et rédigent les comptes rendus dans lesquels sont présentées les positions soutenues par la France. Ils informent aussi l'administration des décisions prises à Luxembourg et des enjeux des débats. Ils assurent enfin la liaison entre les administrations intéressées et la CECA et lorsqu'une administration souhaite un document sur la CECA, c'est au SGCI qu'elle s'adresse.

---

[40] MAE, DE-CE, vol. 513, pp. 20-28 : « Projet de note pour le président », rédigé par un fonctionnaire de la direction des affaires économiques.

2. Représenter la France à Luxembourg et préparer les Conseils des ministres de la CECA

À la différence du schéma mis en place pour l'OECE et plus tard pour la CEE, le SGCI est aussi l'acteur principal de la négociation à Luxembourg. Pierre Alby, secrétaire général-adjoint, préside la délégation française – composée de fonctionnaires du ministère de l'Industrie ou des Affaires étrangères – qui participe au comité de coordination. C'est lui, le représentant permanent du gouvernement à ce COCOR, qui se réunit à Luxembourg pour préparer le Conseil des ministres. Selon le témoignage de Pierre Alby, le Quai d'Orsay se sentait dépossédé d'un secteur essentiel :

> Le seul contradicteur que nous avions, c'était le Quai d'Orsay parce qu'évidemment pour le Quai d'Orsay tout cela n'était pas agréable, cela le dépossédait d'un secteur essentiel de son activité, et je me souviens des réunions que nous avions parce que si nous avions des réunions au Luxembourg entre représentants permanents nous avions à Paris des réunions entre…, je dirais, représentants permanents des différents ministères. Et je me souviens très bien que le représentant du Quai d'Orsay, pendant un bon bout de temps a été Alain Peyrefitte, et il n'était pas spécialement coopératif, car il était très nationaliste[41].

C. LE SGCI adapte son organisation interne et son fonctionnement

Les archives montrent toutefois que, fin 1952 et début 1953, le SGCI est extrêmement silencieux lors des réunions concernant la CECA. Les dossiers acier et charbon sont très techniques et les inspecteurs des Finances, qui constituent le SGCI, ne sont pas particulièrement préparés à ce genre de sujet… L'arrivée de plusieurs ingénieurs des Mines dans l'équipe va permettre au SGCI de se saisir de ces dossiers.

1. Tout en conservant le profil déjà défini depuis quelques années...

Depuis sa création, le SGCI a toujours été caractérisé par des effectifs très réduits. La taille restreinte de l'équipe a une répercussion sur l'organisation interne du secrétariat général. Pendant les années 1950, les effectifs sont toutefois en constante augmentation tout en restant limités : huit fonctionnaires de catégorie A et un total d'une trentaine de personnes en 1952, quatorze fonctionnaires A et trente-six personnes en tout en 1956.

---

41   CHEFF/AO, entretien thématique de Pierre Alby avec Anne de Castelnau du 14 octobre 1997, cassette 1.

Le SGCI est considéré comme un excellent tremplin pour les carrières, les hauts fonctionnaires y sont nombreux, n'y restent qu'un ou deux ans, et sont souvent appelés par la suite à des carrières de premier niveau.

Le SGCI reste une chasse gardée des inspecteurs des Finances : en 1953, Jacques Donnedieu de Vabres, brillant maître des requêtes au Conseil d'État est candidat au poste de secrétaire général, mais l'Inspection, comme le raconte Paul Delouvrier, fait jouer son influence et impose ce dernier qui pourtant, lui, n'était pas candidat !

> Je me suis aperçu assez vite que Jacques Donnedieu de Vabres souhaitait se porter candidat, qu'il en avait fortement l'envie (je dirais que sa femme l'y poussait). Alors que du côté Finances on estimait que j'étais un des rares qui pouvait donner satisfaction dans ce poste parce que, si j'y allais, c'était la continuation de la règle suivie depuis l'origine, à savoir que le secrétaire général de cette organisation de coordination était un homme des Finances et non pas un homme du quai d'Orsay [...]. Donnedieu de Vabres, on ne savait pas où le situer parce qu'il était du Conseil d'État. Et ma position personnelle a été, je peux dire peu agréable [...]. Je dois dire que j'ai dit à mon ami Jacques Donnedieu de Vabres « les choses sont jouées ainsi »[42].

Jacques Donnedieu de Vabres sera finalement nommé à la tête du SGCI en 1955, mais il « fera office » et ne portera jamais le titre de secrétaire général. Après cette candidature un peu particulière, le poste revient à nouveau à un inspecteur des Finances.

La position du SGCI au sein de l'administration est ambiguë ; il est placé sous l'autorité du président du Conseil, mais sa gestion administrative est, officiellement en 1954, confiée par décret au ministère des Finances[43]. Tous les fonctionnaires sont recrutés au sein du ministère des Finances, ils touchent les fameuses primes « finances ». Le budget du SGCI est compris dans celui des Finances et les moyens matériels sont distribués par le ministère des Finances.

2. Le SGCI modifie son organisation

L'innovation majeure est l'adjonction à l'été 1953 d'un, puis de deux « fonctionnaires particulièrement qualifiés » : des ingénieurs des Mines. Pierre Alby, secondé par Henri Deniau, puis par François Morin, jouissent d'une grande autonomie sur les dossiers charbon et acier. Le SGCI acquiert à cette période un trait majeur de son profil : le binôme inspecteur des Finances/ingénieur des Mines. La personnalité de Pierre Alby, qui a été chef du Service économie de guerre au Secrétariat permanent de la défense nationale, et son expérience de la guerre, notamment en

---

[42]   *Ibidem*, entretien de Paul Delouvrier avec Anne Rasmussen, le 23 janvier 1991, cassette 22.

[43]   Décret 54-727 du 10 juillet 1954, publié au JO du 16 juillet 1954.

matière de transmissions, ont une influence sur l'organisation du travail. Grâce à ses relations au ministère des Postes, il obtient très vite que le SGCI soit équipé en télex, matériel de communication ultramoderne pour l'époque. Il met en place une organisation du travail originale et impose que toutes les communications entre Paris et Luxembourg passent obligatoirement par le SGCI. Cette méthode lui survivra puisqu'à partir de 1958, tous les échanges entre l'administration française et la Communauté, tous les courriers devront obligatoirement passer par le canal du SGCI, qui l'adressera ensuite à l'administration concernée ! On trouve, dans les archives, des correspondances de membres du SGCI rappelant à l'ordre les administrations qui ont eu des contacts directs avec Luxembourg, puis avec Bruxelles.

Pierre Alby acquiert l'habitude du travail à six, des réunions en plusieurs langues et des voyages entre Luxembourg et Paris. Il tisse peu à peu des relations de travail avec ses homologues du COCOR. Les hommes du SGCI sont des utilisateurs quotidiens du traité de Paris, ils en connaissent les imperfections et les zones d'ombre qu'il faudrait préciser. Ce sont ces usagers du traité de Paris qui seront les négociateurs du traité de Rome entre 1956 et 1958. La CECA est en effet la première étape d'un projet de construction européenne plus vaste. Lorsque la conférence de Messine s'ouvre en 1955 et pendant toutes les négociations à Val Duchesse, les fonctionnaires du SGCI sont en première ligne.

Sur les dossiers de la CECA, le SGCI, administration gérée par le ministère des Finances sous l'autorité de la présidence du Conseil, s'est adapté tout en gardant ses spécificités. Il a su s'imposer comme un interlocuteur incontournable et efficace sur les dossiers européens. C'est fort de l'expérience de la CECA et de la négociation du traité de Rome que le SGCI, à partir de 1958, va coordonner les relations de l'administration française avec la Communauté économique européenne.

III. Le système mis en place en 1957-1958 est le prolongement des systèmes antérieurs

A. La réorganisation administrative au lendemain du traité de Rome[44]

1. Les enjeux politiques de la réorganisation

Les quelques mois entre mars 1957, date de la signature du traité de Rome, et le 1er janvier 1958, date de son entrée en vigueur, sont mis à profit pour réorganiser l'administration en charge des dossiers européens.

La mise en place de l'organisation des relations avec les Communautés européennes a suscité de nombreuses interrogations, hésitations et débats : les notes du Quai d'Orsay sont très claires, c'est au Service de coopération européenne de la DAEF d'être chargé des relations avec les instances européennes. Après avoir été en partie précédemment dessaisi des dossiers européens, le ministère des Affaires étrangères souhaite assurer la gestion des relations avec Bruxelles, comme le montre une note du Quai d'Orsay de 1957 :

> Le ministère des Affaires étrangères est sans doute le plus qualifié pour assurer la gestion du Marché commun [...]. Il est par nature le seul qui embrasse les questions dans leur contexte mondial [...]. À son encontre, on ne manquera pas de faire valoir un prétendu défaut de compétence technique. Il existe malheureusement des précédents : le ministère du Travail assure les relations avec l'OIT ; le SGCI correspond directement avec la CECA[45].

L'auteur de cette note souligne avec clairvoyance « la portée politique du choix qui sera fait entre les divers organes qui peuvent prétendre à la gestion du Marché commun ». En choisissant telle administration plutôt que telle autre, pour la gestion du Marché commun, le président du Conseil indique quelle vision il a de l'avenir de la Communauté économique européenne. La note de juin 1957 remarque :

> Accepter la thèse de l'intégration en confiant cette gestion à un autre ministre que celui des Affaires étrangères c'est souligner le caractère fédéral de la

---

[44] Cette partie de l'étude reprend des éléments traités de façon plus détaillée dans ma contribution, « Le rôle du SGCI dans les relations de la France avec le Marché commun », in R. Girault et R. Poidevin (dir.), *Le rôle des ministères des Finances et de l'Économie dans la construction européenne (1957-1978)*, Paris, CHEFF, 2001.

[45] MAE, DE-CE, vol. 628, pp. 167-172, note sur la gestion administrative du Marché commun, datée de juin 1957, non signée : « Le dessaisissement des Affaires étrangères dans le cas de l'OIT ou de la CECA s'explique – s'il ne se justifie pas – par le caractère relativement limité des questions [...]. Avec le Marché commun, le problème change non seulement de grandeur, mais de nature. C'est l'ensemble de l'économie, et par conséquent une part considérable de la politique étrangère qui se trouve en cause ».

CEE. Il peut paraître préférable de marquer que, tout au moins au début, les relations entre la France et ses cinq partenaires demeurent des relations extérieures, si étroites soient-elles.

Si les affaires européennes ne sont plus considérées comme des affaires étrangères, mais comme des affaires intérieures, dont la gestion pose des enjeux uniquement techniques, c'est bien que l'Europe est sur la voie de la fédération. Plus précisément encore, la note conclut : « Refuser la gestion du Marché commun aux Affaires étrangères, ce serait en somme annoncer que, du fait du Marché commun, la France renonce à avoir une politique étrangère[46] ». On retrouve là des thèmes déjà présents lors des discussions sur l'organisation des relations de la France avec la CECA en 1952.

2. Le décret d'avril 1958

Par le décret du 3 avril 1958[47], une organisation administrative est arrêtée, qui sépare la fonction de coordination à Paris de celles de représentation et de négociation à Bruxelles.

a. Un diplomate comme représentant permanent

En 1958, le Quai d'Orsay semble avoir été en partie entendu. À l'extérieur, les affaires européennes resteront des affaires internationales. La gestion lui en est donc confiée. Une représentation permanente de la France à Bruxelles est créée, un diplomate chargé de la négociation et de la représentation de la France est nommé à sa tête. Il avait d'abord été question de confier le poste à Jacques Donnedieu de Vabres, qui avait acquis, lors de l'ultime phase de la négociation du traité, une position de choix à Bruxelles et dont la candidature paraissait probablement défendable. Il est vrai que l'assemblée de ces représentants permanents, le COREPER[48] (qui n'avait pas été prévue dans les textes mais se révéla très rapidement comme essentielle) se présentait comme la suite naturelle des réunions des responsables de délégation « Marché commun », qui s'étaient tenues à Val Duchesse de 1956 à 1957, puis des comités intérimaires, qui avaient eu lieu à partir de mars 1957. C'est pourquoi le secrétaire général du SGCI, qui avait représenté la France dans les deux premières assemblées, assuma au début de 1958 la repré-

---

[46] *Ibidem.*

[47] Décret n° 58 344 du 3 avril 1958, publié au JO du 4 avril 1958.

[48] Centre des archives contemporaines de Fontainebleau (CAC), SGCI, 771466 (SGCI 335), comptes rendus des premiers COREPER et de la réunion officieuse du 17 janvier 1958. Jusqu'à la dixième réunion c'est Jacques Donnedieu de Vabres qui représente la France.

sentation française au COREPER, faisant le voyage hebdomadaire pour Bruxelles[49].

Début avril 1958, la nomination du représentant permanent auprès des institutions européennes est rendue officielle. C'est finalement l'ambassadeur de France en Pologne, un diplomate, Éric de Carbonnel, qui est nommé. Entré dans la diplomatie en 1930, il est le premier représentant permanent, marquant ainsi une relative victoire du ministère des Affaires étrangères. Ce ministre plénipotentiaire participe au Conseil des ministres lorsque ceux-ci se réunissent au niveau des suppléants. Il a également pour tâche, assisté de son adjoint, conseiller des Affaires étrangères, de recevoir et de délivrer les communications officielles échangées entre le gouvernement et les Commissions de la CEE et de la CECA[50].

b. Un Comité interministériel doit fixer les positions françaises

Le Comité interministériel pour les questions de coopération économique européenne est chargé par le décret du 3 avril 1958[51] « d'élaborer les directives fixant les positions françaises au sein des Conseils des ministres des Communautés et de préparer les décisions relatives à l'exécution des traités ». Sous l'autorité du président du Conseil, il est composé des trois ministres, des Finances et des Affaires économiques, de l'Industrie et du Commerce, et des Affaires étrangères. Ces comités se réunissent de façon très épisodique. Entre 1958 et 1964, il n'y en a pas plus de trois ou quatre par an puis, à partir de 1965-1966, on retrouve les traces d'une dizaine de réunions annuelles[52]. Le système prévoit que seul le Comité interministériel constitué au niveau des ministres est habilité à élaborer les directives fixant la position française. Or, en regard du nombre de conseils des ministres à Bruxelles, ces comités sont loin d'être assez nombreux, c'est alors souvent au secrétaire général du Comité de fixer, après consultation des administrations, les positions françaises.

---

[49] CAC, SGCI, 771468/97 (SGCI 528), règlement intérieur provisoire des Conseils, 1er février 1958. Comité des représentants permanents, article 2 : « Il est institué un comité formé de représentants des États membres ».

[50] Décret du 12 avril 1958 portant nomination du représentant permanent de la France auprès des Communautés européennes, JO du 13 avril 1958.

[51] Décret 58-344 du 3 avril 1958 portant attribution de compétences pour l'application des traités instituant les Communautés européennes.

[52] CAC, SGCI, 900638 (SGCI 7737-7742), réunions des Comités interministériels de coopération économique et Euratom (1964-1986), carton qui réunit toutes les convocations et les comptes rendus des comités interministériels.

c. La coordination des positions françaises : le rôle du SGCI

La fonction de coordination est dévolue au Comité interministériel pour les questions de coopération économique européenne, exactement dans les mêmes termes qu'en 1948 et en 1952. Le SGCI, de façon tout aussi lapidaire que dans les décrets précédents, est chargé « en liaison avec les administrations intéressées de préparer les délibérations et de veiller à leur exécution ».

Comme dans les deux décrets précédemment cités, le législateur n'a pas trouvé nécessaire de définir les fonctions du SGCI, ni ses missions exactes. On peut faire l'hypothèse qu'il y a là, la volonté de garder la souplesse et l'adaptabilité qui caractérisent le SGCI. Ce dernier n'a aucun pouvoir de décision en propre ; il travaille uniquement « en liaison avec les administrations concernées », comme le précise le décret. Son rôle est d'orchestrer et d'arbitrer les dossiers européens. Il doit donc trouver une unité d'action à partir d'une multitude de positions défendues par diverses administrations chacune porteuse des intérêts des groupes sociaux à l'égard desquelles elles ont en principe un pouvoir de tutelle.

La coordination apparaît alors comme une stratégie qui viserait à la réduction des tensions entre ces forces, par définition, opposées.

Au SGCI, le travail prend une forme très concrète sur laquelle il est intéressant de s'arrêter. Tout d'abord, la coordination n'est possible que dès lors que l'information est correctement diffusée à tous les participants. Le SGCI envoie des notes, diffuse des calendriers, c'est une courroie de transmission entre l'administration de Bruxelles et Paris. Pierre Achard, ancien secrétaire général de 1977 à 1981, décrit le SGCI « comme une machine à fabriquer des dossiers[53] ». Le SGCI est ensuite chargé de convoquer les réunions et donc de désigner les administrations et les fonctionnaires concernés, ce qui présente subtilement un véritable pouvoir. Les réunions ont lieu dans les locaux du SGCI, elles sont animées par les chefs de secteurs ou les secrétaires généraux adjoints, qui déterminent la position qui sera défendue pendant la négociation à Bruxelles. Enfin, les fonctionnaires rédigent les comptes rendus et font parvenir à la Représentation permanente la position française à défendre. Chacune de ces étapes de la coordination définit des enjeux de pouvoir subtils, mais non négligeables.

Il est alors bien tentant pour les fonctionnaires et plus encore pour les ministres de se passer parfois de l'autorité du SGCI. Les notes de rappels à l'ordre sont nombreuses. Le Premier ministre est amené à rappeler ce principe essentiel. « Les fonctionnaires dans leur contact avec les représentants des Communautés ne doivent pas défendre le point de vue

---

[53]   CHEFF/AO, entretien de Pierre Achard avec Anne de Castelnau, mai 2000.

de leur service mais bien la position définie dans son cadre interministériel[54] ».

Et cette règle s'applique même aux ministres selon une note de François Morin en 1962 : « Les ministres ne peuvent accepter l'organisation et l'ordre du jour d'une réunion à Bruxelles sans l'accord du gouvernement, qui doit être sollicité par le canal du SGCI[55] ».

B. Une administration marquée par ses expériences passées qui s'adapte à ses nouvelles fonctions

1. Une interministérialité biaisée

Depuis 1954, le SGCI relève du ministère des Finances pour sa gestion administrative. Ainsi sans être hiérarchiquement rattaché aux Finances, il en est très proche. Il est assimilé à une direction du ministère des Finances – il figure en effet dans les organigrammes du ministère des Finances. Son secrétaire général a accès au club des directeurs et est associé chaque année à la cérémonie de vœux des directeurs des Finances à leur ministre, véritable symbole d'allégeance.

Malgré son caractère interministériel et son rôle, le SGCI est une administration longtemps fermée aux diplomates. Conscient du rôle incontournable du SGCI, Jean-Pierre Brunet, directeur des affaires économiques au Quai d'Orsay en 1959 fait des propositions, qui ne sont pas suivies, pour qu'il soit rattaché non plus à la présidence du Conseil, mais directement au ministère des Affaires étrangères. Quelques années plus tard, en 1962, on trouve des notes au Premier ministre réclamant, en vain, que des diplomates soient intégrés au SGCI. Il faut attendre 1972 pour qu'un premier diplomate rentre dans l'équipe ! Les diplomates n'auront accès à la fonction de secrétaire général qu'après 1977. Selon Michaël Matthiessen[56], il semblerait que le départ en 1977 de Jean-René Bernard, inspecteur des Finances, secrétaire général depuis dix ans, pour un poste d'ambassadeur à Mexico, ait déclenché la possibilité d'une modification du décret de 1952, qui disposait que « le secrétaire général du Comité interministériel pour les questions de coopérations économiques est choisi parmi les fonctionnaires du ministère des Finances et des Affaires économiques[57] ». Jean-Claude Paye, ministre plénipotentiaire, est nommé secrétaire général en 1977.

---

[54] SGCI, dossier conservé au Centre de documentation du SGCI, « coordination administrative ».

[55] *Ibidem*, note de François Morin pour Ortoli : « Participation des ministres à des réunions internationales intéressant le Marché commun », 3 octobre 1962.

[56] Matthiessen, M., *op. cit.*

[57] Décret du 20 septembre 1977, publié au JO du 22 septembre 1977 : « Le secrétaire général du Comité interministériel pour les questions de coopérations économiques est nommé par décret en Conseil des ministres ».

2. Un organigramme qui évolue

Entre 1958 et 1970, l'organisation hiérarchique est maintenue avec un secrétaire général inspecteur des Finances et deux secrétaires généraux-adjoints, un inspecteur des Finances et un ingénieur des Mines. À l'exception de Jacques Donnedieu de Vabres[58], maître des requêtes au Conseil d'État, qui a succédé à Paul Delouvrier en 1955 et dont nous avons déjà parlé, et de François Morin[59], ingénieur des Mines, secrétaire général par *intérim* entre 1965 et 1966, les secrétaires généraux des années 1960 sont toujours tous des inspecteurs des Finances. François-Xavier Ortoli[60], Jean Dromer[61] puis Jean-René Bernard[62] sont nommés simultanément à la tête du SGCI et au cabinet du Premier ministre ou du président de la République. Cette double casquette peut s'expliquer par la volonté de renforcer le lien direct avec le Premier ministre pour renforcer l'autorité du SGCI.

L'absence d'annuaires ou d'organigrammes détaillés du SGCI pendant toute cette période, nous empêche d'analyser de façon très précise l'évolution du nombre et du rôle des fonctionnaires de niveau B et C, ainsi que des chargés de mission. Toutefois, il semble que leur nombre augmente pendant la période.

---

58 Jacques Donnedieu de Vabres, docteur en droit, entré au Conseil d'État en 1941, directeur de nombreux cabinets ministériels (Finances et Affaires économiques en 1948, Défense nationale en 1950, présidence du Conseil en 1953) avant d'être secrétaire général du Comité interministériel de 1955 à 1961. Il quitte le SGCI pour prendre la présidence de Campenon Bernard.

59 François Morin, né en 1921, ancien élève de Polytechnique, ingénieur des Mines. Après avoir été secrétaire général-adjoint de 1957 à 1964, il a assuré l'intérim du secrétariat général du Comité (1965-1966), avant d'être nommé directeur général de la Compagnie financière de Paris et des Pays-Bas.

60 François-Xavier Ortoli, né en 1925, ancien élève de l'ENA, inspecteur des Finances. Successivement directeur général du Marché intérieur de la Commission économique européenne (1958-1961), secrétaire général du Comité (1961-1965) tout en étant directeur de cabinet du Premier ministre Georges Pompidou, commissaire au Plan (1966-1967), ministre de l'Équipement (1967-1968), ministre de l'Éducation nationale (1968), ministre des Finances (1968-1969), ministre du Développement scientifique (1969-1972), président puis vice-président de la Commission européenne à Bruxelles, président-directeur général de Total.

61 Jean Dromer, né en 1929, ancien élève de l'ENA, inspecteur des Finances. Membre du cabinet de Valéry Giscard d'Estaing puis de Maurice Couve de Murville, il est nommé secrétaire général-adjoint en 1963 puis secrétaire général du Comité (1966-1967) tout en étant au secrétariat général de la présidence de la République. À partir de 1968, il entre à la Banque nationale de Paris.

62 Jean-René Bernard, né en 1932, ancien élève de l'ENA, inspecteur des Finances, membre du cabinet du Premier ministre Georges Pompidou, de 1962 à 1968, et secrétaire général du SGCI, de 1967 à 1977. De 1973 à 1974, il est secrétaire général-adjoint de la présidence de la République. En 1977, il est nommé ambassadeur extraordinaire au Mexique, puis en 1989 aux Pays-Bas. Il est membre du Conseil de politique monétaire de la Banque de France.

L'organigramme, réorganisé par secteurs en 1958, reste stable jusqu'en 1965. Selon les informations fournies par le SGCI, il y avait six chefs de secteur (généralement des administrateurs civils) en 1958 et toujours six en 1962. Les trois bureaux qui constituaient le SGCI pendant les années 1950 : le bureau des « questions relatives à la CECA », le bureau des « questions relatives à l'aide américaine, à l'OTAN et aux commandes alliées en France » et le bureau des « questions relatives à l'OECE » sont conservés.

Les missions « traditionnelles » du SGCI ont été maintenues alors que de nouvelles missions lui étaient confiées. Dès 1958, un bureau des « questions relatives aux Communautés européennes » est créé. Jusqu'en 1964, il est divisé en deux secteurs, d'un côté les « questions politiques, institutionnelles et administratives, questions sociales, transports, règles d'établissement, services » qui est confié au secrétaire général-adjoint ingénieur des Mines ; de l'autre « les questions de contingents et droits de douane, politique commerciale, fonds des pays et territoires d'outre-mer », qui sont confiées au secrétaire général-adjoint inspecteur des Finances, assisté de plusieurs administrateurs civils.

En 1965, la réorganisation du bureau « Marché commun » du SGCI est totale. Dix secteurs différents sont mis en place. Apparaît aussi un poste de conseiller juridique, confié à un maître des requêtes du Conseil d'État. Cette nouvelle organisation montre que le SGCI a atteint, sur sa mission européenne, une véritable maturité, ces dix secteurs sont maintenus pendant les quinze années qui vont suivre.

C. Une administration pro-européenne ?

1. Une fonction d'expertise

Négociateurs, coordinateurs, informateurs, les fonctionnaires du SGCI se muent assez logiquement en experts de l'Europe au sein de l'administration française.

Ayant passé des mois à Val Duchesse pour les négociations du traité de Rome[63], les hommes du SGCI deviennent en 1958 les avocats du Marché commun, pendant la période de préparation des discussions de la ratification[64]. Jean-François Deniau, chef du bureau des « questions

---

[63] Voir pour une présentation plus détaillée des négociations de 1956-1958 de Castelnau, A., « Le rôle du SGCI... », article cité ; Sayer, G., « Le Quai d'Orsay et la construction de la Petite Europe : l'avènement de la Communauté économique européenne (1955-1957) », mémoire de maîtrise sous la direction de Robert Frank, Université de Paris-I, 1998.

[64] Prate, A., La France en Europe, Paris, Économica, 1995, p. 23 :
« Il est vrai que le principal responsable des négociations au jour le jour était Jacques Donnedieu de Vabres, dont le talent et l'aimable humour créaient autour de lui une ambiance des plus stimulantes. Secrétaire général du SGCI, il menait les négociations

relatives à la Communauté économique européenne », organise en 1958 une série de cours à l'ENA et fait rédiger aux élèves un rapport sur le traité de Rome. Il intervient avec Jacques Donnedieu de Vabres au Quai d'Orsay et devant la Commission de l'Assemblée nationale pour plaider en faveur de la ratification.

Ce sont aussi les fonctionnaires du SGCI qui rédigent, parfois avec un peu d'ironie (aux dires des intéressés), les réponses aux très nombreuses « questions au gouvernement », fortement teintées d'anti-européanisme, posées par Michel Debré. En 1958 la nomination de Michel Debré comme Premier ministre, et donc comme ministre de tutelle du SGCI, inquiète très fortement ces fonctionnaires, qui se savent marqués comme pro-européens[65]. L'un d'eux témoigne :

> Il y a eu des séances avec le Premier ministre, à ne pas raconter [...]. C'était notre chef, on ne dépendait que de lui ! Vous vous rendez compte du saut dans la mer froide que cela représentait ! On avait répondu poliment mais avec un peu d'ironie à ses questions insolentes dans le Journal officiel ! Et paf, il devient le Premier ministre ! Rude choc !

La complexité et la technicité de plus en plus poussées des dossiers européens ont amené les fonctionnaires du SGCI à développer au sein de l'administration une expertise que tout le monde leur reconnaît et qui les rend indispensables.

La crise de la chaise vide est l'occasion d'analyser la position du SGCI en matière européenne. Elle permet d'illustrer son rôle auprès du gouvernement[66]. Le pouvoir politique, le ministre ou le président de la République n'ont pas consulté les fonctionnaires du SGCI sur l'opportunité d'une crise. En revanche, dès l'annonce de la décision, ils sont consultés sur le calendrier des décisions à prendre dans les semaines à venir et sur celles qui pourront l'être en l'absence de la France[67]. Le conseiller juridique rédige un certain nombre de notes sur les différentes attitudes possibles pour la France et sur leurs conséquences pour le fonctionnement de la Communauté. À la même période, le SGCI rédige aussi des notes-bilans de l'expérience européenne et des avantages

---

avec une intelligence et une imagination qu'il masquait derrière un apparent détachement ironique, maniant souvent le paradoxe ».

[65] Témoignage recueilli par Anne de Castelnau auprès d'un haut fonctionnaire qui souhaite garder l'anonymat.

[66] De Castelnau, A., « Le SGCI et la crise de la chaise vide », in colloque de l'Institut historique allemand, décembre 2001, à paraître.

[67] CAC, SGCI, 900638/25, note non datée (probablement décembre 1965) et non signée : « Objet : recenser les travaux en cours dans les domaines de la politique économique, des aides... » ; *Ibidem*, note du 5 juillet 1965 sans en-tête, ni signature : « Objet : les conditions de la participation française aux travaux des Communautés européennes ».

qu'en retire la France[68]. Une note dresse « un bilan pour la France de la Politique agricole commune » (elle souligne à contre-courant des idées habituelles l'aspect non inflationniste de la PAC). Cette note envisage très précisément « les solutions de rechange » et conclut en neuf points sur les très nets avantages que constitue la PAC pour la France et sur la très profonde modification de la politique intérieure française qu'imposerait son abandon.

Ce document eut une grande diffusion. Un courrier trouvé dans les archives signale qu'il est utilisé par les ministres pour leur argumentaire. Une autre note du 15 décembre 1965, « Politique agricole commune et évolution des échanges intra-communautaires », signale la qualité de ce travail. Pendant toute cette période d'absence politique officielle française, le SGCI œuvre intensément pour que les dossiers continuent d'avancer à Bruxelles. Si le représentant permanent français a quitté Bruxelles, marquant la rupture des relations politiques, la coordination administrative française est plus que jamais assurée à Paris.

2. *Coordinateur ou acteur de la construction européenne ?*

Le décret de 1958 ne prévoit qu'un rôle de coordinateur et de surveillance. Le SGCI est chargé de « préparer les délibérations et de veiller à leur exécution ». Peu à peu, du fait de son expertise, il devient l'informateur et le conseiller du gouvernement pour les affaires européennes. Ce rôle est renforcé avec l'entrée au cabinet du Premier ministre Georges Pompidou, du secrétaire général François-Xavier Ortoli, puis de Jean-René Bernard.

L'étude du dossier de la suppression des frontières fiscales permet de mettre en valeur une position du SGCI face à une direction en charge du dossier : la direction générale des impôts (la DGI). La très grande technicité du débat limite le nombre des intervenants. Selon Frédéric Tristram, « le SGCI ne se contente pas d'être une boîte à lettre, un relais entre les différents intervenants dans la négociation. Il prétend intervenir sur le fond et va vivement contester la position du ministère des Finances en 1964-1965[69] ».

Appartenant au même corps, ayant reçu la même formation et partageant à bien des égards des références communes, on peut s'étonner que les inspecteurs des Finances du SGCI en charge du dossier fiscal s'opposent aux positions de leurs homologues de la DGI. Frédéric Tristram avance une hypothèse :

---

[68] CAC, SGCI, 771468/93, note du 7 septembre 1965, sur papier à en-tête du SGCI CE7952, signée Michel Woimant : « Objet : bilan de la politique agricole commune ».

[69] Tristram, F., « Le ministère des Finances et l'harmonisation fiscale européenne dans les années 1960 », in R. Girault et R. Poidevin (dir.), *op. cit.*, pp. 471-492.

Une certaine logique institutionnelle prime sur la logique d'appartenance : le SGCI dispose d'une culture de la négociation et d'une vision des relations économiques internationales sans doute plus larges que celle de la DGI et a tendance à privilégier des solutions de compromis avec les autres États membres.

En effet, plusieurs notes du secrétaire général-adjoint Jean Dromer, en 1964, stigmatisent ouvertement le « point de vue conservateur de la DGI », pour qui la suppression des frontières fiscales pose à la fois des problèmes techniques, économiques et politiques totalement insurmontables.

Jean Dromer rappelle que « le problème de la suppression des frontières fiscales ne peut être dissocié d'une conception générale sur l'évolution du Marché commun ». Du fait de sa position, le SGCI a donc une vision plus générale des enjeux de la construction européenne et des avantages que la constitution d'un marché unique peut avoir pour l'économie française. On a bien là un exemple où le SGCI développe une argumentation pro-européenne qui lui est propre et s'oppose aux techniciens de la fiscalité.

Fin 1964, les arguments du SGCI semblent entendus par les politiques et les réunions sur ces sujets ont lieu au SGCI, présidé par le secrétaire général. À partir de 1966, on note une évolution : elles se tiennent au ministère des Finances et sont présidées par le directeur de cabinet du ministre. La position française se durcit, avec un refus de la suppression des frontières fiscales et donc d'une unification des taxes sur le chiffre d'affaire. Ainsi, il semblerait que pour pouvoir adopter une position moins européenne, il a été plus simple de se passer de l'expertise et de la coordination du SGCI !

Les témoignages semblent aussi montrer que sur le dossier de la PAC, le SGCI – en la personne de Jacques Mayoux, son secrétaire général-adjoint, et de Michel Woimant, chargé du secteur agriculture – a joué un rôle très actif auprès du ministre de l'Agriculture Edgard Pisani[70]. La rapidité des décisions à prendre et la durée des négociations ont amené les hommes du SGCI à sortir de leur fonction de coordination pour devenir acteurs à part entière de la négociation à Bruxelles. L'analyse minutieuse des archives permettra de renforcer cette hypothèse de travail bâtie à partir des archives orales.

Ainsi sur certains dossiers techniques, le SGCI présente une position qui lui est propre et qui s'oppose à celle du ministère responsable, c'est le cas par exemple en matière d'harmonisation fiscale des taxes sur le chiffre d'affaires.

---

[70]   CHEFF/AO, entretien de Jacques Mayoux avec Anne de Castelnau, entretien 2, 13 novembre 1996.

À la fin des années 1960, le SGCI a assis son rôle au sein de l'administration. Il offre l'image d'un service influent et efficace qui a accompagné la politique européenne de la France depuis le premier projet de rapprochement des économies européennes. Il est un indispensable coordinateur des administrations, qui a su mettre en place des outils pour assurer son rôle central dans l'administration. Le SGCI s'est imposé. Il est difficile de mesurer son influence exacte sur la politique extérieure de la France. L'analyse de son histoire interne et celle de l'évolution de ses missions nous ont permis d'avoir une première approche de son rôle. Mais intrinsèquement à son rôle de coordination, le SGCI a été un véritable acteur de la construction européenne : négociateur parfois auprès des institutions européennes, il a su aussi être un acteur autonome au sein de l'administration nationale. Bien que théoriquement, le SGCI ne soit pas une instance de décision, cette administration joue non seulement un rôle de coordination et d'exécution, mais influe aussi sur la réflexion et l'élaboration de la politique européenne. Les décisions politiques prises dans les années 1960 sont traitées directement par le ministre des Affaires étrangères ou le président de la République, toutefois une partie très importante des décisions concernant la construction européenne sont du domaine administratif et interministériel, et sont donc prises au niveau du SGCI.

Ce système original est considéré au début des années 1970 par les partenaires de la France et par la Commission comme très efficace. Il inspire la Grande-Bretagne et le Danemark lors de leur entrée dans la CEE en 1972. Il est aujourd'hui largement étudié, et copié, par les pays concernés par l'élargissement de l'Union européenne de 2004.

Mieux que six ambassadeurs

L'émergence du COREPER durant les premières années de la CEE

N. Piers LUDLOW

London School of Economics and Political Science

Très peu d'institutions internationales ont pu se développer aussi rapidement et à partir d'une base légale aussi ténue, que le Comité des représentants permanents de la Communauté européenne, plus connu par son acronyme COREPER. Le traité de Rome ne mentionnait pas directement cet organisme. L'article 151, dans sa forme originale, stipulait seulement que le Conseil *pouvait* créer un comité des représentants nationaux s'il le désirait. Il fallut attendre le traité de fusion de 1965 pour qu'une reconnaissance officielle intervînt et même à partir de ce moment-là, le langage prudent concernant le rôle du comité dans la « préparation » du travail du Conseil des ministres et dans « l'exécution de mandats confiés par le Conseil » rendait à peine compte de la variété ou de l'importance des responsabilités déjà acquises par le COREPER. Cependant, malgré cette reconnaissance officielle tardive et limitée, les représentants permanents étaient déjà, au milieu des années 1960, devenus une composante vitale et souvent controversée de l'organisation institutionnelle de la Communauté européenne. Une analyse historique de leur émergence s'imposait donc[1].

---

[1] Il existe plusieurs études des représentants permanents. Cependant, ce ne sont pas des études historiques, leurs auteurs adoptant soit une perspective juridique, soit une approche de science politique. Noël, É. et Étienne, H., « The Permanent Representatives Committee and the "Deepening" of the Communities », in G. Ionescu, *The New Politics of European Integration*, London, Macmillan, 1972, pp. 98-123 ; Salmon, J., « Les représentations et missions permanentes auprès de la CEE et de l'Euratom », in M. Virally, P. Gerbet et J. Salmon (dir.), *Les missions permanentes auprès des organisations internationales*, Bruxelles, Bruylant, 1971 ; Tortora de Falco, F., *Il Comitato dei Rappresentanti permanenti dai Trattati istituivi alla prassi Comunitaria*, Roma, Giannini Editore, 1980 ; de Zwaan, J.W., *The Permanent Representatives Committee. Its Role in European Union Decision-Making*, Amsterdam, Elsevier, 1995 ; Blair, A., « The Permanent Representations to the European Union », *Diplomacy and Statecraft*, 12/3, London, 2001, pp. 349-369.

Dans cette perspective, la première partie de cet article essaiera d'identifier et d'analyser les multiples fonctions que le COREPER avait commencé à remplir durant la première décennie de la CEE. Quatre rôles en particulier seront soulignés : celui de rouage vital dans la production législative de la Communauté, celui de relais principal de communication entre les États membres et les institutions de la Communauté, celui d'arbitre pour les décisions importantes de procédure, et finalement celui de centre crucial dans la gestion des crises au sein de la CEE. La seconde partie essaiera de déterminer ce que l'émergence du COREPER nous révèle sur le fonctionnement de la Communauté durant les années 1960. Son importance croissante était-elle une confirmation, comme l'ont affirmé certains, que la CEE devenait de plus en plus intergouvernementale ? Ou la réalité était-elle quelque peu plus compliquée que l'affirmation précédente semble nous le suggérer ? Cet article est entièrement fondé sur une analyse des archives historiques des institutions de la Communauté et des principaux membres de la CEE.

I. Les responsabilités du COREPER

A. Le rôle législatif du COREPER

La tâche de « préparer » les réunions du Conseil impliquait nécessairement un rôle législatif important pour le COREPER. Le Conseil des ministres était la principale institution législative de la Communauté – la Commission européenne était certes à la base du processus grâce à son droit unique de proposer des lois, mais, invariablement, le Conseil le concluait puisqu'il fallait la caution ministérielle pour qu'une mesure devînt loi[2]. Un comité créé pour aider le Conseil dans son fonctionnement avait donc, dès le début, de grandes chances d'être très impliqué dans la plus importante et la plus visible des tâches du Conseil des ministres.

À première vue, l'aspect le plus frappant du rôle législatif du COREPER semble être ce qu'on appelle la procédure des « points A ». À partir de janvier 1962, le Conseil des ministres n'organisait plus de débats complets sur chaque article législatif. À la place, les ministres se consacraient aux propositions de lois sur lesquelles les États membres restaient en désaccord. Le reste était expédié au Conseil par le COREPER, en tant que « points A » – en d'autres termes les questions qui ne requéraient pas de débat supplémentaire pouvaient donc être transmises sans discussion au niveau ministériel. Pour une grande partie

---

[2]   La première étude sérieuse du Conseil des ministres est celle de Houben, P.-H., *Les Conseils des ministres des Communautés européennes*, Leiden, A.W. Sythoff, 1964. La plupart des analyses académiques initiales du système de la CEE étaient centrées sur le cas de la Commission, qui était considérée comme la plus originale des nouvelles institutions.

de la production législative de la CEE – 138 des 192 décisions en 1964 – le COREPER était donc la plus haute instance lorsqu'il s'agissait de réviser en détails le texte final[3]. Les ministres avaient donc, en apparence, délégué l'examen de la majorité des lois de la Communauté européenne à un organisme de hauts fonctionnaires non élus.

Cependant, en y regardant de plus près, cette procédure n'impliquait pas autant de perte de contrôle « politique », par opposition au contrôle « bureaucratique », qu'à première vue. La grande majorité des « points A » étaient des questions extrêmement techniques. C'était donc précisément le type de questions qui, dans presque toutes les démocraties, y compris celles des Six, étaient tranchées à un échelon bien endessous du niveau politique supérieur. Le mécanisme même des « points A » était inspiré d'un système similaire utilisé par le gouvernement français[4]. Il n'y avait donc rien de remarquable dans cette méthode de travail, qui cherchait à épargner aux ministres des discussions sur des projets de législation européenne souvent très abscons et obscurs. À la place, la procédure des « points A » était une pratique raisonnable visant à faire en sorte que, lorsque les ministres se réunissaient à Bruxelles, ils pouvaient utiliser leurs temps et attention pour se consacrer aux questions où les Six étaient encore en désaccord, et qui demandaient donc un jugement politique et l'autorité nécessaire pour faire des compromis. Si l'on considère que la Communauté au début des années 1960 produisait déjà un énorme volume de textes législatifs, les rencontres mensuelles des ministres n'auraient pas été suffisantes pour permettre un examen minutieux de toutes les lois préliminaires proposées par la Commission européenne[5]. Le rôle du COREPER dans les discussions sur les « points A » était donc bien moins insolite ou controversé que ce qu'on avait pu penser initialement.

L'examen de la contribution du COREPER aux décisions nettement politiques prises par la Communauté durant les années 1960 est, par contre, beaucoup plus intéressant. Les principales législations qui ont fait date durant les premières années de la CEE étaient, bien sûr, associées à une succession de « marathons » ministériels – des réunions du Conseil qui duraient plusieurs jours et nuits et qui étaient menées sous intense surveillance politique, publique et médiatique. Durant les premières années de la décennie, il semble en effet qu'aucune année n'aurait été vraiment complète sans une négociation extrêmement

3   Salmon, J., article cité, pp. 684-687.
4   *Ibidem*, p. 684.
5   Entre 1962 et 1965, la Commission produisait en moyenne 50 directives et 80 règlements par an. Le Conseil devait discuter et cautionner toutes ces mesures. Statistiques citées dans les archives de la Commission européenne, Bruxelles (ACE), collection des discours, discours de Hallstein, « The Commission, a New Factor in International Life », Londres, 25 mars 1965.

tendue à Bruxelles, généralement en décembre ou en juin[6] ! Cependant, très peu de ces actes politiques majeurs n'auraient été couronnés de succès s'ils n'avaient été précédés de négociations menées par les représentants permanents. La contribution du COREPER et de ses membres pris individuellement dans les plus importantes percées législatives de la Communauté doit donc être examinée plus en détail.

Le rôle des représentants permanents commençait dès que la Commission avait communiqué le texte d'une proposition de loi au secrétaire général du Conseil et à chacune des représentations permanentes[7]. Car, du moins à partir du milieu des années 1960, les gouvernements des États membres étaient devenus conscients de la nécessité de faire participer à l'élaboration de la politique européenne, aussi rapidement et efficacement que possible, leurs « yeux et oreilles » à Bruxelles. Les gouvernements étaient donc enclins à consulter largement leur représentant permanent sur l'orientation probable des débats à Bruxelles, sur les priorités des autres gouvernements engagés dans la négociation, sur les ambitions nationales qui apparaissaient réalistes et sur les objectifs qui, par contre, avaient peu de chances d'être atteints[8]. Ces opinions n'étaient pas toujours écoutées. Hans-Georg Sachs, le représentant permanent allemand, et Bömcke, son adjoint, essayèrent à plusieurs reprises, à la fin de l'été et durant l'automne 1965, d'avertir Bonn que la position adoptée par le gouvernement allemand sur le financement de la PAC était trop opposée à celle de ses partenaires pour avoir une chance de succès : leurs avertissements furent complètement ignorés[9]. Lorsque la question fut finalement débattue au niveau ministériel à la mi-octobre, le malaise et l'isolement ressentis par Gerhard Schröder, le ministre des Affaires étrangères allemand, démontraient a contrario pourquoi la plupart des gouvernements avaient tendance à être plus attentifs aux conseils qu'ils recevaient[10]. Du fait de son rôle d'expert communautaire

---

[6] Celle de décembre 1960 inaugura la tendance, qui continua avec les marathons de décembre 1961 à janvier 1962, décembre 1963, décembre 1964 et juin 1965.

[7] Cette procédure pour transmettre les informations au Conseil et aux États membres est décrite dans les Archives historiques des Communautés européennes, Fiesole (AHCE), Fonds Émile Noël, vol. 377, analyse du décalogue, incorrectement datée 23 janvier 1965 (logiquement 23 janvier 1966).

[8] Toutes les archives des États membres que j'ai pu consulter offrent de multiples illustrations qui confirment cette tendance. Pour un exemple typique, voir Documents diplomatiques français 1963, Paris, Imprimerie nationale, 1999, vol. 1, document 155. Les représentants permanents eux-mêmes étaient très conscients de l'importance de leurs premières discussions informelles sur chaque législation. Voir AHCE, collection d'histoire orale, entretien avec Étienne Burin des Roziers.

[9] Voir par exemple : Bundesarchiv Koblenz (BAK), Bundeskanzleramt, B136, vol. 2592, Bömcke à Prass, 1er octobre 1965.

[10] La maladresse de la position de Schröder est très claire d'après les minutes du Conseil : Archives du Conseil des ministres, Bruxelles (ACM), 1304/65, projet de procès-verbal de la 174e session du Conseil de la CEE, 25 et 26 octobre 1965.

et de sa connaissance des réactions probables des autres parties durant les négociations de Bruxelles, le représentant permanent était pour chaque État membre un conseiller vital dans la formulation de sa politique européenne.

Ce rôle consultatif continuait après l'ouverture des premières discussions multilatérales entre les représentants permanents à Bruxelles. Les rapports détaillés des réunions du COREPER et l'analyse de la position des gouvernements des États membres représentent une importante et substantielle partie de la documentation, au sein des dossiers des six gouvernements nationaux relatifs à chaque décision de la CEE[11]. Les comptes rendus précis de Bruxelles, ajoutés aux allusions souvent faites durant les réunions du COREPER sur les initiatives que les ministres pensaient prendre au niveau du Conseil, renforçaient donc les prédictions antérieures des représentants permanents et permettaient à chaque gouvernement d'élaborer sa position, en étant bien informé sur les positions de ses partenaires. Étant donné qu'aucun gouvernement ne souhaitait être complètement isolé durant les négociations à Bruxelles et que tous cherchaient à adopter une position qui avait au moins une chance de rencontrer un succès partiel, ces informations étaient d'une grande importance[12].

En premier lieu, les discussions entre représentants permanents pouvaient conduire à une première modification du texte législatif même. Techniquement parlant, la Commission européenne restait en charge de la rédaction du projet de loi. Jusqu'au moment où la législation était votée par le Conseil, la Commission pouvait modifier ou retirer la proposition à sa guise. Mais malgré ce principe de base, les représentants permanents pouvaient avoir et avaient une influence importante sur le contenu et la rédaction du projet de loi.

Pour commencer, la Commission était représentée à chaque réunion du COREPER – en principe par l'adjoint du secrétaire exécutif, parfois par le secrétaire exécutif lui-même – et suivait très attentivement l'évolution des débats. Elle était donc prête à modifier son propre texte, dès lors qu'elle prenait conscience des inquiétudes particulières d'un État membre[13]. En temps normal, l'adoption finale de la législation

---

[11] Consulter par exemple BAK, Bundeskanzleramt, B136, vol. 2589, Harkort à Auswärtiges Amt, 2 août 1963.

[12] Pour un bon exemple d'un cas où un représentant permanent avait triomphé dans un débat politique interne grâce à sa compréhension des vues des autres États, voir Archivio Centrale dello Stato (ACS), Ministero del Bilancio e della Programmazione Economica (MBPE), vol. 93 : « Resoconto sommario della XXXIV riunione del comitato ristretto dei direttori generali dei ministeri tecnici incaricato delle questioni CEE e dei rapporti con i paesi terzi », 20 novembre 1964.

[13] Pour un exemple clair de la Commission ajustant sa proposition de loi à la lumière des discussions du COREPER, voir ACE, PV COM (65) 357, 2ᵉ partie, 27 avril 1966, item F.

importait plus que la défense précise de clauses spécifiques. En outre, la Commission était très consciente de l'utilité de prendre en compte les amendements ou les suggestions de rédaction proposés durant les réunions du COREPER. Ce faisant, elle pouvait potentiellement s'assurer le soutien précieux des représentants permanents, et augmenter les chances de succès du projet de loi durant le débat du Conseil qui suivait. Les représentants permanents les plus imaginatifs avaient donc de grandes chances d'imprimer nettement leur empreinte sur le texte et le contenu de beaucoup de règlements et directives de la CEE, en particulier, mais pas exclusivement, quand ils étaient originaires du pays qui occupait la présidence tournante du Conseil des ministres[14]. Très peu de projets de lois parvenaient au niveau ministériel sans corrections qui n'aient tenu compte d'une manière ou d'une autre des discussions du COREPER, ou sans contenir un certain nombre de modifications suggérées par les représentants permanents eux-mêmes.

Le COREPER était également important pour déterminer le rythme des discussions ministérielles. Les réunions du Conseil étaient trop peu fréquentes et trop surchargées pour consacrer beaucoup de temps à l'examen de questions où un accord semblait *a priori* impossible. Le débat entre les représentants permanents était donc crucial pour déterminer quand il fallait une intervention ministérielle[15]. Si un trop grand nombre de difficultés techniques demeurait, il n'y avait que peu d'intérêt à demander aux ministres de débattre de la question. Les résultats risquaient d'être maigres, du temps précieux aurait été perdu, et le moral du Conseil aurait sûrement souffert. Mais, inversement, les représentants permanents pouvaient difficilement trancher en l'absence d'une orientation politique claire. Il était donc parfois utile d'avoir un débat au niveau du Conseil pour définir la position générale des États, afin de permettre le retour du projet de loi au niveau du COREPER (ou d'un autre groupe de travail) et d'arriver à un accord précis[16]. Une bonne présidence du Conseil se fondait donc non seulement sur la capacité du COREPER à décider de lui-même de recourir à une intervention ministérielle, mais aussi sur la consultation des représentants permanents pour

---

[14]   Voir par exemple le plan de compromis de Borschette qui facilita l'accord de mai 1966 sur le financement de la PAC : ACE, BDT 144/92, SEC(66) 1013, le rapport Sigrist sur la réunion du COREPER du 31 mars 1966.

[15]   Voir par exemple le rapport de la Commission du 7 mai 1963 sur les discussions du COREPER consacrées à l'agenda de la réunion ministérielle des 8 et 9 mai 1963. ACE, BDT 214/1980, G/460/63, la note de Herbst sur le « programme de travail du Conseil », 8 mai 1963.

[16]   Voir la plainte éloquente de Borschette sur les difficultés de la tâche du COREPER en l'absence d'une orientation politique suffisante, ACM, I/5/69, extrait du procès-verbal de la réunion restreinte tenue à l'occasion de la 59ᵉ session du Conseil, 27 et 28 janvier 1969.

savoir si tel ou tel sujet était mûr ou pas pour une discussion au plus haut niveau.

La contribution des représentants permanents aux négociations de la CEE se poursuivait même lorsque les ministres étaient présents. Dès le milieu des années 1960, les ministres qui siégeaient à d'importantes réunions du Conseil avaient pris l'habitude de rencontrer leur représentant permanent pour un *briefing* détaillé – souvent durant un dîner le soir précédant la réunion[17]. De plus, la plupart des réunions du Conseil débutait par un rapport du président du COREPER, qui décrivait oralement les progrès accomplis durant les discussions officielles et soulignait les points-clés du rapport écrit du COREPER, presque toujours placé sur le bureau de chaque ministre[18]. Ce rapport détaillait les parties du projet de loi qui faisaient l'objet d'un consensus, et inversement soulignait celles qui étaient encore sujet de désaccord. Il résumait également les positions de chaque membre, souvent en incluant les formulations préférées de chaque délégation et de la Commission.

En outre, le représentant permanent accompagnait presque toujours le ministre dans la salle du Conseil, bien qu'il ne fût qu'un conseiller parmi les autres fonctionnaires nombreux remplissant cette fonction. À l'occasion, les représentants permanents étaient même appelés à remplacer le ministre. Par exemple, Antonio Venturini, le représentant permanent italien, occupa le siège de son pays durant presque toute la première matinée du Conseil du Luxembourg des 28 et 29 janvier 1966, parce que le vol d'Emilio Colombo avait été retardé par le brouillard[19]. De la même façon, Jean-Marc Bœgner, son collègue français, était souvent obligé de remplacer Maurice Couve de Murville, dans la mesure où l'emploi du temps du ministre des Affaires étrangères français était souvent trop chargé pour lui permettre de rester pendant les deux jours entiers de réunion du Conseil à Bruxelles[20]. Les représentants permanents se trouvaient donc au centre même du processus législatif de la Communauté. Individuellement et collectivement, ils eurent une grande influence sur l'attitude des États membres lors de chaque négociation. De plus, leurs discussions sur chaque question à l'ordre du jour ser-

---

[17] Pour une référence à l'un de ces dîners, voir de L'Ecotais, Y., *L'Europe sabotée*, Bruxelles, Rossel Édition, 1976, pp. 19-20.

[18] Voir par exemple le rapport de Bœgner au début des négociations malheureuses de juin 1965 : ACM, R/850/65, procès-verbal de la réunion restreinte tenue à l'occasion de la 172ᵉ session du Conseil de la CEE, 28 juin-1ᵉʳ juillet 1965.

[19] ACM, C/12/66, procès-verbal de la session extraordinaire du Conseil de la CEE (17-18 et 27-28 janvier 1966) ; l'explication du rôle de remplaçant assuré par Venturini se trouve dans Ortona, E., *Gli Anni della Farnesina. Pagine del Diario 1961-1967*, Milano, SPAI, 1998, p. 117.

[20] Par exemple, ce fut Bœgner, et non Couve de Murville, qui répondit à la première intervention de Brandt à Bruxelles : ACM, R/601/67, procès-verbal de la 212ᵉ session du Conseil de la CEE, 10-12 avril 1967.

vaient non seulement à identifier les points de moindre importance et de désaccord qui pouvait être expédiés au Conseil en tant que « points A », mais contribuaient aussi à combler le fossé entre les positions nationales divergentes et à trouver une formule de compromis acceptable par la Commission et les États membres. Ils jouaient un rôle important lorsqu'il s'agissait de déterminer l'emploi du temps des discussions ministérielles. Lorsque le Conseil débattait, il le faisait de telle manière que les représentants permanents continuaient à être présents en tant que conseillers, informateurs, et, à l'occasion, en tant que remplaçants des ministres absents. Une grande partie du mérite pour l'abondant travail législatif effectué entre 1958 et 1967 doit donc être attribuée au COREPER et aux représentants permanents.

B. Le rôle de relais du COREPER

Le second rôle essentiel du représentant permanent était celui de relais du flux d'information circulant entre les États membres et les institutions de la Communauté. Assurément, à son niveau le plus élémentaire, ce rôle équivalait à celui de bureau de poste huppé, un rôle rempli par toutes les ambassades. Les projets de lois de la Communauté, les données statistiques de la CEE et autres informations étaient toutes transmises de Bruxelles vers le ministère approprié du gouvernement national, et cela *via* la représentation permanente ; de la même façon, les demandes des gouvernements pour obtenir une documentation supplémentaire ou des clarifications sur certaines actions de la Communauté étaient expédiées au service approprié de Bruxelles par « l'ambassade » attachée à la CEE de chaque pays membre : la représentation permanente[21].

Les États confiaient à leurs représentants permanents – conçus effectivement comme des ambassadeurs, aux fonctions de fait quelque peu plus étendues –, des messages pour les institutions des Communautés, ou des démarches à accomplir. Par exemple, au pire moment du conflit de 1965-1966 entre la France et la Commission européenne, Jean-Marc Bœgner en personne écrivit à Walter Hallstein, le président de la Commission, et transmit les lettres de Couve de Murville, dans lesquels il dénonçait le comportement « inopportun » de la Commission[22]. Cependant, et de manière plus inhabituelle, la France utilisa aussi le COREPER comme un forum pour exprimer ses griefs devant ses parte-

---

[21] Selon Salmon, ce fut le représentant permanent italien au début des années 1960, Cattani, qui insista pour que toutes ces communications fussent faites à travers la représentation permanente (Salmon, J., article cité, p. 634).

[22] Pour la discussion de la lettre de Bœgner par la Commission, voir ACE, COM(65)PV 316, 2ᵉ partie, 5 mai 1965 ; pour une référence similaire à la lettre de Couve, ACE, COM(65) PV 312, 2ᵉ partie, 31 mars 1965.

naires de la Communauté[23]. Nettement préoccupée par cette pratique, la Commission décida de ne répondre qu'aux plaintes qui lui étaient transmises directement par les États membres[24]. Cela contribua très certainement à entretenir une situation où les cinq autres États membres étaient très conscients des difficultés que Paris avait avec la Commission Hallstein, et n'étaient pas entièrement dénués de sympathie pour les arguments de la France[25]. Ceci explique sûrement en grande partie pourquoi les Cinq montrèrent beaucoup moins de détermination dans leur campagne pour protéger la Commission contre les pressions françaises durant la crise de la chaise vide, que lorsqu'ils voulurent maintenir la possibilité d'utiliser le vote à la majorité[26].

Le fait que les gouvernements des États membres encourageaient leurs représentants permanents à superviser et parfois même à contrôler la vaste étendue de contacts entre les institutions communautaires et les institutions nationales, était en revanche beaucoup moins en conformité avec la procédure diplomatique normale. L'élaboration de la politique à Bruxelles impliquait inévitablement de nombreuses consultations préliminaires entre la Commission européenne et les gouvernements des États membres. Dans cette perspective, la Commission invitait de nombreux fonctionnaires nationaux à Bruxelles, pendant que les fonctionnaires de la Commission et les commissaires visitaient les capitales des États membres afin de sonder les opinions des uns et des autres, et d'enquêter sur les différentes pratiques nationales, avant de soumettre une proposition au Conseil[27]. Ces contacts étaient généralement encouragés par les gouvernements des États membres. Cependant, plusieurs signes clairs suggèrent qu'au milieu des années 1960, les gouvernements voulurent contrôler l'implacable expansion de ce processus de consultation, et utiliser les représentants permanents pour cette tâche. Les Français essayèrent de faire en sorte que tous les fonctionnaires allant de Paris à Bruxelles informent la représentation permanente de leur présence et, quand c'était possible, fassent un rapport sur le contenu de leurs discussions avec la Commission. Ce fut sur l'insistance des

---

[23] ACE, BDT 214/80, G(65)227, note de Sigrist sur la réunion du COREPER des 27-29 avril 1965.

[24] ACE, COM(65) PV 320, 2ᵉ partie, 1ᵉʳ juin 1965.

[25] Il est significatif que seuls les Néerlandais essayèrent de contre-attaquer avec un minimum de conviction. Voir ACE, BDT 214/80, G(65)276, note de Sigrist sur la réunion du COREPER des 25 et 26 mai 1965.

[26] La différence entre l'attitude des Cinq et celle de la Commission envers le vote à la majorité sera explorée en détail dans le prochain livre de l'auteur : Ludlow, N.P., *The European Community and the 1960s Crises : Negotiating the Gaullist Challenge*, London, Routledge, 2005.

[27] La Commission estimait qu'entre 14.000 et 15.000 experts nationaux visitaient Bruxelles chaque année. Les commissaires voyageaient en moyenne cent jours par an. AHCE, Fonds Émile Noël, vol. 377, analyse du décalogue, 23 janvier 1965 (*sic*).

Allemands que dans « l'heptalogue » de janvier 1966 – le code de bonne
conduite de la Commission qui fut l'un des documents mettant fin à la
crise de la chaise vide – la clause relative à la consultation de la Commission suggéra que toutes ces consultations fussent conduites « par
l'entremise des représentants permanents[28] ». Les représentants permanents devaient, en d'autres termes, surveiller les contacts bilatéraux
entre les institutions de la Communauté et les États membres, en grande
partie pour faciliter la transmission du flux d'informations entre Bruxelles et les capitales desdits États.

Inévitablement, un tel contrôle ne pouvait être complet. Les représentants permanents pouvaient difficilement empêcher les conversations
téléphoniques entre les fonctionnaires communautaires et les fonctionnaires de Paris, Rome ou Bonn. De même, il était presque impossible
d'empêcher les multiples contacts informels entre les fonctionnaires
nationaux et les « Eurocrates » qui, souvent, partageaient la même
formation et avaient parfois été leurs collègues avant 1958[29]. Mais, le
fait qu'il y eut une telle tentative suggère une attention croissante à
l'affermissement des liens entre les institutions de Bruxelles et les gouvernements nationaux. Cet aspect de l'influence accrue du COREPER
souligne donc le désir des États membres de contrôler le rythme de
« l'européanisation », ce qui correspondait d'ailleurs à l'effort parallèle,
et quasi simultané, visant à bloquer les tentatives de la Commission pour
établir un rapport politique direct avec la population européenne[30].

C. Le rôle procédural du COREPER

Le troisième rôle-clé du COREPER est celui de forum pour les multiples discussions de procédure, rendues nécessaires par l'évolution
rapide de la Communauté. Inévitablement, le traité de Rome avait laissé
beaucoup d'aspects du fonctionnement de la CEE dans l'incertitude. Ses
lacunes devenaient de plus en plus apparentes, au fur et à mesure que
le développement rapide de la Communauté multipliait la gamme des
activités communautaires et le nombre d'obstacles non anticipés qu'elle
devait affronter. Cela était d'autant plus vrai pour le domaine des relations extérieures. Une petite section du traité fournissait certes des
conseils sur la manière dont la CEE devait se comporter avec ses voisins

---

[28] AHCE, Fonds Émile Noël, vol. 343, G(66)65, note de Sigrist pour la Commission,
1ᵉʳ février 1966.

[29] Voir par exemple, la discussion entre Michel Gaudet, le chef français du service
juridique de la Commission et des anciens collègues du gouvernement français au
début de la crise de la chaise vide, Centre des archives contemporaines de Fontainebleau (CAC), SGCI, 900638/25, note pour M. Dromer, 9 juillet 1965.

[30] Pour une discussion de ce dernier point, voir Ludlow, N.P., « Frustrated Ambitions :
The European Commission and the Formation of a European Identity, 1958-1967 »,
in M.-T. Bitsch, R. Poidevin et W. Loth (dir.), *Institutions européennes et identités
européennes*, Bruxelles, Bruylant, 1998, pp. 307-326.

et ses partenaires internationaux. Mais ces indications générales n'étaient en aucune manière appropriées pour préparer la Communauté à affronter le raz de marée de l'intérêt international qui l'avait submergée durant ses premières années de fonctionnement. Une réponse largement improvisée était requise.

Le COREPER tint un rôle crucial dans cette improvisation. Les ministres se réunissaient trop irrégulièrement pour pouvoir consacrer assez de leur temps aux questions de détails, comme celle de déterminer la précision avec laquelle un accord d'association devait être négocié ; les intervalles entre réunions du Conseil étaient aussi trop longs pour permettre la réaction rapide nécessaire. La Cour de justice, quoique l'arbitre ultime dans toute interprétation du traité, souffrait également d'une certaine lenteur de délibération qui rendait toute consultation fréquente peu facile. Bien que la Commission européenne ait eu une opinion bien tranchée sur beaucoup de ces questions de procédure, peu d'États membres étaient prêts à confier autant de responsabilités à Hallstein et ses collègues[31]. Le choix du COREPER s'imposait donc. Ses membres étaient toujours présents à Bruxelles, ils étaient suffisamment experts pour débattre des subtilités de l'exécution du traité, et, inévitablement, ils respecteraient le besoin constamment affiché de contrôle national. Une partie significative des réunions hebdomadaires du COREPER, durant les années 1960, fut donc consacrée à des débats sur des questions de procédure qui semblaient bien obscures.

Les mois précédant l'ouverture des premières négociations pour l'élargissement de la Communauté offrent un bon exemple[32]. L'article 237 – cette partie du traité qui explique comment la Communauté devait répondre aux demandes d'adhésion – n'offrait que très peu d'indications sur la manière dont les négociations devaient être menées. L'expérience n'était pas non plus un bon guide : les deux précédents, que ce soient les discussions de 1958 sur la zone de libre-échange ou les négociations d'association avec les Grecs, n'avaient pas laissé un très bon souvenir[33]. Il revenait donc aux Six – et aux représentants permanents en particulier – de créer un tout nouveau mécanisme de négociation. Cela fut difficile et engendra des divisions jusqu'en novembre 1961, date à laquelle l'affaire fut réglée. De plus, le système finalement retenu par les représentants permanents eut des conséquences fortes sur le sort ulté-

---

[31]   Voir, par exemple, le refus unanime des États membres de laisser la Commission répondre seule au désir de l'Iran d'établir une relation commerciale privilégiée au début de 1963 : ACE, BDT 214/1980, G/122/63, Noël à la Commission, 8 février 1963.

[32]   Pour une étude plus détaillée des discussions au sein du COREPER, voir Ludlow, N.P., *Dealing With Britain : the Six and the First UK Application to the EEC*, Cambridge, CUP, 1997, pp. 53-67.

[33]   *Ibidem*, pp. 51-53.

rieur des demandes d'adhésion. En particulier, la procédure extrêmement défensive adoptée, qui privilégiait la protection de la cohésion de
la Communauté plutôt que l'entrée rapide des candidats dans la CEE, est
à tout le moins un facteur important pour expliquer pourquoi il restait
tant de choses à régler en janvier 1963 lorsque de Gaulle décida
d'utiliser son droit de veto[34].

On peut donc dire que le COREPER a eu une influence importante
sur les négociations d'élargissement de 1961-1963, par son rôle dans la
détermination des règles de base pour les discussions d'adhésion. De la
même manière, les représentants permanents ont eu une grande influence sur la négociation d'un premier accord d'association entre la
CEE et les nombreuses anciennes colonies européennes d'Afrique et des
Caraïbes. De fait, revenant sur son séjour à Bruxelles, un représentant
permanent a pu décrire les négociations menant à l'accord de Yaoundé
comme ayant été une étape majeure dans l'émergence du COREPER[35].

D. Le rôle du COREPER dans la gestion des crises

Le dernier rôle des représentants permanents qui doit être décrit est
celui tenu dans la gestion et la résolution des crises au sein de la CEE.
Les années 1960, faut-il le rappeler, furent une période de grande tension pour la Communauté européenne, particulièrement entre la France
de De Gaulle et ses cinq partenaires. Cela mena à une succession de
crises, la plus connue étant le boycott français des institutions de la
Communauté entre juin 1965 et février 1966[36]. Dans chaque crise, le
COREPER tint un rôle important.

Dans la première de ces crises, celle de 1963, les représentants permanents aidèrent à désamorcer la tension entre la France et ses partenaires, en recentrant l'attention vers le travail journalier de la CEE. Au
lendemain de la réunion dramatique du 29 janvier durant laquelle la
candidature britannique avait officiellement été repoussée *sine die*, une
réunion complète du Conseil des ministres aurait été impossible dans un
contexte émotionnel aussi chargé[37]. En revanche, les représentants
permanents pouvaient se réunir, en partie parce qu'ils n'étaient pas
impliqués aussi directement – seulement deux d'entre eux avaient été

---

[34]   Des membres importants des délégations britannique et allemande critiquèrent rétro-
       spectivement cette procédure précisément pour cette raison : Roll, E., *Crowded
       Hours*, London, Faber & Faber, 1985, pp. 118-119 ; Müller-Armack, A., *Auf dem
       Weg nach Europa : Erinnerungen und Ausblicke*, Tübingen et Stuttgart, Rainer
       Wunderlich Verlag/C.E. Poeschel, 1971, p. 236.

[35]   AHCE, collection d'histoire orale, interview avec J.-M. Bœgner.

[36]   La meilleure étude de ces multiples crises se trouve dans Loth, W., *Crises and
       Compromises : The European Project 1963-1969*, Baden-Baden, Nomos, 2001.

[37]   Voir par exemple Dumoulin, M., *Spaak*, Bruxelles, Éditions Racine, 1999, pp. 651-
       655.

membres des délégations nationales réunies pour discuter avec les Britanniques, les Danois, les Irlandais et les Norvégiens –, mais surtout parce que leurs rencontres étaient devenues si habituelles et si discrètes qu'elles n'attiraient pas l'attention ni n'engendraient les mêmes attentes qu'une réunion ministérielle. Après seulement une semaine, ils avaient donc recommencé à travailler sérieusement, comme à l'accoutumée, et *à six*. Les tensions liées à l'élargissement n'étaient certes pas oubliées, mais dans la mesure où le COREPER donna l'exemple, il fut ensuite beaucoup plus facile aux ministres de suivre : dès avril, le Conseil avait lui aussi redécouvert qu'il pouvait fonctionner et s'investissait pleinement dans une étude sérieuse du plan d'action allemand pour une reprise complète des activités communautaires[38].

En revanche, en 1965, les représentants permanents jouèrent un rôle différent, mais tout aussi crucial. Cette fois, l'option de mettre de côté la dispute et de continuer le travail journalier n'était pas viable, puisque la chaise française était vide durant leurs réunions. Cependant, le COREPER continuait à offrir aux Cinq une opportunité idéale pour coordonner discrètement leurs positions, sans attirer l'attention qu'une réunion d'urgence du Conseil aurait engendrée. Dès le 8 juillet, les représentants permanents s'étaient donc réunis pour discuter de la crise et pour décider de la meilleure façon de faire fonctionner la Communauté en l'absence de l'un de ses membres[39]. Durant les semaines et les mois qui suivirent, le COREPER continua à être un rouage essentiel, faisant en sorte de maintenir la CEE en état de marche, discutant des tactiques à adopter et cherchant à éviter que ne se crée une situation où la France pourrait exploiter les opinions divergentes des Cinq. C'est lors de ces rencontres des représentants permanents, réunions informelles et sans présence de la Commission, que les Cinq discutèrent de la meilleure approche à adopter en vue des réunions décisives de Luxembourg durant lesquelles la crise pourrait peut-être être résolue[40].

Le fait que les Français étaient peu disposés à se retirer entièrement du comité durant le boycott souligne également l'importance acquise par le COREPER. Une analyse interne française, rédigée immédiatement après la rupture du 30 juin au sein du Conseil, montre à quel point ils étaient extrêmement conscients que ne pas assister aux réunions du COREPER était une action beaucoup *plus* sérieuse que boycotter les réunions du Conseil :

---

[38] ACM, R/295/63, procès-verbal de la réunion restreinte tenue à l'occasion de la 100ᵉ session du Conseil de la CEE, 1ᵉʳ et 2 avril 1963.

[39] ACE, BDT 214/80, G(65) 347, note de Sigrist sur la réunion du COREPER du 8 juillet 1965.

[40] Pour les rapports néerlandais sur ces discussions : Archives du ministère des Affaires étrangères néerlandais, 996.0 EEG, box 177, Spierenburg à MBZ, télégrammes n° 4 et 6, 13 et 14 janvier 1966.

On peut également signaler que les réunions hebdomadaires des représentants permanents constituent le lieu normal de rencontre des Six à Bruxelles et que si nous refusons toute réunion, le maintien d'une représentation de la France auprès des Communautés européennes n'a plus de justification. Une attitude négative aboutirait alors à bloquer entièrement les travaux et les contacts. Elle va sensiblement plus loin encore que le refus de participation de ministres français aux réunions des Six et entraînerait la paralysie complète évoquée précédemment[41].

À la lumière de ce document, la décision de la France de maintenir un représentant permanent *de facto* à Bruxelles durant le boycott de sept mois apparaît beaucoup moins surprenante. Ainsi, si Bœgner retourna symboliquement à Paris, son adjoint Maurice Ulrich resta sur place et continua à envoyer à son gouvernement des rapports détaillés sur tout ce qui se passait au sein de la Communauté[42]. De plus, les Cinq profitèrent de sa présence pour s'assurer un moyen de communication facile avec Paris. Une des premières décisions tactiques des Cinq – durant une réunion du COREPER bien sûr ! – fut que le président italien du COREPER ferait un rapport complet à Maurice Ulrich sur les discussions des représentants permanents, à la fin de chaque réunion[43]. Les archives françaises contiennent donc des rapports presque aussi complets pour les réunions du COREPER boycottées par la France que pour les réunions qui s'étaient déroulées avant juillet 1965[44] !

Les circonstances exceptionnelles de 1963 et 1965 soulignent à quel point les représentants permanents étaient devenus vitaux pour le bon fonctionnement de la Communauté. La combinaison de leur expertise, de leur presque constante présence à Bruxelles, des bons effets de leurs rapports avec leurs collègues, et de leur discrétion faisait d'eux un instrument inestimable pour une coopération multilatérale efficace. Bien sûr, ils ne pouvaient pas complètement remplacer les ministres. Pour les décisions majeures, le pouvoir et la légitimité politiques, que les ministres élus représentaient, étaient absolument essentiels. En outre, si les gouvernements voulaient vraiment retirer un bénéfice électoral de leur activité à Bruxelles, il était important d'associer des hommes politiques connus, et non d'obscurs fonctionnaires, à ces étapes-clés. Mais, pour la gestion de tous les jours et le travail de fond de la CEE, requis pour la préparation de ces réussites « historiques », l'activisme discret du

---

41 CAC, SGCI, 900638/25, note sans signature : « Les conditions de la participation française aux travaux des Communautés européennes », 3 juillet 1965.

42 On trouve un rapport de M. Ulrich à Paris dans : CAC, SGCI, 900638/25, télégramme n° 1016/24, Ulrich à Couve, 26 octobre 1965.

43 ACE, BDT 214/80, G(65) 367, note de Sigrist sur la réunion du COREPER, 15 juillet 1965.

44 Voir par exemple CAC, SGCI, 900638/25, télégramme 1007-10, Ulrich à Couve, 22 octobre 1965.

COREPER était beaucoup plus efficace que l'atmosphère chargée des réunions mensuelles du Conseil, sans parler de ses marathons dramatiques occasionnels.

Le mandat sobre et limité décrit dans le règlement interne du Conseil et ajouté par la suite tardivement au traité de fusion de 1965, rend ainsi à peine compte de l'importance effective acquise par le COREPER et de la variété des tâches accomplies.

II. L'abomination de la supranationalité ?

En conséquence, que nous apprend cette prééminence institutionnelle du COREPER sur le fonctionnement de la CEE tel qu'il se mit en place durant les années 1960 ? Elle révèle en premier lieu l'incroyable charge de travail assumée par la Communauté, par comparaison avec ce premier champ d'expérimentation de l'intégration européenne qu'avait été la Communauté européenne du charbon et de l'acier (CECA). En créant le modèle original de la CECA, on avait estimé que les réunions mensuelles du Conseil seraient suffisantes pour superviser le travail de la Haute Autorité, et pour donner aux États membres le sentiment qu'ils gardaient un certain contrôle sur le processus. En pratique, cela n'avait pas paru tout à fait suffisant et un organisme précurseur, quoique limité, du COREPER avait émergé avec le COCOR, le Comité de coordination[45]. Mais, le postulat initial en disait long sur la portée limitée de l'activité de la CECA.

Au sein de la structure bien plus vaste de la CEE, les ministres des États membres et leurs fonctionnaires faisaient face, dès le début, à des demandes beaucoup plus importantes. Le COREPER fut donc immédiatement créé, et, en moins de trois ans, il s'était démultiplié avec les réunions hebdomadaires des représentants permanents adjoints organisées parallèlement à celles des représentants permanents. Paradoxalement, ces réunions-ci étaient désignées par le nom de « COREPER I » ; celles de la plus haute instance par le nom de « COREPER II »[46]. De plus, une multitude d'autres organismes avait été créés au sein de la structure pyramidale du Conseil, afin de faire face à l'importance croissance de la charge de travail communautaire.

---

[45] L'émergence du COCOR est mentionnée dans Spierenburg, D. et Poidevin, R., *The History of the High Authority of the European Coal and Steel Community. Supranationality in Operation*, London, Weidenfeld et Nicholson, 1994, p. 60. Fait significatif, les membres du COCOR n'étaient pas basés de manière permanente au Luxembourg, mais ils se réunissaient seulement au quartier général de la CECA lorsque la situation l'exigeait. Voir Salmon, J., article cité, pp. 609-610.

[46] Cette institutionnalisation du COREPER I était une suggestion française ; voir Salmon, J., article cité, p. 651. Cela a été confirmé par la personne qui poussa à ce changement : AHCE, collection d'histoire orale, interview avec J.-M. Bœgner.

Au niveau ministériel, il y avait donc des réunions fréquentes des ministres de l'Agriculture, ajoutées à celles des ministres des Affaires étrangères, et aussi les rencontres quelque peu moins fréquentes des ministres des Finances, des Transports et des Affaires sociales. Au niveau des hauts fonctionnaires, les structures « COREPER I » et « COREPER II » étaient dans le même temps copiées avec l'émergence d'un comité spécial sur l'agriculture pour les questions de la PAC, le comité 111 pour la diplomatie commerciale (particulièrement pour les négociations du GATT) et les comités extraordinaires des « suppléants » pour les négociations sur l'élargissement[47]. Sous l'égide du COREPER, de nombreux groupes de travail proliférèrent, chacun ayant en charge une bonne partie de la législation et de la gestion rendues nécessaires par le vaste agenda politique de la CEE[48]. La prééminence du COREPER était donc non seulement un symptôme de l'émergence du Conseil comme véritable cœur du système communautaire, mais aussi un résultat de ce processus, puisque la variété et le nombre d'organismes interconnectés du Conseil ne firent qu'accroître l'importance des représentants permanents dans la mesure où ils apparaissaient comme les seuls à même d'exercer une certaine surveillance sur cette multitude de comités et de rencontres ministérielles. Le COREPER et ses nombreuses imitations symbolisaient ainsi la distance parcourue par l'expérience européenne depuis la CECA.

Cependant, et bien plus important, l'émergence du COREPER montra aussi à quel point les États membres voulaient contrôler la CEE. Dans le modèle original du traité de Paris, l'acceptation du principe d'intégration supranationale avait été comprise comme la renonciation de chaque pays à une grande partie de sa souveraineté sur les deux secteurs économiques concernés (charbon et acier). La Haute Autorité prendrait la plupart des décisions-clés et, bien que les États membres puissent être consultés à travers le Conseil des ministres, ils n'auraient qu'une marge de manœuvre limitée pour bloquer la route de l'exécutif supranational[49]. En revanche, avec le traité de Rome, non seulement le

---

[47] L'émergence du Comité spécial pour l'agriculture en 1960 est mentionnée brièvement par Knudsen, A.-C., *Defining the Policies of the Common Agricultural Policy : A Historical Study*, thèse de doctorat, Institut universitaire européen, Florence, 2001, pp. 241-243 ; le comité de l'article 111 est discuté dans Coombes, D., *Politics and Bureaucracy in the European Community*, London, George Allen and Unwin, 1970, pp. 190-191 ; pour le rôle des suppléants dans les négociations d'élargissement de 1961-1963, voir Ludlow, N.P., *Dealing With Britain, op. cit.*, p. 68.

[48] Lassalle, C., « Les comités et l'évolution institutionnelle de la CEE », *Cahiers de droit européen*, n° 4, 1968, pp. 395-419.

[49] Cela était vrai en théorie. En pratique, bien sûr, la Haute Autorité fit en sorte d'avoir la caution du Conseil pour toutes les décisions importantes. En conséquence, elle finit par fonctionner d'une manière qui annonçait beaucoup d'aspects du système du traité de Rome. Voir Poidevin, R. et Spierenburg, D., *The History of the High Authority of the European Coal and Steel Community*, pp. 649-655 ; Gillingham, J., *Coal, Steel*

Conseil était devenu beaucoup plus central dans le processus de décision, mais la multiplication d'organismes qui lui étaient subordonnés (avec le COREPER au cœur du système) signifiait que les États membres pouvaient largement diriger les opérations de la CEE, même lorsqu'ils ne siégeaient pas[50]. Le contrôle constant remplaçait la surveillance occasionnelle.

Cependant, et contrairement à certaines déclarations hostiles, cela ne constituait pas un retour à un inter-gouvernementalisme traditionnel. En premier lieu, la Commission était très active au niveau du COREPER. Elle était toujours représentée, parfois par Émile Noël, son fonctionnaire le plus important et un négociateur très avisé. Elle avait de multiples opportunités pour expliquer son point de vue, défendre ses idées et affiner le texte de ses propositions afin d'augmenter ses chances de gagner le soutien du Conseil. Elle décidait souvent de recourir à son expertise pour définir des formules de compromis, afin de créer un consensus entre les États membres, là où il n'y en avait pas auparavant. En outre, au sein d'un comité qui ne votait jamais, le fait qu'officiellement la Commission n'avait pas de droit de vote n'était pas d'une grande importance. La Commission pouvait tester ses idées au sein du forum que constituait le COREPER ; dans une certaine mesure, celui-ci pouvait donc apparaître comme lui facilitant la tâche pour produire des législations susceptibles de gagner l'approbation des États membres.

De plus, la Commission avait réalisé rapidement que les représentants permanents pouvaient devenir, auprès des gouvernements des États membres, des soutiens puissants pour la cause européenne en général, et plus particulièrement pour les propositions de la Communauté. Comme le disait Émile Noël en janvier 1966 : « Les représentants permanents défendent sans doute les intérêts de leur État membre auprès des Communautés, mais en même temps, ils sont, comme tous les bons ambassadeurs, les meilleurs avocats de la Communauté[51] ». Pour cette raison, le secrétariat exécutif de la Commission ne trouvait pas dangereuse l'idée, débattue au Conseil du Luxembourg, d'une consultation plus directe des représentants permanents par la Commission durant le processus de rédaction de ses propositions législatives. Plutôt qu'un handicap, de meilleures relations entre le COREPER et la Commission pouvaient devenir un avantage[52].

Assurément, le pragmatisme de Noël n'était pas partagé par tout le monde à Bruxelles. Les mémoires du commissaire Robert Lemaignen et

and the Rebirth of Europe, 1945-1955. The Germans and French from Ruhr Conflict to Economic Community, Cambridge, Cambridge University Press, 1991, pp. 299 s.

[50] Ce thème sera exploré en détail dans le prochain livre de l'auteur, *The European Community and the 1960s Crises...*, *op. cit.*

[51] AHCE, Fonds Émile Noël, vol. 377, analyse du décalogue, 23 janvier 1965 (*sic*).

[52] *Ibidem*.

le ton de plusieurs rapports du Parlement européen véhiculent le sentiment, assez répandu, que le COREPER avait, d'une manière ou d'une
autre, usurpé un rôle auquel la Commission et le Parlement auraient pu
aspirer[53]. Mais ces idées étaient fondées sur l'hypothèse complètement
irréaliste que les États membres auraient été prêts à renoncer facilement
à leur contrôle sur des aspects vitaux de leur développement économique, devenus parties intégrantes de la CEE. Il est beaucoup plus fondé
de voir dans l'émergence de ces structures multiples au sein du Conseil,
qui permettaient aux gouvernements de participer au processus d'intégration et de maintenir un important degré de contrôle collectif, un
préalable vital attestant le désir des États membres de mettre en pratique
l'agenda original de la CEE. Ceux-ci étaient d'accord pour que d'autres
questions politiques et économiques plus sensibles fussent placées sous
la juridiction de la Communauté. Le COREPER, et tout ce qu'il représentait, n'était donc pas seulement un mécanisme efficace pour assurer
la gestion quotidienne de la CEE durant les années 1960. C'était aussi
une partie essentielle d'une structure qui pouvait s'étendre au-delà de
l'approche modeste et sectorielle dont la CECA était l'organisme pion-
nier.

Les dix premières années de la Communauté européenne furent donc
une période durant laquelle les mécanismes de contrôle des États membres sur le processus supranational furent systématisés et précisés.
L'importance toujours croissante, mais pas prééminente, des représentants permanents et de leur comité constitue une partie centrale de ce
processus. À travers leurs « ambassadeurs » à Bruxelles, les États
membres pouvaient plus facilement modeler la législation de la Communauté, exercer une certaine surveillance, mais pas un contrôle total,
sur les relations entre les institutions de la CEE et les administrations
nationales, s'offraient enfin un forum où les questions de procédure
mises en avant par le processus d'intégration pouvaient être discutées et
résolues. Ils s'armaient d'un instrument vital pour gérer les crises occa-
sionnelles qui touchèrent la Communauté au début de son existence.
Pour chacun de ses rôles, la synthèse inédite qu'ils réalisèrent grâce à
leur connaissance intime du fonctionnement communautaire, une grande
sensibilité pour les besoins et les *desiderata* de leurs collègues des cinq
autres États membres, leur position influente auprès des structures
gouvernementales en charge de la formulation de la politique européenne et leur profil public discret, permirent aux représentants permanents d'exercer parfaitement leur travail. Leur efficacité explique tout

---

[53]   Lemaignen, R., *L'Europe au berceau. Souvenirs d'un technocrate*, Paris, Plon, 1964,
       pp. 85-88 ; pour les inquiétudes du Parlement, voir par exemple, le rapport Deringer,
       document 74, *European Parliament Reports 1962-1963*, pp. 36-38. Voir aussi les
       souvenirs de J.-M. Bœgner dans AHCE, collection d'histoire orale, interview avec
       J.-M. Bœgner.

simplement la manière dont ils s'imposèrent dans le système communautaire à partir d'une base juridique très ténue.

Leur émergence nous éclaire ainsi sur la façon dont la CEE a évolué au début de son existence. La dévolution aux représentants permanents de tâches nombreuses et importantes ne fut pas discutée dans le cadre d'une grand-messe publique comme une Convention. Elle ne fut pas non plus l'objet de discours politiques importants ou de théories institutionnelles savantes. En effet les théoriciens institutionnels les plus connus à l'époque – les néo-fonctionnalistes – sous-estimèrent énormément l'importance du COREPER[54]. Les représentants permanents obtinrent leur rôle parce que leur activité correspondait à un désir clair des États membres : celui de garder un contrôle strict sur le fonctionnement du système de Bruxelles. La petite majorité d'observateurs qui étaient conscients qu'un changement s'était produit, leur donnèrent la permission de garder ce rôle, parce que dans l'ensemble, ils contribuaient au bon fonctionnement du processus communautaire. La croissance du COREPER symbolisait donc l'élan très pragmatique, et encouragé par des résultats probants, qui fit avancer la CEE durant sa première décennie. Le COREPER émergea parce qu'il répondait à un besoin ; il survécut et prospéra parce qu'il fonctionnait bien.

---

[54] Lindberg était conscient du rôle des représentants permanents, mais, malgré tout, il donna l'impression que la Commission restait le principal maître d'œuvre pendant les discussions du COREPER sur la législation de la Communauté (Lindberg, L., *The Political Dynamics of European Economic Integration*, Stanford, Stanford University Press, 1963, pp. 53-54 et 77-79).

« La coordination par la concertation »

L'élaboration de la politique européenne des Pays-Bas et le fonctionnement de la représentation permanente à Bruxelles dans les années 1960

Jan-Willem BROUWER

*Université de Nimègue, Institut d'études européennes
de Louvain-la-Neuve*

Dans les années 1960, les administrations nationales ont dû adapter leurs structures afin d'assurer la gestion de la mise en place du Marché commun. Au sein de l'administration, à La Haye, la coordination de la politique européenne suscite des problèmes considérables. Les intérêts des différents départements divergent et les ministères des Affaires étrangères et des Affaires économiques se disputent la responsabilité du dossier communautaire. Malgré ces difficultés, la représentation permanente auprès de la CEE paraît paradoxalement fonctionner d'une manière relativement efficace ; elle joue un rôle crucial en tant que centre de coordination ultime, notamment après l'arrivée de Dirk Spierenburg comme représentant permanent, en janvier 1963.

Pour expliquer ce paradoxe, je voudrais, dans la première partie de cet article, esquisser la difficile coordination de la politique européenne aux Pays-Bas et donner une appréciation de la mise en pratique de cette politique dans les années 1960. La deuxième partie est consacrée au fonctionnement de la représentation permanente. Étant donné l'absence d'études historiques[1] et l'abondance des sources, j'ai dû restreindre mes recherches. Ce travail s'appuie essentiellement sur les comptes rendus du Conseil des ministres néerlandais de 1956 à 1971, ainsi que sur les dossiers généraux concernant la représentation permanente et le

---

[1] À deux exceptions près : Molegraaf, J., « Boeren in Brussel, Nederland en het Gemeenschappelijk Europees Landbouwbeleid 1958-1971 », thèse de doctorat, Université d'Utrecht, 1998 ; ainsi qu'une thèse, plus ancienne, mais très intéressante : De Bruin, R., « Les Pays-Bas et l'intégration européenne, 1957-1969 », thèse de doctorat, Institut d'études politiques, Paris, 1977.

COREPER de 1957 à 1971, qui se trouvent dans les archives du ministère des Affaires étrangères à La Haye. Par ailleurs, j'ai pu profiter des interviews et des témoignages des responsables de l'époque[2].

I. À La Haye : la concertation plutôt que l'arbitrage

Dès le début de la CEE, la coordination interministérielle de la politique européenne des Pays-Bas est établie sur trois niveaux. Des réunions hebdomadaires entre directions préparent d'abord les instructions adressées à la représentation permanente à Bruxelles. Ces réunions sont tenues au ministère des Affaires étrangères et présidées par la direction Intégration européenne (DIE). Au niveau des directions générales est ensuite créée une Commission de coordination pour les problèmes de l'intégration européenne et de la politique d'association à la CEE (COCOM)[3]. L'organisation de la présidence de cette commission est le résultat d'un compromis. Il est décidé en février 1957 d'accorder au ministère des Affaires étrangères la charge officielle de la coordination, mais de donner la présidence au ministre des Affaires économiques[4]. La COCOM se réunit en principe avant chaque réunion du Conseil des ministres de la CEE et prépare les réunions du Conseil des ministres néerlandais. Ce dernier enfin – troisième niveau – assure l'arbitrage politique. En 1963, un Conseil des ministres restreint, le REZ (*Raad voor Europese Zaken*), est créé pour mieux coordonner les affaires européennes ; il se réunit sous la présidence du Premier ministre.

La curieuse solution de la présidence de la COCOM, ainsi que la décision de créer le REZ montrent que la coordination interministérielle à La Haye rencontre des problèmes importants. Le processus de décision est gêné par les traditions constitutionnelles et administratives néerlandaises et par des conflits de compétence, notamment entre les ministères des Affaires étrangères et des Affaires économiques.

---

[2] L'auteur est très reconnaissant envers MM. Charles Rutten (suppléant en 1960-1969, puis représentant permanent auprès des Communautés européennes en 1980-1986) et Bernard Bot (assistant de Dirk Spierenburg en 1964-1970, puis représentant permanent auprès de l'Union européenne en 1992-2003), qui lui ont accordé un entretien respectivement les 3 et 9 septembre 2003. De nombreuses entretiens de responsables néerlandais sont réunis dans : Harryvan, A. *et al.* (eds.), *Voor Nederland en Europa. Politici en ambtenaren over het Nederlandse integratiebeleid en de Europese integratie, 1945-1975*, La Haye, Boom, 2001. Ces entretiens prennent place dans le cadre du programme d'histoire orale « Voix sur l'Europe », organisé par la Commission européenne. Ils sont consultables sur internet : http://wwwarc.iue.it/oh/binFR/list_ ct.asp ?ln=nl.

[3] Initialement, la COCOM s'appelle Commission de coordination pour les problèmes de l'intégration européenne et de la zone de libre-échange (ZLE). Après l'échec de la ZLE, son nom est changé.

[4] Archives nationales, La Haye (AN/PB), compte rendu du Conseil des ministres, 25 février 1957 ; De Bruin, R., *op. cit.*, pp. 292-293.

A. Le poids des traditions nationales

Aux Pays-Bas, la coordination interministérielle en matière européenne est influencée par certains traits spécifiques de l'administration néerlandaise. Comme l'explique Robert de Bruin dans sa thèse de doctorat, cette administration est incapable de créer des structures hiérarchiques « à la française ». Aux Pays-Bas, les conflits sont résolus par le temps et l'usure, plutôt que par l'arbitrage[5]. C'est, pour ainsi dire, le fondement du « modèle polder ». D'après le Premier ministre Willem Drees, en octobre 1957 devant la chambre des députés, l'essence de l'élaboration de la politique européenne des Pays-Bas réside dans « la coordination par la concertation[6] ». En outre, le fait que les ministères néerlandais soient toujours des gouvernements de coalition limite les possibilités d'arbitrage puisque la position du Premier ministre est relativement effacée. Les partis n'acceptent jamais un Premier ministre qui s'élève au-dessus des autres ministres. Il est donc exclu qu'il soit chargé de la coordination de la politique européenne. La création d'un ministère de la Construction européenne est également hors de question, car celui-ci serait considéré comme trop influent par rapport aux autres départements. Dans les années 1960, les ministres rejettent des tentatives du Premier ministre de renforcer sa position au sein du Conseil des ministres néerlandais. En mai 1962, par exemple, le successeur de Drees, Jan De Quay, veut nommer Dirk Spierenburg, membre de la Haute Autorité de la Communauté européenne du charbon et de l'acier (CECA), secrétaire général de son département[7]. Le Conseil des ministres, qui craint que le Premier ministre ne domine la politique européenne, d'autant qu'à ses côtés, Spierenburg est déjà, à l'époque, considéré comme l'un des plus redoutables négociateurs néerlandais, s'y oppose à l'unanimité[8].

Entre-temps Joseph Luns, ministre des Affaires étrangères de 1952 à 1971, réaffirme ses propres responsabilités vis-à-vis du Premier ministre. Il le fait clairement, par exemple en février 1961, lors du sommet des Six à Paris sur le plan Fouchet. À la grande surprise de ses collègues, De Quay cède aussitôt la parole à Luns. Le Premier ministre luxembourgeois, Pierre Werner, se souvient :

> Celui-ci [Luns] commença par une objection formelle et juridique tirée, selon lui, des principes constitutionnels néerlandais sur les compétences ministérielles. Il fit valoir qu'à ce titre le Premier ministre refusait de faire des déclarations en matière de politique internationale à l'étranger et spéciale-

---

[5] De Bruin, R., *op. cit.*, pp. 278-279.

[6] Handelingen Tweede Kamer 1957-1958 (Annales parlementaires néerlandaises, chambre des députés, HTK), p. 138.

[7] Aux Pays-Bas, le Premier ministre dispose d'un petit département qui lui est propre, celui des Affaires générales.

[8] Archives de Brabant à Bois-le-Duc, journal de De Quay, 18 mai 1962.

ment de s'y engager sur le fond. La face de De Gaulle trahissait l'incompréhension[9].

B. Les limites de la coordination interministérielle

1. Le conflit entre les Affaires étrangères et les Affaires économiques

Si les traditions administratives néerlandaises ne facilitent pas la hiérarchisation de la coordination interministérielle, un deuxième élément gênant est que, dès le début, le contrôle de la politique communautaire – et notamment celui du représentant permanent à Bruxelles – devient un âpre sujet de contestation entre les ministères des Affaires étrangères et des Affaires économiques. Ce conflit n'est enterré qu'en 1971, quand la mission de coordination est attribuée aux Affaires étrangères et la présidence de la commission de coordination interministérielle au secrétaire d'État aux Affaires étrangères[10]. Jusqu'à cette date, on avance péniblement de compromis en compromis.

Au lendemain de la Seconde Guerre mondiale, le ministre des Affaires étrangères ne s'intéressait guère aux affaires économiques internationales. Celles-ci étaient en principe dévolues au ministère des Affaires économiques. Au sein de ce dernier, une direction générale des relations économiques extérieures (*Buitenlandse Economische Betrekkingen*, ou BEB), avait été créée en 1946. La mission principale de la BEB était d'élaborer et de conduire la politique commerciale extérieure des Pays-Bas. La coordination de la politique économique extérieure était placée sous la responsabilité des Affaires économiques. Les négociations sur la création de la CECA furent également coordonnées par la BEB, tandis que son directeur, Spierenburg, dirigeait la délégation néerlandaise. Depuis 1954, les fonctionnaires de la BEB en poste à l'étranger étaient assimilés à des diplomates de carrière, mais ils recevaient leurs instructions de leur propre département.

Entre-temps, à partir de 1947, la politique néerlandaise à l'égard du plan Marshall et de l'Organisation européenne de coopération économique (OECE) fut dirigée par le commissaire du gouvernement Hans-Max Hirschfeld et son bureau. Hirschfeld, n'étant responsable que devant le Conseil des ministres, était indépendant des ministères des Affaires étrangères et économiques. Il géra d'une manière très efficace la politique de reconstruction internationale des Pays-Bas. En 1952,

---

[9] Werner, P., *Itinéraires luxembourgeois et européens. Évolutions et souvenirs, 1945-1985*, tome II, Luxembourg, Saint-Paul, 1992, pp. 27-28. Ce n'est qu'après la création du Conseil européen en 1974, que le Premier ministre néerlandais entre vraiment sur la scène européenne.

[10] AN/PB, compte rendu du Conseil des ministres, 5 juillet 1971.

quand Hirschfeld partit à la retraite et que le plan Marshall toucha à son terme, le bureau fut intégré au ministère des Affaires étrangères en tant que direction générale pour le programme d'aide économique et militaire (DGEM). Ses fonctionnaires jouèrent un rôle important dans l'élaboration du plan Beyen visant à la création d'un Marché commun européen doté d'institutions supranationales. En 1955-1957, lors des négociations menant aux traités de Rome, la coordination de la politique néerlandaise fut assurée par un comité interministériel présidé par le directeur général de la DGEM, Ernst van der Beugel. Sur place, la délégation néerlandaise était présidée par le directeur de la BEB, Hans Linthorst Homan[11].

Étant donné l'importance politique des nouvelles Communautés européennes créées par les traités de Rome, le ministère des Affaires étrangères décida de s'occuper plus activement de la coordination interministérielle en matière européenne. Le 1er janvier 1958, la DGEM est réorganisée en une direction générale de la coopération européenne (DGES). Au sein du Conseil des ministres, le ministre des Affaires économiques, Jelle Zijlstra, proteste vivement contre les ambitions de la DGES. Puisque les ministères techniques (Agriculture, Transports, etc.) soutiennent la revendication des Affaires étrangères, Zijlstra se retrouve isolé, mais ne bronche pas. Une vraie crise politique éclate. En juillet 1958, le compromis de l'année précédente est réaffirmé : Zijlstra présidera les réunions de la commission de coordination interministérielle. Cette solution est de nouveau confirmée en novembre 1965[12].

2. Le maintien de relations directes entre certains ministères et Bruxelles

Parallèlement, les responsabilités respectives de la BEB et de la DGES dans la coordination interministérielle ne sont toujours pas précisées. La BEB continue d'entretenir des contacts indépendants avec ses fonctionnaires détachés à la représentation permanente. Dès juin 1959, le secrétaire général des Affaires étrangères, John baron van Tuyll intervient auprès de W. van Oorschot, le directeur de la DGES. Il craint une « très grande confusion » si la BEB continue de correspondre

[11] De Bruin, R., *op. cit.*, pp. 279-287 ; Harryvan, A., « The Netherlands and the Administration of the EEC : Early Principles and Practices (1952-1965) », in E. Heyen (ed.), *Die Anfänge der Verwaltung der Europäischen Gemeinschaft*, Baden-Baden, Nomos Verlag, 1992, pp. 247-250.

[12] De Bruin, R., *op. cit.*, p. 287 ; Van der Togt, A., « Het ministerie van Buitenlandse Zaken in een veranderende wereld. Organisatorische aspecten van de vorming van het buitenlands beleid 1945-1974 », mémoire de maîtrise, Université de Nimègue, 1984, p. 71 ; AN/PB, compte rendu du Conseil des ministres, 5 novembre 1965.

directement avec ses fonctionnaires à Bruxelles[13]. C'est en vain que la
DGES essaye d'obtenir des copies de cette correspondance. Par ailleurs,
les directions internationales des ministères de l'Agriculture, des Finances et des Transports paraissent suivre l'exemple de la BEB[14]. Quant aux
instructions à la représentation permanente, celles-ci sont établies en
principe lors des réunions hebdomadaires au niveau des directions, mais
elles sont parfois préparées par les ministères techniques et, dans ces
cas-là, la direction Intégration européenne des Affaires étrangères ne les
modifie pas – elle ne sert que de « boîte aux lettres ».

Les premiers directeurs généraux de la DGES, van Vredenburch
(1958-1959) et le baron van Ittersum (1959-1963), sont de grands diplomates, mais, en tant que farouches atlantistes, ne montrent pas beaucoup
d'intérêt pour la construction européenne. Au début, les relations personnelles entre les fonctionnaires de la DGES et la BEB ne sont pas
bonnes. Par exemple, en 1958-1958, la DGES accepte difficilement la
nomination à la représentation permanente à Bruxelles de fonctionnaires
de la BEB et du ministère de l'Agriculture, considérés comme « trop
européens » par le ministère des Affaires étrangères[15]. Quand les avantages du Marché commun deviennent évidents, la CEE commence à être
mieux appréciée aux Affaires étrangères. L'attitude de la DGES change
définitivement quand Karel Hartogh en devient le directeur général en
1963. Issu de la BEB, il est bien plus favorable à la construction européenne que ses prédécesseurs. Sous la direction de Franz Italianer,
l'attitude de la DIE change également[16].

Parallèlement, les relations avec les fonctionnaires de la BEB paraissent s'améliorer. Leur inclinaison pour le compromis les incite plutôt à
rechercher des accommodements. Quand des conflits surgissent, ils sont
plutôt suscités par les ministres. Si Luns s'accorde relativement bien
avec son collègue des Affaires économiques, Zijlstra, les relations avec
le successeur de ce dernier, Koos Andriessen, sont assez tumultueuses
entre 1963 et 1965, Andriessen essayant d'accaparer la coordination[17].

Sur le Marché commun, le conflit de compétence DGES/BEB devient particulièrement aigu en ce qui concerne la politique d'association

---

[13] Archives du ministère des Affaires étrangères, La Haye (MAE/PB), archives de la représentation permanente de la CEE 1957-1984 (ARP), vol. 14, Van Tuyll à van Oorschot, 10 juin 1959.

[14] Pour les efforts de la direction Intégration européenne, voir : MAE/PB, archives du département 1955-1964 (AD), 996 EEG, vol. 331, mémorandum de la DIE, 22 mars 1960.

[15] *Ibidem*, mémorandums de la DIE, 28 janvier 1958 et 21 juillet 1959.

[16] Témoignages de Rob van Schaik et de Herman Posthumus Meyjes, dans H. Labohm (ed.), *De waterdragers van het Nederlandse Europabeleid. Terugblik op 40 jaar DGES*, La Haye, SDU, 1997, pp. 89 et 162.

[17] AN/PB, compte rendu du Conseil des ministres, 12 et 13 avril 1965 ; De Bruin, R., *op. cit.*, p. 302.

de la CEE ainsi que ses relations commerciales avec le reste du monde. Dans ces domaines, la frontière entre l'économique et le politique est imprécise. Généralement, les conflits demeurent internes à La Haye, mais il y eut des exceptions, comme en décembre 1963, lorsqu'un fonctionnaire de la représentation permanente et un envoyé de la BEB se disputent la position de porte-parole de la délégation néerlandaise lors de négociations à la Commission, au sein d'un groupe de travail sur l'association avec le Nigeria, et vont jusqu'à se disputer le microphone. Après cet incident, peu de changement, hélas… Ce n'est qu'en avril 1967 qu'un compromis est avalisé par le Conseil des ministres : la DGES est désormais responsable de la politique d'association jusqu'au moment où le Conseil des ministres de la CEE définit le mandat de la Commission pour mener les négociations[18].

Entre-temps, le rôle du ministère de l'Agriculture complique encore la donne. Le conflit entre les deux départements permet au ministère de l'Agriculture de jouer un jeu à part[19]. Étant donné la technicité de certaines questions, les experts agricoles s'assurent déjà une grande autonomie, notamment depuis la création en 1960 du comité spécial agriculture, qui travaille en dehors du COREPER, sous la responsabilité du Conseil des ministres européen, et auquel participent des fonctionnaires venus de chaque capitale. Néanmoins, malgré quelques problèmes initiaux, il semble que les Affaires étrangères aient été satisfaites de la manière dont les fonctionnaires de l'Agriculture ont informé la DGES à La Haye et la représentation permanente à Bruxelles[20].

C. Des objectifs variables selon les administrations

À l'évidence, il y a aussi une divergence d'intérêts au sein de l'administration néerlandaise.

À première vue, les lignes directrices de la politique européenne hollandaise semblent claires[21]. Tout d'abord, il y a l'importance reconnue de l'Alliance atlantique. Seuls les États-Unis sont capables de garantir la sécurité de l'Europe occidentale. Tout projet de construction européenne est évalué en fonction de ses répercussions sur l'OTAN. Voilà pourquoi, par exemple, La Haye rejette initialement, en 1950-1951, la CED et, en

---

[18] En avril 1964, il apparaît de nouveau que la BEB aspire à la présidence de la délégation néerlandaise dans le groupe EAMA. MAE/PB, ARP, vol. 14, Renardel de Lavalette à van Asbeck, 22 avril 1964 ; AN/PB, compte rendu du Conseil des ministres, 18 avril 1967 ; De Bruin, R., *op. cit.*, p. 307.

[19] Molegraaf, J., *op. cit.*, p. 148.

[20] AN/PB, compte rendu du Conseil des ministres, 12 et 13 avril et 20 septembre 1965.

[21] Pour un aperçu récent de la politique européenne néerlandaise : Brouwer, J.-W., « Stikker, Beyen et Luns : la politique européenne des Pays-Bas », in P. Smets et M. Ryckewaert (dir.), *Les pères de l'Europe : cinquante ans après. Perspectives sur l'engagement européen*, Bruxelles, Bruylant, 2001, pp. 123-141.

1961-1962, fait barrage au plan Fouchet. Par ailleurs, les Pays-Bas, très libre-échangistes, recherchent une coopération économique européenne. Dès 1952, le ministre des Affaires étrangères Johan Beyen propose la création d'un Marché commun. Étant donné l'intérêt des exportations agricoles – dans la CEE, les Pays-Bas sont les plus grands exportateurs de denrées agricoles –, La Haye est en faveur de l'élaboration d'une politique agricole commune (PAC). Enfin, l'Europe doit être supranationale. L'administration est en faveur de l'intégration pour des raisons pragmatiques, plus que fédéralistes : la structure supranationale est censée préserver l'autonomie des petits pays des tentatives hégémoniques des grands, voire de favoriser les petits. Il est vrai que l'Europe des Six est considérée comme trop étroite. En avril 1957, le Premier ministre Drees dit à propos du traité de Rome : « En signant ce traité, les Pays-Bas se sont engagés dans une association protectionniste d'envergure assez restreinte[22] ». C'est pour cela que les Néerlandais souhaitent, dès le début, l'adhésion de la Grande-Bretagne. Avec Londres, le Marché commun sera élargi, l'Europe sera plus atlantique et La Haye aura un contrepoids utile vis-à-vis du couple franco-allemand, surtout contre la France gaullienne, anti-atlantique, anti-supranationale et protectionniste.

Dans la pratique, si l'administration néerlandaise s'accorde dans son ensemble sur les grandes lignes de la politique européenne du pays, les ministères ont tendance à privilégier chacun certains aspects de la construction européenne. Globalement, on peut discerner quatre positions. Le ministère des Affaires étrangères, en premier lieu, soutient l'intégration européenne comme une sorte de stratégie du faible au fort. Très favorables à l'élargissement du Marché commun et soucieux de donner à la CEE un caractère atlantique et libre-échangiste, ses fonctionnaires montrent cependant une extrême prudence à l'égard de ce qu'ils considèrent comme des excès de zèle ou de prosélytisme européens. De son côté, le ministère des Affaires économiques est favorable à l'élargissement et très soucieux de donner à la CEE un caractère ouvert, notamment en accordant un mandat libre-échangiste à la Commission, porte-parole des Six lors du *Kennedy Round*. Pour sa part, le ministère de l'Agriculture soutient la PAC. Selon lui, Luns accorde trop de poids aux aspects politiques, qui ne peuvent qu'entraver son avènement. Le libre-échangisme farouche des Affaires économiques ne l'intéresse pas non plus. Enfin, le Parlement est le haut lieu du fédéralisme européen. En son sein, les députés des grands partis social-démocrate et catholique sont des Européens convaincus. Dès le début des années 1960, ils exigent notamment l'extension des pouvoirs budgétaires du Parlement européen. À la veille de la crise de la chaise vide, en

---

[22] AN/PB, compte rendu du Conseil des ministres, 29 avril 1957.

juin 1965, les députés votent une motion en ce sens, que Luns ne peut pas refuser : il est obligé de faire un effort.

À diverses reprises, les intérêts de l'agriculture néerlandaise ont prévalu sur ceux des Affaires étrangères et des Affaires économiques. Ainsi, en décembre 1963, les arrangements sur les produits laitiers et, un an plus tard, l'établissement du prix du blé compromettent par des prix élevés l'ouverture de la CEE et, par conséquent, les intérêts libre-échangistes du pays. D'après Johan Molegraaf, le ministre des Affaires économiques a notamment été obligé d'accepter des accords indésirables sur la PAC parce qu'il n'avait pas de solution de rechange ; un veto – qui aurait eu pour conséquence de faire éclater la CEE – était exclu. Au même moment survint un nouveau coup dur, quand La Haye fut brusquement confrontée à un accord secret entre Bonn et Paris sur le mandat européen dans le *Kennedy Round*. Les Français étaient très réticents à l'idée d'ouvrir le Marché commun et obtinrent des Allemands des concessions qui allaient trop loin aux yeux des Néerlandais. Enfin, lors de la crise de la chaise vide, en 1965-1966, La Haye vise trop d'objectifs pour agir avec efficacité : accroître les pouvoirs du Parlement européen, soutenir la Commission contre le général de Gaulle et peser sur la répartition des frais et bénéfices de la PAC. De manière générale, la nécessité de tenir compte du Parlement néerlandais compliquait la politique européenne du pays[23].

Face à ces demi-échecs, les reproches que les différents ministères s'adressent les uns aux autres sont sévères. Les Affaires étrangères reprochent à l'Agriculture de sacrifier le libéralisme, tandis que les Affaires économiques reprochent aux Affaires étrangères de ne pas avoir anticipé tel ou tel accord franco-allemand[24]. Il est cependant difficile d'établir dans quelle mesure ces frustrations ont été causées par le manque de coordination. Ne sont-elles pas également déterminées par le simple fait que les Pays-Bas sont une puissance secondaire ? Une fois le compromis établi entre Paris et Bonn, les marges de manœuvre de La Haye sont considérablement restreintes.

En tout cas, ces conflits de compétence ont coûté beaucoup de temps et d'énergie. Le politologue Jean Salmon a montré qu'en 1966 les Pays-Bas et la RFA avaient envoyé plus d'experts aux réunions du Conseil à Bruxelles que les autres pays membres. Il suggère que c'est la conséquence d'une moins bonne coordination nationale[25]. Ce phénomène est

---

[23]   AN/PB, comptes rendus du Conseil des ministres, 11 janvier et 22 décembre 1963 ; De Bruin, R., *op. cit.*, pp. 310-311 ; Molegraaf, J., *op. cit.*, pp. 157-160, 182-183 et 220-221.

[24]   Molegraaf, J., *op. cit.*, pp. 158-159.

[25]   Salmon, J., « Les représentations et missions permanentes auprès de la CEE et de l'EURATOM », in M. Virally, P. Gerbet et J. Salmon (dir.), *Les missions permanentes auprès des organisations internationales*, Bruxelles, Bruylant, 1971, pp. 676-677.

perçu à l'époque, mais le contrôle de la DGES, ou de la représentation permanente, sur les experts venant de La Haye est souvent minime. Les protestations n'ont pas l'effet souhaité[26].

Charles Rutten, suppléant du représentant permanent en 1960-1969, puis représentant permanent auprès des Communautés européennes en 1980-1986, soutient cependant que les conflits de coordination n'avaient rien d'exceptionnel et qu'ils étaient le propre de tout processus de décision : toutes les représentations permanentes en ont souffert[27]. Quoi qu'il en soit, dans la pratique, les fonctionnaires à La Haye trouvèrent parfois un *modus vivendi* quand leurs ministres n'étaient pas d'accord. C'est justement lorsque la coordination fut insuffisante au niveau national, que le rôle de la représentation permanente à Bruxelles en fut accru d'autant. Le représentant permanent devint alors le conseiller principal du gouvernement de La Haye[28].

II. À Bruxelles : la représentation permanente comme centre de coordination ultime

À partir du 1er février 1958, Hans Linthorst Homan est représentant permanent à Bruxelles. Il dirige une mission qui, jusqu'à la fusion des exécutifs en 1967, s'appelle « représentation permanente combinée auprès de la CEE et de l'Euratom ». Malgré les problèmes de coordination nationale, la représentation permanente a pu fonctionner d'une manière relativement efficace. Elle devient même un maillon essentiel dans le processus de décision de la politique européenne des Pays-Bas, surtout quand Linthorst Homan est remplacé par Dirk Spierenburg en 1963. Avant d'examiner l'essor de la représentation permanente, il faut préciser les positions des Pays-Bas face au COREPER.

A. « *Le serviteur, l'œil et l'oreille de son Gouvernement* »

Au sein du parlement néerlandais, certains députés fédéralistes – notamment des partis social-démocrate et catholique – voient initialement le comité des représentants permanents comme un obstacle national, voire nationaliste, sur la route supranationale qui doit être suivie par la CEE naissante. Ils ont peur que le Comité ne prenne la place des Commissions en tant que moteurs des Communautés. En particulier, le député social-démocrate Marinus van der Goes van Naters insiste pour

---

[26] Voir par exemple : MAE/PB, AD, 996 EEG, vol. 565, Homan à Luns, 16 août 1958 et vol. 331, Homan à Luns, 12 décembre 1962 ; van der Beugel, E., *Nederland en de westelijke samenwerking. Enkele aspecten van de Nederlandse beleidsvorming*, Leiden, Brill, 1966, pp. 23-24.

[27] Entretien avec Rutten, 3 septembre 2003.

[28] Témoignages de Frederik Moquette et de Rob van Schaik, in H. Labohm (ed.), *op. cit.*, p. 17 et p. 87.

que l'on considère par principe le Comité comme un organisme communautaire et dénonce le fait que les représentants reçoivent des instructions de leurs gouvernements nationaux au lieu du Conseil des ministres
à Bruxelles[29]. Van der Goes regrette aussi que les frais des représentations permanentes soient imputés exclusivement aux budgets nationaux.
En décembre 1958, ce dernier élément est à l'origine d'une confrontation assez acerbe entre van der Goes et Luns sur la place du poste de la
représentation permanente dans le budget des Affaires étrangères.
D'après van der Goes, il ne faut pas l'enregistrer, comme l'a fait Luns,
sous la rubrique « postes diplomatiques », mais sous le poste « coopération européenne ». Dans un geste symbolique, le socialiste menace de
déposer une motion pour diminuer d'un florin le salaire du ministre. La
motion paraissant susceptible de pouvoir obtenir le soutien de la majorité, Luns accepte d'effectuer le changement demandé[30].

De son côté, le gouvernement a une vision claire du rôle que doit
jouer le COREPER. En décembre 1958, le secrétaire d'État aux Affaires
étrangères, Ernst van der Beugel, reconnaît devant la chambre des
députés la dimension communautaire du Comité, mais il insiste sur la
tâche prioritaire du représentant permanent : être « le serviteur, l'œil et
l'oreille de son Gouvernement[31] ».

En effet, l'administration néerlandaise sait, très vite, se servir du
Comité pour défendre les intérêts nationaux. Dès le début, elle perçoit
nettement que la Commission européenne est un acteur indépendant, qui
ne soutient pas nécessairement les positions néerlandaises. Van
Vredenburch écrit dans ses mémoires qu'en 1958 et 1959, quand il est à
la tête de la DGES, il n'avait guère d'estime pour l'exécutif communautaire :

> La Commission prenait des allures qui faisaient penser à une mégalomanie ;
> et puisqu'elle se rendait compte que pour ses ambitions elle avait le plus à
> craindre de la France, elle avait tendance à se montrer très sensible aux sou
> haits, reproches, caprices et ainsi de suite, de la Marianne[32].

Cette méfiance vis-à-vis de la Commission est en grande partie le
fruit des négociations sur la zone de libre-échange (ZLE) avec la
Grande-Bretagne dans le cadre de l'OECE. Pour La Haye, le commerce
extérieur constitue un atout essentiel ; il faut développer les échanges
avec la Grande-Bretagne. La création de la ZLE apparaît alors primor-

---

[29] HTK 1957-1958, p. 664. Voir Houben, P.-H., *Les Conseils des ministres des Communautés européennes*, Leyde, Sijthoff, 1964, p. 145.

[30] HTK 1958-1959, p. 476.

[31] *Ibidem*, p. 454. Pourtant, les doutes des députés ne se dissipent pas. Encore en 1960,
Luns doit défendre le droit à l'existence du COREPER. HTK 1960-1961, Bijl. 6100,
Rijksbegroting dienstjaar 1961, III, Buitenlandse Zaken, nr. 15, pp. 37-38.

[32] Van Vredenburch, H., *Den Haag antwoordt niet. Herinneringen van jhr.mr. H.F.L.K.
van Vredenburch*, Leiden, Nijhoff, 1985, p. 510.

diale. Or, pour les Néerlandais, l'attitude de la Commission se rapproche trop de la position sceptique du gouvernement français en la matière. En mai 1958, van der Beugel, dans une intervention exceptionnelle auprès du membre néerlandais de la Commission, avertit Sicco Mansholt des griefs développés par son pays :

> Nous avons progressivement l'impression qu'on [la Commission de la CEE] ne nous prend pas au sérieux et qu'on a deux oreilles ; une très grande oreille, très réceptive à tout ce qui vient de Paris et une toute petite oreille avec un appareil de correction auditive, pour tout ce qui ne vient pas de Paris[33].

Après le veto français de novembre 1958, les négociations sur la ZLE sont annulées. L'affaire compte pour beaucoup dans les désillusions de La Haye vis-à-vis de la Commission. Celle-ci ne s'est pas révélée être le contrepoids qu'on espérait, face aux tentatives françaises de laisser la Grande-Bretagne en dehors de la CEE. En mai 1959, le gouvernement De Quay en tire la leçon et décide qu'il faut désormais compter davantage avec la tendance des « partenaires [dans la CEE] de défendre leurs intérêts nationaux », c'est-à-dire de veiller davantage à la défense des intérêts nationaux des Pays-Bas[34].

B. De Homan à Spierenburg, l'essor de la représentation permanente à Bruxelles

La nomination à Bruxelles de Linthorst Homan paraît logique à l'issue des négociations des traités de Rome qu'il a lui-même dirigées à la tête de la délégation néerlandaise. Linthorst Homan, directeur général de la BEB depuis 1952, est un Européen convaincu depuis 1945. Il regrette fortement les ambiguïtés des traités fondateurs : il aurait préféré – et il l'espère toujours en 1958-1962 – un rôle accru des Commissions. S'il accepte que le COREPER soit un organisme indispensable à la fois au service du Conseil de ministres de la CEE et de son propre gouvernement, il supporte difficilement l'évolution vers des tactiques de négociations plus traditionnelles. Dans son dernier et très long rapport de décembre 1962, Linthorst Homan se plaint de l'attitude « égoïste » et du manque de vision de La Haye. Il regrette surtout que son gouvernement refuse de s'assigner « un but final »[35].

---

[33] AN/PB, archives personnelles de W. Drees, vol. 531, van der Beugel à Mansholt, 21 mai 1958.

[34] AN/PB, archives personnelles de M.A.M. Klompé, vol. 5, Overzicht hoofdlijnen regeringsbeleid, sans date (mai 1959).

[35] MAE/PB, AD, 996 EEG, vol. 331 ; Linthorst Homan à Luns, 12 décembre 1962. Voir Linthorst Homan, J., *'Wat zijt ghij voor een vent'. Levensherinneringen*, Assen, Van Gorcum, 1974, pp. 239-258.

Il va diriger avec ardeur la représentation permanente. Les dossiers témoignent de la manière dont il a rassemblé ses collaborateurs issus de divers ministères. La mission s'accroît de cinq membres en 1958, portés à quatorze en 1962 (jusqu'à vingt-trois en 1970). Dans les années 1960, la représentation permanente néerlandaise est la plus petite des Six, après celle du Luxembourg[36]. L'organisation de la mission reflète la situation interministérielle de La Haye. Environ la moitié du personnel est d'origine diplomatique, les autres viennent de la BEB et des ministères techniques.

Sans cesse, Linthorst Homan va insister auprès de La Haye pour obtenir des instructions plus cohérentes[37]. Les problèmes de coordination ne seront jamais résolus. La première difficulté a trait aux questions agricoles qui sont de plus en plus traitées en dehors du COREPER, dans le comité spécial agriculture. Une autre complication provient du grand nombre de spécialistes néerlandais envoyés à Bruxelles, parfois sans que la représentation en soit informée. La réglementation « définitive », établie par la DGES en juin 1958, ne règle pas cette situation[38]. En vain, Linthorst Homan proteste-t-il régulièrement. Dans son dernier rapport, il se plaint que sa mission soit fréquemment informée par des tiers « de positions néerlandaises dont elle n'a jamais entendu parler »[39].

La première raison pour laquelle la représentation permanente a néanmoins pu fonctionner d'une manière relativement efficace tient aux bonnes relations existant au sein de la mission elle-même. Les interviews et les souvenirs écrits des responsables donnent l'impression, d'une part, que les conflits internes ont été, certes, sévères, mais que, d'autre part, l'excellente coordination à Bruxelles a généralement sauvé la mise, et que la représentation permanente est alors devenue en quelque sorte le centre de coordination ultime. C'est à Bruxelles qu'on tranchait les cas litigieux issus d'instructions contradictoires ou incohérentes.

Autour du représentant permanent s'est, en effet, constitué un noyau de collaborateurs hautement qualifiés. Certains d'eux obtiendront plus tard des ambassades importantes (tels Charles Rutten, Peter Nieman et Bernard Bot qui se succéderont à la représentation permanente) ou entreront dans la carrière politique (tel l'attaché agricole Gerrit Braks qui deviendra ministre de l'Agriculture et, très récemment, Bot qui est ministre des Affaires étrangères). Cette équipe se réunit chaque matin

[36]   Voir les éditions de l'annuaire *Staatsalmanak van het Koninkrijk der Nederlanden* ; Wollring, P., « COREPER van ongewenst element tot respectabele partner », mémoire de maîtrise en études européennes, Université d'Amsterdam, 1997, p. 16.

[37]   Par exemple : MAE/PB, AD, 996 EEG, vol. 565, Linthorst Homan à Luns, 16 août 1958 ; ARP, vol. 14, Linthorst Homan à van Ittersum, 22 avril 1959.

[38]   MAE/PB, ARP, vol. 14, van Vredenburch à Linthorst Homan, 19 juin 1958.

[39]   MAE/PB, AD, 996 EEG, vol. 331 ; Linthorst Homan à Luns, 12 décembre 1962.

pour passer en revue les questions pendantes et pour harmoniser le travail commun. Bruxelles présente aussi l'avantage de se situer près de La Haye. Les membres de la représentation permanente se rendent fréquemment à La Haye pour assister à des réunions interministérielles. Le représentant permanent fait parfois la navette une fois par semaine. Lui, ou son suppléant, assiste aux réunions de la commission interministérielle de coordination ainsi qu'aux réunions du Conseil des ministres restreint (REZ). En outre, d'après Spierenburg, l'avantage d'un petit pays est de permettre une bonne communication entre le représentant permanent et son gouvernement : « La distance entre la représentation permanente et le gouvernement de la France et de la RFA est plus grande »[40].

Ainsi, les bonnes relations entre les fonctionnaires et l'excellente coordination au sein de la mission à Bruxelles ont permis de surmonter – du moins en grande partie – les difficultés de la coordination interministérielle à La Haye.

Toutefois, à partir du début des années 1960, la position de Homan est de plus en plus contestée à La Haye comme à Bruxelles. Au ministère des Affaires étrangères, on juge exagéré son farouche fédéralisme[41]. La DGES a bien cherché d'abord à modérer les passions européennes du représentant permanent. En avril 1959, son directeur général van Ittersum écrit à Linthorst Homan : « Tant qu'un grand homme d'État n'a pas établi la synthèse dans la problématique européenne, il faut que nous à La Haye, nous reconnaissions avec l'Apôtre : "Car nous connaissons en partie, et nous prophétisons en partie" »[42]. Mais ce n'est pas son fédéralisme qui va conduire Homan à la démission. Il a du mal à travailler au sein du COREPER. D'après Charles Rutten, son suppléant depuis 1960, Linthorst Homan n'aime pas les négociations. Il a du mal à conclure. Cette qualité le gêne surtout lors de la première présidence néerlandaise de la CEE, en juillet-décembre 1960. Lorsque s'approche la nouvelle présidence néerlandaise, en 1963, les autres membres du COREPER émettent des réticences à son encontre. À La Haye, les objections ne viennent d'ailleurs pas seulement des Affaires étrangères. D'après Norbert Schmelzer, alors fonctionnaire à la BEB, Linthorst Homan est « plutôt européen convaincu que diplomate »[43].

---

[40] Tiedemann, E., « Dubbelgesprek Spierenburg-Bot », *Elsevier*, 19 décembre 1998, p. 99.

[41] Par exemple, le département ne sait pas comment répondre au dernier rapport de Linthorst Homan (mémorandum Kymmell à De Block, 16 janvier 1963). Deux mois plus tard, Luns répond avec une lettre courte et vague (Luns à Linthorst Homan, 4 février 1963). Voir aussi Linthorst Homan, J., *op. cit.*, p. 258.

[42] MAE/PB, ARP, vol. 14, van Ittersum à Linthorst Homan, 16 avril 1959.

[43] Entretien avec Charles Rutten, 3 septembre 2003 ; entretiens avec Rutten et Norbert Schmelzer, in A. Harryvan *et al.* (eds.), *op. cit.*, pp. 217-218 et 241.

Le 1ᵉʳ janvier 1963, Linthorst Homan – qui devient membre de la Haute Autorité de la CECA – est remplacé par Dirk Spierenburg. Celui-ci est considéré comme un des meilleurs négociateurs néerlandais depuis la fin de la guerre. Déjà en 1945, l'ambassadeur français à La Haye parle de lui comme d'un « négociateur dynamique et efficace ». Spierenburg avait participé à la construction européenne, comme directeur, puis directeur général de la BEB, lors des pourparlers sur le plan Marshall et le Benelux. D'après Jean Monnet, qui le rencontre en 1950-1951 durant des négociations sur le plan Schuman, il « incarnait la ténacité hollandaise et pratiquait le harcèlement dialectique[44] ». Dix ans plus tard, après avoir été membre de la Haute Autorité de la CECA, sa renommée est encore plus grande. Dans les interviews, les anciens responsables néerlandais reconnaissent à l'unanimité ses qualités exceptionnelles de négociateur. Cela lui a permis de se dégager des marges de manœuvre vis-à-vis de son gouvernement[45].

Représentant permanent jusqu'à la fin de 1970, il est bien moins « fédéraliste » et plus réaliste que Linthorst Homan. En outre, c'est un ami de Luns. Il peut lui téléphoner à tout moment. D'après Bernard Bot, qui fut son assistant à partir de 1964, il était inimitable et brillant. Il n'aimait pas écrire ses rapports ; il laissait cette charge à ses collaborateurs. Avant les réunions du COREPER, il avait pris l'habitude de jouer un « jeu de rôle » avec Bot – ce dernier jouant la partie de Jean-Marc Bœgner, le représentant français, tandis que Spierenburg préparait sa réplique[46].

Si ses instructions étaient contradictoires, ou ne lui laissaient pas de marge de manœuvre, avant ou pendant les sessions du COREPER, Spierenburg téléphonait à La Haye. Bot se souvient encore : « Un coup de téléphone à la DGES ou à Luns suffisait généralement pour avoir les coudées franches[47] ». L'autorité de Spierenburg auprès des ministres néerlandais est si grande qu'il n'hésite pas à intervenir brusquement au beau milieu des pourparlers. Le jeune diplomate à Bruxelles, Joop Merckelbach, est stupéfait quand, en 1965, Spierenburg traite de « c.. » le ministre des Affaires économiques (et futur Premier ministre) Joop

---

[44] Archives du ministère des Affaires étrangères, Paris (MAE/France), Série Z-Europe, Belgique, vol. 46, Guérin à Bidault, 20 novembre 1945 ; Monnet, J., *Mémoires*, Paris, Fayard, 1976, p. 380. Dans ses mémoires, Pierre Werner signale les succès de Spierenburg (Werner, P., *op. cit.*, tome II, p. 12).

[45] Par exemple les entretiens avec Ernst van der Beugel, Jaap Kymmell et Charles Rutten, dans A. Harryvan *et al.* (eds.), *op. cit.*, pp. 57, 122 et 219.

[46] Entretien avec Bernard Bot, 9 septembre 2003.

[47] Témoignages de Herman Posthumus Meyjes et Bernard Bot, dans H. Labohm (ed.), *op. cit.*, pp. 162 et 221.

Den Uyl, qui se montrait trop conciliant lors d'un Conseil des ministres de la CEE[48].

On peut en conclure que Spierenburg a réussi dans la plupart des cas à obtenir une certaine marge de manœuvre par rapport à son gouvernement.

C. Un modus negociandi *néerlandais* ?

Contrairement à ce qu'on aurait pu attendre, les trois représentants des pays du Benelux au sein du COREPER ne se sont jamais constitués en un petit groupe partageant des intérêts commun et votant en bloc. Pour les Pays-Bas, globalement, les alliés naturels sont la RFA (le libre-échangisme et l'élargissement) et la France (la PAC). Étant donné le principe des *package deals* et du « juste retour », introduit à Bruxelles au début des années 1960, les regroupements au sein du COREPER varient selon les problèmes.

En 1998, Spierenburg expliqua lors d'un entretien qu'il suivait alors en général la ligne suivante : il considérait son homologue français Jean-Marc Bœgner comme son principal adversaire. Il fallait donc chercher un compromis avec lui ; ensuite les Belges, les Luxembourgeois et – plus important –, les Allemands, suivaient. Ajoutons que Bœgner et Spierenburg, bien qu'adversaires dans les négociations, étaient liés par une amitié réelle[49].

Spierenburg paraît avoir joué un rôle prépondérant au sein du COREPER. Il se savait en outre protégé par son ministre, réputé lui aussi pour sa détermination. « Quand je prenais une position avec l'assentiment de Luns, je savais, et mes collègues à Bruxelles le savaient aussi, que le ministre ne broncherait pas ». Il a pourtant bien conscience du poids relativement limité de son pays. Dans ce même entretien de 1998, il remarque que si les Pays-Bas devaient à certains moments faire preuve de fermeté, ils ne pouvaient se permettre de le faire tout le temps : « Un grand pays peut se permettre de chicaner plus facilement qu'un petit pays[50] ». Et Bot de conclure : « Une fois établi un accord franco-allemand, nous étions impuissants[51] ».

Pour d'autres responsables néerlandais, leurs collègues français étaient la mesure de toute chose. D'abord parce que la France et les Pays-Bas avaient souvent des positions opposées. Ensuite parce que les Néerlandais semblent avoir été fascinés par l'efficacité des diplomates français, qu'ils admirent alors pour leur organisation, leur connaissance

48 Témoignage de Joop Merckelbach, dans H. Labohm (ed.), *op. cit.*, p. 246.
49 Tiedemann, E., article cité, p. 98 ; Lequesne, C., *Paris-Bruxelles. Comment se fait la politique européenne de la France*, Paris, Presses de la FNSP, 1993, p. 188.
50 Tiedemann, E., article cité, p. 98.
51 Entretien avec Bernard Bot, 9 septembre 2003.

des dossiers et leur farouche esprit de corps, inconnu chez eux[52]. Mais Charles Rutten est d'un autre point de vue :

Les représentants français n'étaient pas « organisés » si bien que cela. Ils manquaient leur but aussi souvent que nous. Et eux aussi devaient s'entretenir parfois avec leur capitale. La seule chose est que les Français laissent entrevoir leurs faiblesses moins facilement que les Néerlandais[53].

Au contraire, la représentation permanente de la RFA donne aux Néerlandais l'impression d'être d'une faiblesse considérable. Cette faiblesse est imputée non seulement aux problèmes de coordination que rencontre, elle aussi, la diplomatie allemande – l'indépendance acquise par Spierenburg, n'existe pas chez son homologue allemand –, mais aussi à la qualité médiocre du personnel détaché à Bruxelles[54]. Ce jugement assez négatif tient aussi peut-être à ce que les Néerlandais reprochent souvent aux Allemands – perçus comme atlantistes et libre-échangistes comme eux – de ne pas suffisamment les soutenir contre les Français. En 1998 Spierenburg se souvient encore : « En général, les Allemands suivaient les Français. Ils n'osaient pas nous soutenir du moment où la France avait choisi une autre position[55] ». D'après Bot, les Français abusaient de l'amitié franco-allemande pour imposer leur volonté[56].

« Quoique des réglementations officielles soient importantes pour une bonne organisation administrative, en pratique tout dépend de la coopération entre les personnes[57] ». Ce mot de Laurens-Jan Brinkhorst, secrétaire d'État aux Affaires étrangères et chargé des Affaires européennes en 1973-1977, paraît avoir servi de mot d'ordre à l'élaboration de la politique européenne des Pays-Bas pendant les années 1960. Du côté néerlandais, la coordination de la politique européenne n'est en effet pas parfaite. Malgré, ou précisément en raison de ce désavantage, la représentation permanente néerlandaise à Bruxelles pendant les années 1960 devient en quelque sorte le centre de coordination ultime. D'abord grâce aux bonnes relations personnelles unissant les fonctionnaires en poste, mais aussi grâce à la forte personnalité de Spierenburg.

---

[52] Voir aussi De Bruin, R., *op. cit.*, p. 315.

[53] Entretien avec Charles Rutten, 3 septembre 2003.

[54] Entretien avec Bernard Bot, 9 septembre 2003 ; De Bruin, R., *op. cit.*, p. 312.

[55] Tiedemann, E., article cité, p. 98.

[56] Entretien avec Bernard Bot, 9 septembre 2003.

[57] Témoignage de Laurens-Jan Brinkhorst, dans H. Labohm (ed.), *op. cit.*, p. 120.

Conclusion

Résistances, rivalités et redéfinition des rôles : les administrations nationales face à l'unification européenne[1]

Laurence BADEL et Stanislas JEANNESSON

On ne saurait trop insister sur le rôle essentiel joué par les deux guerres mondiales dans la naissance, puis l'essor, de ce que les historiens appellent la conscience européenne, c'est-à-dire, comme l'écrit Robert Frank : « La conscience de la nécessité de *faire* l'Europe, de la nécessité *vitale* de la construction européenne[2] ». Si le sentiment d'appartenance à l'Europe, d'être européen, est un phénomène identitaire, d'ordre culturel, dont on perçoit déjà la force chez certains intellectuels du XIX\u1d49 siècle, et qui a fini par gagner progressivement, certes de façon diffuse et discontinue, une large frange des sociétés, jamais l'on ne ressentit mieux l'urgence d'une organisation politique européenne qu'au spectacle des ruines et des désordres provoqués par les deux conflits mondiaux. Le foisonnement, dans les années 1920, des mouvements, projets, revues et écrits européistes, montre assez qu'il s'agissait bien là d'une véritable lame de fond et non d'élucubrations d'une poignée d'illuminés ; l'Entente internationale de l'acier, par exemple, rappelle d'ailleurs qu'on avait dépassé le stade des simples intentions pour entrer déjà de plain-pied dans celui des réalisations. Mais toutes ces initiatives, à l'exception notable du plan Briand d'Union fédérale européenne, procédaient essentiellement d'associations privées, de cercles économiques ou de personnalités diverses, universitaires, économistes ou écrivains. Les politiques, plus ou moins nettement, marquaient leurs distances. Après 1945 d'ailleurs, à l'inverse, le discours intellectuel délaissa l'Europe pour se vouer à d'autres causes, jugées plus universelles, comme si l'Europe, dès lors que le monde politique l'avait adop-

---

[1] Ce texte reprend les principales conclusions issues des articles qui précèdent. Il n'engage toutefois que ses auteurs. Nous remercions N. Piers Ludlow pour sa relecture attentive et les remarques qu'il a bien voulu nous adresser.

[2] Frank, R. (dir.), *Les identités européennes au XX\u1d49 siècle. Diversités, convergences et solidarités*, Paris, Publications de la Sorbonne, 2004, p. 9 ; Fleury, A. et Frank, R., *Le rôle des guerres dans la mémoire des Européens. Leur effet sur la conscience d'être européen*, Berne, Peter Lang, 1997.

tée, ne méritait plus l'investissement affectif dont elle avait bénéficié durant l'âge d'or des années 1920.

Les administrations nationales, auxquelles s'intéressent les études rassemblées ici, sont peut-être initialement, par nature, parmi les plus réticentes à prendre en compte la dimension européenne. Elles doivent cependant s'adapter, tant aux bouleversements de tout ordre suscités par les guerres et leurs lendemains immédiats, qu'aux débuts de la construction européenne et à la mise en place des institutions communautaires. Dans les années 1950 et 1960, confrontées aux réalités politiques de l'Europe en marche, elles cherchent avant tout à préciser leur rôle, tantôt pour préserver leurs prérogatives, tantôt pour élargir leurs compétences. Cette redéfinition des tâches, autour d'un nouvel horizon, ne va pas sans rivalités ni conflits. Nous y reviendrons. Dans l'entre-deux-guerres, en revanche, ces questions ne sont pas encore d'actualité. Les administrations, lorsqu'elles y prêtent attention, considèrent souvent de haut les mouvements européistes, parfois avec bienveillance, parfois avec quelque irritation lorsqu'elles comprennent, pour paraphraser, en en inversant les termes, la formule célèbre de Jean Monnet, que ces projets ne cherchent pas seulement à unir des hommes, mais aussi à unir des États.

La première difficulté, pour ces administrations, consiste donc à penser en termes d'Europe, à apprendre, comme le dit Briand au moment de ratifier les accords de Locarno, à « parler européen ». Alors qu'au lendemain de la Première Guerre mondiale, les milieux économiques débattent de la nécessité de construire une Europe unie, certaines administrations s'obstinent encore à s'épargner toute réflexion sur le sujet. On aurait pu croire, par exemple, que le Mouvement général des fonds, tant par le poids croissant qui est le sien dans la politique financière de la France que par l'importance nouvelle prise par les problèmes monétaires dans l'entre-deux-guerres, se serait senti pour le moins concerné par des tentatives de coopération économique et financière entre États européens. Il n'en est rien, et même le mémorandum Briand de mai 1930, dont on déniche un exemplaire dans le fonds Baumgartner, ne provoque aucune annotation ni l'ébauche d'un commentaire. Sans doute cette attitude peut-elle s'expliquer par la crise naissante et des préoccupations d'ordre intérieur qui l'emportent alors sur toute autre considération, mais aussi plus profondément par un désintérêt global, de la part de fonctionnaires habitués à considérer la puissance financière anglo-saxonne et à raisonner en termes de relations bilatérales franco-britanniques, pour les questions strictement européennes et notamment franco-allemandes. Logiques de fonction, lourdeurs administratives, poids des cultures. De façon générale, en matière monétaire, la coopération se fait

alors plus entre banques centrales qu'elle ne s'élabore au sein des administrations financières[3].

Lorsqu'elles n'ignorent pas simplement la dimension européenne, les
administrations nationales, qui, par nature, ont pour charge de défendre
les intérêts de leur pays et peut-être surtout ceux de leur ministère, ne lui
accordent une place que dans la mesure où, sans réclamer d'effort
d'adaptation, elle s'intègre d'elle-même dans leur logique particulière.
L'exemple de la direction de l'exploitation postale est sur ce point très
éclairant. Le ministère des Postes est une administration technique, aux
compétences et au champ d'action a priori circonscrits, mais dont
l'objet, le courrier, est un symbole fort du rapprochement entre les
peuples, et qui ne cesse d'affirmer sa double vocation : le service de
l'État et l'ouverture internationale, singulièrement depuis la création, en
1874, de l'Union postale universelle (UPU). Il bénéficie par ailleurs,
dans l'entre-deux-guerres, de progrès techniques, notamment dans le
domaine aéropostal, qui lui ouvrent des perspectives nouvelles. Or les
Postes, en 1930, rejettent sans détours le projet d'Union postale européenne établi par la Chambre de commerce internationale et le Comité
d'action économique et douanière, parce qu'il n'émane pas de ses
services, et parce qu'il reviendrait à établir un tarif européen inférieur au
tarif international, ce qui réduirait d'autant les recettes postales. En
revanche, elles élaborent un projet de réseau postal aérien européen qui
conduirait à créer une taxe spécifiquement européenne plus élevée que
les tarifs définis par l'UPU. Dans les deux cas, c'est l'intérêt particulier
qui explique les positions du ministère.

Plus généralement, le peu d'intérêt porté dans l'entre-deux-guerres
par les administrations aux questions européennes, s'explique aussi,
pour certaines d'entre elles, parce qu'elles considèrent les problèmes
internationaux dans une logique mondiale, et non strictement continentale. C'est le cas, on l'a vu, des fonctionnaires du Mouvement général
des fonds, tournés plus volontiers vers Londres ou Washington que vers
Berlin, mais aussi de la direction de l'exploitation postale, qui craint
qu'une Union postale européenne n'affaiblisse l'UPU. C'est également
le cas du Service français de la Société des Nations (SFSDN). Même si,
de fait, les pays européens forment plus de la moitié des membres de la
SDN et si c'est à Genève que Briand présente son plan d'Union fédérale
européenne, le cadre de la SDN est évidemment universel et les fonctionnaires du SFSDN ne cherchent pas spécialement à raisonner en
termes continentaux. Quand ils sont associés à l'élaboration du mémorandum de mai 1930, c'est pour insister sur le respect de la souveraineté

---

[3]   Feiertag, O., « La Banque de France et les problèmes monétaires européens, de la
       conférence de Gênes à la création de la BRI », in É. Bussière et M. Dumoulin (dir.),
       Milieux économiques et intégration européenne en Europe occidentale au XXe siècle,
       Arras, Artois Presses Université, 1998, pp. 15-35.

de chaque État, sur la primauté du cadre international de la SDN, et pour réduire le projet Briand à un simple forum de discussion. Il n'y a, au sein du SFSDN, ni de section européenne – le classement ne s'effectue pas selon des critères géographiques –, ni de conception globale des problèmes européens, ni de liens privilégiés avec les mouvements européistes. On pourrait, dans un autre domaine, dire la même chose de la Banque des règlements internationaux, créée en 1929, qui certes, rassemble des États européens, mais dont les ambitions et les perspectives sont universelles. Pour Pierre Quesnay comme pour l'ensemble des dirigeants de la BRI, « l'identité de l'Europe se confondait avec l'identité du monde capitaliste et la défense de l'étalon-or[4] ».

Avec les administrations britanniques, dont l'aversion pour traiter des affaires européennes dans un cadre continental relève de tous ces types d'explication cumulés, on atteint le cas limite. Le *Foreign Office*, pourtant traditionnellement considéré par les dirigeants britanniques comme europhile, ignore superbement les principales initiatives de coopération européenne – comme la création du comité Mayrisch –, et fait systématiquement preuve d'une méfiance quasi maladive – en tous cas lourde de préjugés – à l'égard des initiatives françaises, notamment lorsqu'elles abordent le thème de la reconstruction européenne, les diplomates britanniques ne pouvant s'empêcher d'y voir la marque d'ambitions hégémoniques à peine voilées. Face au plan Briand, leur première réaction est de se demander quels en sont les objectifs cachés ; et le cadre de la SDN, si ces derniers existent bien, leur paraît être le lieu privilégié pour les contenir et finalement les étouffer.

Est-ce à dire que, dans les années 1920, les administrations nationales n'ont joué qu'un rôle négatif, freinant les initiatives européennes et n'abordant les questions brûlantes de l'après-guerre qu'à travers le prisme de l'intérêt national ? Pas seulement. À une époque où les questions européennes relèvent sans discussion de la politique extérieure, il n'est pas étonnant de constater que les administrations qui ont le plus tenté de s'adapter aux défis nouveaux sont les ministères des Affaires étrangères des deux pays concernés au premier chef par ces bouleversements, la France et l'Allemagne. Face à la montée en puissance des ministères économiques – Commerce en France, *Reichswirtschaftsministerium* en Allemagne, *Treasury* et *Board of Trade* en Angleterre –, qui cherchent à contester le primat de la diplomatie sur la conduite des affaires économiques extérieures, il fallait réagir. Cette prise de conscience se traduit, dans l'immédiat après-guerre, par la création, plus ou moins improvisée, de structures appropriées, chargées d'aborder dans son ensemble le thème de la reconstruction de l'Europe. Des services spécialisés viennent ainsi se juxtaposer aux directions géographiques traditionnelles. La sous-direction des relations commerciales du Quai

---

[4]   *Ibidem*, p. 34.

d'Orsay, créée en 1919, les services économiques de l'*Auswärtiges Amt*
issus de la réforme Schüler de 1920, sont donc des lieux d'où peuvent
surgir une vision et un discours spécifiquement européens. Tous deux ne
limitent pas leur compétence aux questions techniques et purement
commerciales. Ils influent de façon décisive, notamment à partir de 1924
et du plan Dawes, sur les orientations politiques nouvelles de leur
ministère en imposant un règlement négocié du problème crucial des
réparations – dont ils ont la charge –, qui s'inscrit dans la perspective
d'une reconstruction globale du continent. Pour Jacques Seydoux, le
sous-directeur des relations commerciales, il est absolument vital de
trouver un équilibre à trois, entre France, Allemagne et Grande-Bretagne,
chaque pays ayant besoin de la puissance des deux autres ; pour Karl
Ritter, directeur du Service économie et réparations de l'*Auswärtiges
Amt*, la réconciliation franco-allemande est un préalable au relèvement
économique de l'Europe, et donc à celui de l'Allemagne ; pour les deux,
les accords économiques ouvrent la voie aux accords politiques.

Cela nous conduit, une fois de plus, à insister sur l'importance des
hommes. Sans Seydoux, sans Ritter, qui insufflent un nouvel esprit au
sein de ministères aux traditions très conservatrices, ces services
n'auraient à l'évidence pas eu la même influence. Seydoux, cas exceptionnel, va jusqu'à faire le lien entre son administration et plusieurs
associations privées, encourageant officieusement, par exemple, le
Comité franco-allemand d'information et de documentation, qui sert
d'intermédiaire dans les négociations préalables à la naissance de
l'Entente internationale de l'acier[5]. Mais là réside aussi la faiblesse de
ces services. Après le départ de Seydoux, les Relations commerciales
retrouvent une fonction essentiellement technique et cessent de produire
un discours global sur les questions européennes. Après la mort de
Stresemann, qui soutenait Ritter, les services économiques de l'*Auswärtiges Amt* se plient rapidement, et apparemment sans beaucoup d'états
d'âme, aux nouvelles orientations de la politique extérieure du *Reich*,
qui tente alors de ressusciter le vieux concept de *Mitteleuropa*.

Il faut enfin souligner le caractère trop isolé de leur démarche. Pas de
contact entre administrations de pays à pays – Seydoux et Ritter,
semble-t-il, ne se sont jamais rencontrés. Peu de concertation de ministère à ministère – on connaît les relations difficiles, rivalités personnelles et conflits de compétence, opposant Seydoux à Serruys, qui, au
ministère du Commerce, pensait pourtant comme lui sur de nombreux
points. Pas même de connivences apparentes entre services : les Relations commerciales et le SFSDN n'entretiennent pas de rapports privilé-

---

5   Il met en garde le ministère, en revanche, contre Coudenhove, dont la vision germa-
nocentrique de l'Europe n'accorde pas de place à la Grande-Bretagne. Voir Badel, L.,
Un milieu libéral et européen. Le grand commerce français 1925-1948, Paris,
CHEFF, 1999, p. 165.

giés. Seydoux et Massigli écrivent pourtant tous deux dans *L'Europe nouvelle*, mais le débat ne gagne visiblement pas les bureaux du Quai d'Orsay, comme s'il ne pouvait s'épanouir qu'en dehors du cadre administratif, trop rigide et sclérosant. Cela est d'autant plus à souligner que le SFSDN est l'expression d'une volonté nouvelle de coordination des administrations françaises, en l'occurrence pour la préparation des instructions adressées aux représentants au Conseil et à l'Assemblée de la Société des Nations ; mais le Service lui-même, composé de seuls diplomates, ne cherche pas à jouer le rôle d'une administration interministérielle – et telle n'est d'ailleurs pas sa vocation.

Des efforts d'adaptation ont donc bien lieu dans l'entre-deux-guerres, mais ils restent dispersés et limités. Il ne faudrait d'ailleurs pas leur donner *a posteriori* une cohérence excessive. Quand il arrive qu'une administration joue réellement un rôle moteur dans la prise en compte de la dimension européenne, cela tient à la conjonction de plusieurs facteurs : l'existence d'un service spécifique chargé d'aborder de front les questions liées à la reconstruction de l'Europe ; des responsables dynamiques et convaincus ; une conjoncture économique et politique favorable. Si l'un de ces éléments fait défaut, les administrations se contentent d'appliquer les décisions des dirigeants, quand elles n'en freinent pas les initiatives. Tyrrell en Angleterre, Rueff en France, sont, dans leurs services respectifs, trop isolés pour infléchir la politique de leur ministère et lutter contre les pesanteurs bureaucratiques ou culturelles ; la sous-direction des relations commerciales perd toute influence réelle après le départ de Seydoux ; la crise économique, puis l'avènement du nazisme, font ranger les projets dans les cartons.

Au lendemain de la Seconde Guerre mondiale se pose d'abord, comme dans les années 1920, la question du renouvellement des structures administratives en charge des affaires extérieures. Elle acquiert par la suite une dimension nouvelle du fait de la réalité du processus d'intégration européenne. Elle dépend de la capacité intrinsèque des appareils d'État à se rénover comme du statut des États pendant et au sortir de la guerre. Dans ce contexte, la guerre a néanmoins confirmé des tendances de plus long terme comme l'intervention des administrations économiques et financières dans le traitement des questions extérieures. La reconstruction des pays européens accentue leur poids et un partage d'influence nouveau avec les ministères des Affaires étrangères, lesquels, et ce n'est pas le moindre intérêt des études publiées ici, révèlent une résistance inattendue face à diverses tentatives d'empiètement sur un domaine que beaucoup considèrent comme relevant dorénavant de la politique intérieure. La construction européenne suscite d'inévitables conflits entre les services, mais incite surtout les administrations nationales à mettre en œuvre de nouvelles méthodes de travail en commun, et conduit à l'institutionnalisation d'une pratique interministérielle qui s'ébauchait difficilement avant la guerre. Par ailleurs, la difficile coordi-

nation, interne comme externe, des services et des administrations concernés par l'intégration semble conduire, dans un certain nombre de
pays, au renforcement du poids des exécutifs dans la définition de la
politique européenne.

Le renouvellement administratif a été, on le sait, en partie tributaire
de la guerre, c'est-à-dire des conditions de la guerre comme du statut
que les pays ont hérité de cette dernière : pays vaincu et/ou occupé, pays
collaborationniste ou vainqueur. Dans ce cadre, les ministères des
Affaires étrangères – comme les ministères économiques et techniques –
connaissent en 1945 une refonte relative. En Italie, le renouvellement est
faible et le mouvement de « défascisation » rapidement abandonné.
L'administration continue à pâtir d'un manque d'experts en dépit de la
création en 1957 de l'École supérieure d'administration publique. La vie
de la *Farnesina* est marquée par des tentatives de réforme sans lendemain, en 1958-1959 et au début de l'année 1967. La construction européenne semble n'avoir, après une décennie d'existence, que peu
d'incidence encore sur les traditions administratives nationales. La
République fédérale d'Allemagne présente une situation inverse : la
recréation d'une administration des Affaires étrangères est directement
liée au besoin de participer aux nouvelles organisations internationales
comme au processus d'intégration européenne, même si la limitation de
sa souveraineté ne lui permet qu'une reconstruction progressive de
l'*Auswärtiges Amt* entre 1949 et 1951. La particularité de ce processus,
comme la *Richtlinienkompetenz* reconnue par l'article 65 de la Loi
fondamentale, donnent une place de choix à la Chancellerie pour définir
la politique extérieure, et partant européenne, de la RFA dès cette
période de transition. La France présente un autre cas de figure : son
corps diplomatique a été renouvelé en profondeur du fait d'une épuration plus importante que dans d'autres corps. Entrent dans la Carrière
des personnalités qui adhèrent au mouvement gaulliste : une nouvelle
équipe de dirigeants éprouvée à Londres, puis à Alger. Une direction
générale des affaires économiques, financières et techniques (DAEF) est
créée par le décret du 17 juillet 1945, qui va occuper un rôle central dans
l'élaboration de la position française sur la construction européenne.
Elle marque une nouvelle rupture dans l'organigramme du Quai d'Orsay,
direction dorénavant autonome par rapport à la direction des affaires
politiques. À la vision diplomatique classique, elle associe l'expertise
technique économique et confirme l'ouverture du Quai d'Orsay aux
questions économiques, effectuée dès 1919. Celui-ci semble avoir réussi
après 1945 à assimiler les données techniques nouvelles qui influent sur
la vie internationale avec plus de réussite que le *Foreign Office* dont
l'incurie économique, stigmatisée dans les années 1950[6], est toujours

---

6   Adamthwaite, A., « Overstretched and Overstrung : Eden, the Foreign Office and the
     making of Policy », in E. di Nolfo (ed.), *Power in Europe ?* tome II : *Great Britain,*

dénoncée dans les années 1960[7]. L'un de ses hauts fonctionnaires, Sir Con O'Neill, dans une note au secrétaire général Paul Gore-Booth, du 13 juillet 1966, déplore que les études économiques soient extrêmement décevantes pour les partisans d'une intégration rapide[8]. Face à une situation contrastée, on ne peut s'étonner du poids acquis par les ministères économiques, d'autant que, comme en 1919, la guerre mondiale a renforcé les prérogatives de ces derniers, en charge de l'effort de guerre comme du ravitaillement des populations.

Les tâches gigantesques de la Reconstruction confortent leur prédominance à la fin des années 1940. Le redémarrage de l'économie mondiale, coordonné par de nouvelles institutions internationales, en fait des acteurs puissants de la vie politique nationale. Dans la mesure où, jusqu'à la fin des années 1950, la Grande-Bretagne tente de résoudre la question européenne dans le cadre de l'OECE, le Trésor (*Treasury*) conserve jusqu'à cette date une position prééminente[9]. Comme la construction européenne s'effectue d'abord dans le domaine économique, les ministères économiques et techniques sont naturellement chargés de la gestion de ce nouveau dossier. En RFA, Ludwig Erhard crée, dès 1952, une sous-direction spéciale pour les questions relatives au pool charbon-acier au sein du ministère de l'Économie. En France, la direction des relations économiques extérieures du ministère de l'Économie et des Finances (DREE) est appelée à suivre la construction européenne. Aux Pays-Bas, le ministère des Affaires économiques revendique ce rôle dans la mesure où il a en charge les affaires économiques internationales.

Ce faisant, la guerre et la Reconstruction ont conduit à un partage d'influence nouveau entre les ministères économiques et les ministères des Affaires étrangères. La construction européenne renforce d'inévitables conflits de compétence, qui rebondissent à trois grands moments de la construction européenne : en 1947-1948, lors du lancement du plan Marshall, en 1951-1952, à la suite du démarrage de la CECA et en 1957-1958 avec les débuts de la CEE. Ils concernent au premier chef les Affaires étrangères et les ministères économiques, mais aussi, du fait

---

France, Germany and Italy and the Origins of the EEC (1952-1957), Berlin, De Gruyter, 1992, p. 36.

[7] George Brown témoigne en ce sens dans *Mémoires de choc*, Paris, Fayard, 1973, p. 156.

[8] Cité par Laurent Touzet, « Les relations entre le Royaume-Uni et l'Allemagne fédérale dans le cadre de la construction européenne 1966-1969 », mémoire de maîtrise, sous la direction de R. Frank et L. Badel, Université de Paris-I, septembre 2000, p. 24, note 27.

[9] Ainsi que l'avait rappelé N.P. Ludlow lors d'un précédent colloque, « Le Trésor britannique et la politique européenne de la Grande-Bretagne : le déclin d'une puissance (1955-1963) », in R. Girault et R. Poidevin (dir.), *Le rôle des ministères des Finances et de l'Économie dans la construction européenne (1957-1978)*, tome I, Paris, CHEFF, 2002, pp. 7-25.

que la politique d'intégration européenne n'est plus *stricto sensu* une « politique étrangère », les ministères techniques comme celui de l'Industrie ou de l'Agriculture.

Les conflits peuvent être avivés par des querelles de politique intérieure comme l'atteste le rôle croissant en Italie, à partir de 1962, du *ministero del Bilancio e Programmazione economica*, né en 1947, ou la création en Angleterre, en 1964, du *Department of Economic Affairs* (DEA). Leur intervention nouvelle dans la gestion du dossier européen est en grande partie liée à l'arrivée au pouvoir de gouvernements de gauche (le premier gouvernement italien de centre-gauche de l'après-guerre dirigé par Amintore Fanfani, le gouvernement travailliste d'Harold Wilson), désireux de mettre en œuvre une politique dirigiste reposant sur le Plan. Le *ministero del Bilancio* exige d'être consulté par la *Farnesina* sur la politique communautaire et sa compatibilité avec la politique de planification nationale. Dans le cas britannique, le DEA se veut à la fois une réaction à l'emprise du Trésor sur la vie économique intérieure, et une réponse au « défaitisme européen » du *Foreign Office*.

Sur ces conflits, les témoignages abondent[10] ; restaient à saisir les modalités de leur résolution et, au-delà, les mécanismes ayant permis d'obtenir une coordination administrative sur le dossier européen. On peut ainsi préciser ce qui ressort de la coordination interne (harmonisation du travail entre les services et/ou directions d'une même administration) et ce qui relève d'une coordination externe (pratique interministérielle). Dans certains pays, il a fallu, en effet, tenter de lutter contre la fragmentation des responsabilités communautaires entre services d'une même administration. Ainsi, en Italie, où la direction des affaires politiques s'oppose à la direction des affaires économiques (DGAE) ; cette dernière finit par s'imposer, bénéficiant d'une certaine stabilité à sa tête dans les années 1960 (avec Egidio Ortona et Vincenzo Soro). Mais en RFA, où la direction commerciale et la direction politique de l'*Auswärtiges Amt* se partagent le traitement du dossier communautaire, la grande réorganisation administrative de 1970 échoue à obtenir leur fusion durable. En France, des problèmes similaires auraient pu se poser entre la direction Europe et la DAEF. Mais un partage des tâches se fait rapidement entre les ambassadeurs, qui font parvenir à leur direction géographique des informations essentiellement politiques sur les problèmes liés à la Communauté, et la DAEF, reconnue pour ses compétences larges.

Dans la plupart des pays, une coordination s'est révélée nécessaire pour harmoniser les positions défendues par les différents ministères. Elle a souvent contribué à réasseoir le pouvoir des Affaires étrangères,

---

[10] Les interventions lors du colloque organisé par le CHEFF en 1999 le démontraient amplement, cf. R. Girault et R. Poidevin (dir.), *op. cit.*

ébranlé à la fin des années 1940. Si la création du SGCI en 1948 marque l'emprise nouvelle du ministère des Finances sur la diplomatie française – le poste de secrétaire général revient à un inspecteur des Finances –, il est notable qu'au lendemain de la signature du traité de Rome, la DAEF œuvre à l'apaisement des relations avec les autres administrations, en préconisant une coopération à l'amiable avec le SGCI plutôt qu'une brutale reprise en main par le Quai d'Orsay. Par la suite, tout en participant aux réunions interministérielles, le Quai d'Orsay montra qu'il demeurait un acteur, autonome, de premier plan dans l'élaboration de la politique européenne de la France. Au début des années 1970, lors d'un conseil restreint, le président Georges Pompidou confirma son rôle fondamental, « au nom de l'unité nécessaire sur le plan national[11] ».

Aux Pays-Bas, le rôle des Affaires étrangères ne s'est pas affirmé d'emblée, car à la différence de la France, le ministère n'affiche guère au sortir de la guerre son intérêt pour les affaires économiques internationales. Celles-ci étaient traitées au sein d'une nouvelle direction du ministère des Affaires économiques, créée en 1946 (la BEB), aux prérogatives proches de celles de la DREE française. Toutefois, la gestion du plan Marshall conduisit à la naissance d'un bureau autonome, intégré dès 1952 à une direction du ministère des Affaires étrangères, qui se transforma en 1958 en une direction générale de la coopération européenne (la DGES). L'emprise croissante du ministère des Affaires étrangères sur le dossier européen aboutit à la reconnaissance officielle de son hégémonie en 1971. Toutefois, les mécanismes de coordination incitent à parler d'un maintien du partage des rôles avec les Affaires économiques. Au niveau des directions concernées, la coordination s'effectue sous l'égide de la direction Intégration européenne du ministère des Affaires étrangères ; mais, au niveau des directions générales, la commission de coordination (COCOM), créée en 1957, a un secrétariat assuré par les Affaires étrangères, tandis que jusqu'en 1971, sa présidence reste confiée à un représentant de la BEB. Dans une certaine mesure, le conflit latent et récurrent semble avoir été résolu par l'externalisation de la mission de coordination, accomplie en l'occurrence par la représentation permanente néerlandaise. En Italie, la coordination s'est avérée très difficile, s'incarnant dans des comités interministériels successifs. L'on constate cependant qu'à chaque étape, les représentants de la *Farnesina* sont parvenus à rétablir leur autorité sur ces divers organismes. Ainsi, même l'offensive du *ministero del Bilancio*, en 1965, n'aboutit pas à ébranler le monopole des Affaires étrangères. La candidature britannique devait donner naissance, fin 1961, à l'organisme de

---

[11] Extrait du procès-verbal du conseil restreint du 12 mars 1970, cité par Laurence Badel, « Le Quai d'Orsay, la Grande-Bretagne et l'élargissement de la Communauté (1963-1969) », in M. Catala (dir.), *Cinquante ans après la déclaration Schuman. Histoire de la construction européenne*, Nantes, Ouest Éditions/Presses académiques de l'Ouest, 2001, p. 245.

coordination le plus notable de cette première décennie d'adaptation à la CEE : le comité restreint des directeurs généraux, dirigé par Egidio Ortona, le directeur de la DGAE. Son efficacité fut néanmoins remise en cause par sa gestion du dossier agricole, révélatrice de l'incapacité italienne à centraliser les informations sur la CEE et à peser sur la grande politique commune des années 1960, la PAC.

En RFA, la mise en œuvre de la seconde étape prévue par le traité de Rome suscita en 1963 la création d'un outil plus efficace, le Comité des secrétaires d'État pour les questions européennes, véritable organisme interministériel qui réunissait des représentants des Affaires étrangères, de l'Économie et de l'Agriculture. Actif lors de la préparation du compromis de Luxembourg en 1966, il vit ses prérogatives confirmées par Willy Brandt en 1969, qui en fit, au début des années 1970, un instrument du renforcement du rôle de la Chancellerie. En outre, l'*Auswärtiges Amt* se vit confier le traitement du dossier de la coopération politique et pouvait s'estimer ressortir vainqueur de la lutte relative à la coordination des affaires européennes. De la même manière, on sait qu'au Luxembourg comme en Belgique, la coordination a été traditionnellement imputée aux Affaires étrangères (rôle du Service P.11 en Belgique, créé en 1974, dont l'histoire reste à faire[12]).

Autre signe de la résistance des diplomaties : la manière dont elles ont investi ces ambassades particulières que sont les représentations permanentes à Bruxelles. Certes, les diplomates n'y sont pas toujours majoritaires, mais le poste de représentant permanent leur est toujours revenu dans la pratique : les premiers représentants permanents de la France, de l'Allemagne, de l'Italie ou encore de l'Angleterre, furent des diplomates de carrière. Même si les études historiques font encore défaut, on peut faire la même observation pour la Belgique et le Luxembourg[13]. Une exception notable : celle des Pays-Bas, où les deux premiers représentants permanents – Linthorst Homan et Dirk Spierenburg – sont issus de l'influent ministère des Affaires économiques. Au sein du COREPER, les diplomates participèrent donc d'emblée du rétablissement de l'intégration dans un processus plus intergouvernemental, mais aussi, et l'examen historique le prouve, à l'élaboration d'une nouvelle pratique de travail susceptible de renforcer la dynamique communautaire. C'est ainsi que l'existence, déjà banalisée, des représentants permanents, permit notamment de surmonter la crise issue du départ du ministre français de la table du Conseil en 1965. Les « yeux et

---

[12]   Voir les précisions données par l'article de B. Kerremans, « Belgium », in H. Kassim, B. G. Peters et V. Wright (eds.), *The National Co-ordination of EU Policy. The Domestic Level*, Oxford, Oxford University Press, 2000, pp. 182-200.

[13]   Delpérée, F., « Belgique », et Beissel Merten, S., « Luxembourg », in Joël Rideau (dir.), *Les États membres de l'Union européenne. Adaptations, mutations, résistances*, Paris, LGDJ, 1997.

oreilles » des États assurèrent la continuité du fonctionnement communautaire ; en outre, l'adjoint du représentant français ne quitta pas Bruxelles et demeura en relations constantes avec le président du COREPER pendant toute la crise. Au-delà, le COREPER et les organismes affiliés semblent avoir œuvré, dès la première décennie d'existence de la CEE, dans le sens d'une communautarisation des politiques nationales. En ce sens, la charnière des années 1965-1966, ne correspond pas tant au retour à une voie intergouvernementale classique qu'elle n'exprime la réussite précoce d'un système décisionnel, dans lequel le COREPER apparaît comme un pôle à part entière, entre le Conseil des ministres et la Commission. Sans existence institutionnelle, d'un point de vue juridique, il s'est donc imposé très rapidement comme une structure d'interface multiple et comme une « instance de coordination et d'unicité de traitement[14] ». Par ailleurs, il est avéré que le traité de Maastricht, tout en consacrant son existence dans le droit originaire, a multiplié le nombre des comités spécialisés susceptibles de remettre en cause sa qualité de coordinateur suprême[15]. L'exemple néerlandais vient rappeler que, dès la mise en œuvre d'une des premières politiques communautaires, la PAC, le comité spécial Agriculture, créé en 1960, avait commencé à travailler de manière indépendante par rapport au COREPER, ce qui, en retour, renforçait sur la scène nationale la relative autonomie des experts du ministère de l'Agriculture face aux Affaires étrangères.

La résistance notable des diplomaties ne doit pas occulter un fait majeur : le processus d'intégration, qui transforme la politique communautaire en une politique intérieure, conduit à un renforcement de l'exécutif et à la prise en charge croissante du dossier par les chefs d'État et de gouvernement, en particulier dans les États où existe une tradition étatique et/ou centralisatrice forte. Ainsi, en France comme en Grande-Bretagne, la coordination externe est-elle assurée, dès leur entrée dans la Communauté, voire même avant, dans le cas britannique, par un service contrôlé directement par la tête de l'exécutif (présidence du Conseil/ services du Premier ministre ou *Cabinet Office*). Archétype de l'organisme interministériel[16], le SGCI s'impose en France dès 1948. Il participe, par la suite, à la fin des années 1960, du renforcement de la main-

---

[14] Constantinesco, V. et Simon, D., *Le COREPER dans tous ses États*, Strasbourg, Presses universitaires de Strasbourg, 2000, p. 24.

[15] *Ibidem.*

[16] Cf. le témoignage d'Uwe Kitzinger, *Diplomacy and Persuasion. How Britain Joined the Common Market*, London, Thames and Hudson, 1973, p. 86 :
« The French were very well équipped for this purpose […]. This Inter-Ministerial Committee is a vital piece of machinery worthy of serious study as a model in Britain. It clearly gives the French a major advantage over, for instance, the Germans, whose different Ministries – and sometimes Ministers – at times appear in the European arena with openly conflicting policies ».

mise élyséenne sur le dossier européen, comme en témoigne la multiplication des conseils restreints sur l'Europe dès l'élection de Georges Pompidou, à l'été 1969[17].

En Grande-Bretagne, si le DEA revendique, à partir de 1964, une influence inédite sur le dossier européen au sein de l'administration britannique et entre en conflit avec le *Foreign Office*, son emprise, réelle, n'en demeure pas moins de courte durée (premier semestre 1966). Cette rivalité est tranchée par un Wilson – « Raminagrobis », qui verrouille progressivement le dossier européen en le confiant au Secrétariat général du gouvernement (*Cabinet Office*), au sein duquel il crée au printemps 1967 une *European Unit*, confiée à Sir William Nield. Ce qui deviendra le Secrétariat européen du *Cabinet Office* acquiert, dès lors, une position centrale au sein de l'administration britannique, que ne remet pas en cause le nouveau Premier ministre conservateur Edward Heath, qui confirme Nield à son poste[18]. Au lendemain de l'entrée de la Grande-Bretagne, les dirigeants successifs du Secrétariat y apportent toute l'expérience acquise antérieurement à Bruxelles, au sein de la Représentation permanente ou de la Commission notamment[19]. Un fonctionnaire britannique aurait alors exprimé la satisfaction générale éprouvée au lendemain des négociations : « The *Cabinet Office* machinery was superior to any coordinating mechanism developed by existing members, including the French SGCI[20] ».

En RFA, les particularités constitutionnelles ont permis, on l'a dit, au chancelier – et à la Chancellerie – d'acquérir dès l'origine, un poids particulier dans l'élaboration de la politique européenne. Willy Brandt accentue progressivement la présence de la représentante de la Chancellerie au sein du Comité des secrétaires d'État, puis institue, au sein de la Chancellerie, en juillet 1970, un groupe de coordination sur l'Europe, chargé de faire des propositions à la Chancellerie et au Comité. À partir du début des années 1970 s'esquisse donc une tendance à une élaboration plus centralisée de la politique européenne, aux dépens de la méthode reposant sur les multiples comités interministériels des débuts.

Parmi les États fondateurs, l'Italie semble être l'exception dans la mesure où le Premier ministre demeure un *primus inter pares* et ne peut prétendre exercer l'arbitrage ultime dans un système qui demeure

---

17 Badel, L., « Le Quai d'Orsay, la Grande-Bretagne… », article cité.
18 Badel, L., « Le rôle tenu par le poste d'expansion économique de Londres dans le processus d'adhésion du Royaume-Uni au Marché commun (1966-1971) », in R. Girault et R. Poidevin (dir.), *op. cit.*, p. 229-265.
19 Dutheil de la Rochère, J., « L'administration britannique et l'intégration européenne », in C. Debbasch (dir.), *op. cit.*, pp. 109-110.
20 Cité dans Wallace, H. et Wallace, W., « The impact of Community Membership on the British Machinery of Governement », *Journal of Common Market Studies*, vol. XI, n° 4, juin 1973, p. 254.

foncièrement collégial. Il faut attendre une loi récente, en date du 23 août 1988, pour que lui soit reconnu un droit de promotion et de coordination de l'action gouvernementale relative aux politiques communes[21]. En revanche, même dans un État comme les Pays-Bas, où la tradition nationale repose sur des gouvernements de coalition, qui limitent le pouvoir du Premier ministre, on observe une montée en puissance de ce dernier, renforcée par la création en 1963 du Conseil restreint des ministres sur l'Europe, qu'il préside, puis par celle du Conseil européen, en 1974. En outre, le fait que le Premier ministre néerlandais dispose d'un département ministériel propre, le ministère des Affaires générales, a permis en son sein la création d'une petite cellule européenne.

Ces constats, qui concernent l'adaptation progressive des États fondateurs de la Communauté, ainsi que le Royaume-Uni, ne peuvent être appliqués, en l'état de nos connaissances, aux États qui composent aujourd'hui l'Union européenne ; en revanche, à l'instar du Royaume-Uni[22], les États adhérents depuis 1973 ont vraisemblablement étudié avec beaucoup d'attention les solutions adoptées par les Six pour établir une relation optimale avec les Communautés, notamment en matière de coordination interministérielle et de représentation à Bruxelles[23]. Il n'en demeure pas moins, et l'exemple britannique en témoigne, que ces adaptations n'ont pas entraîné de véritables bouleversements dans la manière de travailler des administrations nationales. Dès avant sa première candidature de 1961, le Royaume-Uni met en place un dispositif destiné à assurer le suivi de ses relations avec la Communauté et à définir son approche européenne. Or, ce dispositif relève très précisément de la tradition britannique fondée sur la juxtaposition de comités de fonctionnaires et de comités ministériels. Il exprimerait ainsi l'essence de la machine gouvernementale britannique, fondamentalement coordinatrice. D'autre part, la centralisation croissante des affaires européennes, constatée lors du premier mandat de Wilson, laisserait néanmoins subsister une certaine autonomie des ministères[24]. Pour la France, la mainmise gouvernementale, voire élyséenne à partir de la fin des années 1960, exprime à cette date, la volonté de continuer à considérer la politique communautaire comme relevant de l'activité diplomatique et de la haute politique (*high policy*), selon une certaine tradition nationale.

[21] Astengo, F., « Italie », in Joël Rideau (dir.), *op. cit.*, p. 319.

[22] Wallace, H. et Wallace, W., « The impact of Community Membership... », article cité, p. 249.

[23] Ziller, J., *Administrations comparées. Les systèmes administratifs de l'Europe des Douze*, Paris, Montchrestien, 1993, p. 481.

[24] Bulmer, S. et Burch, M., « Organizing for Europe : Whitehall, the British State and European Union », *Public Administration*, vol. 76, hiver 1998, pp. 606-607.

Des adaptations graduelles donc, plutôt que des changements radi-
caux, telle nous semble être l'attitude des administrations en cette première phase de la construction européenne. Les débuts du processus
d'intégration n'ont pas modifié en profondeur les traditions politico-
administratives nationales. Ils en accentuent plutôt le caractère tantôt
centralisé, comme en France et au Royaume-Uni, tantôt polycentrique,
comme en Italie ou aux Pays-Bas. Or cet héritage est lui-même confronté à la gestion d'un système politique inédit marqué par la « polycentri-
cité »[25]. Dans quelle mesure les pays n'ont-ils pas eu tendance à vouloir
modeler les institutions communautaires en fonction de l'expérience
nationale qu'ils projetaient sur elles ?

La réussite des systèmes de coordination interministérielle sur
l'Europe ne reflète-t-elle pas en définitive les capacités nationales en
matière de coordination[26] ? Les échecs ou les difficultés rencontrés dans
des États comme la RFA ou l'Italie n'expriment-ils pas la résistance des
acteurs étatiques, qui cherchent à sauvegarder leur propre sphère d'influence au détriment de l'élaboration d'une politique commune, dorénavant la plus à même de défendre l'intérêt national ? Les structures interministérielles auraient d'abord eu pour fonction de résoudre les conflits
administratifs intérieurs, et peu d'États seraient encore parvenus, au
terme d'une douzaine d'années d'intégration, à passer d'une politique
européenne de type « défensif » à une politique permettant la définition
et le soutien d'une diplomatie européenne positive.

Autant de questions suscitées par les contributions réunies dans ce
volume, qui rencontrent certaines observations issues d'une approche
plus théorique de l'intégration européenne. Les réponses auront besoin
d'être approfondies, nuancées et confrontées aux évolutions postérieu-
res[27]. Ces études attestent aussi la fluidité des systèmes nationaux, certes
régis par des normes, mais susceptibles d'évoluer sous l'impulsion de
personnalités fortes. Cela confirme qu'en dépit du poids des structures et
des courants transnationaux, les hommes ont encore leur importance. On
ne peut que s'en réjouir.

---

[25] Lequesne, C., « De la pertinence d'une approche institutionnelle », in Joël Rideau
(dir.), *op. cit.*, p. 477.

[26] Blondel, J. et Müller-Rommel, F., *Cabinets in Western Europe*, London, Macmillan
Press, 1993.

[27] Voir les ouvrages stimulants de H. Kassim, B. G. Peters et V. Wright (eds.), *The
National Co-ordination of EU Policy. The Domestic Level*, Oxford, Oxford University Press, 2000 ; H. Kassim, A. Menon, B. G. Peters et V. Wright (eds.), *The National Co-ordination of EU Policy. The European Level*, Oxford, Oxford University
Press, 2001.

Orientations bibliographiques

I. Histoire des appareils diplomatiques

Adamthwaite, Anthony, « L'élaboration de la politique étrangère britannique, 1951-1955 », *Relations internationales*, n° 55, hiver 1988, p. 291-301.

Adamthwaite, Anthony, « Overstretched and Overstrung : Eden, the Foreign Office and the Making of Policy », in Ennio di Nolfo (ed.), *Power in Europe ?* II : *Great Britain, France, Germany and Italy and the Origins of the EEC 1952-1957*, Berlin, De Gruyter, 1992, pp. 19-42.

Allain, Jean-Claude et Auffret, Marc, « Le ministère français des Affaires étrangères. Crédits et effectifs pendant la IIIe République », *Relations internationales*, n° 32, hiver 1982, pp. 405-446.

Allen, David, « United Kingdom. The Foreign and Commonwealth Office : "Flexible, Responsive and Productive ?" », in Brian Hocking (ed.), *Foreign Ministries. Change and Adaptations*, Basingstoke, Macmillan Press, 1999, pp. 207-220.

Anderson, Matthew S., *The Rise of Modern Diplomacy*, London, Longman, 1993.

Bagnato, Bruna, « Le cas du ministère des Affaires étrangères italien après la Deuxième Guerre mondiale », in Élisabeth du Réau (dir.), *Europe des élites ?, Europe des peuples ? La construction de l'espace européen, 1945-1960*, Paris, Presses de la Sorbonne nouvelle, 1998, pp. 77-92.

Baillou, Jean (dir.), *Les Affaires étrangères et le corps diplomatique français*, tome II, 1870-1980, Paris, CNRS, 1984.

Craig, Gordon A. et Gilbert Felix (eds.), *The Diplomats, 1919-1939*, Princeton (New-Jersey), Princeton University Press, 1953, rééd. 1994.

Craig, Gordon A. et Lœwenheim, Francis L. (eds.), *The Diplomats, 1939-1979*, Princeton (New-Jersey), Princeton University Press, 1994.

Dethan, Georges, « Le Quai d'Orsay de 1870 à 1914 », in *Opinion publique et politique extérieure*, tome I : 1870-1915, Université de Milan – École française de Rome, 1981, pp. 169-175.

Dethan, Georges, « Le Quai d'Orsay de 1914 à 1939 », in *Opinion publique et politique extérieure*, tome II : 1915-1940, Université de Milan – École française de Rome, 1984, pp. 157-163.

Dilks, David N., « The British Foreign Office between the Wars », in *Opinion publique et politique extérieure*, tome II : 1915-1940, *op. cit.*, pp. 165-186.

Döscher, Hans-Jürgen, *Verschworene Gesellschaft : das Auswärtiges Amt unter Adenauer zwischen Neubeginn und Kontinuität*, Berlin, Akademie-Verlag, 1995.

Eberwein, Wolf-Dieter et Neuhold, Hans-Peter, *The Adaptation of Foreign Ministries to Structural Changes in the International System. A Comparative Study of the Ministries for Foreign Affairs of Austria and the FRG*, Wien, Braumüller, 1981.

« The Foreign Office and British Diplomacy in the Twentieth Century », *Contemporary British History*, numéro spécial, vol. 18, n° 3, automne 2004.

Haas, Wilhelm, *Beitrag zur Geschichte der Entstehung des Auswärtigen Dienstes der BDR*, Bremen, 1969.

Hamilton, Keith et Langhorne, Richard, *The Practice of Diplomacy. Its Evolution, Theory and Administration*, London, Routledge, 1994.

Hennessy, Peter, *Whitehall*, London, Harper Collins, 1990.

Hocking, Brian (ed.), *Foreign Ministries. Change and Adaptations*, Basingstoke, Macmillan Press, 1999.

Johnson, Gaynor, *The Foreign Office and British Foreign Policy in the Twentieth Century*, London, Frank Cass, 2004.

Krüger, Peter, « Changing Structures of the German Foreign Office between the World Wars », in *Opinion publique et politique extérieure*, tome II : 1915-1940, *op. cit.*, pp. 139-156.

McKercher, Brian, « Old Diplomacy and New : the Foreign Office and Foreign Policy, 1919-1939 », in Michael Dockrill et Brian McKercher (eds.), *Diplomacy and World Power. Studies in British Foreign Policy, 1890-1950*, Cambridge, Cambridge University Press, 1996/2002, pp. 79-114.

Müller, Claus M., « Relaunching German Diplomacy : the Auswärtiges Amt in the 1950's », Ph.D. Thesis, Cambridge, 1994.

Pellegrini, Vincenzo, *L'amministrazione centrale dall'Unità alla Republica. La strutture e i dirigenti* I : *Il Ministero degli Affari Esteri*, Bologna, Il Mulino, 1992.

Petersen, Jens, « La Wilhelmstrasse », in *Opinion publique et politique extérieure*, tome I : 1870-1915, *op. cit.*, pp. 127-138.

Rumpler, Helmut, « The "Ballhausplatz" in Vienna. The Social and Political Centre of Empire-Policy », in *Opinion publique et politique extérieure*, tome I : 1870-1915, *op. cit.*, pp. 139-155.

Serra, Enrico, « La Consulta », in *Opinion publique et politique extérieure*, tome I : 1870-1915, *op. cit.*, pp. 197-204.

Serra, Enrico, « Il Ministero degli Esteri del Regno d'Italia e l'opinione pubblica », in *Opinion publique et politique extérieure*, tome II : 1915-1940, *op. cit.*, pp. 187-206.

Steiner, Zara (ed.), *Survey of Foreign Ministries of the World*, London, Times Books, 1982.

Steiner, Zara, « The Old Foreign Office : From a Secretarial Office to a Modern Department of State », in *Opinion publique et politique extérieure*, tome I : 1870-1915, *op. cit.*, pp. 177-195.

Wallace, William, *The Foreign Policy Process in Britain*, London, Allen and Unwin, 1975.

Willequet, Jacques, « Le ministère belge des Affaires étrangères : ses buts et ses moyens », in *Opinion publique et politique extérieure*, tome I : 1870-1915, *op. cit.*, pp. 157-167.

Young, John, *The Labour Governments, 1964-1970*, tome I : *Foreign Policy*, Manchester, Manchester University Press, 2004.

II. Études historiques sur les États face à la construction européenne

Badel, Laurence, « Deux administrations françaises face à la construction européenne », *Matériaux pour l'histoire de notre temps*, n° 65-66, janvier-juin 2002, pp. 13-17.

Badel, Laurence, « Le Quai d'Orsay, la Grande-Bretagne et l'élargissement de la Communauté (1963-1969) », in Michel Catala (dir.), *Cinquante ans après la déclaration Schuman. Histoire de la construction européenne*, Nantes, Ouest Éditions/Presses académiques de l'Ouest, 2001, pp. 235-260.

Badel, Laurence, « Le rôle tenu par le poste d'expansion économique de Londres dans le processus d'adhésion du Royaume-Uni au Marché commun (1966-1971) », in René Girault et Raymond Poidevin (dir.), *Le rôle des ministères des Finances et de l'Économie dans la construction européenne (1957-1978)*, Paris, CHEFF, 2002, pp. 229-265.

Bossuat, Gérard, « Les hauts fonctionnaires du ministère des Finances français et la construction européenne, 1948-1974 », in René Girault et Raymond Poidevin (dir.), *Le rôle des ministères des Finances...*, *op. cit.*, pp. 143-187.

Bossuat, Gérard, *L'Europe des Français, 1943-1959. La Quatrième République aux sources de l'Europe communautaire*, Paris, Publications de la Sorbonne, 1996.

Brouwer, Jan Willem et Harryvan, Anjo G., « Les Pays-Bas et la coopération monétaire européenne, 1968-1972 », in René Girault et Raymond Poidevin (dir.), *Le rôle des ministères des Finances...*, *op. cit.*, pp. 85-108.

Bührer, Werner, « Le Bundesverband der deutschen Industrie, le ministère fédéral de l'Économie et l'intégration européenne, 1958-1972 », in René Girault et Raymond Poidevin (dir.), *Le rôle des ministères des Finances...*, *op. cit*, pp. 53-69.

Deighton, Anne (ed.), *Building Postwar Europe. National Decision-Makers and European Institutions, 1948-1963*, London, Macmillan, 1995.

Deighton, Anne, « Harold Macmillan, Whitehall and the Defence of Europe », in Élisabeth du Réau (dir.), *Europe des élites ?*, *op. cit.*, pp. 235-247.

Dilks, David, « Britain and Europe, 1948-1950 : the Prime Minister, the Foreign Secretary and the Cabinet », in Raymond Poidevin (dir.), *Histoire des débuts de la construction européenne*, Baden-Baden, Nomos Verlag, 1986.

Ellison, James, *Threatening Europe : Britain and the Creation of the European Community, 1955-1958*, London, Macmillan, 2000.

Germond, Carine et Türk, Henning, « Der Staatssekretärausschuss für Europafragen und die Gestaltung der deutschen Europapolitik 1963-1969 », *Zeitschrift für Staats- und Europawissenschaften*, vol. I, 2004, pp. 71-73.

Girault, René et Poidevin, Raymond (dir.), *Le rôle des ministères des Finances et de l'Économie dans la construction européenne (1957-1978)*, Paris, CHEFF, 2002.

Kane Elisabeth, « European or Atlantic Community ? The Foreign Office and 'Europe' : 1955-1957 », *Journal of European Integration History*, vol. 3, 1997/2, pp. 83-98.

Kane, Elisabeth, « The Myth of Sabotage : British Policy towards European Integration (1955-1956) », in Élisabeth du Réau (dir.), *Europe des élites ?*, *op. cit.*, pp. 291-301.

Küsters, Hans-Jürgen, « Der Streit um Kompetenzen und Konzeptionen deutscher Europapolitik (1949-1958) », in Ludolf Herbst, Werner Bührer et Hanno Sowade (eds.), *Von Marshallplan zur EWG. Die Eingliederung der BRD in die westliche Welt*, Munich, Oldenburg, 1990.

Küsters, Hans-Jürgen, *Die Gründung der europäischen Wirtschaftgemeinschaft*, Baden-Baden, Nomos Verlag, 1982.

Lefèvre, Sylvie, « Les ministères de l'Économie et des Finances allemand et français face à la mise en place de la CEE : politiques et compétences », in René Girault et Raymond Poidevin (dir.), *Le rôle des ministères des Finances...*, *op. cit.*, pp. 73-84.

Ludlow, N. Piers, « Le Trésor britannique et la politique européenne de la Grande-Bretagne : le déclin d'une puissance 1955-1963 », in René Girault et Raymond Poidevin (dir.), *Le rôle des ministères des Finances...*, *op. cit.*, pp. 7-25.

Ludlow, N. Piers, *Dealing with Britain : The Six and the First UK Application to the EEC*, Cambridge, Cambridge University Press, 1997.

Ludlow, N. Piers, *The European Community and the 1960s Crises : Negotiating the Gaullist Challenge*, London, Routledge, 2005.

Mangenot, Michel, « La formation à l'Europe des hauts fonctionnaires des Finances français ; entre économie nationale et planification nationale », in René Girault et Raymond Poidevin (dir.), *Le rôle des ministères des Finances...*, *op. cit.*, pp. 119-142.

Marbeau, Michel, « Un acteur des nouvelles relations multilatérales : le Service français de la Société des Nations (1919-1940) », *Matériaux pour l'histoire de notre temps*, n° 36, octobre-décembre 1994, pp. 11-20.

Parr, Helen, « Gone Native : the Foreign Office and Harold Wilson's Policy towards the EEC, 1964-1967 », in Oliver Daddow (ed.), *Harold Wilson and European Integration : Britain's Second Application to Join the EEC*, London, Frank Cass, 2002, pp. 75-94.

Parr, Helen, « Harold Wilson, Whitehall and British Policy towards the European Community, 1964-1967 », University of London, Ph.D. Thesis, 2002.

Sayer, Ghislain, « Le Quai d'Orsay et la construction de la Petite Europe : l'avènement de la Communauté économique européenne, 1955-1957 », *Relations internationales*, n° 101, printemps 2000, pp. 89-105.

Tratt, Jacqueline, *The Macmillan Government and Europe : A Study in the Process of Policy Development*, London, Macmillan, 1996.

Ulrich-Pier, Raphaële, « Antifédéralistes et fédéralistes : le Quai d'Orsay face à la construction européenne », in Michel Catala (dir.), *Cinquante ans après la déclaration Schuman, op. cit.*, pp. 103-118.

Young, John, « British Officials and European Integration, 1944-1960 », in Anne Deighton (ed.), *Building Postwar Europe, op. cit.*, pp. 87-106.

Young, John, « Technological Co-operation in Wilson's Strategy for EEC Entry », in Oliver Daddow (ed.), *Harold Wilson and European Integration...*, *op. cit.*, pp. 95-114.

III. Études de juristes et de politologues sur les États face à l'intégration européenne

Blair, Alisdair, « The Permanent Representations to the European Union », *Diplomacy and Statecraft*, 12/3, London, 2001, pp. 349-369.

Bruin, Robert (de), « La préparation de la décision communautaire au niveau national néerlandais », in Pierre Gerbet et Daniel Pepy (dir.), *La décision dans les Communautés européennes*, colloque de l'Association pour le développement de la science politique européenne organisé par l'Institut d'études politiques de Lyon, Bruxelles, Presses universitaires de Bruxelles, 1969.

Bulmer, Simon, *The British Core Executive and European Integration : A New Insitutionalist Research Prospectus*, Manchester, Manchester University Press, 1996.

Bulmer, Simon et Paterson, William, *The Federal Republic of Germany and the European Community*, Londres, Allen and Unwin, 1987.

Bulmer, Simon et Burch, Martin, « Organizing for Europe : Whitehall, the British State and European Union », *Public Administration*, vol. 76, hiver 1998, pp. 601-628.

Cassese, Sabino, « Divided Powers : European Administration and National Administration », in Sabino Cassese (ed.), *The European Administration. L'administration européenne*, Bruxelles, IISA, 1987.

Claisse, Alain, « L'adaptation de l'administration française à la construction européenne (1948-1967), *Annuaire d'histoire administrative européenne*, n° 4, 1992, Baden-Baden, Nomos Verlag, pp. 165-180.

Constantinesco, Vlad et Simon, Denys, *Le COREPER dans tous ses États*, Strasbourg, Presses universitaires de Strasbourg, 2000.

Coombes, David, *Politics and Bureaucracy in the European Community*, London, Allen and Unwin, 1970.

Debbasch, Charles, *Administrations nationales et intégration européenne*, Paris, éditions du CNRS, 1987.

Doutriaux, Yves et Lequesne, Christian, *Les institutions de l'Union européenne*, Paris, La Documentation française, 4ᵉ éd., 2001.

Franchini, Claudio, *Amministrazione italiana e amministrazione comunitaria*, Padoue, Cedam, 1993.

Gerbet, Pierre et Pepy, Daniel (dir.), *La décision dans les Communautés européennes*, Bruxelles, Presses universitaires de Bruxelles, 1969.

Güssgen, Florian, « The Missing Link : The Non-Europeanization of Foreign Services », *Politique européenne*, n° 8, automne 2002, pp. 109-130.

Harryvan, Anjo, « The Netherlands and the Administration of the EEC. Early Principles and Practices (1952-1965) », in Erik Volkmar Heyen (ed.), *Die Anfänge der Verwaltung der Europäischen Gemeinschaft*, Baden-Baden, Nomos Verlag, 1992, pp. 239-254.

Hayes-Renshaw, Fiona, Lequesne, Christian et Mayor Lopez, Pedro, « The Permanent Representations of the Member-States to the European Communities », *Journal of Common Market Studies*, n° 28, 1989/2, pp. 119-137.

Hayes-Renshaw, Fiona, « The Role of the Committee of Permanent Representatives in the Decision-Making Process of the European Community », London School of Economics and Political Science, Ph.D. Thesis, 1990.

Hocking, Brian et Spence, David, *Foreign Ministries in the European Union. Integrating Diplomats*, Palgrave, Macmillan, 2002.

Houben, Hans, *Les conseils des ministres des Communautés européennes*, Leyde, Sijthoff, 1964.

Kassim, Hussein, Peters, B. Guy et Wright, Vincent (eds.), *The National Co-ordination of EU Policy. The Domestic Level*, Oxford, Oxford University Press, 2000.

Kassim, Hussein, Menon, Anand, Peters, B. Guy et Wright, Vincent (eds.), *The National Co-ordination of EU Policy. The European Level*, Oxford, Oxford University Press, 2001.

Lequesne, Christian, *Les représentations permanentes des États membres auprès des Communautés européennes*, Louvain-FNSP, 1990.

Lequesne, Christian, *Paris-Bruxelles. Comment se fait la politique européenne de la France*, Paris, Presses de la FNSP, 1993.

Lindberg, Leon, *The Political Dynamics of European Economic Integration*, Stanford, Stanford University Press, 1963.

Mangenot, Michel, « Une Europe improbable. Les hauts fonctionnaires français dans la construction européenne, 1948-1992 », thèse de droit public, Université de Strasbourg III, 2000.

Noël, Émile et Étienne, Henri, « The Permanent Representatives Committee and the "Deepening" of the Communities », in Gita Ionescu (ed.), *The New Politics of European Integration*, London, Macmillan, 1972, pp. 98-123.

Peters, B. Guy, Rhodes, R.A.W. et Wright, Vincent (eds.), *Administering the Summit. Administration of the Core Executive in Developed Countries*, London, Macmillan Press Ltd, 2000.

Rideau, Joël, Gerbet, Pierre, Torelli, Maurice et Chevallier, Roger-Michel, *La France et les Communautés européennes*, Paris, LGDJ, 1975.

Rideau, Joël (dir.), *Les États membres de l'Union européenne. Adaptations, mutations, résistances*, Paris, LGDJ, 1997.

Rometsch, Dietrich et Wessels, Wolfgang, *The European Union and Member States. Towards Institutional Fusion ?*, Manchester, Manchester University Press, 1996.

Sasse, Christoph, *Le processus de décision dans la Communauté européenne. Les exécutifs nationaux au Conseil des ministres*, Paris, PUF, 1977.

Siedentopf, Heinrich (ed.), *Europäische Integration und Nationsstaatliche Verwaltung (Deutsche Vereinigung und institutionelle Weiter-entwicklung der Europäischen Gemeinschaft)*, Stuttgart, Frantz Steiner, 1991.

Tortora de Falco, Fulvio, *Il Comitato dei Rappresentanti permanenti dai Trattati istituivi alla prassi Comunitaria*, Rome, Giannini Editore, 1980.

Virally, Michel, Gerbet, Pierre et Salmon, Jean (dir.), *Les missions permanentes auprès des organisations internationales*, Bruxelles, Bruylant, 1971.

Wallace, Helen, *National Governments and the European Communities*, London, Chatham House, 1973.

Wallace, Helen, Wallace, William et Webb, Carole, *Policy-making in the European Communities*, Londres, John Wiley, 1977.

Ziller, Jacques, *Administrations comparées. Les systèmes administratifs de l'Europe des Douze*, Paris, Montchrestien, 1993.

Zwaan, Jaap W. de, *The Permanent Representatives Committee. Its Role in European Union Decision-Making*, Amsterdam, Elsevier, 1995.

Liste des auteurs

Laurence Badel, maître de conférences en histoire contemporaine à l'Université de Paris-I, UMR-IRICE

Robert Boyce, professeur d'histoire internationale à la London School of Economics and Political Science

Jan-Willem Brouwer, docteur en histoire, chercheur au centre d'histoire parlementaire contemporaine à l'Université de Nimègue

Elena Calandri, docteur en histoire contemporaine, chargée de recherches à l'Université de Florence

Anne de Castelnau, chargée de recherches au Comité pour l'histoire économique et financière de la France

Armelle Demagny-van Eyseren, professeur agrégée, doctorante en histoire à l'Université de Paris-IV

Claudia Hiepel, docteur en histoire, Université de Duisburg-Essen

Stanislas Jeannesson, maître de conférences en histoire contemporaine à l'Université de Paris-IV, UMR-IRICE

Léonard Laborie, professeur agrégé, allocataire moniteur à l'Université de Paris-IV

N. Piers Ludlow, professeur d'histoire internationale à la London School of Economics and Political Science

Helen Parr, docteur en histoire contemporaine, Keele University

Laure Quennouëlle-Corre, chargée de recherches au CNRS, UMR-IDHE

Sylvain Schirmann, professeur d'histoire contemporaine à l'Institut d'études politiques de Strasbourg

Raphaële Ulrich-Pier, professeur agrégée, docteur en histoire, Université de Paris-I

Laurent Warlouzet, professeur agrégé, allocataire moniteur à l'Université de Paris-IV

Index des noms*

---

* Les numéros indiqués en italiques renvoient aux occurrences dans une note de bas de page. Si un nom apparaît dans le texte et en note, le numéro n'est pas répété.

EUROCLIO – Ouvrages parus

* *L'Europe du Patronat. De la guerre froide aux années soixante.* Textes réunis par Michel DUMOULIN, René GIRAULT, Gilbert TRAUSCH, 1993.
* *La Ligue Européenne de Coopération Économique (1946-1981). Un groupe d'étude et de pression dans la construction européenne.* Michel DUMOULIN, Anne-Myriam DUTRIEUE, 1993.
* *Naissance et développement de l'information européenne.* Textes réunis par Felice DASSETTO, Michel DUMOULIN, 1993.
* *L'énergie nucléaire en Europe. Des origines à Euratom.* Textes réunis par Michel DUMOULIN, Pierre GUILLEN, Maurice VAISSE, 1994.
* *Histoire des constructions européennes au XXe siècle. Bibliographie thématique commentée des travaux français.* Gérard BOSSUAT, 1994 (Série Références).
* *Péripéties franco-allemandes. Du milieu du XIXe siècle aux années 1950. Recueil d'articles.* Raymond POIDEVIN, 1995.
* *L'Europe en quête de ses symboles.* Carole LAGER, 1995.
* *France, Allemagne et « Europe verte ».* Gilbert NOËL, 1995.
* *La France et l'intégration européenne. Essai d'historiographie.* Pierre GERBET, 1995 (Série Références).
* *Dynamiques et transitions en Europe. Approche pluridisciplinaire.* Sous la direction de Claude TAPIA, 1997.
* *Le rôle des guerres dans la mémoire des Européens. Leur effet sur leur conscience d'être européen.* Textes réunis par Antoine FLEURY et Robert FRANK, 1997.
* *Jalons pour une histoire du Conseil de l'Europe. Actes du Colloque de Strasbourg (8-10 juin 1995).* Textes réunis par Marie-Thérèse BITSCH, 1997.
* *L'agricoltura italiana e l'integrazione europea.* Giuliana LASCHI, 1999.
* *Le Conseil de l'Europe et l'agriculture. Idéalisme politique européen et réalisme économique national (1949-1957).* Gilbert NOËL, 1999.
* *La Communauté Européenne de Défense, leçons pour demain ? The European Defence Community, Lessons for the Future?* Michel DUMOULIN (ed.), 2000.

* *Naissance des mouvements européens en Belgique (1946-1950)*. Nathalie TORDEURS, 2000.

* *Le Collège d'Europe à l'ère des pionniers (1950-1960)*. Caroline VERMEULEN, 2000.

* *The "Unacceptables". American Foundations and Refugee Scholars between the Two Wars and after*. Giuliana GEMELLI (ed.), 2000.

* *1848. Memory and Oblivion in Europe*. Charlotte TACKE (ed.), 2000.

* *États-Unis, Europe et Union européenne. Histoire et avenir d'un partenariat difficile (1945-1999) – The United States, Europe and the European Union. Uneasy Partnership (1945-1999)*. Gérard BOSSUAT & Nicolas VAICBOURDT (eds.), 2001.

* *Visions et projets belges pour l'Europe. De la Belle Époque aux Traités de Rome (1900-1957)*. Geneviève DUCHENNE, 2001.

* *L'ouverture des frontières européennes dans les années 50. Fruit d'une concertation avec les industriels ?*. Marine MOGUEN-TOURSEL, 2002.

* *American Debates on Central European Union, 1942-1944. Documents of the American State Department*. Józef LAPTOS & Mariusz MISZTAL, 2002.

* *Inventer l'Europe. Histoire nouvelle des groupes d'influence et des acteurs de l'unité européenne*. Gérard BOSSUAT (dir.) avec la collaboration de Georges SAUNIER, 2003.

* *American Foundations in Europe. Grant-Giving Policies, Cultural Diplomacy and Trans-Atlantic Relations, 1920-1980*. Giuliana GEMELLI and Roy MACLEOD (eds.), 2003.

* *Réseaux économiques et construction européenne – Economic Networks and European Integration*. Michel DUMOULIN (dir.), 2004.

* *L'industrie du gaz en Europe aux XIXe et XXe siècles. L'innovation entre marchés privés et collectivités publiques*. Serge PAQUIER et Jean-Pierre WILLIOT (dir.), 2005.

* *Faire l'Europe sans défaire la France. 60 ans de politique d'unité européenne des gouvernements et des présidents de la République française (1943-2003)*. Gérard BOSSUAT, 2005.

* *Les administrations nationales et la construction européenne. Une approche historique (1919-1975)*. Laurence BADEL, Stanislas JEANNESSON & N. Piers LUDLOW (dir.), 2005.

Les neufs volumes de la collection HISTOIRE DE LA CONSTRUCTION EUROPÉENNE, à l'origine de la création de la présente collection EUROCLIO, sont disponibles auprès des Éditions Artel (Namur) ou de leurs diffuseurs.

Ouvrages parus

* *La construction européenne en Belgique (1945-1957). Aperçu des sources.* Michel DUMOULIN (1988)

* *Robert Triffin, le C.A.E.U.E. de Jean Monnet et les questions monétaires européennes (1969-1974). Inventaire des Papiers Triffin.* Michel DUMOULIN (1988)

* *Benelux 1946-1986. Inventaire des archives du Secrétariat Général de Benelux.* Thierry GROSBOIS (1988)

* *Jean Monnet et les débuts de la fonction publique européenne. La haute autorité de la CECA (1952-1953).* Yves CONRAD (1989)

* *D'Alger à Rome (1943-1957). Choix de documents.* Gérard BOSSUAT (1989)

* *La Guerre d'Algérie (1954-1962). Biblio- et filmographie.* Denix LUXEN (1989)

* *Le patronat belge face au plan Schuman (9 mai 1950-5 février 1952).* Elisabeth DEVOS (1989)

* *Mouvements et politiques migratoires en Europe depuis 1945.* Michel DUMOULIN (1989)

* *Benelux, « laboratoire » de l'Europe. Témoignage de Jean-Charles Snoy et D'Oppuers.* Thierry GROSBOIS (1990)

Réseau européen Euroclio

Répertoire permanent des sources et de la bibliographie relatives à l'histoire de la construction européenne

Coordination: Collège Erasme, 1, place Blaise-Pascal, B-1348 Louvain-la-Neuve

Allemagne :
Prof. Dr. Wilfried Loth
Dr. August Hermann Leugers-Scherzberg

Belgique :
Jocelyne Collonval
Yves Conrad
Pascal Deloge
Etienne Deschamps
Geneviève Duchenne
Prof. Michel Dumoulin
Anne-Myriam Dutrieue
Thierry Grosbois
Béatrice Roeh
Prof. Nathalie Tousignant
Arthe van Laer
Jérôme Wilson

France :
Prof. Marie-Thérèse Bitsch
Prof. Éric Bussière
Marine Moguen
Prof. Gérard Bossuat
Prof. Philippe Mioche
Prof. Sylvain Schirmann

Italie :
Dr. ssa Elena Calandri
Dr. ssa Marinella Neri Gualdesi
Prof. Antonio Varsori

Luxembourg :
Charles Barthel
Jean-Marie Majerus
Martine Nies-Berchem
Prof. Gilbert Trausch
Edmée Schirz

Pays-Bas :
Dr. Anjo Harryvan
Dr. Bert Zeemann
Dr. Jan W. Brouwer

Suisse :
Prof. Antoine Fleury
Lubor Jilek

Visitez le groupe éditorial Peter Lang
sur son site Internet commun
www.peterlang.net